Elogio antecipado para Use a Cabeça! Programação

"O *Use a Cabeça Programação* faz um ótimo trabalho de programação usando um processo iterativo. Adicione um pouco, explique um pouco, torne o programa um pouco melhor. É como a programação funciona no mundo real e o *Use a Cabeça Programação* usa isso em um fórum de ensino. Recomendo este livro para qualquer pessoa que deseja começar a se interessar pela programação, mas não sabe onde começar. Também, eu recomendaria este livro para qualquer pessoa não necessariamente nova na programação, mas curiosa sobre o Python. É uma ótima introdução para a programação em geral e à programação Python especificamente."

— **Jeremy Jones, co-autor do** *Python for Unix and Linux System Administration*

"David Griffiths e Paul Barry produziram a última joia da série Use a Cabeça. Você usa um computador, mas está cansado de sempre usar o software de outra pessoa? Há algo que você deseja que seu computador faça, mas não foi programado para isso? No *Use a Cabeça Programação*, você aprenderá a escrever o código e fazer com que seu computador faça as coisas do seu jeito."

— **Bill Mietelski, engenheiro de software**

"O *Use a Cabeça Programação* fornece uma abordagem única para um assunto complexo. Os primeiros capítulos fazem um excelente uso de metáforas para apresentar os conceitos básicos da programação usados como uma base para o resto do livro. Este livro tem tudo, desde o desenvolvimento Web até as interfaces gráficas com o usuário e a programação de jogos."

— **Doug Hellmann, engenheiro de software sênior, Racemi**

"Uma boa introdução à programação usando uma das melhores linguagens existentes, o *Use a Cabeça Programação* utiliza uma combinação única de visuais, quebra-cabeças e exercícios para ensinar a programação de um modo que é acessível e divertido."

— **Ted Leung, engenheiro de software principal, Sun Microsystems**

Elogio para outros livros Use a Cabeça!

"O *Use a Cabeça Java* de Kathy e Bert transforma a página impressa na coisa mais próxima de uma GUI que você já viu. De uma maneira irônica e moderna, os autores tornam o aprendizado do Java uma experiência 'o que eles farão em seguida?' encantador."

— **Warren Keuffel, revista Software Development**

"Além do estilo encantador que leva você de 'não saber nada' a um status de guerreiro Java elevado, o *Use a Cabeça Java* cobre uma quantidade enorme de problemas práticos que os outros textos deixam como o temido 'exercício para o leitor...'. É inteligente, irônico, moderno e prático – não há muitos livros que podem afirmar e conviver com isso enquanto também ensinam sobre a serialização de objetos e os protocolos de inicialização da rede."

— **Dr. Dan Russell, diretor de Ciências do Usuário e Pesquisa da Experiência IBM Almaden Research Center (e ensina Inteligência Artificial na Stanford University)**

"É rápido, irreverente, divertido e encantador. Tenha cuidado – você realmente pode aprender algo!"

— **Ken Arnold, ex-engenheiro sênior da Sun Microsystems Co-autor do (com James Gosling, criador do Java)** *The Java Programming Language*

"Sinto que quase meia tonelada de livros acabou de sair de minha cabeça."

— **Ward Cunningham, inventor da Wiki e fundador do Hillside Group**

"Simplesmente o tom certo para o guru codificador entendido, legal e casual em todos nós. A referência certa para as estratégias práticas de desenvolvimento – faz meu cérebro funcionar sem ter que passar por muito discurso professoral velho e cansado".

— **Travis Kalanick, fundador do Scour and Red Swoosh Membro do MIT TR100**

"Há livros que você compra, livros que mantém, livros que mantém em sua mesa e graças à O'Reilly e à equipe Use a Cabeça, há a penúltima categoria, os livros Use a Cabeça. São aqueles que estão cheios de orelhas, amassados e são carregados para todo lugar. O Use a Cabeça SQL está no topo de minha pilha. Caramba, até o PDF que tenho para revisar está rasgado e despedaçado."

— **Bill Sawyer, gerente de currículos ATG, Oracle**

"As substanciais doses de inteligência com admirável clareza e humor deste livro o tornam o tipo de livro que ajuda até os não programadores a pensarem bem sobre a solução de problemas."

— **Cory Doctorow, co-editor do Boing Boing Autor do** *Down and Out in the Magic Kingdom* **e** *Someone Comes to Town, Someone Leaves Town*

Elogios de outros livros da série *Use a Cabeça!*

"Recebi o livro ontem e comecei a ler... e não consegui parar. Isto é definitivamente três 'legal'. É divertido, mas eles cobrem muita coisa e vão diretamente ao ponto. Estou realmente impressionado."

— **Erich Gamma, famoso engenheiro da IBM e co-autor do *Design Patterns***

"Um dos livros mais divertidos e inteligentes sobre projeto de software que eu já li."

— **Aaron LaBerge, vice-presidente de tecnologia, ESPN.com**

"O que costumava ser um longo processo de aprendizagem com tentativas e erros, agora se tornou uma brochura encantadora."

— **Mike Davidson, diretor executivo da Newsvine, Inc.**

"O design elegante está no centro de cada capítulo aqui, cada conceito transmitido com doses iguais de pragmatismo e bom senso."

— **Ken Goldstein, vice-presidente executivo, Disney Online**

"I ♥ o *Use a Cabeça HTML com CSS & XHTML* – ele ensina tudo que você precisa aprender em um formato 'cheio de diversão'."

— **Sally Applin, designer de UI e artista**

"Geralmente, ao ler um livro ou um artigo sobre padrões de projeto, às vezes, eu tinha que segurar meus olhos abertos com algo apenas para assegurar que estava prestando atenção. Não com este livro. Por mais estranho que possa parecer, este livro torna o aprendizado sobre padrões de projeto divertido."

"Enquanto os outros livros sobre os padrões de projeto estão dizendo: 'Buehler... Buehler...Buehler...' este livro está propondo, gritando: 'Manda ver, garoto!'"

— **Eric Wuehler**

"Literalmente, adoro este livro. Na verdade, beijei este livro na frente de minha esposa."

— **Satish Kumar**

Outros livros na série Use a Cabeça!

Use a Cabeça! Ajax

Use a Cabeça! Ajax Profissional

Use a Cabeça! Álgebra

Use a Cabeça! Análise e Projeto Orientado ao Objeto

Use a Cabeça! Análise de Dados

Use a Cabeça! C# - 2ª Edição

Use a Cabeça! Desenvolvimento de Software

Use a Cabeça! Desenvolvendo para iPhone

Use a Cabeça! Estatística

Use a Cabeça! Excel

Use a Cabeça! Física

Use a Cabeça! Geometria 2D

Use a Cabeça! HTML com CSS e XHTML 2ª Edição

Use a Cabeça! Java 2ª Edição

Use a Cabeça! JavaScript

Use a Cabeça! Padrões de Projetos 2ª Edição

Use a Cabeça! Programação

Use a Cabeça! PHP & MySQL

Use a Cabeça! PMP

Use a Cabeça! Python

Use a Cabeça! Rails - 2ª Edição

Use a Cabeça! Redes de Computadores

Use a Cabeça! Servlets & JSP 2ª Edição

Use a Cabeça! SQL

Use a Cabeça! Web Design

Use a Cabeça! Programação

Não seria um sonho se fosse um livro de programação introdutório que não fizesse você querer estar em outro lugar, ao invés de ficar preso na frente de seu computador escrevendo código? Acho que é apenas uma fantasia.

Paul Barry
David Griffiths

ALTA BOOKS
EDITORA
Rio de Janeiro 2016

Use a Cabeça! Programação
Copyright © 2010 da Starlin Alta Con. Com. Ltda.
ISBN: 978857608473-0

Produção Editorial:
Starlin Alta Con. Com. Ltda

Gerência de Produção:
Maristela Almeida

Cordenação Administrativa:
Anderson Câmara

Tradução:
Eveline Malhado

Revisão Gramatical:
Pedro Viana

Revisão Técnica:
Josivan Ferreira de Souza
Mestrando em Computação
Aplicada pela UTFPR -
SCJP 1.4 e 1.6,
e SCWCD 1.4

Revisão Final:
Katia Cristina

Diagramação:
Lucia Quaresma

Fechamento:
Gustavo de Oliveira Soares

4ª Reimpressão, fevereiro 2016

Use a Cabeça! programação © 2010 Starlin Alta Con. Com. Ltda. *Authorized translation of the English edition of Head First programming* © 2009 Paul Barry e David Griffiths. *This translation is published and sold by permission of O'Reilly Media, Inc., the owner of all rights to publish and sell the same. PORTUGUESE language edition published by Editora Starlin Alta Con. Com. Ltda, Copyright © 2010 by Editora Starlin Alta Con. Com. Ltda.*

Todos os direitos reservados e protegidos pela Lei 9610/98 de 19/02/98. Nenhuma parte deste livro, sem autorização prévia por escrito da editora, poderá ser reproduzida ou transmitida sejam quais forem os meios empregados: eletrônico, mecânico, fotográfico, gravação ou quaisquer outros. Todo o esforço foi feito para fornecer a mais completa e adequada informação, contudo a editora e o(s) autor(es) não assumem responsabilidade pelos resultados e usos da informação fornecida. Recomendamos aos leitores testar a informação, bem como tomar todos os cuidados necessários (como o backup), antes da efetiva utilização. Este livro não contém CD-ROM, disquete ou qualquer outra mídia.

Erratas e atualizações: Sempre nos esforçamos para entregar a você, leitor, um livro livre de erros técnicos ou de conteúdo; porém, nem sempre isso é conseguido, seja por motivo de mudança de software, interpretação ou mesmo quando alguns deslizes constam na versão original de alguns livros que traduzimos. Sendo assim, criamos em nosso site, www.altabooks.com.br, a seção Erratas, onde relataremos, com a devida correção, qualquer erro encontrado em nossos livros.

Avisos e Renúncia de Direitos: Este livro é vendido como está, sem garantia de qualquer tipo, seja expressa ou implícita.

Marcas Registradas: Todos os termos mencionados e reconhecidos como Marca Registrada e/ou comercial são de responsabilidade de seus proprietários. A Editora informa não estar associada a nenhum produto e/ou fornecedor apresentado no livro. No decorrer da obra, imagens, nomes de produtos e fabricantes podem ter sido utilizados, e desde já a Editora informa que o uso é apenas ilustrativo e/ou educativo, não visando ao lucro, favorecimento ou desmerecimento do produto/fabricante.

Impresso no Brasil
O código de propriedade intelectual de 1º de julho de 1992 proíbe expressamente o uso coletivo sem autorização dos detentores do direito autoral da obra, bem como a cópia ilegal do original. Esta prática generalizada, nos estabelecimentos de ensino, provoca uma brutal baixa nas vendas dos livros a ponto de impossibilitar os autores de criarem novas obras.

Rua Viúva Cláudio, 291 – Bairro Industrial do Jacaré
CEP: 20970-031 – Rio de Janeiro – Tel: 21 3278-8069/8419 Fax: 21 3277-1253
www.altabooks.com.br – e-mail: altabooks@altabooks.com.br

Dedicamos este livro à primeira pessoa que viu um computador e, então, fez a pergunta: "Imagino como posso conseguir com que isso faça *isto*...?"

E para aqueles que tornam a programação complexa o suficiente a ponto das pessoas precisarem de um livro como o nosso para aprender.

David: A Dawn. A pessoa mais esperta que conheço.

Paul: Este é dedicado a meu pai, Jim Barry, que, há 25 anos – quando precisei de um empurrão – empurrou-me em direção à computação. Foi um bom empurrão.

Autores do Use a Cabeça Programação

Paul Barry

David Griffiths

Paul Barry calculou recentemente que ele vinha programando a quase um quarto de século, um fato que veio como um choque. Naquele momento, Paul tinha programado em muitas linguagens de programação diferentes, vivido e trabalhado em dois países em dois continentes, casado-se, tinha tido três filhos (bem... sua esposa Deirdre realmente *os teve*, ele apenas fez sua parte), completado um bacharelado em Química e mestrado em computação, escrito dois outros livros, escrito muitos artigos técnicos para o *Linux Journal* e tinha conseguido *não* perder seu cabelo... uma situação que, infelizmente, pode, de fato, estar mudando.

Quando Paul viu pela primeira vez o *Use a Cabeça! HTML com CSS & XHTML*, adorou tanto que soube imediatamente que a abordagem *Use a Cabeça* seria uma ótima maneira de ensinar programação. Ele está contente demais, junto com David, por criar este livro em uma tentativa de provar que seu palpite estava correto.

O dia de trabalho de Paul se resume a trabalhar como professor acadêmico no The Institute of Technology, em Carlow na Irlanda. Como parte do Departamento de Computação e Rede, Paul passa seu dia explorando, aprendendo e ensinando tecnologias legais de programação, que é sua ideia de diversão (esta é mais uma prova de que Paul provavelmente precisa sair mais). Paul espera que seus alunos pensem que o que ele ensina seja divertido também.

David Griffiths começou a programar com 12 anos, quando viu um documentário sobre o trabalho de Seymour Papert. Com 15 anos, escreveu uma implementação da linguagem de computador LOGO de Papert. Depois de estudar Matemática Pura na Universidade, começou a escrever código para computadores e artigos de revista para seres humanos. Ele trabalhou como treinador ágil, desenvolvedor e atendente de garagem, mas não necessariamente nessa ordem. Ele escreveu códigos em mais de 10 linguagens e se expressa em apenas uma, e quando não está escrevendo ou treinando, passa grande parte de seu tempo livre viajando com sua adorável esposa – e companheira do autor *Use a Cabeça* – Dawn.

Antes de escrever o *Use a Cabeça! Programação*, ele escreveu outro livro chamado *Use a Cabeça! Rails*, que é uma excelente leitura e seria um presente atencioso para qualquer amigo íntimo ou membro da família.

Você pode acompanhá-lo no Twitter em:

http://twitter.com/dgriffiths

Conteúdo

	Introdução	xxiii
1	Começando a codificar: *Encontrando seu caminho*	1
2	Dados textuais: *Cada string tem seu lugar*	37
3	Funções: *Sejamos organizados*	77
4	Dados em arquivos e arrays: *Classifique*	113
5	Hashes e bancos de dados: *Colocando os dados em seu lugar*	145
6	Programação modular: *Mantendo as coisas certas*	177
7	Construindo uma interface gráfica com o usuário: *Sendo geui*	215
8	GUI's e dados: *Componentes de entrada de dados*	257
8½	Exceções e caixas de mensagem: *Conseguiu a mensagem?*	293
9	Elementos da interface gráfica: *Selecionando a ferramenta certa*	313
10	Componentes e classes personalizados: *Com um objeto em mente*	349
i	Restante: *As dez coisas principais(que não cobrimos)*	385

Conteúdo (a coisa real)

Intro

Seu cérebro na programação. Aqui está *você* tentando *aprender algo*, enquanto aqui está seu *cérebro* fazendo um favor ao assegurar que o aprendizado não *se fixe*. Seu cérebro está pensando: "É melhor deixar espaço para coisas mais importantes, como, por exemplo, animais selvagens a evitar e se praticar *snowboarding* pelado é uma má ideia". Portanto, como *você* engana seu cérebro ao pensar que sua vida depende de saber programação?

Para quem é este livro?	xxiv
Sabemos o que você está pensando	xxv
Sabemos o que seu cérebro está pensando	xxv
Metacognição: pensando sobre o pensamento	xxvii
Eis o que FIZEMOS:	xxviii
Leia	xxx
Equipe de revisão técnica	xxxii
Agradecimentos	xxxiii

Conteúdo (Sumário)

1 começando a codificar
Encontrando seu caminho
Escrever programas dá o poder de controlar seu PC.

Quase todos sabem como *usar* um computador, mas poucos executam a próxima etapa e aprendem como *controlá*-lo. Se você usar o software de outras pessoas, sempre estará limitado àquilo que as outras pessoas acham que você deseja fazer. Escreva seus próprios programas e o único limite será sua própria imaginação. A programação irá torná-lo mais criativo, fará você pensar mais precisamente e irá ensiná-lo a analisar e resolver os problemas logicamente.

Você deseja ser programado ou ser o programador?

A programação permite que você faça mais.	2
Então, como você executa seu código?	5
Crie um novo arquivo de programa	6
Prepare e execute seu código	7
Um programa é mais do que uma lista de comandos	12
Codeville: Seu programa é como uma rede viária	13
Os desvios são as interseções do código	14
Desvios if/else	15
O código Python precisa interconectar os caminhos	20
O Python usa identações para conectar os caminhos	21
Os laços (em inglês, loop) permitem que você execute a mesma parte do código sempre	28
O laço while do Python	29
Sua Caixa de Ferramentas de Programação	35

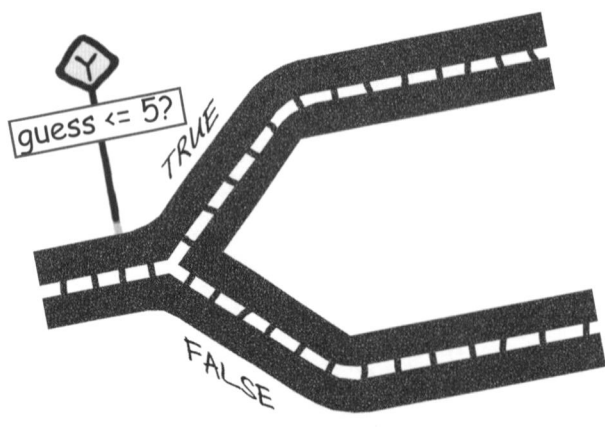

x

2 dados textuais
Cada string tem seu lugar

Imagine tentar comunicar-se sem palavras.

Todos os programas processam dados e um dos tipos mais importantes de dados é o **texto**. Neste capítulo, você trabalhará no básico dos **dados textuais**. Você **pesquisará** automaticamente o texto e obterá **exatamente o que está procurando**. No decorrer, obterá os principais conceitos da programação, tais como, **métodos** e como você pode usá-los para **submeter seus dados ao seu desejo**. E finalmente, **iniciará** instantaneamente **seus programas** com a ajuda **da biblioteca de código**.

Seu novo espetáculo no Starbuzz Café	38
Eis o código Starbuzz atual	39
O custo está embutido no HTML	41
Uma string é uma série de caracteres	41
Encontre os caracteres dentro do texto	42
Mas, como você consegue mais de um caractere?	43
Beans'R'Us está recompensando os clientes fiéis	50
A pesquisa é complexa	52
Os dados Python são espertos	54
Strings e números são diferentes	64
O programa sobrecarregou o servidor Beans'R'Us	67
Tempo... se você tivesse mais	68
Você já está usando o código da biblioteca	69
A ordem é restaurada	74
Sua Caixa de Ferramentas de Programação	75

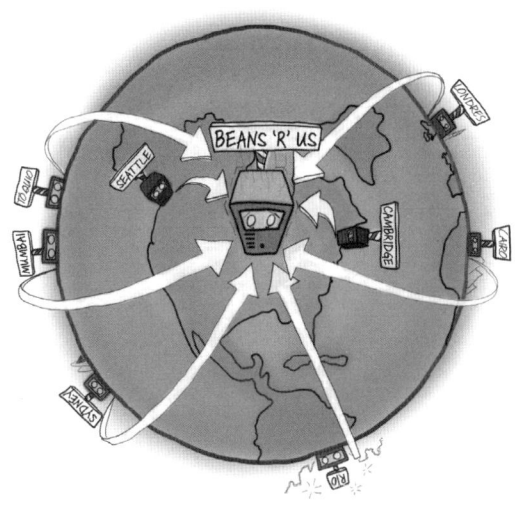

Conteúdo (Sumário)

3 funções
Sejamos organizados

Quando os programas crescem, geralmente o código fica mais complexo.

E um código complexo pode ser difícil de ler e ainda mais difícil de manter. Um modo de gerenciar essa complexidade é criar **funções**. As funções são **fragmentos de código** que você usa quando necessário de dentro de seu programa. Elas permitem **separar as ações comuns** e isso significa que tornam seu código **mais fácil de ler** e **mais fácil de manter**. Neste capítulo, você descobrirá como um pequeno conhecimento das funções pode **tornar sua codificação muito mais fácil**.

O Starbuzz está sem grãos!	78
O que o novo programa precisa fazer?	79
Não duplique seu código...	81
...Reutilize seu código	81
Reutilize o código com funções	82
Sempre coloque as coisas na ordem certa	84
Retorne dados com o comando return	87
Use a WEB, Luke	93
A função sempre envia a mesma mensagem	94
Use parâmetros para evitar a duplicação das funções	96
Alguém decidiu bagunçar seu código	102
O resto do programa não pode ver a variável password	104
Quando você chama uma função, o computador cria uma lista nova de variáveis	105
Quando você sai de uma função, suas variáveis são descartadas	106
Starbuzz está totalmente estocado!	110
Sua Caixa de Ferramentas de Programação	111

4 dados em arquivos e arrays
Classifique

Quando seus programas se desenvolvem, também se desenvolvem suas necessidades de lidar com os dados.

E quando você tem muitos dados com os quais trabalhar, usar uma variável individual para cada parte dos dados fica realmente antiquado, muito rapidamente. Então, os programadores utilizam alguns contêineres bem impressionantes (conhecidos como **estruturas de dados**) para ajudá-los a trabalhar com muitos dados. Na maioria das vezes, todos esses dados vêm de um arquivo armazenado em um disco rígido. Portanto, como você pode trabalhar com os dados em seus arquivos? Acaba sendo moleza.

O surfe está em alta em Codeville	114
Encontre a pontuação mais alta no arquivo de resultados	115
Iterando dentro do arquivo com o padrão open, for, close	116
O arquivo contém mais que números...	120
Divida cada linha quando ler	121
O método split( ) corta a string	122
Mas, você precisa mais que a pontuação mais alta	126
Controlar 3 pontuações torna o código mais complexo	127
Uma lista ordenada torna o código muito mais simples	128
A classificação é mais fácil na memória	129
Você não pode usar uma variável separada para cada linha de dados	130
Um array permite gerenciar um trem inteiro de dados	131
O Python fornece arrays com listas	132
Classifique o array antes de exibir os resultados	136
Classifique as pontuações da mais alta para a mais baixa	139
E o vencedor é...?	142
Você esqueceu os nomes dos surfistas	143
Sua Caixa de Ferramentas de Programação	144

Ei, cara, é o Capítulo 4... é hora de descansar – vamos pegar umas ondas.

5 hashes e bancos de dados
Colocando os dados em seu lugar

Os arrays não são o único show da cidade em relação aos dados.

As linguagens de programação vêm com outras coisas que organizam os dados também e nossa ferramenta escolhida, o Python, não é uma exceção. Neste capítulo, você **associará** valores a nomes usando uma estrutura de dados comumente chamada de **hash** (mais conhecida como *dicionário* para as pessoas que usam o Python). E quanto a trabalhar com os **dados armazenados**, você lerá os dados de um *sistema do banco de dados externo*, assim como de arquivos normais baseados em texto. O mundo inteiro está inundado com dados, portanto, vire a página e comece a aplicar suas habilidades de programação sempre crescentes em algumas tarefas legais de processamento de dados.

Quem venceu a competição de surfe?	146
Associe o nome à pontuação	150
Associe uma chave a um valor usando um hash	153
Itere os dados do hash com for	154
Os dados não estão classificados	158
Quando os dados ficam complexos	160
Retorne uma estrutura de dados a partir de uma função	164
Eis sua nova prancha!	168
Nesse ínterim, de volta ao estúdio...	169
O código permanece igual; é a função que muda	170
Os dados da TVN são precisos!	174
Sua Caixa de Ferramentas de Programação	175

Conteúdo (Sumário)

6
programação modular
Mantendo as coisas certas

O código que você escreve abrirá caminho em muitos programas.

E, embora o **compartilhamento** seja bom, você precisa ter *cuidado*. Um programador pode pegar seu código e usá-lo de uma maneira **inesperada**, ao passo que outro pode mudá-lo sem mesmo que você saiba. Você pode querer usar uma função em todos os seus programas e, com o tempo, o código dessa função pode **mudar** para se adequar às suas necessidades. Os programadores espertos aproveitam as *técnicas da programação modular* para manter seu trabalho gerenciável.

O Use a Cabeça Clube Desportivo está atualizando alguns sistemas	178
O programa precisa criar um arquivo de transação	179
Use strings para formatar as strings	180
Um e-mail tarde da noite arruína seu dia	187
$50.000... por um donut?!	188
Apenas as vendas de seu programa foram rejeitadas	189
O novo banco usa um novo formato	190
Seu programa da cafeteria ainda usa o formato antigo	191
Simplesmente não atualize sua cópia	192
Então, como se cria um módulo...?	193
O arquivo de transação está funcionando bem também	199
O clube desportivo tem uma nova exigência	200
O código Starbuzz	205
As duas funções de desconto têm o mesmo nome	206
Os Nomes Totalmente Qualificados (NTQs) impedem que seus programas fiquem confusos	207
Os descontos mantêm o fluxo de clientes entrando	213
Sua Caixa de Ferramentas de Programação	214

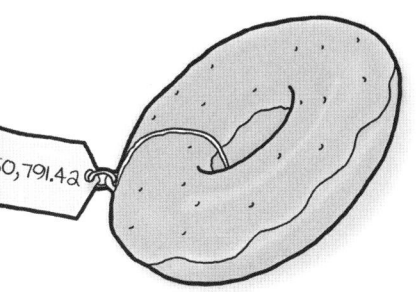

você está aqui ▶ **XV**

Conteúdo (Sumário)

construindo uma interface gráfica do usuário
Sendo gráfico

Suas habilidades de codificação são ótimas e estão ficando melhores com o tempo.

É simplesmente uma vergonha que seus programas não sejam *bonitos* na aparência. Exibir prompts e mensagens em um console baseado em texto é correto e bom, mas é tão anos 70, não é? Adicione um texto verde em um fundo preto e sua aparência retrô estará completa. Tem que haver uma *maneira melhor* de se comunicar com seus usuários além do console, e há: usando uma **interface gráfica do usuário** ou **GUI** (pronunciado como "gui"). Parece legal, mas complexo, e pode ser. Mas, não se preocupe; aprender um truque ou dois tornará seu código todo gráfico em pouco tempo. Sejamos gráficos (desculpe, GUI) neste capítulo.

A Use a Cabeça TVN agora produz shows de televisão	216
O pygame é compatível entre plataformas	220
0... 2... 1... 9... decolar!	230
O tkinter fornece o laço de evento gratuitamente	234
O tkinter vem com opções	235
A GUI funciona, mas não faz nada	238
Conecte o código aos seus eventos de botão	239
O programa GUI agora está pronto para um teste na tela	244
Mas, a TVN ainda não está feliz	246
Coloque uma etiqueta	249
Sua Caixa de Ferramentas de Programação	255

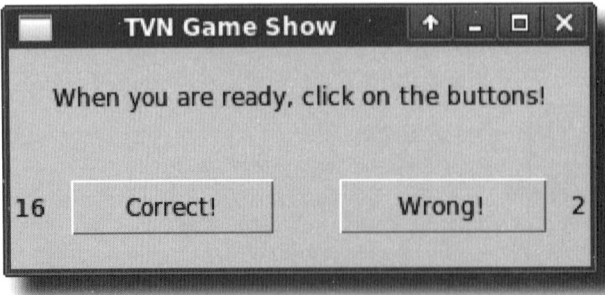

Conteúdo (Sumário)

8 guis e dados
Componentes de entrada de dados

As GUIs não processam apenas eventos. Também lidam com os dados.

Quase todos os aplicativos GUI precisam ler os dados do usuário e escolher os componentes certos que podem mudar sua interface de *inferno de entrada dos dados* para *paraíso do usuário*. Os componentes podem aceitar texto comum ou apenas apresentar um menu de opções. Há muitos componentes diferentes por aí, significando que há muitas escolhas também. E, claro, fazer a escolha certa pode fazer toda a diferença. É hora de levar seu programa GUI ao **próximo nível**.

A Head-Ex precisa de um sistema de entrega novo	258
Eles já desenharma a interface	259
Leia os dados a partir da GUI	260
Os componentes Entry e Text permitem fornecer dados de texto em sua GUI	261
Leia e escreva dados nos campos de texto	262
Os campos Text grandes são mais difíceis de lidar	263
Uma das entregas da Head-Ex foi extraviada	270
Os usuários podem fornecer qualquer coisa nos campos	271
Os botões de rádio forçam os usuários a escolherem um depósito válido	272
Criando botões de rádio no tkinter	273
Os botões de rádio devem trabalhar juntos	275
Os botões de rádio podem compartilhar um modelo	276
O sistema informa aos outros componentes quando o modelo muda	277
Então, como você usa modelos no tkinter?	278
O negócio da Head-Ex está expandindo	282
Há depósitos demais na GUI	283
Um OptionMenu permite ter quantas opções forem necessárias	284
O modelo fica igual	285
As coisas ficarão ótimas na Head-Ex	291
Sua Caixa de Ferramentas de Programação	292

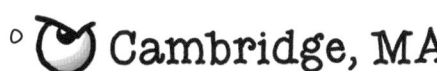

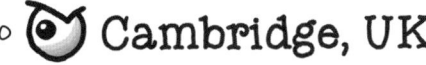

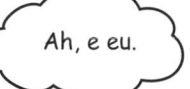

você está aqui ▸ **xvii**

8 ½ exceções e caixas de mensagem
Conseguiu a mensagem?

Algumas vezes, as coisas simplesmente dão errado. Você só precisa lidar com isso.

Sempre haverá coisas além de seu controle. As redes falharão. Os arquivos desaparecerão. Os codificadores espertos aprendem a lidar com esses tipos de **erros** e fazem seus programas se **recuperarem** com elegância. O melhor software mantém o usuário informado sobre as coisas ruins que acontecem e o que deve ser feito para se recuperar. Aprendendo a usar as **exceções** e as **caixas de mensagens**, você pode levar seu software ao próximo nível de confiabilidade e qualidade.

O que é este cheiro?	294
Alguém mudou as permissões do arquivo	295
Quando não pôde escrever no arquivo, o programa enviou uma exceção	296
Capture a exceção	297
Observe as exceções com try/except	298
Há um problema com a sub-rotina de exceção	302
Uma caixa de mensagem requer atenção	303
Criando caixas de mensagem no Python	304
Sua Caixa de Ferramentas da Programação	311

Conteúdo (Sumário)

elementos da interface gráfica
Selecionando a ferramenta certa

É fácil tornar seus programas mais eficientes para seus usuários.

E quanto aos aplicativos GUI, há um mundo de diferença entre uma interface *funcional* e uma que é **útil** e **eficaz**. Selecionar a ferramenta certa para o trabalho certo é uma habilidade que vem com a experiência e o melhor modo de conseguir essa experiência é usar as ferramentas disponíveis para você. Neste capítulo, você continuará a expandir suas habilidades de construção do aplicativo GUI. Há muitos aplicativos realmente úteis esperando para serem experimentados. Portanto, vire a página e continuemos.

É hora de remixar	314
A música simplesmente continuou a tocar...	318
Nem todos os eventos são gerados por cliques do botão	319
Capturar o evento do protocolo não é suficiente	326
Usar dois botões, ou não usar dois botões? Eis a questão...	328
A caixa de verificação é uma alternância entre on/off, vai/volta	331
Trabalhando com caixas de verificação no tkinter	332
Aumente o volume!	336
Modele um slider em uma escala	337
Use o pygame para definir o volume	339
Use o tkinter para tudo mais	340
O DJ está muito satisfeito!	347
Sua Caixa de Ferramentas da Programação	348

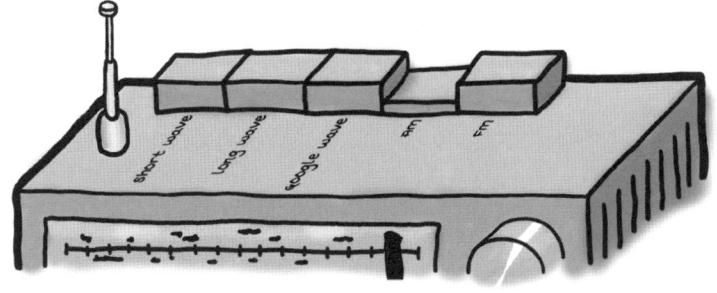

você está aqui ▶ xix

Conteúdo (Sumário)

10
classes e componentes personalizados
Com um objeto em mente

As exigências podem ser complexas, mas os programas não têm que ser.

Usando a **orientação a objetos**, você pode dar a seus programas um **grande poder** sem escrever muito código extra. Continue lendo e você criará **componentes personalizados** que fazem exatamente o que *você* deseja e lhe dão o poder de levar **suas habilidades de programação ao próximo nível**.

O DJ deseja reproduzir mais de uma faixa	350
Crie código para cada faixa como uma função	351
A nova função contém outras funções	356
Sua nova função precisa criar componentes e manipuladores de evento	357
O DJ está confuso	362
Agrupe os componentes	363
Um componente de enquadramento (em inglês, frame) contém outros componentes	364
Uma classe é uma máquina para criar objetos	366
Uma classe tem métodos que definem seu comportamento	367
Mas, como um objeto chama um método?	369
A classe SoundPanel parece muito com a função create_gui()	370
classe = métodos + dados	372
O DJ tem um diretório inteiro de trilhas	378
É hora da festa!	382
Sua Caixa de Ferramentas da Programação	383
Saindo da cidade...	384
Foi ótimo tê-lo aqui em Codeville!	384

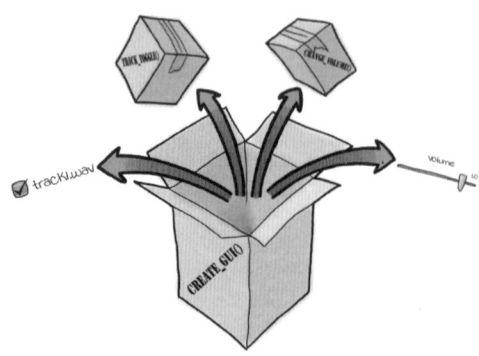

Conteúdo (Sumário)

restante
As dez coisas principais (que não cobrimos)

Você percorreu um longo caminho.

Mas, aprender a programar é uma atividade que nunca para. Quanto mais você codificar, mais precisará **aprender novas maneiras de fazer certas coisas**. Você precisará dominar **novas ferramentas** e **novas técnicas** também. Simplesmente, não há espaço suficiente neste livro para mostrar tudo que você possivelmente pode precisar saber. Portanto, eis nossa lista das dez coisas principais que não cobrimos que você pode querer aprender em seguida.

#1: Fazendo coisas "Do modo Python"	386
#2: Usando o Python 2	387
#3: Outras linguagens de programação	388
#4: Técnicas de teste automatizadas	389
#5: Depuração	390
#6: Execução da linha de comandos	391
#7: Ooops... poderíamos ter coberto mais a OOP	392
#8: Algoritmos	393
#9: Tópicos da programação avançada	394
#10: Outros IDEs, shells e editores de texto	395

você está aqui ▶ **xxi**

como usar este livro
Introdução

Não posso acreditar que eles colocaram *isso* em um livro de programação.

Nesta seção, respondemos à pergunta que não quer calar:
"Então, por que eles COLOCARAM isso em um livro de programação?"

como usar este livro

Para quem é este livro?

Se você puder responder "sim" a todas estas questões:

1. Você deseja ter experiência para controlar seu computador e permitir que ele faça coisas novas?

2. Você quer aprender a programar para que possa criar a próxima grande coisa no software, fazer uma pequena fortuna e aposentar-se em sua própria ilha particular?

    Tudo bem, talvez isso seja um pouco forçado. Mas, você tinha que começar em algum lugar, certo?

3. Você realmente prefere fazer coisas e aplicar o que aprendeu ouvindo alguém em uma palestra por horas a fio?

Este livro é para você.

Quem provavelmente deve manter-se afastado deste livro?

Se você puder responder "sim" a qualquer uma destas perguntas:

1. Você é um programador capacitado? Já sabe como programar?

2. Você está procurando uma introdução rápida ou um livro de consulta para o Python?

3. Você preferiria ter suas unhas dos pés arrancadas por 15 macacos gritando, a aprender algo novo? Você acredita que um livro de programação deve cobrir *tudo* e se ele chatear o leitor até às lágrimas no processo, então muito melhor?

Este livro ***não*** é para você.

[Nota do marketing: este livro é para qualquer pessoa que tenha cartão de crédito... aceitamos cheque também.]

Sabemos o que você está pensando

"Como *isto* pode ser um livro de programação sério?"

"O que há com todos os gráficos?"

"Realmente posso *aprender* assim?"

Sabemos o que seu cérebro está pensando

Seu cérebro precisa de novidade. Ele está sempre pesquisando, varrendo e *esperando* por algo incomum. Ele foi construído assim e ajuda você a ficar vivo.

Então, o que seu cérebro faz com todas as coisas rotineiras, comuns e normais que você encontra? Tudo o que ele *pode* para impedi-las de interferir no serviço *real* do cérebro – registrar as coisas que *importam*. Ele não se importa em gravar as coisas chatas; elas nunca passam no filtro do "obviamente, isto não é importante".

Como seu cérebro *sabe* o que é importante? Suponha que você esteja fazendo um passeio e um tigre pula na sua frente, o que acontece dentro de sua cabeça e do seu corpo?

Os neurônios são estimulados. As emoções são acionadas. *A química acontece*.

E é assim que seu cérebro sabe...

Seu cérebro acha que ISSO é importante.

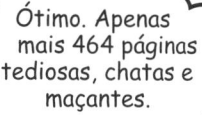

Isso deve ser importante! Não esqueça!

Mas, imagine você em casa ou em uma biblioteca. É um ambiente seguro, confortável, sem tigres. Você está estudando. Aprontando-se para um exame. Ou tentando aprender algum tópico bem técnico que seu chefe acha que levará uma semana, dez dias no máximo.

Seu cérebro acha que ISSO não vale a pena gravar.

Só um problema. Seu cérebro está tentando prestar-lhe um grande favor. Está tentando assegurar que esse conteúdo *obviamente* tão importante não atravanque os recursos escassos. Os recursos que são mais bem gastos armazenando coisas realmente *grandes*. Como tigres. Como o perigo do fogo. Como você nunca deveria ter postado aquelas fotos da "festa" em sua página do Facebook. E não há um modo simples de dizer a seu cérebro: "Ei, cérebro, muito obrigado, mas não importa o quanto é chato este livro e a pouca quantidade de informações que estou registrando na escala Richter emocional agora, realmente *quero* manter essas coisas."

Ótimo. Apenas mais 464 páginas tediosas, chatas e maçantes.

Consideramos que um leitor da série "Use a Cabeça!" é um *aprendiz*.

Então, o que é preciso para aprender algo? Primeiro, você tem de entender, então, a assegurar que não esquecerá. Isso não quer dizer empurrar os fatos para a sua cabeça. Com base na última pesquisa sobre Ciência cognitiva, Neurobiologia e Psicologia educacional, aprender requer mais do que texto em uma página. Sabemos o que liga seu cérebro.

Alguns dos princípios de aprendizagem Use a Cabeça:

Torne-o visual. As imagens são bem mais fáceis de memorizar do que as palavras sozinhas, e torna a aprendizagem muito mais eficiente (até 89% de melhora ao lembrar e transferir os estudos). Também torna as coisas mais compreensíveis. **Coloque as palavras dentro ou perto dos gráficos** aos quais se relacionam, em vez de colocar na parte inferior ou em outra página, e os aprendizes provavelmente resolverão os problemas relacionados ao conteúdo *duas vezes* mais rápido.

Use um estilo coloquial e personalizado. Em estudos recentes, com alunos, até 40% foram melhores em testes de pós-aprendizado onde o conteúdo foi falado diretamente para o leitor, usando-se um estilo de conversação na primeira pessoa, em vez de se adotar um tom formal. Conte histórias, em vez de palestras. Use uma linguagem casual. Não se leve tão a sério. Em que *você* prestaria mais atenção: em uma companhia estimulante no jantar ou em uma palestra?

Faça o aprendiz pensar mais profundamente. Em outras palavras, a menos que você exercite ativamente seus neurônios, nada mais acontecerá em sua cabeça. Um leitor tem que ser motivado, engajado, ficar curioso e inspirado a resolver problemas, chegar a conclusões e gerar um novo conhecimento. E para tanto, você precisa de desafios, exercícios, perguntas provocantes e atividades que envolvam os dois lados do cérebro e os diversos sentidos.

Consiga – e mantenha – a atenção do leitor. Todos já tivemos a experiência do tipo: "realmente quero aprender isso, mas não consigo ficar acordado depois da página um". Seu cérebro presta atenção nas coisas que são fora do comum, interessantes, estranhas, atraentes e inesperadas. Aprender um tópico novo, difícil e técnico não tem de ser chato. Seu cérebro aprenderá muito mais rapidamente se não o for.

Toque em suas emoções. Agora, sabemos que sua habilidade de lembrar algo depende muito de seu conteúdo emocional. Você lembra daquilo com o qual se importa. Você lembra quando *sente* algo. Não, não estamos falando de histórias tristes sobre um menino e seu cão. Estamos falando sobre emoções como, por exemplo, surpresa, curiosidade, diversão, "e se...?" e da sensação do tipo "eu domino!", que vem quando você resolve um quebra-cabeça, aprende algo que as outras pessoas pensam que é difícil ou percebem que você sabe algo que o Bob, "sou mais técnico que você," da Engenharia não sabe.

Metacognição: pensando sobre pensar

Se você realmente quiser aprender, e quiser aprender mais rápida e profundamente, preste atenção em como prestar atenção. Pense em como se pensa. Aprenda como você aprende.

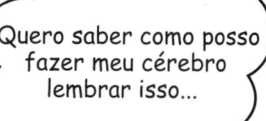

A maioria de nós não fez cursos sobre a metacognição ou a teoria do aprendizado quando estava crescendo. *Espera-se* que aprendamos, mas raramente somos *ensinados* a aprender.

Mas, supomos que se você está segurando este livro, realmente deseja aprender como programar. E provavelmente não deseja gastar muito tempo. Se você quiser usar o que aprendeu neste livro, precisará *lembrar* o que leu. E para tanto, teve de *entender*. Para tirar o máximo deste livro, de *qualquer* livro ou da experiência de aprendizagem, dê responsabilidade ao seu cérebro. Seu cérebro *neste* conteúdo.

O truque é fazer seu cérebro ver o novo material que você está aprendendo como sendo Realmente Importante. Crucial para seu bem-estar. Tão importante quanto um tigre. Do contrário, você estará em uma constante batalha, com seu cérebro fazendo o melhor para impedir que o novo conteúdo seja fixado.

Então, como é que você FAZ com que seu cérebro trate a programação como se ela fosse um tigre faminto?

Há a maneira lenta e chata ou a mais rápida e eficiente. A maneira lenta é a repetição pura. Obviamente, você sabe que *será* capaz de aprender e lembrar mesmo o mais chato dos tópicos se continuar martelando a mesma coisa em seu cérebro. Com uma repetição suficiente, seu cérebro diz: "Isso não *parece* importante, mas ele continua vendo a mesma coisa *sempre*, *sempre* e *sempre*, portanto, suponho que deva ser."

O modo mais rápido é fazer **qualquer coisa que aumente a atividade do cérebro**, especialmente diferentes *tipos* de atividade cerebral. As coisas na página anterior são uma grande parte da solução; são coisas que foram comprovadas e podem ajudar seu cérebro a funcionar a seu favor. Por exemplo, estudos mostram que colocar palavras *dentro* das imagens que elas descrevem (em vez de um outro lugar na página, como, por exemplo, um título ou no corpo do texto), faz com que seu cérebro tente entender como as palavras e a imagem relacionam-se, e isso faz com que mais neurônios sejam estimulados. Mais neurônios estimulados = mais chances de seu cérebro *entender* que isso é algo no qual vale a pena prestar atenção e, possivelmente, registrar.

Um estilo coloquial ajuda porque as pessoas tendem a prestar mais atenção quando percebem que estão em uma conversação, uma vez que é esperado que acompanhem e apoiem seu final. O surpreendente é que seu cérebro não se *importa* necessariamente que a "conversa" seja entre você e um livro! Por outro lado, se o estilo de escrita for formal e seco, seu cérebro irá perceber do mesmo modo quando você está em uma palestra sentado em uma sala cheia de ouvintes passivos. Não precisa ficar acordado.

Mas, as imagens e o estilo de conversa são apenas o começo...

como usar este livro

Eis o que FIZEMOS:

Usamos *imagens,* porque seu cérebro está ajustado para o visual, não para o texto. No que diz respeito ao seu cérebro, uma imagem *vale* mil palavras. E quando o texto e as imagens trabalham juntos, incorporamos o texto *nas* imagens, porque seu cérebro funciona com mais eficiência quando o texto está *dentro* da coisa à qual se refere, em vez de um título ou enterrada em algum lugar do texto.

Usamos a **redundância**, dizendo a mesma coisa de modos *diferentes,* com tipos de mídia diferentes e *diversos sentidos,* para aumentar a chance de que o conteúdo seja codificado em mais de uma área de seu cérebro.

Usamos conceitos e imagens de modos *inesperados,* porque seu cérebro está ajustado para a novidade e usamos imagens e ideias com, pelo menos, *algum conteúdo* **emocional**, pois seu cérebro está orientado a prestar atenção na bioquímica das emoções. É isso que faz com que você *sinta* que algo é mais provável de ser lembrado, mesmo que essa sensação não seja nada mais do que um pouco de **humor**, **surpresa** ou **interesse**.

Usamos um **estilo de conversa** personalizado, porque seu cérebro está ajustado para prestar mais atenção quando acredita que você está em uma conversa do que se achar que está ouvindo passivamente uma apresentação. Seu cérebro faz isso mesmo quando você está *lendo*.

Incluímos mais de 80 **atividades**, pois seu cérebro está ajustado para aprender e lembrar mais quando você *faz* as coisas do que quando você *lê* sobre as coisas. E tornamos os exercícios bem desafiadores, porque é o que a maioria das pessoas prefere.

Usamos **diversos estilos de aprendizagem,** porque *você* pode preferir procedimentos passo a passo, enquanto algumas pessoas desejam entender o todo primeiro e outras só querem ver um exemplo. Mas, independentemente de sua própria preferência de aprendizagem, *todos* aproveitam vendo o mesmo conteúdo representado de várias maneiras.

Incluímos conteúdos para **os dois lados de seu cérebro**, pois quanto mais do seu cérebro você engajar, mais provavelmente irá aprender e lembrar, e ficará focado por mais tempo. Como trabalhar um lado do cérebro geralmente significa dar ao outro lado uma chance de repousar, você poderá ser mais produtivo aprendendo por um período de tempo maior.

E incluímos *histórias* e exercícios que apresentam **mais de um ponto de vista** porque seu cérebro está ajustado para aprender mais profundamente quando é forçado a fazer avaliações e julgamentos.

Incluímos **desafios**, com exercícios, e fazendo **perguntas** que nem sempre têm uma resposta direta, pois seu cérebro está ajustado para aprender e lembrar quando tem de *trabalhar* em algo. Pense nisto: você não pode deixar seu *corpo* em forma simplesmente *vendo* as pessoas na academia. Mas, fizemos o melhor para assegurar que quando você estiver trabalhando pesado, será nas coisas *certas*. Que *você não esteja gastando mais que* **um dendrito extra**, processando um exemplo difícil de entender ou analisando um jargão muito difícil ou texto sucinto demais.

Usamos **pessoas**. Nas histórias, exemplos, imagens etc., porque, bem, porque *você é* uma pessoa. E seu cérebro presta mais atenção nas *pessoas* do que nas *coisas*.

introdução

Eis o que VOCÊ pode fazer para curvar seu cérebro à submissão

Então, fizemos nossa parte. O resto é com você. Estas dicas são um ponto de partida; ouça seu cérebro e descubra o que funciona ou não para você. Experimente coisas novas.

Corte isto e cole em sua geladeira.

---

1. Diminua a velocidade. Quando você entender mais, menos terá de memorizar.
Não *leia* simplesmente. Pare e pense. Quando o livro fizer uma pergunta, não pule simplesmente para a resposta. Imagine que alguém realmente *está* fazendo a pergunta. Quanto mais profundamente você forçar seu cérebro a pensar, mais chances terá de aprender e lembrar.

2. Faça os exercícios. Escreva suas próprias notas.
Colocamos as notas, mas se as fizéssemos para você, seria como ter outra pessoa fazendo seus exercícios. E não *olhe* apenas os exercícios. **Use um lápis**. Há muita evidência de que a atividade física *ao* aprender pode aumentar o aprendizado.

3. Leia a seção "Não existem perguntas idiotas".
Isso significa todas elas. Não são seções complementares opcionais, *elas fazem parte do conteúdo principal!* Não as pule.

4. Faça com que seja a última coisa que você lê antes de ir para a cama. Ou, pelo menos, a coisa mais desafiadora.
Parte do aprendizado (especialmente a transferência para a memória de longo prazo) ocorre *depois* de você fechar o livro. Seu cérebro precisa de tempo para si mesmo, para fazer mais processamento. Se você colocar algo novo durante essa hora de processamento, parte do que acabou de aprender será perdido.

5. Fale sobre isso. Em voz alta.
A fala ativa uma parte diferente do cérebro. Se você estiver tentando entender algo ou aumentar sua chance de lembrar mais tarde, diga em voz alta. Melhor ainda, tente explicar em voz alta para outra pessoa. Você aprenderá mais rapidamente e poderá descobrir ideias que não sabia que existiam quando estava lendo.

6. Beba água! Muita.
Seu cérebro funciona melhor em um belo banho de fluido. A desidratação (que pode ocorrer antes de você sentir sede) diminui a função cognitiva.

7. Ouça seu cérebro.
Preste atenção se seu cérebro está ficando sobrecarregado. Se você estiver começando a passar os olhos ou esquecer aquilo que acabou de ler, é hora de fazer uma pausa. Assim que você passar de certo ponto, não aprenderá mais rapidamente tentando empurrar mais coisas e poderá até prejudicar o processo.

8. Sinta algo.
Seu cérebro precisa saber que isto *é importante*. Envolva-se com as histórias. Crie seus próprios títulos para as fotos. Suspirar com uma piada ruim é *ainda* melhor do que não sentir nada.

9. Escreva muito código!
Há apenas um modo de aprender a programar: **escrevendo muito código**. E é o que você irá fazer em todo este livro. A codificação é uma habilidade e o único modo de ficar bom nisso é praticar. Daremos a você muita prática: todo capítulo tem exercícios que colocam problemas para que você resolva. Não os pule simplesmente – muito aprendizado acontece quando você resolve os exercícios. Incluímos uma solução para cada exercício – não tenha medo de **olhar a solução** se você ficar parado! (É fácil esbarrar em um empecilho pequeno.) Mas, tente resolver o problema antes de ver a solução. E, definitivamente, faça com que funcione antes de ir para a próxima parte do livro.

como usar este livro

Leia

Esta é uma experiência de aprendizado, não um livro de consulta. Deliberadamente, retiramos tudo que poderia entrar no caminho do aprendizado, seja o que for que você esteja trabalhando naquele ponto no livro. E na primeira vez, você precisará começar no início porque o livro faz suposições sobre o que já viu e aprendeu.

Isto não é um Use a Cabeça Python.

Usamos a versão 3 da linguagem de programação Python neste livro, mas este fato isolado não torna este livro o *Use a Cabeça Python*. Escolhemos o Python porque é uma ótima linguagem de programação para começar e também é uma ótima linguagem de programação com a qual se desenvolver. Na verdade, o Python pode ser a única linguagem de programação que você precisará aprender e usar (embora seu patrão possa pensar o contrário). Naturalmente, você tem que começar com algo e não podemos pensar em nada melhor do que a linguagem de programação Python para aprender como programar pela primeira vez. Dito isto, este livro não é designado a ensinar o Python; é designado a ensinar a *programar*, portanto, grande parte das coisas que mostramos é destinada a *destacar o conceito da programação*, não o recurso Python.

Você precisa instalar o Python 3 em seu computador.

Para executar os programas neste livro, você precisa fazer o download e instalar o Python 3 em seu computador. Não é tão difícil quanto parece. Entre no site de download Python e selecione a opção mais adequada ao computador que você está usando. Selecione a versão 3 do Python, *não a versão 2*: ***http://www.python.org/download***.

Começamos ensinando alguns conceitos básicos da programação, então, começamos colocando a programação para funcionar imediatamente.

Cobrimos os fundamentos da programação no Capítulo 1. Assim, quando você percorrer todo o caminho até o Capítulo 2, estará criando programas que realmente fazem algo real, útil e – engula a seco! – divertido. Estamos imaginando que você ficará surpreso com o quanto pode fazer com menos de meia dúzia de linhas de código no Capítulo 2. O resto do livro, então, irá basear-se em suas habilidades de programação, transformando-o de um *novato em programação* no *mestre ninja da codificação* em pouco tempo.

Os endereços de web sites podem ser alterados ou desativados pelos mantenedores dos mesmos, sendo assim, a Editora Alta Books não controla ou se responsabiliza por qualquer conteúdo de web sites de terceiros.

As atividades NÃO são opcionais.

Os exercícios e as atividades não são complementos; fazem parte do conteúdo principal do livro. Alguns são para ajudar na memorização, outros na compreensão e também ajudarão a aplicar o que você aprendeu. *Não pule os exercícios*.

A redundância é intencional e importante.

Uma diferença distinta em um livro Use a Cabeça é que queremos que você *realmente* o compreenda. E queremos que você termine o livro lembrando o que aprendeu. A maioria dos livros de consulta não tem a fixação e a recordação como objetivo, mas este livro é sobre *aprendizagem*, portanto, você verá alguns dos mesmos conceitos aparecerem mais de uma vez.

Os exemplos são os mais escassos possível.

Nossos leitores dizem que é frustrante percorrer 200 linhas de um exemplo procurando as duas linhas que precisam entender. A maioria dos exemplos deste livro é mostrada dentro do menor contexto possível para que a parte que você está tentando aprender seja clara e simples. Não espere que todos os exemplos sejam robustos ou mesmo completos – eles são escritos especificamente para o aprendizado e nem sempre são totalmente funcionais.

Colocamos muitos exemplos de código na Web para que você possa copiá-los e colá-los quando necessário. Você irá encontrá-los em dois lugares:

http://www.altabooks.com.br

http://programming.itcarlow.ie

Os exercícios Poder da Mente não têm respostas.

Para alguns, não há nenhuma resposta certa e para outros, parte da experiência do aprendizado das atividades Poder da mente é para você decidir se e quando suas respostas estão certas. Em alguns exercícios Poder da mente, você encontrará sugestões que apontam na direção certa.

equipe de **revisão técnica**

Revisão técnica

Doug Hellman

Ted Leung

Jeremy Jones

Bill Mietelski

Revisores técnicos:

Doug Hellmann é engenheiro de software sênior na Racemi e ex-editor chefe da *Python Magazine*. Vem programando o Python desde a versão 1.4 e antes do Python, trabalhou em grande parte com o C em várias plataformas Unix e não Unix. Trabalhou em projetos que variam desde mapeamento até publicação médica, e também com operações bancárias. Doug passa seu tempo livre trabalhando em vários projetos de fonte aberta, lendo ficção científica, história e biografias, e escrevendo o Módulo Python (em inglês, Modul Python) da série do blog Week.

Jeremy Jones é coautor do *Python for Unix and Linux System Administration* (Python para Administração dos Sistemas Unix e Linux) e vem usando ativamente o Python desde 2001. Foi desenvolvedor, administrador de sistemas, engenheiro de garantia da qualidade e analista de suporte técnico. Todos têm suas recompensas e desafios, mas seu trabalho mais desafiador e recompensador foi ser marido e pai.

Ted Leung vem programando no Python desde 2002 e, atualmente é o principal engenheiro de software na Sun Microsystems. É bacharel em Matemática, pelo Massachusetts Institute of Technology e tem mestrado em Ciência da Computação pela Brown University. O Weblog de Ted está disponível em http://www.sauria.com/blog.

Bill Mietelski tem sido um *nerd* TI por mais de 20 anos. Atualmente é engenheiro de software em um importante centro médico acadêmico nacional perto de Chicago, trabalhando nos estudos de pesquisa estatística. Quando não está no escritório ou ligado a um computador, você poderá encontrá-lo em um campo de golfe procurando uma bolinha branca.

Agradecimentos

Nosso editor:

Brian Sawyer foi o editor do *Use a Cabeça Programação*. Quando não edita livros, Brian gosta de correr maratonas para "se divertir". Ocorre que foi o treinamento perfeito para trabalhar na maratona que produziu aquilo no qual o livro se transformou. Às vezes, Brian trabalhava conosco de modo pesado e, consequentemente, temos um livro muito melhor.

Brian Sawyer

A equipe O'Reilly:

Brett McLaughlin, o editor da série, manteve os olhos no que fazíamos e, em mais de uma ocasião, veio em nosso socorro quando tivemos problemas. **Karen Shaner** forneceu o suporte administrativo e coordenou com muita capacidade nosso processo de revisão técnica.

Amigos e colegas:

Somos especialmente gratos a **Lou Barr** por pensar primeiro que nós poderiam gostar de trabalhar juntos neste livro, sugerindo que fizéssemos isso e, então, trabalhando muito para ter a ideia aprovada pela O'Reilly. Obrigado, Lou!

David: Meus agradecimentos a **Kathy Sierra** e **Bert Bates** por esta série extraordinária de livros. E a **Andy Parker**, **Joe Broughton**, **Carl Jacques**, **Simon Jones** e a muitos outros amigos que tiveram poucas notícias sobre mim enquanto eu estava ocupado, escrevendo.

Paul: Meus agradecimentos a **Nigel Whyte**, chefe do departamento de Computação e Rede no The Institute of Technology, Carlow por apoiar meu envolvimento ainda em outro projeto de escrita. Também no trabalho, o **Dr. Christophe Meudec** revisou os primeiros capítulos e ofereceu algumas palavras muito bem-vindas de encorajamento, junto com sugestões sobre como tornar as coisas apenas um pouco melhores. **Joseph Kehoe** também revisou o material inicial e gostou do que viu.

Família:

David: Eu devo um obrigado muito particular à minha esposa, a autora do *Use a Cabeça Estatística*, **Dawn Griffiths**. Por sua inteligência, humor, paciência e habilidade em transformar ideias vagas em capítulos reais.

Paul: Agradecimentos são devidos ao meu pai, **Jim Barry**, que revisou o material de rascunho inicial e (novamente) indicou onde minha escrita poderia ser melhorada e ficar clara. Lamentavelmente, minha vida particular sofreu enquanto o trabalho neste livro crescia, consumindo todo meu tempo livre. **Deirdre**, **Joseph**, **Aaron** e **Aideen** tiveram que aguentar os resmungos e lamentos, iras e baforadas, e mais do que alguns rugidos quando a pressão atingiu o ponto de ebulição em mais de uma ocasião. Algumas vezes, imagino como eles me suportaram, mas de algum modo, suportaram, e sou muito grato por seu amor e apoio contínuos.

Lista dos sem ninguém:

Nossa equipe de revisão técnica fez um excelente trabalho mantendo-nos retos e assegurando que o que cobrimos estava correto.

Finalmente, temos um débito enorme de gratidão com a esposa de David, **Dawn**, que não só cuidou de David, mas também se envolveu na produção deste livro no momento quando as coisas pareciam que nunca terminariam. Sem a ajuda de Dawn, este livro nunca teria sido feito no prazo. Dawn é o anjo da guarda do *Use a Cabeça Programação*.

1 começando a codificar

Encontrando seu caminho

> Eu gostaria que os "doces atrevimentos" aqui acabassem com o polimento. Tive que furar de novo o eixo de transmissão e reprogramar o EMS para a corrida de sábado.

Escrever programas dá o poder de controlar seu PC.

Quase todos sabem como *usar* um computador, mas poucos realizam a próxima etapa e aprendem como *controlá-lo*. Se você usar o software de outras pessoas, sempre estará limitado àquilo que as outras pessoas acham que você deseja fazer. Escreva seus próprios programas e o único limite será sua própria imaginação. A programação irá torná-lo mais criativo, fará você pensar mais precisamente e irá ensiná-lo a analisar e resolver os problemas logicamente.

Você deseja ser programado ou ser o programador?

assuma o controle de seu computador

A programação permite que você faça mais.

Você tem problemas para resolver e trabalho a fazer, mas seu software existente não termina com isso. Mesmo com todos aqueles programas em seu computador, você ainda precisa fazer algo diferente, algo específico para **você**.

Você deseja fazer mais com seu computador. Você deseja *assumir o controle*.

Aprender a programar dá o poder de *criar* e *resolver*. Aprender a programar coloca em **você** a responsabilidade.

Mas, como a programação funciona?

Vejamos um jogo simples escrito com o Python.

começando a **codificar**

✏️ Aponte seu lápis

Este código é um programa de adivinhação. Estude-o com cuidado, compare cada linha de código no programa e escreva o que você acha que o código faz. Se não estiver certo sobre o que uma determinada linha de código faz, *não se preocupe*, mas tente adivinhar de qualquer modo. Uma linha já foi fornecida para você começar:

```python
print("Welcome!")
g = input("Guess the number: ")
guess = int(g)
if guess == 5:
    print("You win!")
else:
    print("You lose!")
print("Game over!")
```

....

....

Converte a entrada em um número.

....

....

....

....

Este código é escrito na versão 3 da linguagem de programação Python, que é usada neste livro.

você está aqui ▶

Aponte seu lápis
Solução

Este código é um programa de adivinhação. Você deve escrever o que acha que o código faz.

Não se preocupe se suas respostas são diferentes das nossas. Se forem parecidas, então, tudo está certo.

Código	Descrição
`print("Welcome!")`	Exibe uma mensagem de boas vindas.
`g = input("Guess the number: ")`	Pede ao usuário para fornecer uma adivinhação.
`guess = int(g)`	Converte a entrada em um número.
`if guess == 5:`	O número adivinhado era igual a 5?
`    print("You win!")`	Informa ao usuário: "You win!" (Você venceu!)
`else:`	Do contrário,
`    print("You lose!")`	informe ao usuário: "You lose" (Você perdeu!)
`print("Game over!")`	Termina o programa

Mas o que são g e guess?

Você pode estar imaginando o que são g e guess no código. São as chamadas **variáveis** e são usadas para controlar os dados na memória do computador.

Uma variável
O valor fornecido será conhecido como "g".

`g = input("Guess the number: ")`

`guess = int(g)`

Uma variável

Isto cria uma versão numérica do valor g e chama-o de "guess".

Uma variável é realmente apenas um **rótulo** para os dados. Portanto, se o usuário digitar "3" no teclado, então guess será definida para o número 3 e sempre que o computador ler guess, ela será lida como o valor 3.

Veja bem!

Tenha cuidado com os sinais de = no código. *As linguagens de programação usam os sinais de = para diferentes finalidades. Na maioria das linguagens (inclusive o Python), um sinal de igual duplo (= =) é um teste de igualdade. Significa: "estas duas coisas são iguais?". Em oposição, um sinal de igual simples (=) é uma instrução (conhecida como atribuição) que significa: "defina o valor para".*

*começando a **codificar***

Então, como você executa seu código?

Há **duas** coisas que você precisará para executar o programa de adivinhação: um **editor** e um **interpretador**.

O editor salva o código escrito em um arquivo em seu disco rígido. O código (algumas vezes chamado de **código-fonte**) é apenas texto e pode ser escrito, e lido, pelos humanos.

O editor salvará o código-fonte em um arquivo.

O código-fonte

Mas, os computadores não podem processar o texto com sentido para os humanos, pelo menos não muito bem. É por isso que precisamos de uma ferramenta para traduzir o código-fonte amigável aos humanos nos "1s" e "0s" binários que os computadores entendem. É isso que um interpretador faz. Neste livro, um interpretador chamado **Python** é usado.

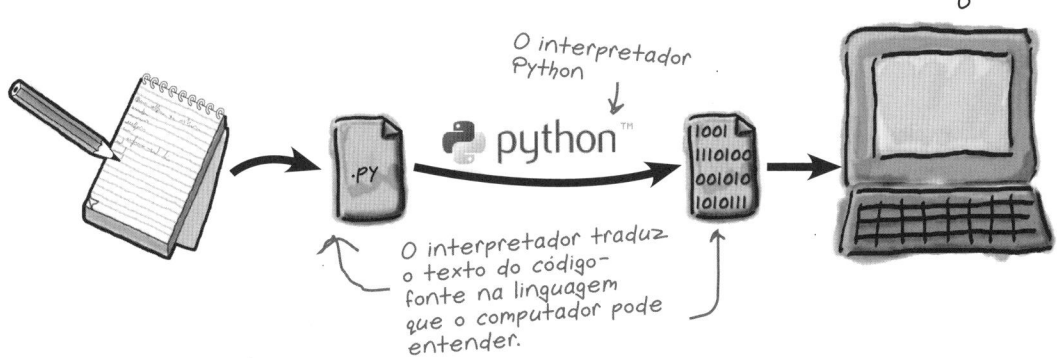

Hmmm... parece um jogo de adivinhação...

O interpretador Python

O interpretador traduz o texto do código-fonte na linguagem que o computador pode entender.

Então, precisamos de um editor e um interpretador Python. Felizmente, o Python 3 vem com um aplicativo predefinido chamado **IDLE**, que faz os dois trabalhos e mais. O IDLE permite que você escreva e edite o código Python, traduza esse código na forma binária e, finalmente, execute o programa Python 3. Por isso, o IDLE é conhecido como um Integrated Development Environment (**Ambiente de Desenvolvimento Integrado**).

Vejamos estas etapas em ação.

você está aqui ▶ **5**

abra o shell

Crie um novo arquivo de programa

Quando você inicia o IDLE, ele exibe uma janela chamada **Python Shell**. Selecione a opção New Window (Nova Janela) no menu File (Arquivo) do Python Shell, que cria uma nova janela de edição para você. Forneça o código de seu programa como texto nessa janela de edição e estará no caminho certo.

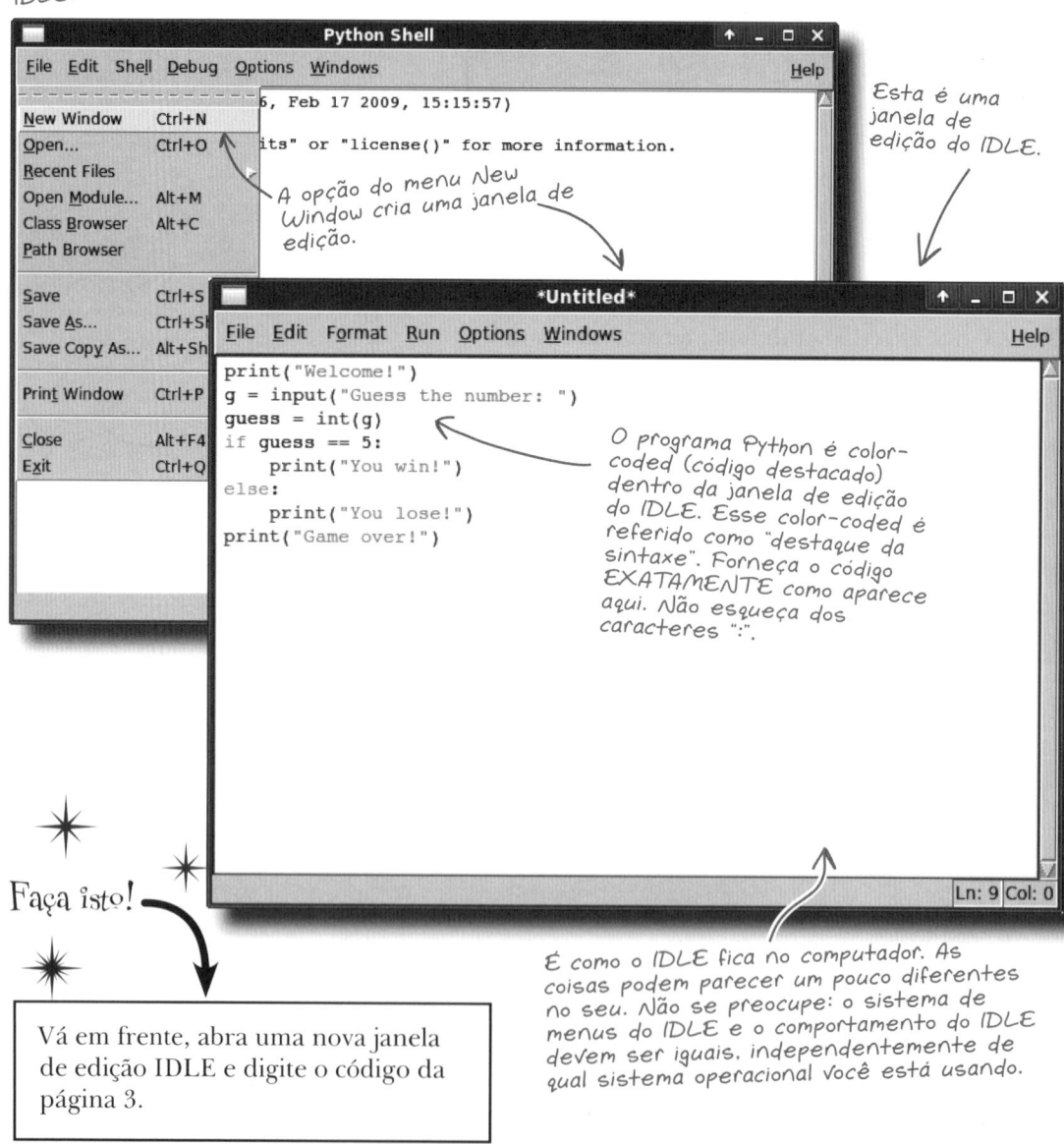

Este é o Python Shell do IDLE.

```
Python Shell
File Edit Shell Debug Options Windows                    Help

New Window    Ctrl+N     6, Feb 17 2009, 15:15:57)
Open...       Ctrl+O     its" or "license()" for more information.
Recent Files
Open Module...  Alt+M
Class Browser   Alt+C
Path Browser

Save          Ctrl+S
Save As...    Ctrl+Sh
Save Copy As... Alt+Sh

Print Window  Ctrl+P

Close         Alt+F4
Exit          Ctrl+Q
```

A opção do menu New Window cria uma janela de edição.

Esta é uma janela de edição do IDLE.

```
*Untitled*
File Edit Format Run Options Windows                     Help

print("Welcome!")
g = input("Guess the number: ")
guess = int(g)
if guess == 5:
    print("You win!")
else:
    print("You lose!")
print("Game over!")

                                                  Ln: 9 Col: 0
```

O programa Python é color-coded (código destacado) dentro da janela de edição do IDLE. Esse color-coded é referido como "destaque da sintaxe". Forneça o código EXATAMENTE como aparece aqui. Não esqueça dos caracteres ":".

Faça isto!

Vá em frente, abra uma nova janela de edição IDLE e digite o código da página 3.

É como o IDLE fica no computador. As coisas podem parecer um pouco diferentes no seu. Não se preocupe: o sistema de menus do IDLE e o comportamento do IDLE devem ser iguais, independentemente de qual sistema operacional você está usando.

Prepare e execute seu código

A próxima etapa é *preparar* o código de seu programa para a execução. Para tanto, selecione File → Save (Salvar) no menu para salvar o código de seu programa em um arquivo. Escolha um nome apropriado para seu programa.

Se você escolher File → Save no menu, poderá salvar seu código em um arquivo.

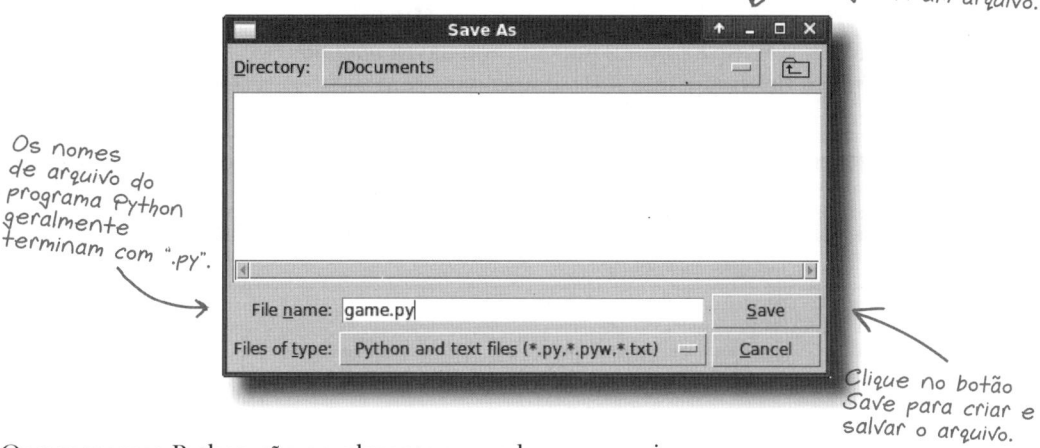

Os nomes de arquivo do programa Python geralmente terminam com ".py".

Clique no botão Save para criar e salvar o arquivo.

Os programas Python são geralmente gravados em arquivos que terminam com .py, portanto iremos chamar este programa de game.py.

Realmente não importa para o IDLE em qual diretório você salva o arquivo. Alguns codificadores gostam de criar diretórios especiais para cada novo projeto de programação. Mas, agora, apenas salve o código em algum diretório que seja fácil de lembrar.

Agora, vejamos o que acontece quando executamos o programa.

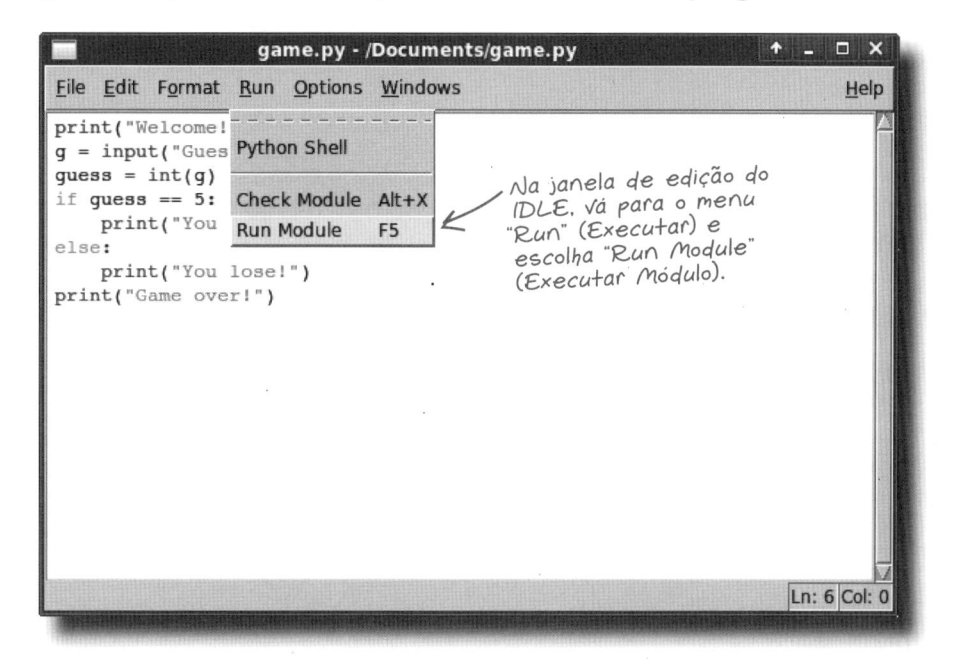

Na janela de edição do IDLE, vá para o menu "Run" (Executar) e escolha "Run Module" (Executar Módulo).

***test* drive**

TEST DRIVE

Para executar o programa, você precisa assegurar que a janela de edição para o código do programa game.py esteja selecionada. Sempre que você executar (ou executar de novo) o programa, precisará clicar na janela de edição do IDLE e escolher a opção Run Module no menu Run. A palavra ***módulo*** (em inglês, *module*) é um nome que o IDLE usa para se referir ao código de seu programa.

> *Quando você executa seu código dentro do IDLE, qualquer mensagem aparece dentro do Python Shell, não dentro da janela de edição. O IDLE torna automaticamente o shell a janela selecionada, no instante em que seu programa é executado.*

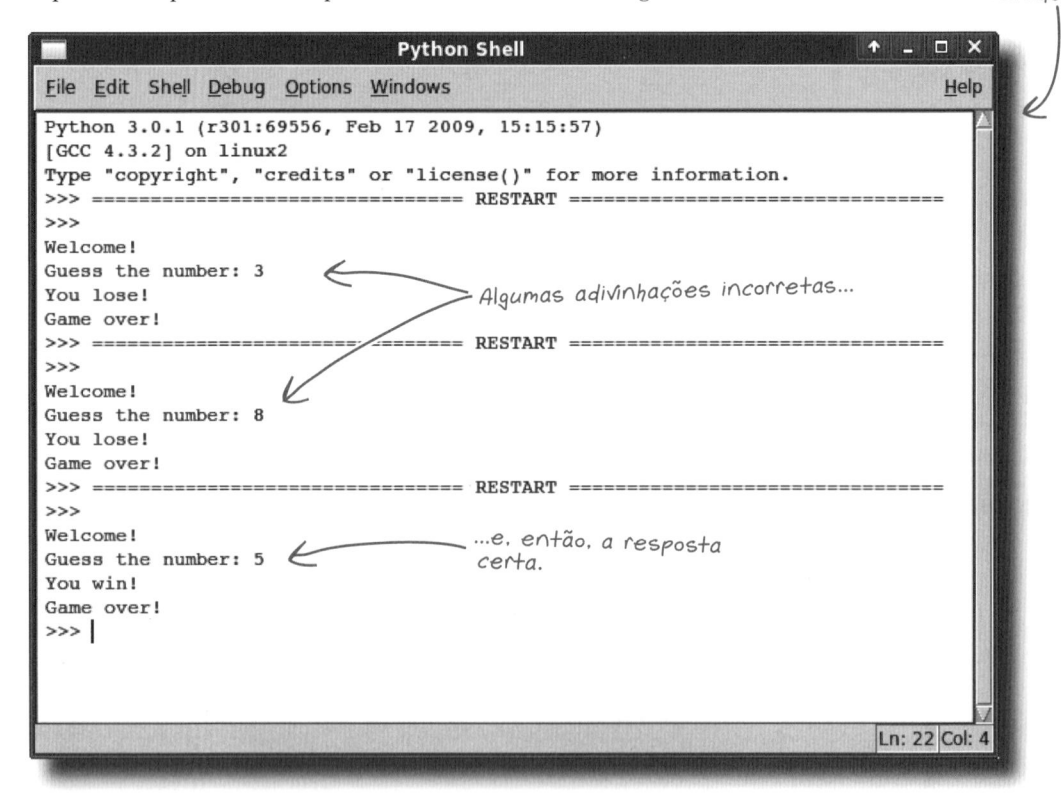

Aqui está o que acontece quando você executa o código:

```
Python 3.0.1 (r301:69556, Feb 17 2009, 15:15:57)
[GCC 4.3.2] on linux2
Type "copyright", "credits" or "license()" for more information.
>>> ============================== RESTART ==============================
>>>
Welcome!
Guess the number: 3        ⟵   Algumas adivinhações incorretas...
You lose!
Game over!
>>> ============================== RESTART ==============================
>>>
Welcome!
Guess the number: 8
You lose!
Game over!
>>> ============================== RESTART ==============================
>>>
Welcome!
Guess the number: 5        ⟵   ...e, então, a resposta certa.
You win!
Game over!
>>>
```

Parabéns! O programa funciona.

Sempre que você executa o código, ele exibe uma mensagem "Welcome!" (Bem-vindo), aceita a entrada do teclado e, então, informa se adivinhamos ou não a resposta certa. Isso significa que o programa está aceitando a **entrada**, está **processando** os dados e, então, gera a **saída**.

começando a codificar

Não existem Perguntas Idiotas

P: Nunca ouvi falar sobre o Python. Ele é popular?

R: O Python é usado em muitos lugares legais. O Google, Industrial Light & Magic, YouTube e NASA (para citar alguns), usam o Python. Achamos que eles sabem o que estão fazendo.

P: Então, quando eu terminar este livro, jogarei fora o Python e usarei outra coisa, tal como C# ou Java?

R: Só se você quiser. O Python pode ser a única linguagem de programação da qual você precisará. Mas sim, se você quiser aprender outra linguagem de programação, poderá pegar tudo que aprender sobre programação neste livro e aplicar em qualquer outra linguagem, com um mínimo de esforço.

P: Mas um amigo me disse que eu devo aprender o Java ou o C#. Por que você não está usando uma dessas linguagens de programação neste livro?

R: O Java e o C# são ótimas tecnologias de programação, mas podem ser difíceis de aprender, especialmente quando você está apenas começando. Este não é o caso do Python. E, de qualquer modo, este é um livro designado a ensinar a programar e a usar o Python como sua primeira linguagem de programação nos ajudará a fazer isso.

P: Parece haver muitas versões diferentes do Python. Qual devo usar?

R: Há duas versões principais do Python: 2 e 3. Este livro baseia-se na versão 3 da linguagem. O Python 3 é o futuro desta linguagem; qualquer novo recurso tem a garantia de ser adicionado à versão 3 da linguagem, não à versão 2. Naturalmente, como todas as versões, o Python 3 continua sendo um download gratuito, o que torna óbvio decidir se você pode conseguir usá-lo.

P: O Python será executado em meu telefone, como o Java?

R: Isso realmente depende de seu telefone. O Python é designado para ser executado em muitas tecnologias diferentes e sistemas operacionais. Executar seu próprio código em seu próprio telefone é uma exigência muito específica e o Java tem feito isso muito bem no momento. Como uma tecnologia de programação, o Java foi designado inicialmente para ser executado em dispositivos muito pequenos, portanto não é nenhuma surpresa que seja uma escolha forte e popular para a telefonia.

P: Por que o IDE do Python é chamado de IDLE?

R: Em parte porque parece IDE, mas achamos que tem mais relação com Eric Idle, um dos membros fundadores do grupo de comédia Circo Voador do Monty Python.

P: Pode repetir?!? O que é voador do Monty Python?

R: Circo. Sim, sabemos que parece bobo, não é? E, acredite, é. É engraçado também. O criador do Python, Guido van Rossum, é um grande fã do Monty Python e supostamente assistia as reprises do show enquanto planejava o Python. Você encontrará muitas referências ao folclore do Monty Python na comunidade Python. Os papagaios mortos é um dos favoritos.

P: O que significa int(g)?

R: Informa ao Python para interpretar a entrada do usuário como um número, ao invés de uma letra. Dentro das linguagens de programação, o número 5 é diferente da letra '5'.

P: Então, e se eu o omitisse?

R: O computador teria tratado a entrada fornecida pelo usuário do programa como uma letra. Se você perguntar ao computador se uma letra é igual a um número, ele ficará confuso e dirá que não é.

P: Por quê?

R: Porque se o computador achar que duas partes de informação são "tipos" diferentes, irá supor que não há nenhum modo de serem iguais.

P: Então, e se eu não tivesse digitado um número quando fui solicitado a adivinhar? E se eu apenas tivesse fornecido meu nome ou algo assim?

R: O código teria paralisado com um erro. Na verdade, o Python irá reclamar que o programa paralisou com um "ValueError" (mais sobre estas mensagens de erro posteriormente no livro).

você está aqui ▶ **9**

dê uma sugestão

> Não entendi. Como devo adivinhar o número vencedor? Tudo que o programa me diz é que minha adivinhação está certa ou errada. Por favor, dê alguma ajuda aqui!

Um de seus usuários

O programa precisa fazer mais.

No momento, o jogo de adivinhação informa ao usuário se sua adivinhação está certa ou errada, mas nada mais que isso. Poderia ser mais útil se o programa exibisse mais mensagens informativas, tais como, se a adivinhação é **mais alta** ou **mais baixa** que a resposta certa. Isso ajudaria o usuário a se concentrar na resposta certa na próxima vez em que o programa for executado.

Podemos fazer isso mudando o código. Mas, de que modo?

Precisamos que este programa exiba mensagens que sejam mais informativas.

```python
print("Welcome!")
g = input("Guess the number: ")
guess = int(g)
if guess == 5:
    print("You win!")
else:
    print("You lose!")
print("Game over!")
```

começando a *codificar*

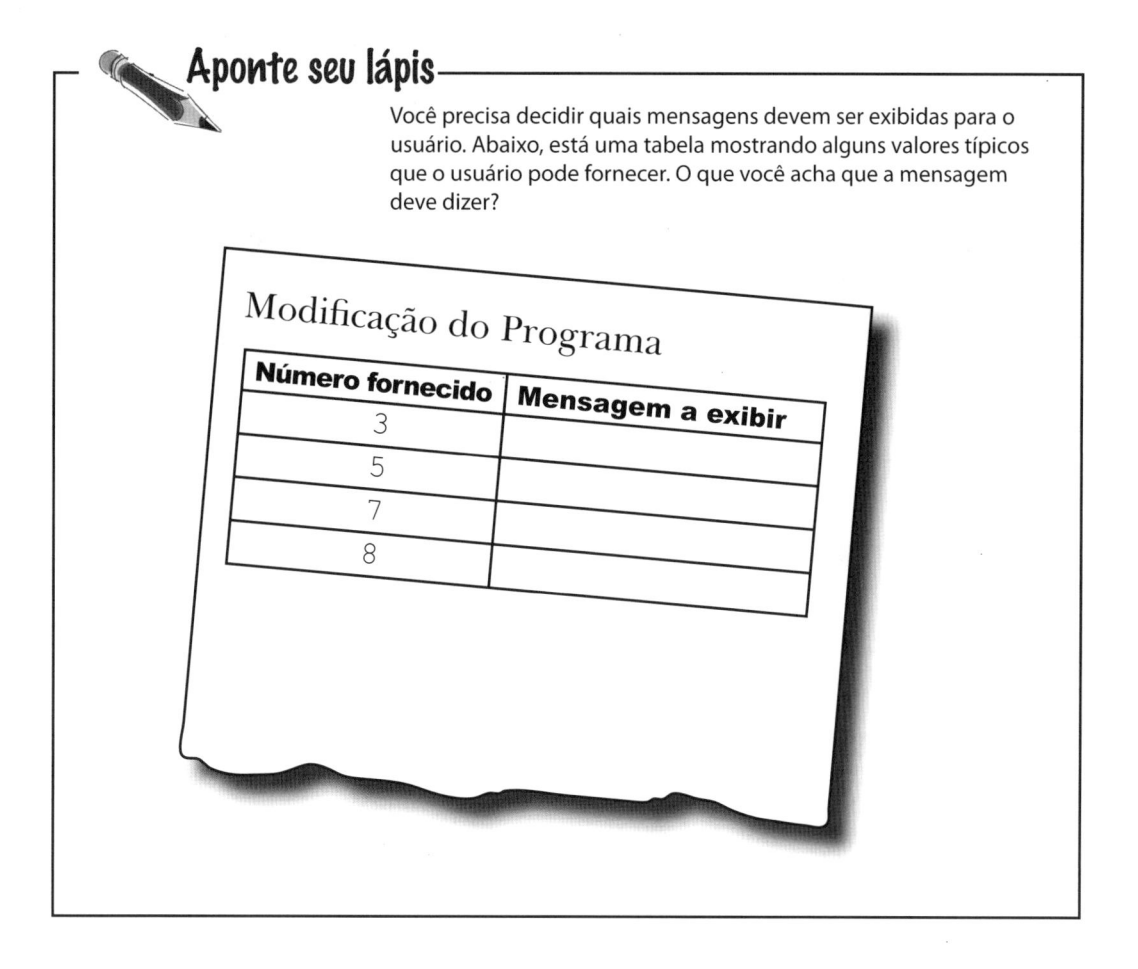

Aponte seu lápis

Você precisa decidir quais mensagens devem ser exibidas para o usuário. Abaixo, está uma tabela mostrando alguns valores típicos que o usuário pode fornecer. O que você acha que a mensagem deve dizer?

Modificação do Programa

Número fornecido	Mensagem a exibir
3	
5	
7	
8	

PODER DO CÉREBRO

Pense no código original. Você precisará usar mais do que apenas os comandos `print( )` para fornecer mais retorno informativo. Do que mais você precisará?

o código é uma autoestrada

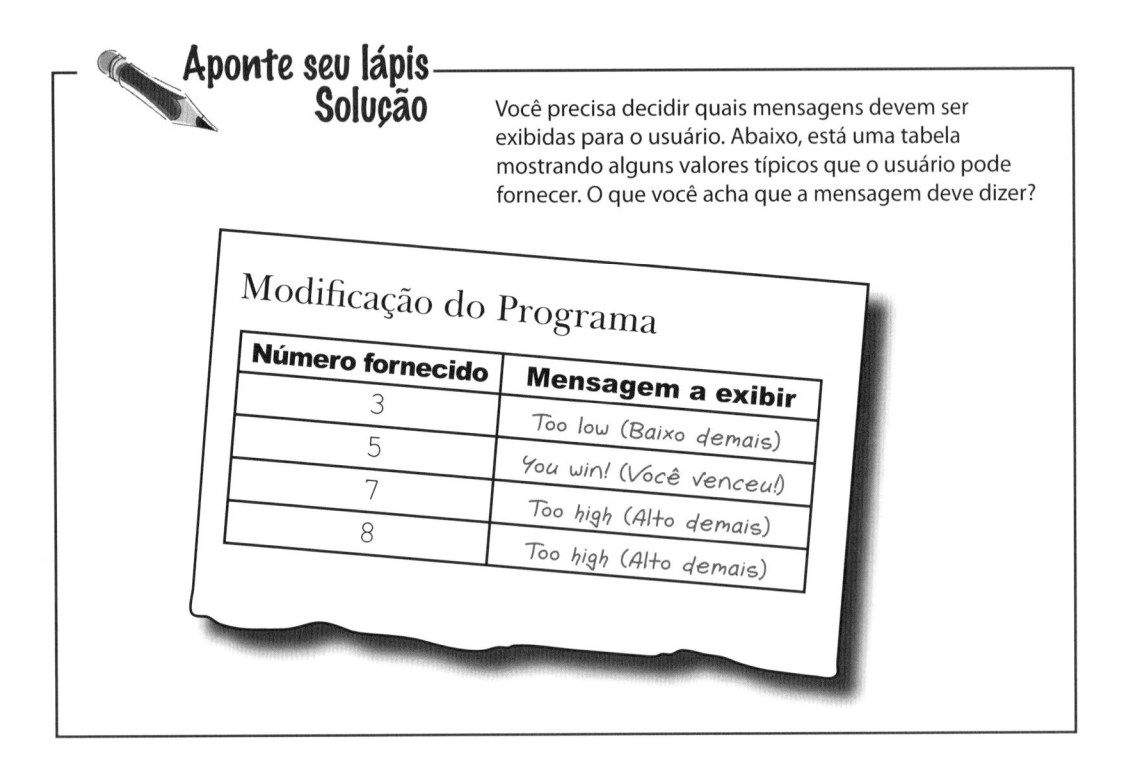

Aponte seu lápis
Solução

Você precisa decidir quais mensagens devem ser exibidas para o usuário. Abaixo, está uma tabela mostrando alguns valores típicos que o usuário pode fornecer. O que você acha que a mensagem deve dizer?

Modificação do Programa

Número fornecido	Mensagem a exibir
3	Too low (Baixo demais)
5	You win! (Você venceu!)
7	Too high (Alto demais)
8	Too high (Alto demais)

Um programa é mais do que uma lista de comandos

Você *poderia* criar um programa que fosse simplesmente uma **lista** de comandos. Mas, quase nunca criará. Isso porque uma simples lista de comandos pode ser executada apenas em uma direção. É como dirigir em uma parte reta da estrada: realmente há apenas um modo de fazer isso.

print(), input() e int() são exemplos de comandos que você já viu.

print("Howdy!")

print("Come again!")

Mas, os programas precisam ser muito mais inteligentes que isso.

começando a *codificar*

Codeville: Seu programa é como uma rede viária

Os programas precisam fazer coisas diferentes sob circunstâncias diferentes. No jogo, o código exibirá "You win!" se o usuário adivinhar o número corretamente e "You lose!", se não. Isso significa que todos os programas, até os realmente simples, em geral têm diversos **caminhos** através deles.

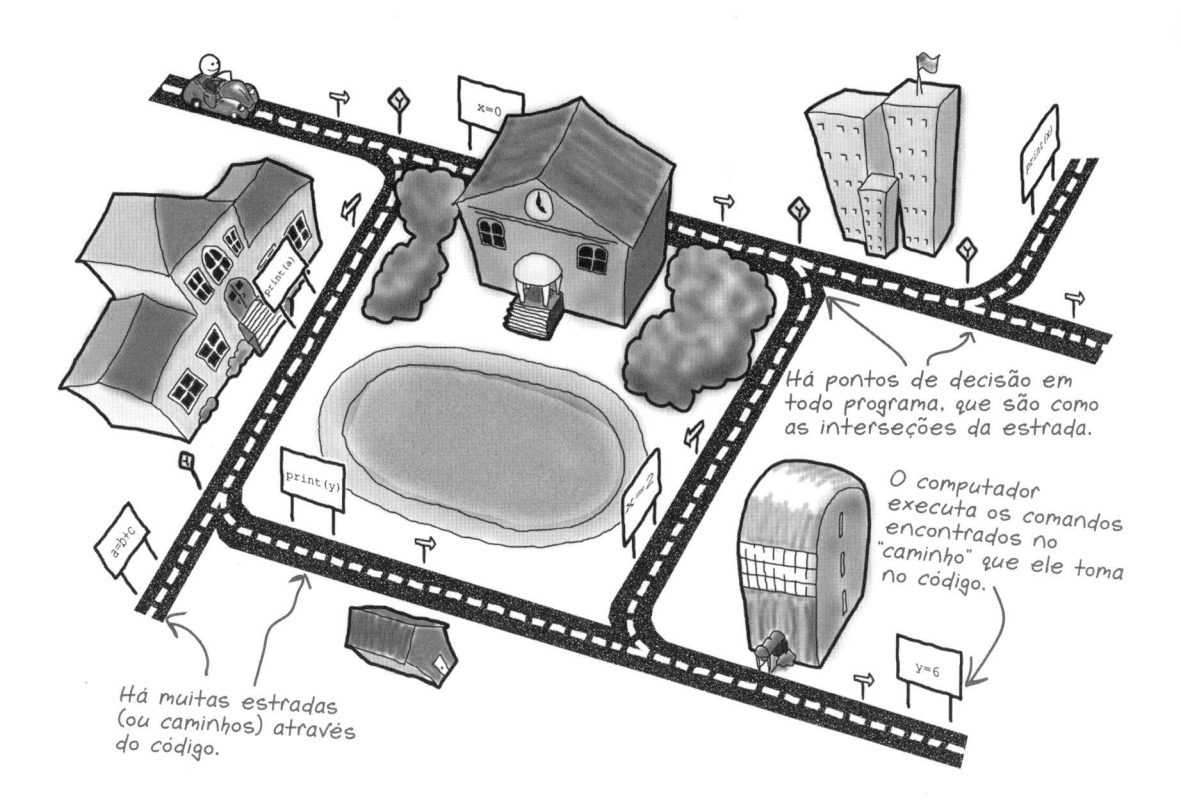

Há pontos de decisão em todo programa, que são como as interseções da estrada.

O computador executa os comandos encontrados no "caminho" que ele toma no código.

Há muitas estradas (ou caminhos) através do código.

Um **caminho** (em inglês, *path*) se refere ao conjunto de instruções que o computador realmente seguirá (ou executará). Seu código é como uma rede de ruas, com muitas seções de código conectadas, como as ruas de uma cidade. Quando você dirige em uma cidade, toma decisões sobre quais ruas passar, virando à esquerda ou à direita, em diferentes interseções. É igual para um programa. Ele também precisa tomar decisões de vez em quando sobre qual caminho seguir, mas para seu código, não é como dirigir em uma estrada, *ele está executando um caminho em particular*.

Vejamos com mais detalhes como um programa decide qual caminho tomar.

bifurcação na estrada

Os desvios são as interseções do código

Dirigir em uma rua é fácil. Você precisa tomar uma decisão apenas quando chega a uma interseção. É igual para seu programa. Quando um programa tem uma lista de comandos, ele pode executá-los cegamente, um após o outro. Mas, às vezes, seu programa precisa tomar uma decisão. Ele executa *esta* ou *aquela* parte do código?

Estes pontos de decisão são chamados de **desvios** (em inglês, *branches*) e são as interseções da estrada em seu código.

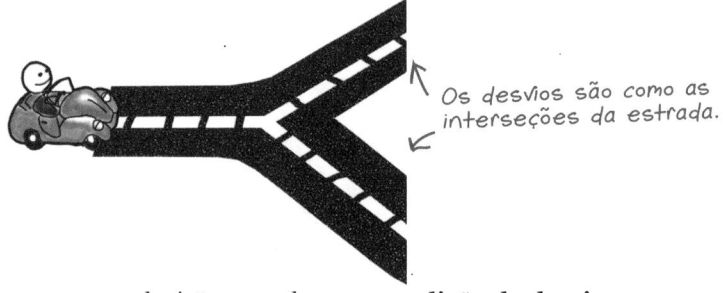

Os desvios são como as interseções da estrada.

Seu programa toma uma decisão usando uma **condição de desvio** (em inglês, *branch condition*). Uma condição de desvio tem o valor **true** (verdadeiro) ou **false** (falso). Se a condição de desvio for verdadeira, ele executará o código no desvio true. E se a condição do desvio for falsa, executar o código no desvio false.

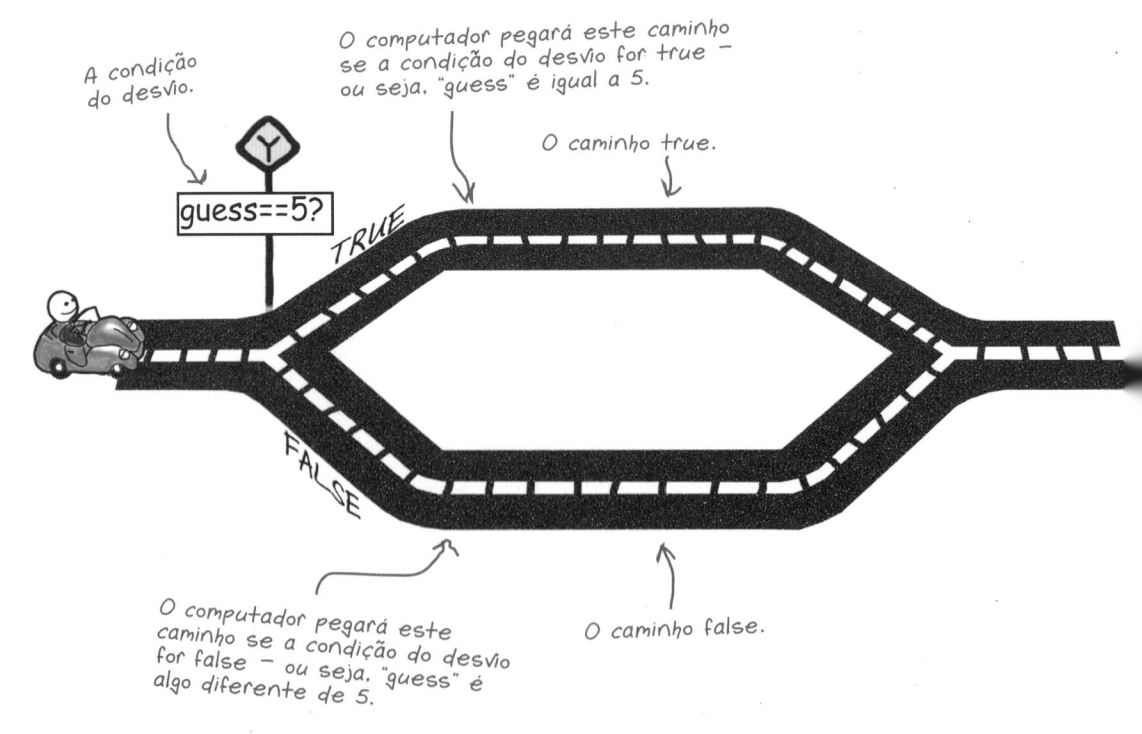

A condição do desvio.

O computador pegará este caminho se a condição do desvio for true — ou seja, "guess" é igual a 5.

`guess==5?`

O caminho true.

TRUE

FALSE

O computador pegará este caminho se a condição do desvio for false — ou seja, "guess" é algo diferente de 5.

O caminho false.

Capítulo 1

começando a codificar

Desvios if/else

Já vimos um desvio no programa de jogo Python:

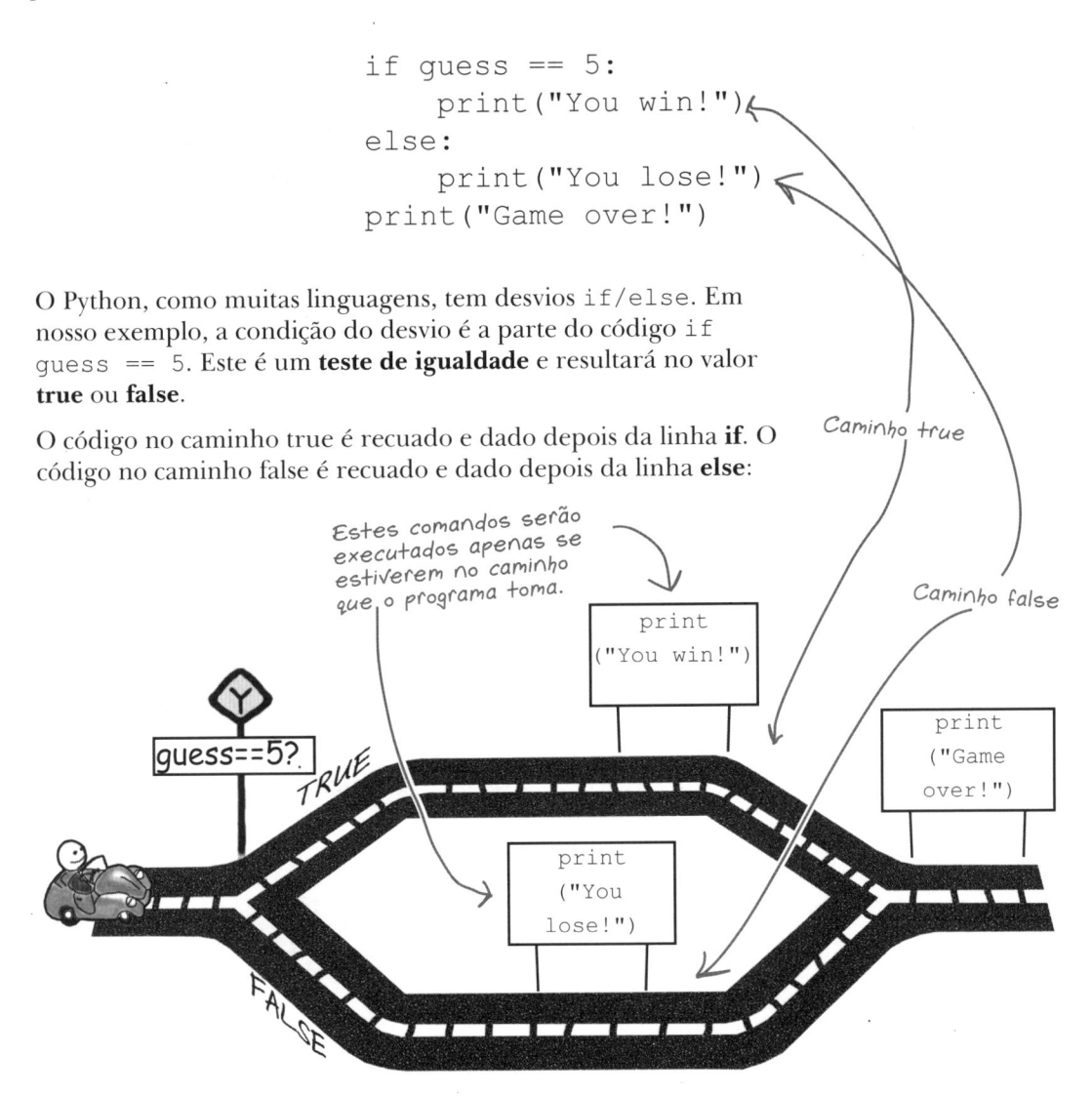

```
if guess == 5:
    print("You win!")
else:
    print("You lose!")
print("Game over!")
```

O Python, como muitas linguagens, tem desvios if/else. Em nosso exemplo, a condição do desvio é a parte do código if guess == 5. Este é um **teste de igualdade** e resultará no valor **true** ou **false**.

O código no caminho true é recuado e dado depois da linha **if**. O código no caminho false é recuado e dado depois da linha **else**:

Caminho true

Caminho false

Estes comandos serão executados apenas se estiverem no caminho que o programa toma.

guess==5?
TRUE
FALSE

print("You win!")

print("You lose!")

print("Game over!")

Você precisa corrigir o programa de jogo para dar mais mensagens informativas para o usuário.

Mas, como serão os caminhos no programa?

você está aqui ▶ **15**

ligue seus motores

Autódromo Kit de Construção

A contagem regressiva é iniciada no Grand Prix de Codeville. Os carros chegaram, estão aquecendo seus pneus no grid e a corrida está para começar. Você pode montar a pista para que ela exiba a mensagem de retorno certa? Note que você pode não precisar de todas as partes da pista.

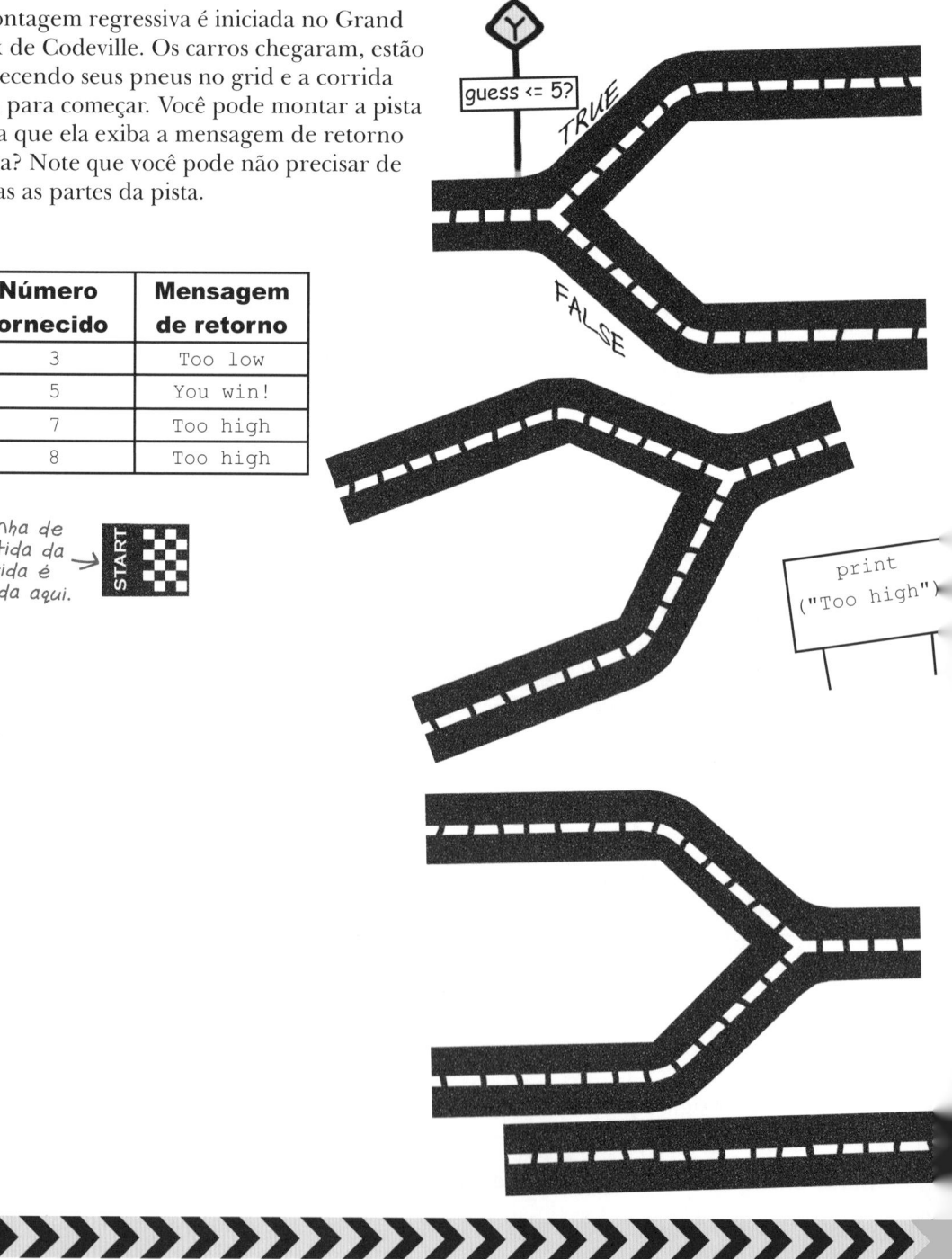

Número fornecido	Mensagem de retorno
3	Too low
5	You win!
7	Too high
8	Too high

A linha de partida da corrida é fixada aqui. → START

guess <= 5?
TRUE
FALSE

print("Too high")

Capítulo 1

começando a *codificar*

guess==5?
TRUE
FALSE

print
("Too low")

print
("Game over!")

print
("You win!")

CHEGADA ← A linha de chegada da corrida é fixada aqui.

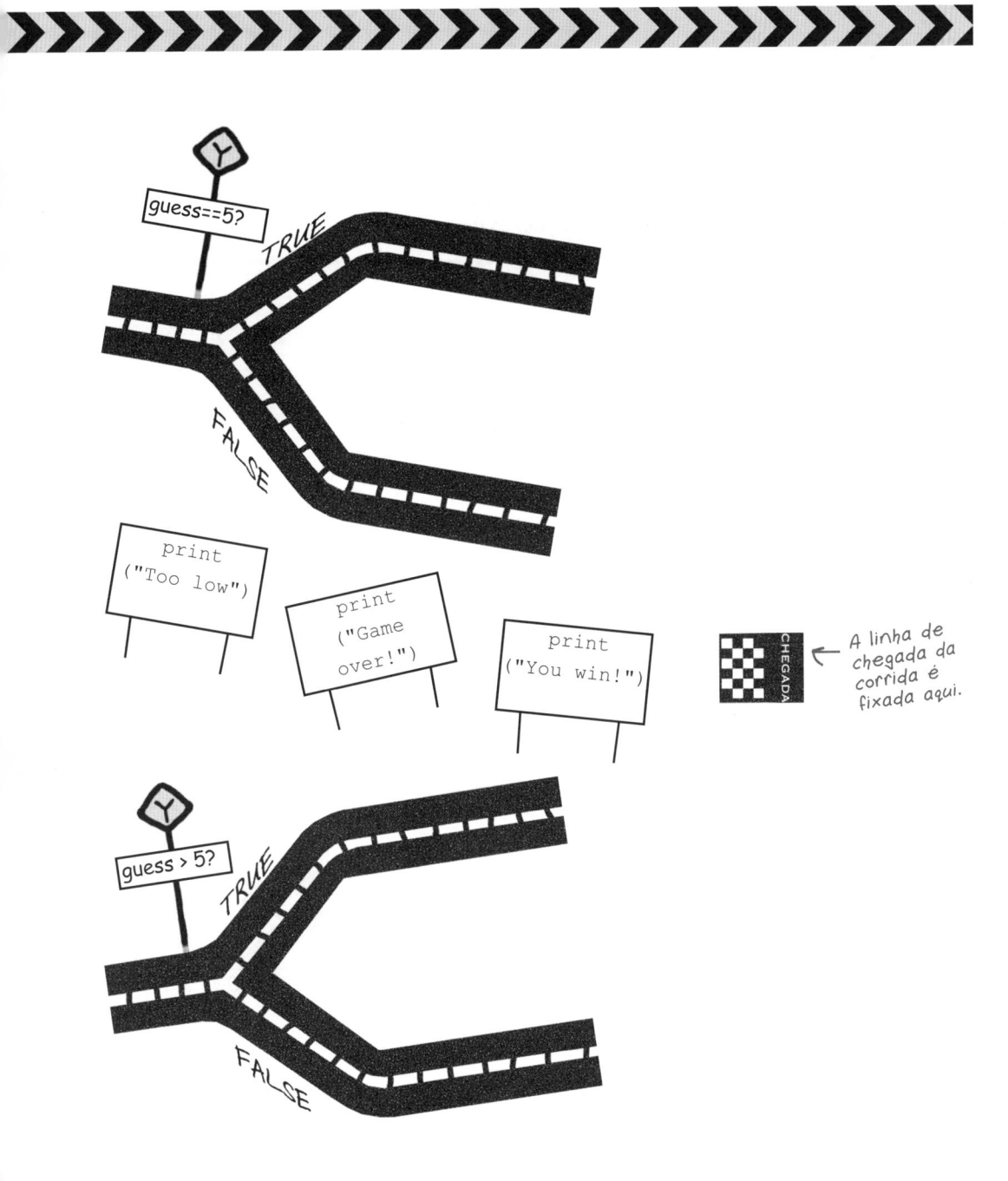

guess > 5?
TRUE
FALSE

você está aqui ▶ **17**

linha de **chegada**

Autódromo
Solução do kit de Construção

A contagem regressiva é iniciada no Grand Prix de Codeville. Os carros chegaram, estão aquecendo seus pneus no grid e a corrida está para começar. Você foi capaz de montar a pista para que ela exiba a mensagem de retorno certa?

Número fornecido	Mensagem de retorno
3	Too low
5	You win!
7	Too high
8	Too high

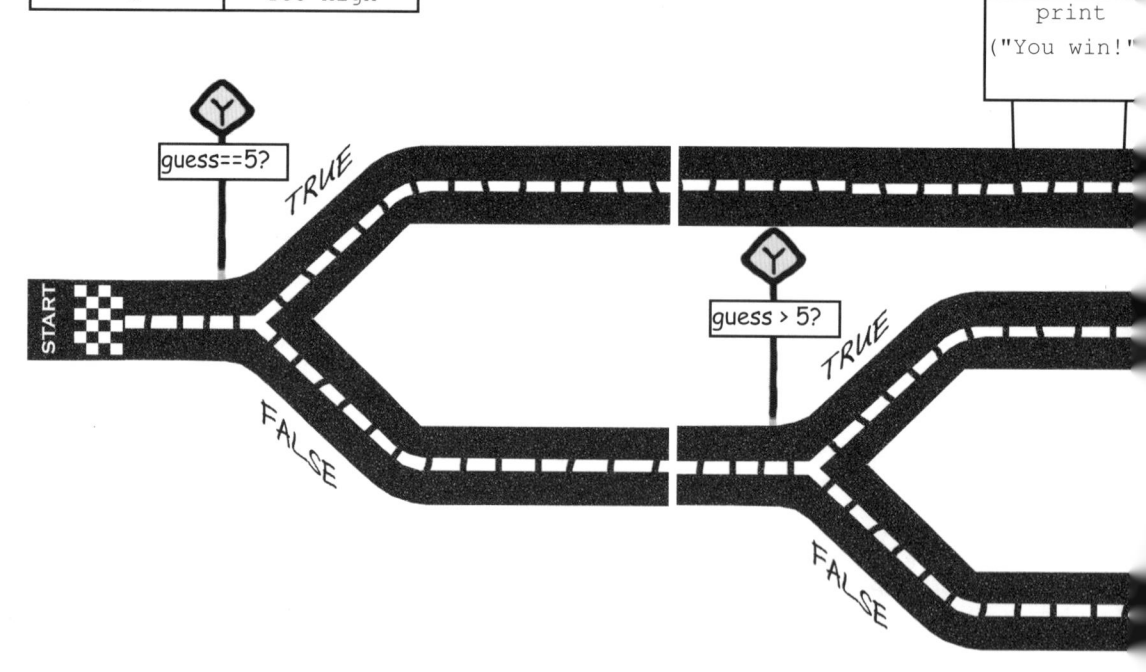

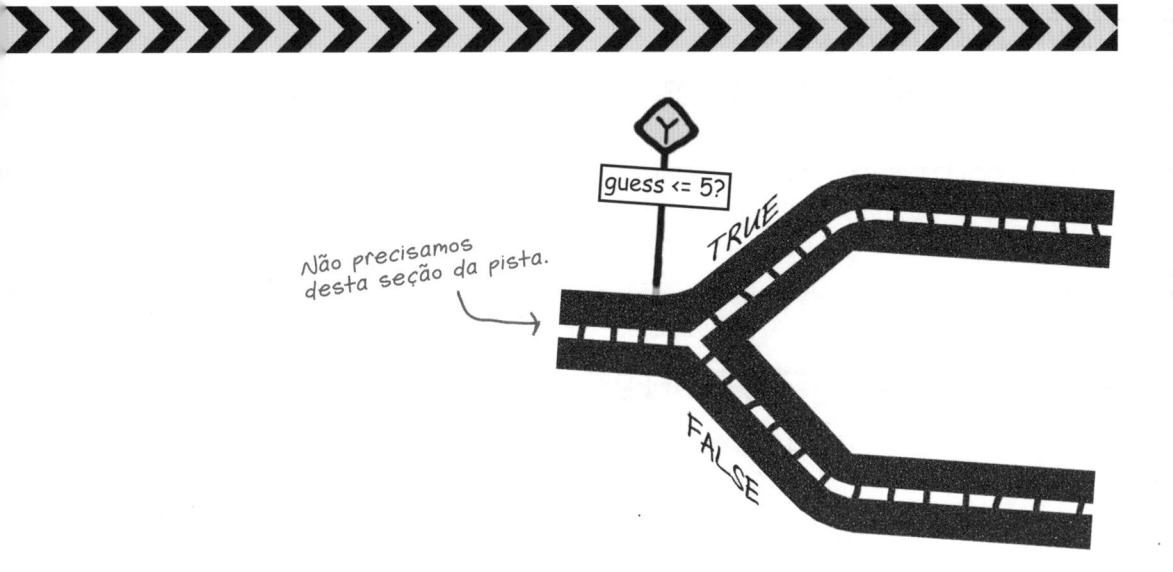

*começando a **codificar***

guess <= 5?

TRUE

FALSE

Não precisamos desta seção da pista.

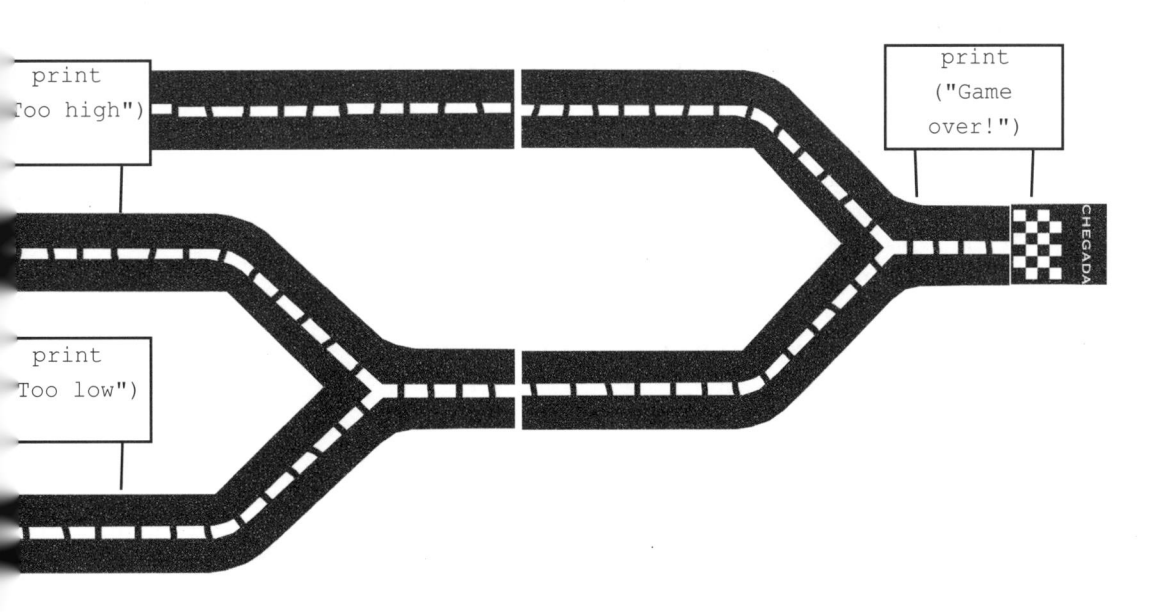

print("Too high")

print("Too low")

print("Game over!")

CHEGADA

você está aqui ▶ **19**

conecte os desvios

O código Python precisa interconectar os caminhos

A solução está mapeada e, agora, sabemos que o código do programa precisará ter caminhos que coincidam com isto:

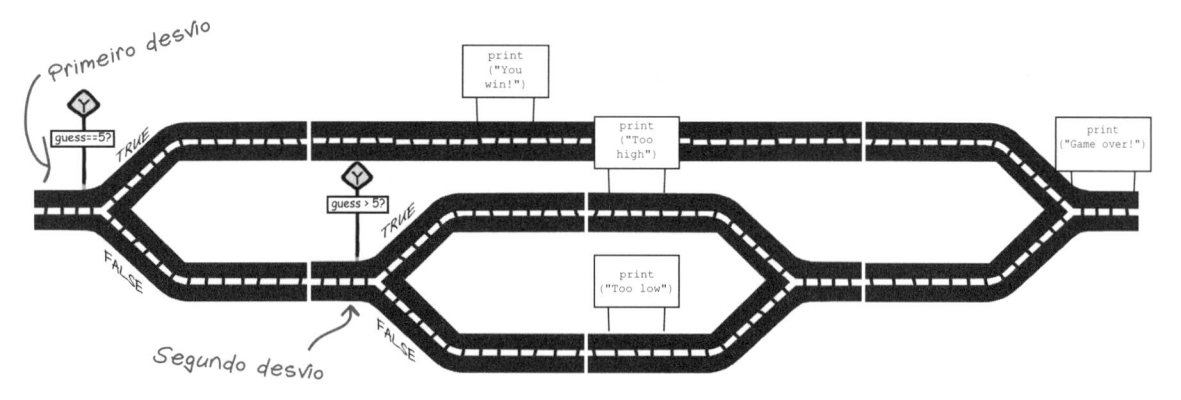

Primeiro desvio

Segundo desvio

Mas não há um problema aqui? No projeto, há muitos caminhos de *interconexão*, mas até agora, escrevemos o código que contém apenas **um** desvio:

```
if guess == 5:
    print("You win!")
else:
    print("You lose!")
```

No novo código, precisaremos *conectar os dois desvios*. Precisamos que o segundo desvio apareça no **caminho false** do primeiro.

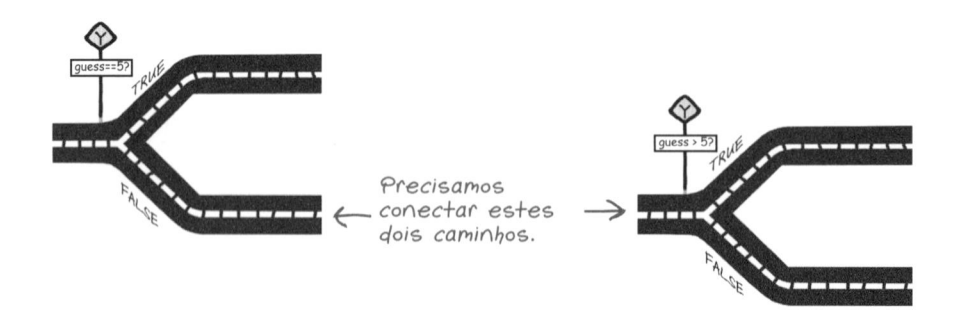

← *Precisamos conectar estes dois caminhos.* →

Portanto, como você conecta os desvios no Python?

começando a codificar

O Python usa indentações para conectar os caminhos

O código dentro das instruções `if` e `else` é **indentado**. Não é apenas para tornar o código bonito. No Python, as **indentações importam**. Consideremos uma parte diferente do código de exemplo: algo que decidirá se você pode dirigir no centro da cidade. O Python usa identacões para conectar uma sequência de comandos para formar caminhos.

As INDENTAÇÕES informam ao Python que os comandos estão no mesmo caminho.

Este é o caminho TRUE.

```
if fuel > 3:
    print("It's OK")
    print("You can drive downtown.")
else:
    print("Sorry")
    print("You don't have enough fuel")
print("What's next?")
```

Este é o caminho FALSE.

Este comando não está no caminho FALSE porque não está indentado. Portanto, sempre será executado.

Então, como você conecta os desvios? Simplesmente, você indenta (ou recua) o segundo desvio em **mais um nível**.

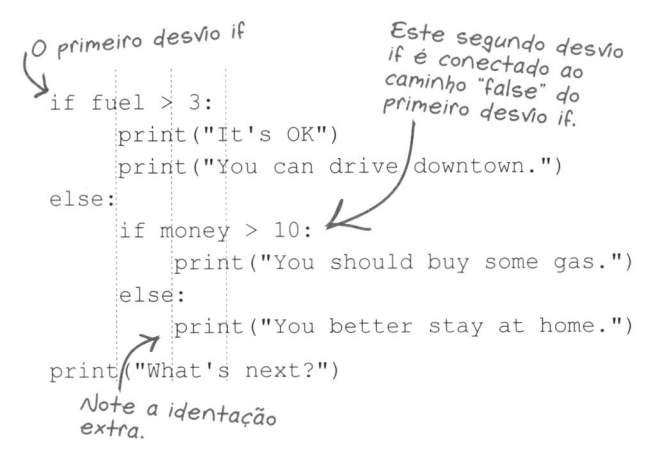

O primeiro desvio if

Este segundo desvio if é conectado ao caminho "false" do primeiro desvio if.

```
if fuel > 3:
    print("It's OK")
    print("You can drive downtown.")
else:
    if money > 10:
        print("You should buy some gas.")
    else:
        print("You better stay at home.")
print("What's next?")
```

Note a identação extra.

Veja bem!

> **As indentações importam no Python.**
>
> *Tenha cuidado com o modo como você indenta o código no Python; se você não o fizer corretamente, seu código poderá fazer algo bem diferente do que você esperava.*

Agora, você deve ter informações suficientes para corrigir o código, mas antes de fazermos isso, vejamos como o *IDLE* ajuda a **indentar o código**.

você está aqui ▶ 21

hora do idle

IDLE... *de relance*

Você estará usando o **IDLE** para fornecer todo o código Python neste livro; portanto, vale a pena passar um pouco de tempo familiarizando-se com alguns de seus recursos.

Mesmo que o IDLE pareça um editor simples, realmente está **cheio** de toques inteligentes que facilitam muito a programação Python e a agilizam para você. Vale a pena passar um tempo explorando os menus do IDLE e o sistema de ajuda; mas agora, eis algumas *sugestões úteis* para ajudá-lo a se sentir em casa.

Quando você digitar ":" e pressionar ENTER, o Python indentará automática e corretamente para a próxima linha.

Você pode mudar o modo como o IDLE usa as cores e a indentação, clicando no menu Options (Opções) (no Mac é chamado de Preferences [Preferências]).

O menu Help (Ajuda) não só fornece ajuda sobre o IDLE, como também permite que você leia a documentação Python embutida.

```
File  Edit  Format  Run  Options  Windows                          Help
if fuel > 3:
    print("It's OK")
    print "You can drive downtown."
else:
    if money > 10:
        print("You should buy some gas.")
    else:
        print("You better stay at home.")
print("What's next?")
                                                           Ln: 17  Col: 0
```

Antes de você digitar "else:", pressione BACKSPACE para voltar a indentação em um nível.

Por padrão, IDLE indenta usando 4 ESPAÇOS.

Se você pressionar TAB, o IDLE irá converter em caracteres de ESPAÇO.

Quebra-cabeças da Piscina

Sua **tarefa** é pegar os fragmentos de código do Python na piscina e colocá-los nas linhas em branco do jogo. Você **não** pode usar o mesmo fragmento de código mais de uma vez e não precisará usar todos os fragmentos de código. Seu **objetivo** é completar o programa de adivinhação.

Sugestão: Não esqueça de indentar.

```
print("Welcome!")
g = input("Guess the number: ")
guess = int(g)
```

....
....
....
....
....
....
....

Nota: cada fragmento de código da piscina só pode ser usado uma única vez!

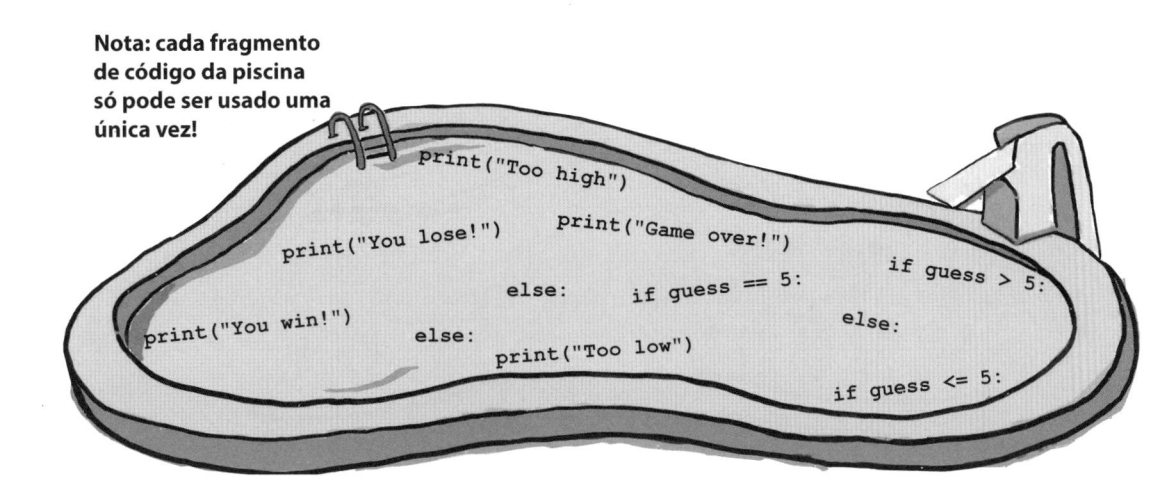

```
print("Too high")
print("You lose!")     print("Game over!")
           else:      if guess == 5:     if guess > 5:
print("You win!")                                  else:
           else:    print("Too low")
                                       if guess <= 5:
```

começando a *codificar*

você está aqui ▶ 23

recuo ou else

Solução do Quebra-cabeça da Piscina

Sua **tarefa** era pegar os fragmentos de código do Python na piscina e colocá-los nas linhas em branco no jogo. Você **não** pôde usar o mesmo fragmento de código mais de uma vez e não precisou usar todos os fragmentos. Seu **objetivo** era completar o programa de adivinhação.

Sugestão: Não esqueça de indentar.

```
print("Welcome!")
g = input("Guess the number: ")
guess = int(g)
if guess == 5:
    print("You win!")
else:
    if guess > 5:
        print("Too high")
    else:
        print("Too low")
print("Game over!")
```

Você lembrou de indentar seu código o bastante?

Todo este código é indentado sob a parte else da parte if original.

Esta parte do código da primeira versão deste programa não é mais necessária.

`print("You lose!")`

`else:`

`if guess <= 5:`

Capítulo 1

começando a **codificar**

TEST DRIVE

Então, o que acontecerá se você executar a nova versão do programa?

Façamos alguns testes. Lembre-se, você precisará mudar para a janela do programa para cada execução e escolher **Run module** (Executar módulo) no menu.

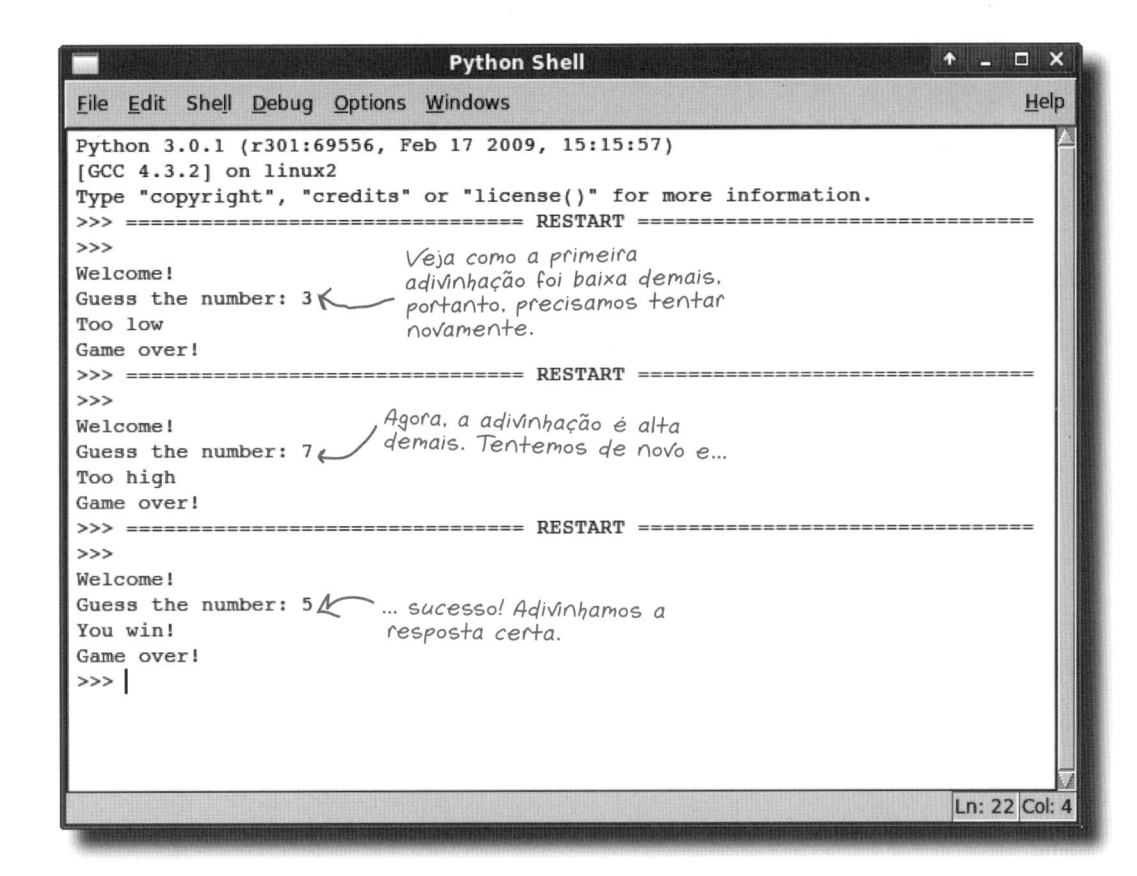

```
Python 3.0.1 (r301:69556, Feb 17 2009, 15:15:57)
[GCC 4.3.2] on linux2
Type "copyright", "credits" or "license()" for more information.
>>> ================================ RESTART ================================
>>>
Welcome!
Guess the number: 3      Veja como a primeira
Too low                  adivinhação foi baixa demais,
Game over!               portanto, precisamos tentar
>>> ================================ RESTART ================================
>>>                      novamente.
Welcome!                 Agora, a adivinhação é alta
Guess the number: 7      demais. Tentemos de novo e...
Too high
Game over!
>>> ================================ RESTART ================================
>>>
Welcome!
Guess the number: 5      ... sucesso! Adivinhamos a
You win!                 resposta certa.
Game over!
>>>
```

O programa funciona! Mas, os usuários estão mais contentes?

outra adivinhação

> Por que tenho que continuar executando o programa? Você quer dizer que consegui apenas **uma adivinhação**?????

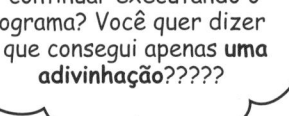

Os usuários ainda não gostam.

O programa funciona e, agora, gera um feedback extra, mas há um problema. Se os usuários quiserem fazer outra adivinhação, terão de executar o programa de novo. Eles *realmente* querem que o programa continue fazendo solicitações para outra adivinhação, até que finalmente consigam a resposta certa.

Você pode ver qual é o problema?

Como conseguimos fazer com que o computador faça algo repetidamente? Devemos simplesmente fazer uma cópia do código e colá-la no final do arquivo? Isso asseguraria que o usuário fosse perguntado duas vezes. Mas, e se eles precisarem fazer **3 adivinhações**? **4 adivinhações**? ou **10.000 adivinhações**? E o caso onde a adivinhação está correta?

O programa de adivinhação precisa ser capaz de executar algum código repetidamente.

começando a ***codificar***

> Não seria um sonho se houvesse um modo de fazer uma parte do código ser executada várias vezes? Mas, acho que é apenas uma fantasia...

faça um laço

Os laços (em inglês, loop) permitem que você execute a mesma parte do código sempre

Os programas geralmente precisam continuar a execução de alguma parte do código muitas vezes. Além dos desvios, as linguagens de programação também fornecem **laços**.

Os laços são um pouco parecidos com os desvios. Como os desvios, os laços têm uma condição (a **condição do laço**) que é verdadeiro ou falso. E mais, como a parte `if` dos desvios, se a condição do laço for true, então um laço executará uma dada parte do código. Para um desvio, esse código é chamado de **corpo**. Para um loop, é chamado de **corpo do laço**.

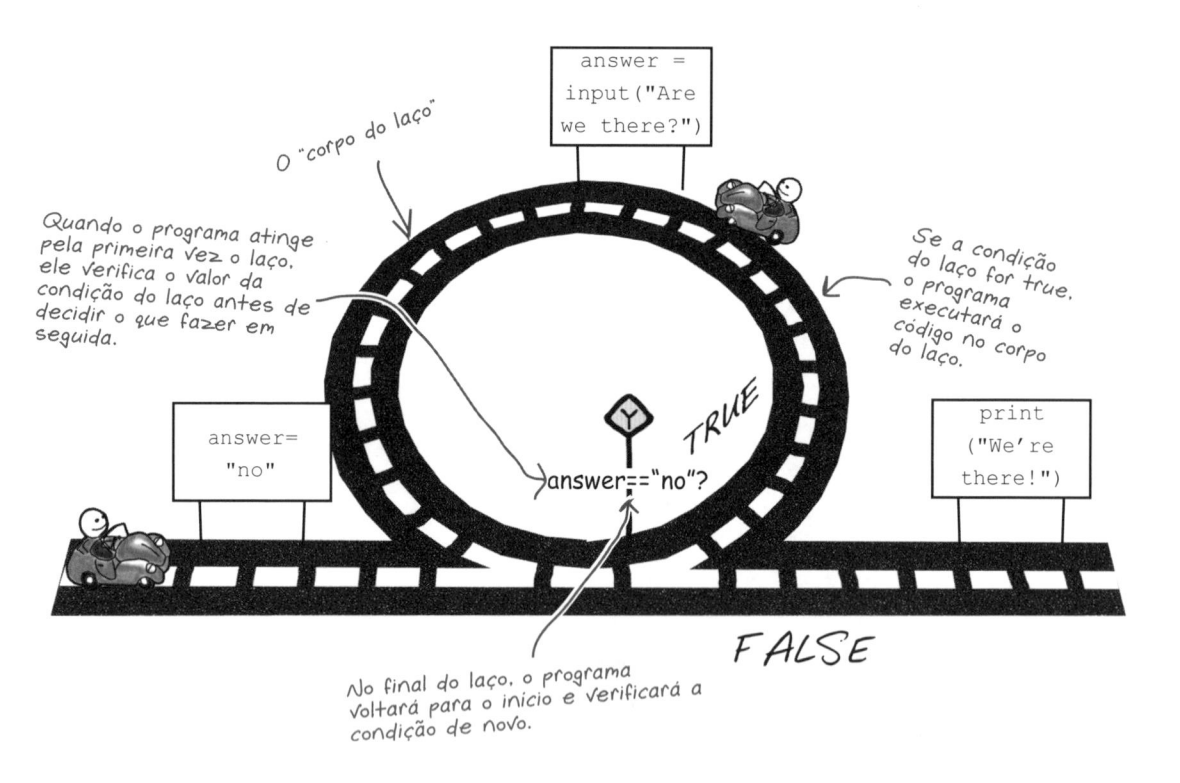

O "corpo do laço"

```
answer =
input("Are
we there?")
```

Quando o programa atinge pela primeira vez o laço, ele verifica o valor da condição do laço antes de decidir o que fazer em seguida.

Se a condição do laço for true, o programa executará o código no corpo do laço.

```
answer=
"no"
```

TRUE

answer=="no"?

```
print
("We're
there!")
```

FALSE

No final do laço, o programa voltará para o inicio e verificará a condição de novo.

A grande diferença entre um laço e um desvio é **quantas vezes** ele executa o código associado. Um desvio executará seu código apenas uma vez. Mas um laço, executará o corpo do laço, então, verificará a condição do laço de novo e, se ainda for true, executará novamente o corpo do laço. Mais uma vez. Mais uma vez. Na verdade, continuará a executar o corpo do laço até que a condição do laço seja **false**.

começando a *codificar*

O laço while do Python

As linguagens de programação têm modos diferentes de criar laços, mas um dos modos mais simples no Python é usar um **laço while**. Eis um exemplo:

Queremos assegurar que o laço seja executado pela primeira vez.

A condição do laço

O corpo do laço é o código indentado depois da linha "while".

```
answer = "no"
while answer == "no":
    answer = input("Are we there? ")
print("We're there!")
```

O corpo do laço é apenas uma linha de código neste exemplo, mas o corpo do laço pode ter muitas linhas de código. Pode até incluir desvios e outros laços.

O laço é assim quando você o escreve como um laço while do Python. O código continua fazendo a pergunta: "Nós já chegamos?", até que o usuário digite algo diferente de no. Fica assim quando executado:

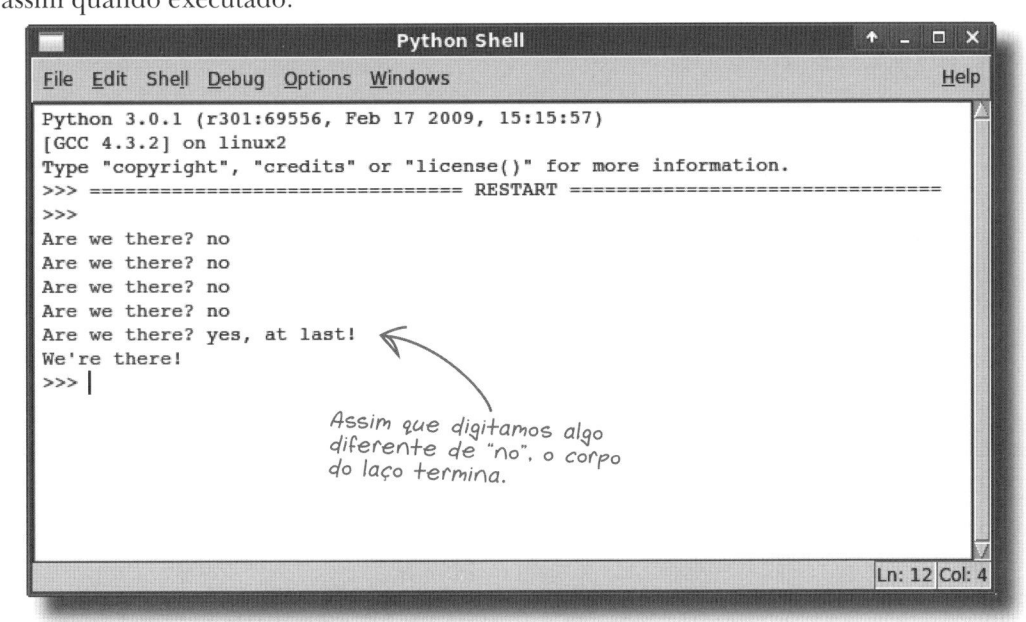

```
Python Shell
File  Edit  Shell  Debug  Options  Windows                        Help
Python 3.0.1 (r301:69556, Feb 17 2009, 15:15:57)
[GCC 4.3.2] on linux2
Type "copyright", "credits" or "license()" for more information.
>>> ============================ RESTART ============================
>>>
Are we there? no
Are we there? no
Are we there? no
Are we there? no
Are we there? yes, at last!
We're there!
>>>
                                                          Ln: 12 Col: 4
```

Assim que digitamos algo diferente de "no", o corpo do laço termina.

Você notou que teve que definir o valor da variável `answer` para algo lógico antes de iniciar o laço? Isso é importante, pois se a variável `answer` não tivesse o valor no, a condição do laço teria sido false e o código no corpo do laço **nunca** teria sido executado.

Lembre-se disso. Pode ser útil no próximo exercício...

você está aqui ▸ 29

mude o jogo

Exercício Longo

Agora, é hora de aplicar seu amuleto de programação. Tenha cuidado: este exercício é um pouco capcioso. Você precisa reescrever seu programa de jogo para que ele continue a execução até o usuário adivinhar a resposta certa. Você precisa usar todas as coisas que aprendeu neste capítulo. Precisa, também, desenvolver condições para cada um dos desvios e laços requeridos.

Lembre-se: o programa precisa continuar perguntando ao usuário uma resposta enquanto a adivinhação atual está errada.

Sugestão: *Se você precisar testar se duas coisas têm valores diferentes, use o operador* **!=**.

Este é o operador "diferente de".

Escreva seu código aqui.

Código Pronto

Se você adicionar estas duas linhas de código ao início de seu programa:

```
from random import randint
secret = randint(1, 10)
```

A variável `secret` será definida para um número aleatório entre 1 e 10. Modifique seu programa em relação à página de abertura para que, ao invés da resposta sempre ser 5, ele use um número aleatório de 1 a 10 como a resposta.

Escreva a próxima versão de seu programa aqui. Essa versão de seu programa usa o valor da variável "secret" como a resposta certa.

novo jogo

Exercício Longo — Solução

Você precisava reescrever seu programa de jogo para que ele continuasse a execução até que o usuário adivinhasse a resposta certa. Você precisava usar todas as coisas que aprendeu neste capítulo. Precisava desenvolver condições para cada um dos desvios e laços requeridos.

Sugestão: *Se você precisar testar se duas coisas têm valores diferentes, use o operador* **!=**.

Você lembrou de definir a adivinhação para algum valor padrão lógico, para assegurar que o laço fosse executado pela primeira vez?

Não se preocupe se seu código não parecer exatamente com este. O importante é que ele funcione do mesmo modo quando executado.

Precisamos continuar executando enquanto a adivinhação está errada.

Todo este código é recuado, significando que tudo está dentro do corpo do laço.

```
print("Welcome!")
guess = 0
while guess != 5:
    g = input("Guess the number: ")
    guess = int(g)
    if guess == 5:
        print("You win!")
    else:
        if guess > 5:
            print("Too high")
        else:
            print("Too low")
print("Game over!")
```

Esta parte do programa é muito parecida com o que você tinha antes.

Capítulo 1

Código Pronto

Se você adicionar estas duas linhas de código ao n de seu programa:

```
from random import randint
secret = randint(1, 10)
```

A variável `secret` *será definida para um número aleatório entre 1 e 10. Você deveria modificar seu programa em relação à página de abertura para que, ao invés da resposta sempre ser 5, ele use um número aleatório de 1 a 10 como a resposta.*

Aqui estão as duas linhas que criam o número aleatório.

```
from random import randint
secret = randint(1, 10)
print("Welcome!")
guess = 0
```

Agora, ao invés de verificarmos se a resposta é 5, verificamos novamente com o número aleatório, que é mantido na variável "secret".

```
while guess != secret:
    g = input("Guess the number: ")
    guess = int(g)
    if guess == secret:
        print("You win!")
    else:
        if guess > secret:
            print("Too high")
        else:
            print("Too low")
print("Game over!")
```

TEST DRIVE

Então, o que acontece quando você executa a nova versão de seu programa?

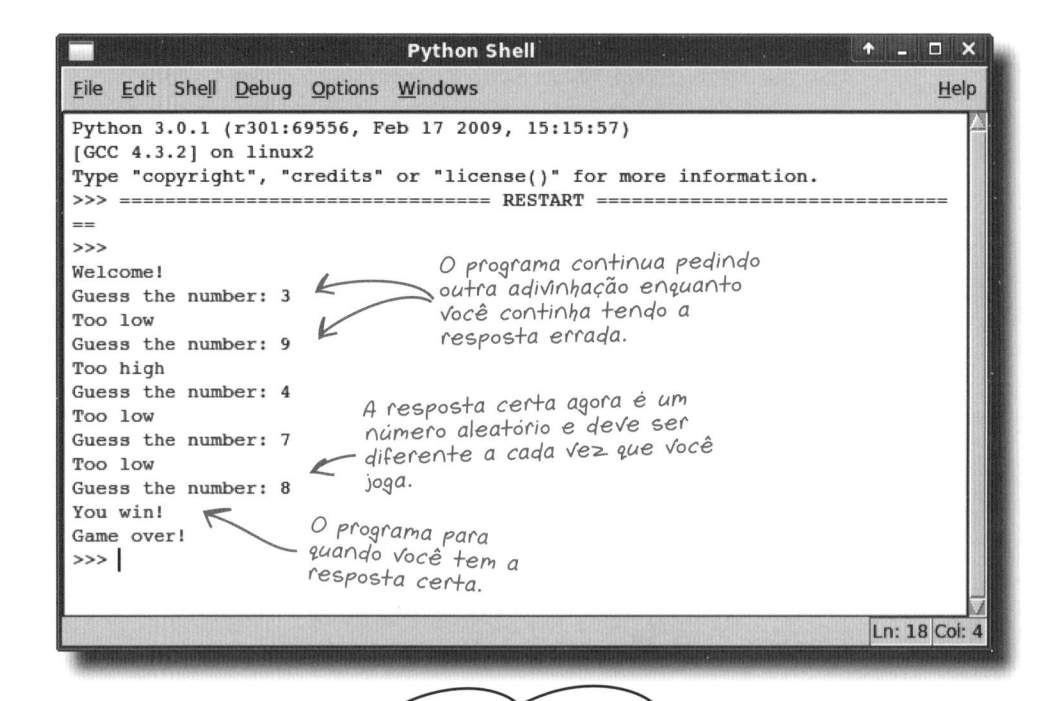

```
Python 3.0.1 (r301:69556, Feb 17 2009, 15:15:57)
[GCC 4.3.2] on linux2
Type "copyright", "credits" or "license()" for more information.
>>> ================================ RESTART ================================
>>>
Welcome!
Guess the number: 3
Too low
Guess the number: 9
Too high
Guess the number: 4
Too low
Guess the number: 7
Too low
Guess the number: 8
You win!
Game over!
>>>
```

O programa continua pedindo outra adivinhação enquanto você continha tendo a resposta errada.

A resposta certa agora é um número aleatório e deve ser diferente a cada vez que você joga.

O programa para quando você tem a resposta certa.

> Este jogo é muito legal. Não importa quantas vezes eu o jogo, ainda tenho de pensar para ter a resposta certa!

Seus usuários adoram o programa.

E você pode criá-lo por si mesmo. **Analisando** com cuidado o problema, decidindo qual precisava ser o feddback e trabalhando a lógica confusa do **laço** e do **desvio**, você criou algo que realmente arrasa.

Bom trabalho. Você está a ponto de se tornar um manipulador de código real.

começando a codificar

Sua Caixa de Ferramentas de Programação

Você colocou o Capítulo 1 em seu currículo. Vejamos de novo o que você aprendeu até então.

Ferramentas de Programação

* Os programas são criados a partir de códigos de instruções:

  os comandos fazem coisas.

  os desvios decidem as coisas.

  os laços repetem as coisas.

* As condições ajudam você a decidir se algo é True ou False.

* A atribuição define um nome para um valor.

* Um valor nomeado é armazenado em uma "variável".

Ferramentas do Python

* desvios if/else
* laços while
* operador de atribuição =
* operador de igualdade ==
* operador diferente de !=
* operador maior que >
* print() exibe uma mensagem na tela
* input() obtém e retorna a entrada do usuário
* int() converte caracteres em números
* randint() produz um número aleatório

2   dados textuais

Cada string tem seu lugar

> Eu tenho seiss – hic! – homens trabalhadores e honestos. Eles me ensinaram tudo que sei – hic! Seus nomes são O quê... Por quê... Gus – hic! – Jim, Bob e Lou.

Imagine tentar comunicar-se sem palavras.

Todos os programas processam dados e um dos mais importantes é o **texto**. Neste capítulo, você trabalhará o básico dos **dados textuais**. Você **pesquisará** automaticamente o texto e obterá **exatamente o que está procurando**. Neste processo, obterá os principais conceitos da programação, tais como **métodos,** e como você poderá usá-los para **submeter seus dados ao seu desejo**. E, finalmente, **iniciará seus programas** com a ajuda da **biblioteca de código**.

contador de grãos

Seu novo espetáculo no Starbuzz Café

O Starbuzz Café fez seu nome sozinho como a cafeteria que cresce mais rapidamente por aí. Se você viu uma na esquina da sua casa, olhe do outro lado da rua; verá outra.

O diretor executivo do Starbuzz sempre está à procura de outras maneiras de aumentar os lucros e ele propôs uma ótima ideia. Ele deseja um programa que lhe mostre o preço atual dos grãos de café para que seus consumidores possam tomar decisões sobre quando comprar.

> Eu tinha um programador fazendo um trabalho para mim, mas ele não está atendendo seu telefone. Ele desapareceu! Acha que você pode assumir o comando? Deixarei que você tenha o código que ele já propôs.

O diretor executivo do Starbuzz.

Eis o código Starbuzz atual

O programador anterior já fez o início do código e podemos usar isto como uma base. Eis o código Python existente, mas o que ele faz?

Eis o código do programa em sua forma atual.

```
import urllib.request

page = urllib.request.urlopen("http://www.beans-r-us.biz/prices.html")
text = page.read().decode("utf8")

print(text)
```

PODER DO CÉREBRO

Dê uma boa olhada no código Starbuzz existente. O que você acha que ele realmente faz?

TEST DRIVE

Digite o código no IDLE, salve o programa e execute-o.

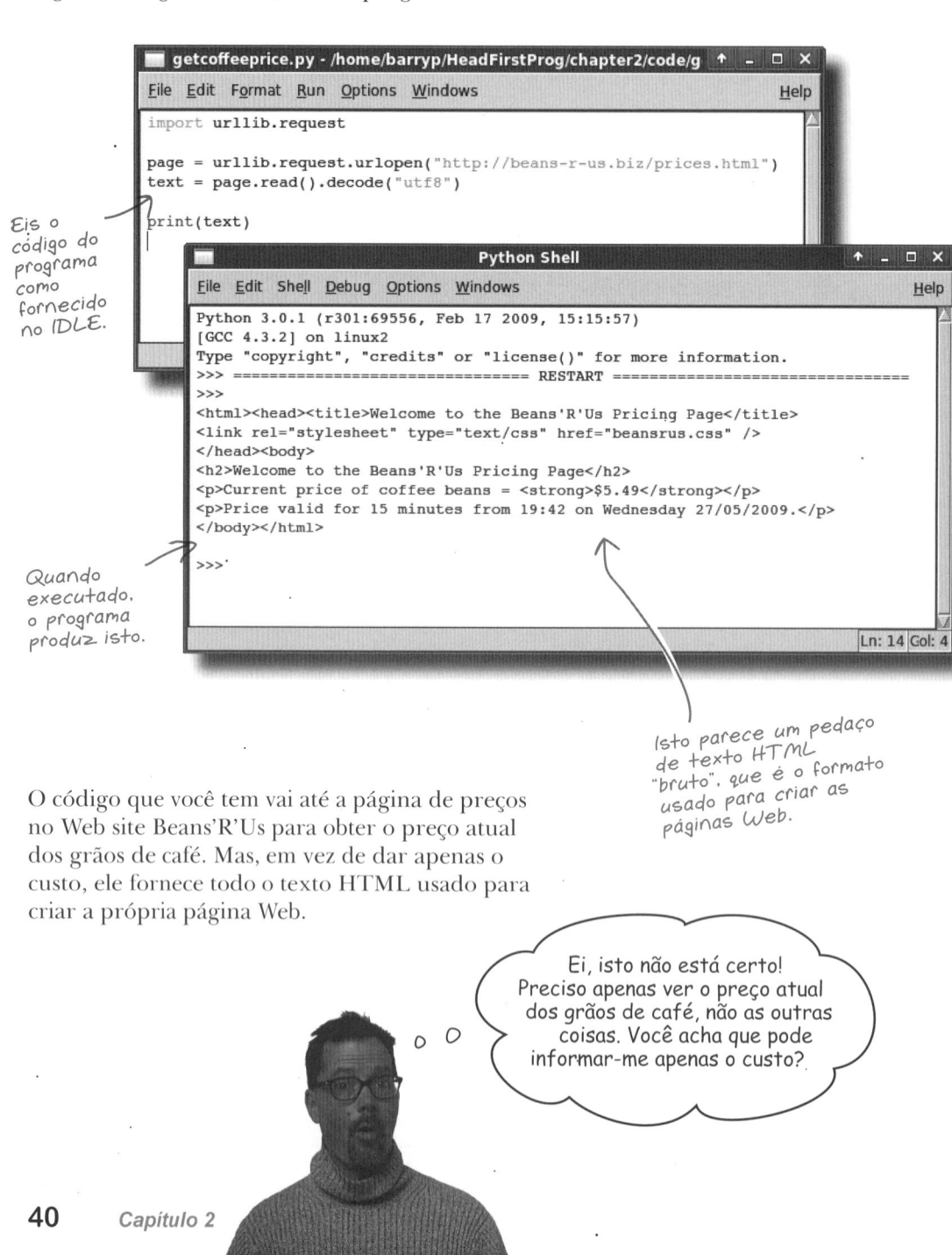

Eis o código do programa como fornecido no IDLE.

```
getcoffeeprice.py - /home/barryp/HeadFirstProg/chapter2/code/g

import urllib.request

page = urllib.request.urlopen("http://beans-r-us.biz/prices.html")
text = page.read().decode("utf8")

print(text)
```

Quando executado, o programa produz isto.

```
Python Shell

Python 3.0.1 (r301:69556, Feb 17 2009, 15:15:57)
[GCC 4.3.2] on linux2
Type "copyright", "credits" or "license()" for more information.
>>> ================================ RESTART ================================
>>>
<html><head><title>Welcome to the Beans'R'Us Pricing Page</title>
<link rel="stylesheet" type="text/css" href="beansrus.css" />
</head><body>
<h2>Welcome to the Beans'R'Us Pricing Page</h2>
<p>Current price of coffee beans = <strong>$5.49</strong></p>
<p>Price valid for 15 minutes from 19:42 on Wednesday 27/05/2009.</p>
</body></html>

>>>
```

Isto parece um pedaço de texto HTML "bruto", que é o formato usado para criar as páginas Web.

O código que você tem vai até a página de preços no Web site Beans'R'Us para obter o preço atual dos grãos de café. Mas, em vez de dar apenas o custo, ele fornece todo o texto HTML usado para criar a própria página Web.

> Ei, isto não está certo! Preciso apenas ver o preço atual dos grãos de café, não as outras coisas. Você acha que pode informar-me apenas o custo?

*dados **textuais***

O custo está embutido no HTML

Veja mais de perto os resultados do programa. O preço atual dos grãos está bem no meio da saída:

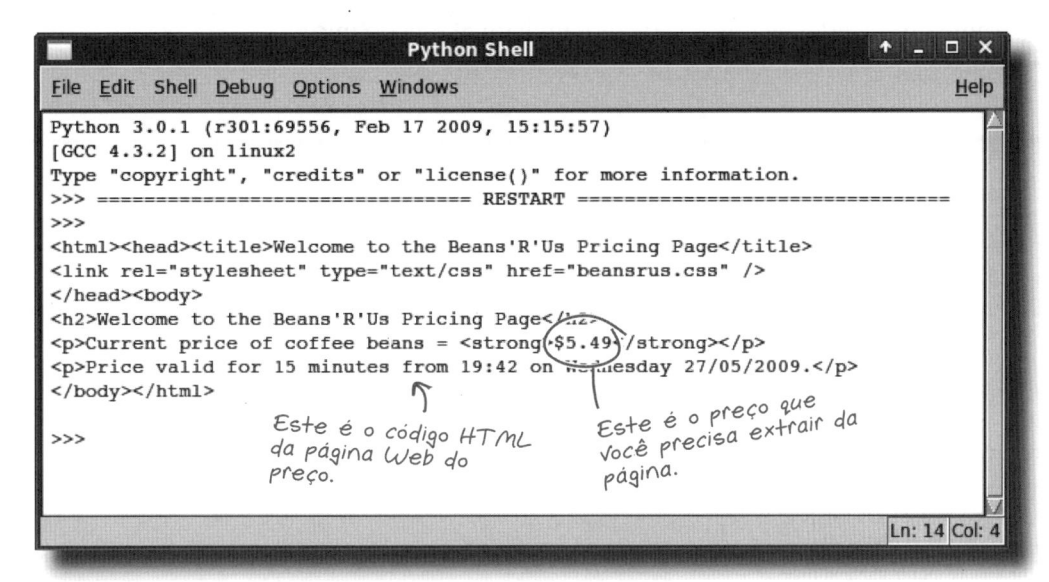

```
                          Python Shell                          
File  Edit  Shell  Debug  Options  Windows                 Help
Python 3.0.1 (r301:69556, Feb 17 2009, 15:15:57)
[GCC 4.3.2] on linux2
Type "copyright", "credits" or "license()" for more information.
>>> ============================ RESTART ============================
>>>
<html><head><title>Welcome to the Beans'R'Us Pricing Page</title>
<link rel="stylesheet" type="text/css" href="beansrus.css" />
</head><body>
<h2>Welcome to the Beans'R'Us Pricing Page</h2>
<p>Current price of coffee beans = <strong>$5.49</strong></p>
<p>Price valid for 15 minutes from 19:42 on Wednesday 27/05/2009.</p>
</body></html>
>>>
                                                      Ln: 14 Col: 4
```

Este é o código HTML da página Web do preço.

Este é o preço que você precisa extrair da página.

O diretor executivo do Starbuzz acha muito mais fácil se você puder extrair o preço dos grãos e simplesmente exibir isso, ao invés de procurá-lo no HTML. Mas, como você faz isso?

Uma string é uma série de caracteres

A saída do programa Starbuzz é um exemplo de **string**. Em outras palavras, é uma série de caracteres assim:

`< h t m l > < h e a d > < t i`

Em algum lugar dentro da string está o preço dos grãos de café. Para recuperar apenas o preço, tudo que você precisa fazer é ir para a parte certa da string, recuperar os caracteres que fornecem o preço e exibir apenas esses caracteres. Mas, como?

Você só precisa destes caracteres.

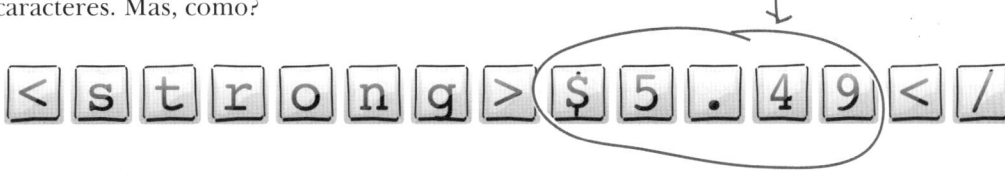

`< s t r o n g > $ 5 . 4 9 < /`

você está aqui ▶ **41**

desloque os valores

Encontre os caracteres dentro do texto

O computador controla os caracteres individuais usando **duas** partes de informação: o **início** (em inglês, *start*) da string e o **deslocamento** (em inglês, *offset*) de um caractere individual. O deslocamento é *a distância* que o caractere individual está do início da string.

> Estamos no inicio da string e, como nos movemos zero casa, o deslocamento é 0.

`< h t m l > < h e a d > < t i`

O **primeiro** caractere em uma string tem um **deslocamento** 0, pois é zero caractere a partir do início. O **segundo** caractere tem um **deslocamento** 1, e assim por diante:

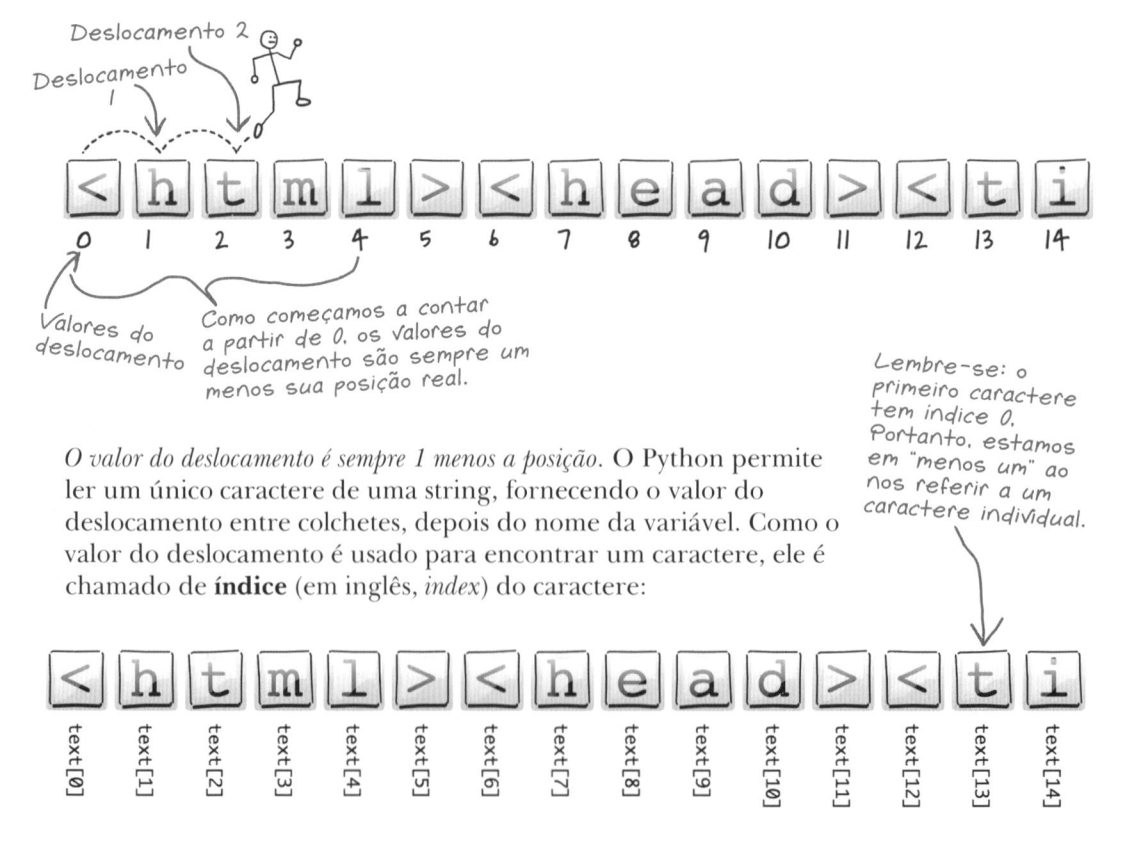

Deslocamento 2
Deslocamento 1

`< h t m l > < h e a d > < t i`
0 1 2 3 4 5 6 7 8 9 10 11 12 13 14

Valores do deslocamento

Como começamos a contar a partir de 0, os valores do deslocamento são sempre um menos sua posição real.

O valor do deslocamento é sempre 1 menos a posição. O Python permite ler um único caractere de uma string, fornecendo o valor do deslocamento entre colchetes, depois do nome da variável. Como o valor do deslocamento é usado para encontrar um caractere, ele é chamado de **índice** (em inglês, *index*) do caractere:

Lembre-se: o primeiro caractere tem indice 0. Portanto, estamos em "menos um" ao nos referir a um caractere individual.

`< h t m l > < h e a d > < t i`
text[0] text[1] text[2] text[3] text[4] text[5] text[6] text[7] text[8] text[9] text[10] text[11] text[12] text[13] text[14]

Mas, como você consegue mais de um caractere?

Para o Starbuzz, você não precisa apenas de um caractere. Precisa extrair o preço da string do HTML e o preço é composto de vários caracteres.

Você precisa extrair uma **substring** menor de uma string maior. Uma substring é uma sequência de caracteres contidos dentro de outra string. Especificar substrings no Python é um pouco parecido com ler caracteres únicos em uma string, exceto que você fornece dois valores de índice entre colchetes:

s[14]

Se você fornecer um único índice depois do nome da variável, obterá um único caractere.

s[138:147]

Isto lerá a substring menor de uma string inteira contida dentro de "s".

Se você fornecer dois valores do índice, extrairá um grupo de caracteres a partir do primeiro índice até (mas, não inclusive) o segundo índice.

Aponte seu lápis

Trabalhemos com o que cada uma das seguintes especificações de substring significa. Imagine que a variável s esteja definida para a string abaixo. Seu trabalho é determinar o que cada substring fornece.

`But where is Waldo?`

s[5:9] ....

s[10:12] ....

s[13:18] ....

Em geral, se você especificar uma substring usando s[a:b], então:

a é .... **b** é ....

Escreva o que você acha que "a" e "b" representam aqui.

aqui está waldo

Aponte seu lápis
Solução

Imagine que a variável s esteja definida para a string abaixo. Seu trabalho era determinar o que cada substring fornece.

```
 B  u  t     w  h  e  r  e     i  s     W  a  l  d  o  ?
 0  1  2  3  4  5  6  7  8  9 10 11 12 13 14 15 16 17 18
```

s[5:9] → "here"
→ 9 menos 5 = 4 caracteres

s[10:12] → "is"
→ 12 menos 10 = 2 caracteres

s[13:18] → "Waldo"
→ 18 menos 13 = 5 caracteres

Até, mas não inclusive.

Em geral, se você especificar uma substring usando s[a:b], então:

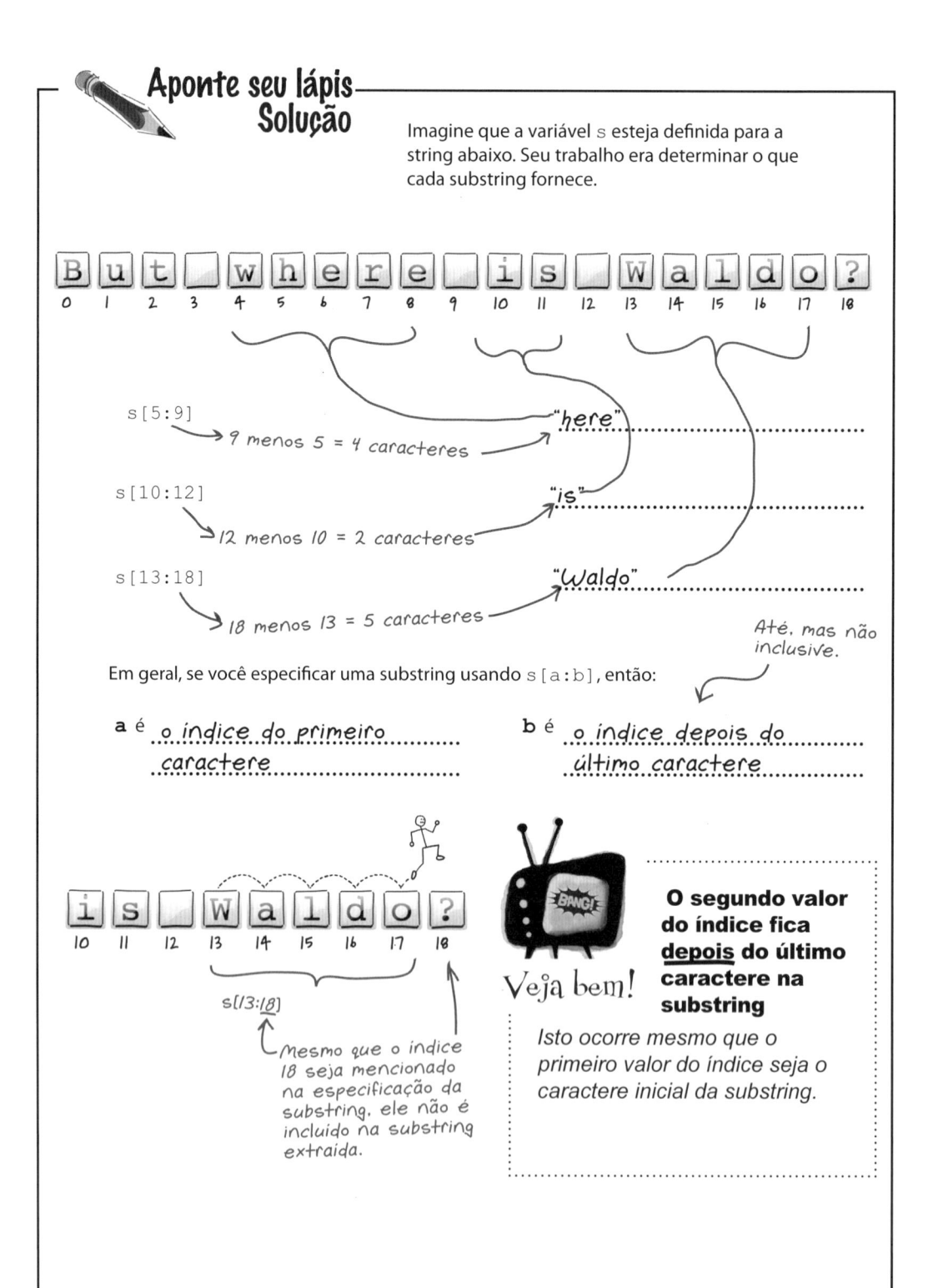

a é o índice do primeiro caractere

b é o índice depois do último caractere

```
 i  s     W  a  l  d  o  ?
10 11 12 13 14 15 16 17 18
```

s[13:18]

Mesmo que o índice 18 seja mencionado na especificação da substring, ele não é incluído na substring extraída.

Veja bem!

O segundo valor do índice fica depois do último caractere na substring

Isto ocorre mesmo que o primeiro valor do índice seja o caractere inicial da substring.

dados **textuais**

Aponte seu lápis

Você precisa atualizar o programa para extrair o preço, começando no 235º caractere da string. O preço tem quatro caracteres de comprimento. Armazene a substring do preço em uma variável chamada `price`. Escreva a nova versão do programa aqui:

Lembre-se que o 235º caractere na string tem o valor de índice 234.

```
import urllib.request

page = urllib.request.urlopen("http://www.beans-r-us.biz/prices.html")
text = page.read().decode("utf8")

print(text)
```

Eis a versão atual do código

Escreva o novo código aqui.

....

....

....

....

....

....

....

extraia o preço

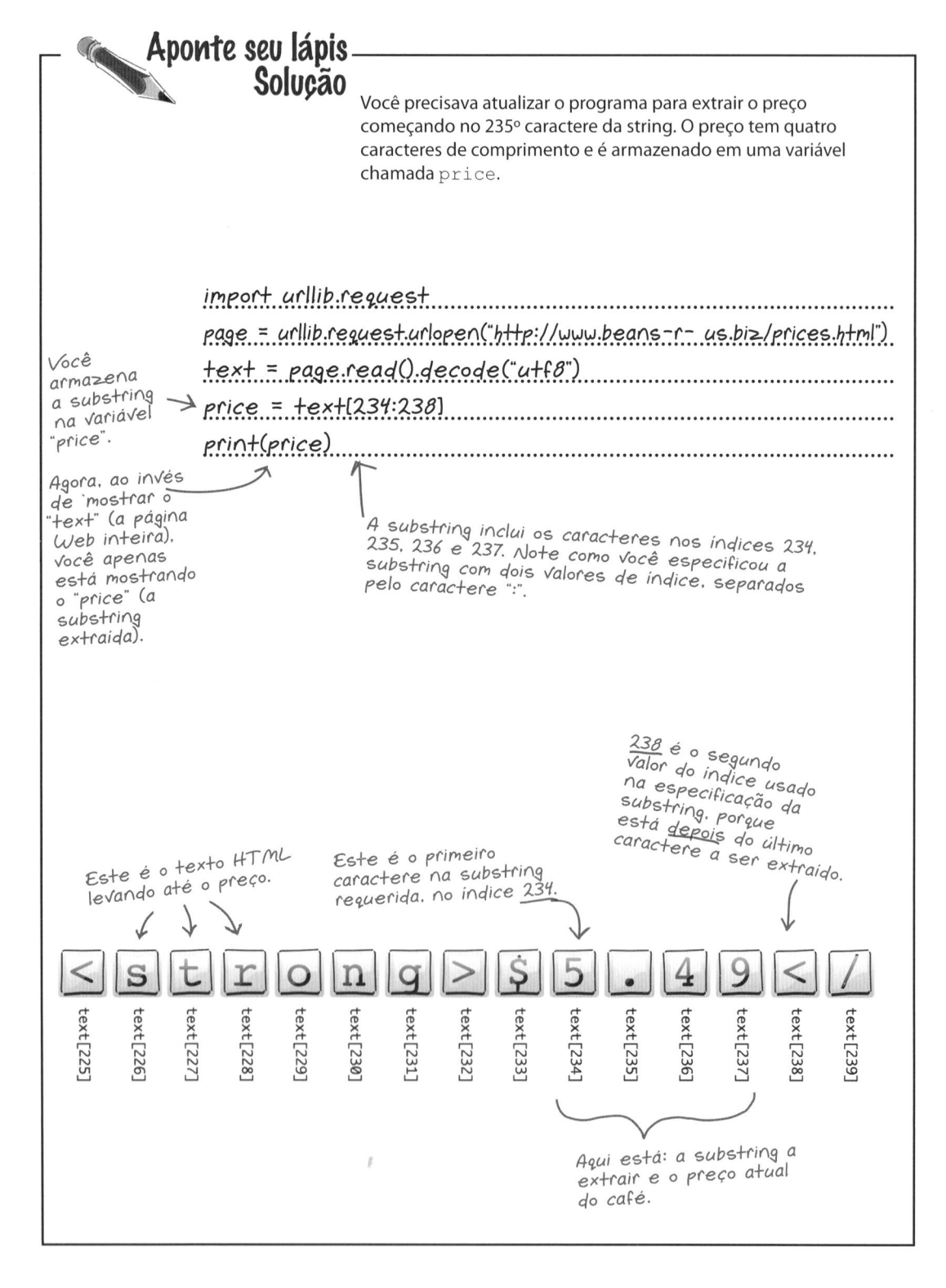

Aponte seu lápis
Solução

Você precisava atualizar o programa para extrair o preço começando no 235º caractere da string. O preço tem quatro caracteres de comprimento e é armazenado em uma variável chamada `price`.

```
import urllib.request
page = urllib.request.urlopen("http://www.beans-r-us.biz/prices.html")
text = page.read().decode("utf8")
price = text[234:238]
print(price)
```

Você armazena a substring na variável "price".

Agora, ao invés de mostrar o "text" (a página Web inteira), você apenas está mostrando o "price" (a substring extraída).

A substring inclui os caracteres nos índices 234, 235, 236 e 237. Note como você especificou a substring com dois valores de índice, separados pelo caractere ":".

238 é o segundo valor do índice usado na especificação da substring, porque está *depois* do último caractere a ser extraído.

Este é o texto HTML levando até o preço.

Este é o primeiro caractere na substring requerida, no índice 234.

`< s t r o n g > $ 5 . 4 9 < /`

text[225] text[226] text[227] text[228] text[229] text[230] text[231] text[232] text[233] text[234] text[235] text[236] text[237] text[238] text[239]

Aqui está: a substring a extrair e o preço atual do café.

dados **textuais**

TEST DRIVE

Digite o código no IDLE, salve o programa (escolha um nome para o programa que seja significativo para você) e execute-o.

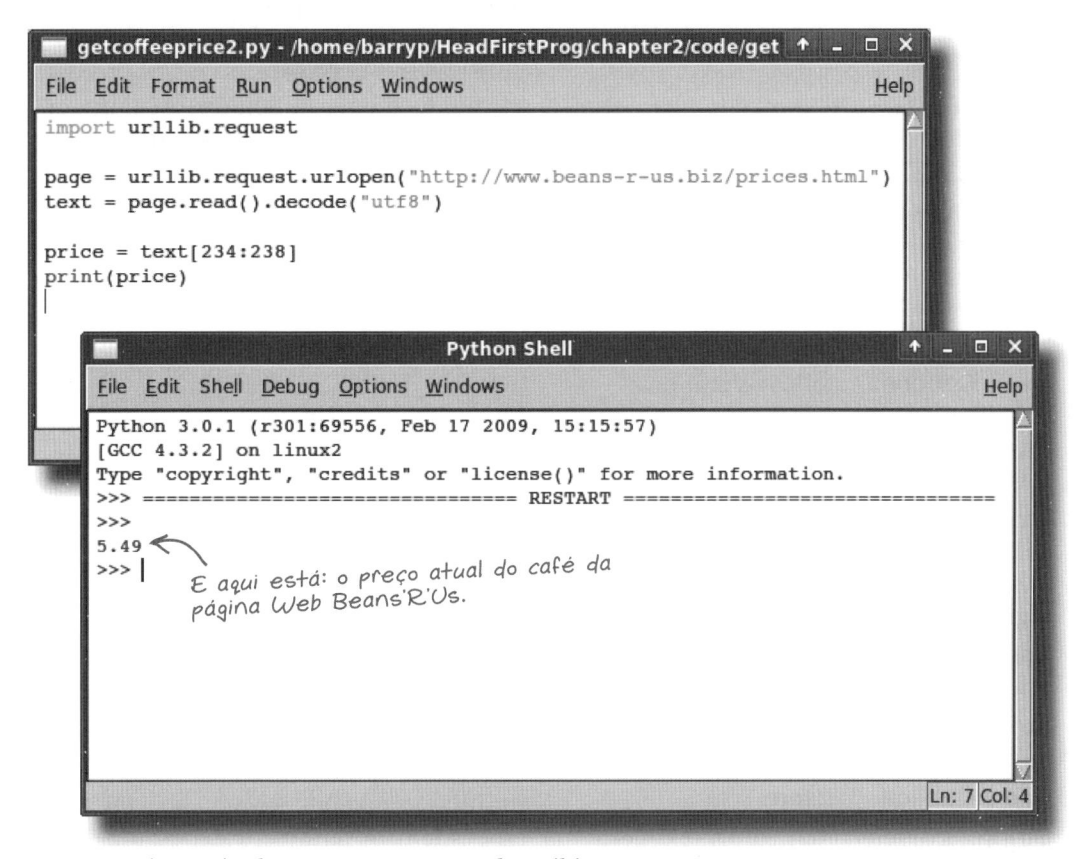

```
getcoffeeprice2.py - /home/barryp/HeadFirstProg/chapter2/code/get
File  Edit  Format  Run  Options  Windows                    Help

import urllib.request

page = urllib.request.urlopen("http://www.beans-r-us.biz/prices.html")
text = page.read().decode("utf8")

price = text[234:238]
print(price)
```

```
Python Shell
File  Edit  Shell  Debug  Options  Windows                   Help

Python 3.0.1 (r301:69556, Feb 17 2009, 15:15:57)
[GCC 4.3.2] on linux2
Type "copyright", "credits" or "license()" for more information.
>>> ================================ RESTART ================================
>>>
5.49
>>>
```

E aqui está: o preço atual do café da página Web Beans'R'Us.

Parece muito mais claro. Agora, em vez de exibir o texto HTML inteiro da página Web, você reduziu-o apenas à parte da string (a substring) da qual precisa.

Que ótimo. É exatamente o que eu preciso! Você não tem ideia de quanto tempo e dinheiro irá economizar para mim...

*teoria da **string***

A STRING EXPOSTA

Entrevista desta semana: Perguntamos a String sobre como é ser o tipo de dados mais aceito do mundo.

Use a Cabeça: String, é muito bom que você tenha encontrado tempo para falar conosco.

String: Por favor, a honra é minha. Sente-se, sente-se. Sinta-se em casa. Já comeu?

Use a Cabeça: Estou bem, obrigado, String, por onde devo começar? Você é conhecida no mundo todo por seu trabalho. Em sua época, você transmitia os trabalhos de Shakespeare, Geothe...

String: Dan Brown.

Use a Cabeça: ... todos os grandes trabalhos de Literatura. E até as coisas rotineiras, tais como, nomes e endereços. Diga, como você ficou tão popular?

String: É uma questão de caractere. Bem, de caracteres. Veja, antes de eu existir, os sistemas de computador costumavam registrar o texto um caractere por vez.

Use a Cabeça: Isso deve ter sido bem inconveniente.

String: Inconveniente? Era um real sofrimento.

Use a Cabeça: Bastante.

String: Sem mim, lidar com o texto era como andar de bicicleta sem selim.

Use a Cabeça: Em que sentido?

String: Era possível chegar a algum lugar, mas a jornada era estressante.

Use a Cabeça: Você simplifica as coisas.

String: Certamente. Eu simplifico. Ao invés de controlar uma centena, milhares ou milhões de letras, você só precisa manter os olhos em uma coisa. Em mim!

Use a Cabeça: Isso é um ponto positivo.

String: Gosto de me considerar uma fachada. Um agente, pode-se dizer, para todos os caracteres com os quais trabalho.

Use a Cabeça: As pessoas lidam com você, portanto, não têm que lidar com caracteres individuais de cabeça.

String: Exatamente. Sou um organizador. Mantenho os olhos no negócio diário das letras. Se eu precisar ser mais curta ou longa, organizo os caracteres para que fiquem disponíveis.

Use a Cabeça: Fale sobre suas substrings.

String: Ah, minhas substrings. Como lascas do velho bloco. Esse tipo de dados humilde deveria ser muito abençoado!

Use a Cabeça: Um lenço de papel?

String: Saúde! <assoa o nariz>. Aquelas crianças eram tão íntimas para mim. Eis uma foto. Você pode ver a semelhança?

Use a Cabeça: Por que parece com...

String: Ah, você adivinhou! Sim, minha sequência de caracteres de 137 a 149. Exatamente. Como o velho homem. Porém, menor. Um pouco mais de cabelo.

Use a Cabeça: Suas substrings são strings também.

String: Certamente. Strings como eu. E elas, espero, deverão ser capazes, um dia, de produzir suas próprias substrings também.

Use a Cabeça: Embora algumas pessoas fiquem confusas com sua indexação.

String: O que posso dizer? Comecei com nada!

Use a Cabeça: String, obrigado.

String: Um prazer. Tem certeza que comeu?

Não existem Perguntas Idiotas

P: Então, posso colocar qualquer endereço Web neste código e obter a página Web associada na Internet?

R: Sim, sinta-se à vontade para experimentar por si mesmo.

P: Não preciso de um navegador Web para exibir as páginas Web?

R: Sim, para exibir uma página Web em toda sua glória formatada – com imagens incorporadas, música, vídeos etc. – um navegador Web é obrigatório. Porém, se tudo o que você deseja ver é o HTML "bruto", um navegador é um exagero.

P: O que a linha de importação do código faz?

R: Dá ao programa a capacidade de conversar com a Internet. O código `urllib.request` vem como padrão com o Python 3.

P: E imagino que chamando pela urlopen( ) obtém-se a página Web?

R: Está certo! O endereço Web fornecido (ou "URL" para usar o devido jargão da Web) é obtido na Internet e retornado pelo chamado da `urlopen()`. Neste código, a página Web obtida é atribuída à variável `page`.

P: E a parte urllib.request?

R: Isso simplesmente informa o programa para usar a função `urlopen()` que vem como padrão com a página Internet do Python 3 – a tecnologia de leitura. Teremos mais a dizer sobre a `urllib.request` daqui a pouco. Agora, simplesmente pense como temos sorte por não termos que escrever o código para obter as páginas Web na Internet.

P: Entendo que a chamada para read( ) realmente lê a página Web a partir da variável da página, mas o que é decode("utf8")?

R: Quando a página Web é obtida na Internet, ela está em um formato textual "bruto". Esse formato pode ser um pouco difícil para os humanos lerem. A chamada para `decode()` converte a página Web bruta em algo que parece um pouco mais fácil aos olhos.

Para ver o que queremos dizer, tente remover a chamada para `decode()` do programa e executar o código de novo. Parece um pouco estranho, não é? (Não esqueça de colocar a chamada para `decode()` de volta antes de prosseguir.)

Pontos de Bala

- Você pode fazer o download do HTML de uma página Web como uma **string** textual.
- Uma string é uma *sequência de caracteres*.
- Você pode acessar os caracteres individuais em uma string usando um **deslocamento** (em inglês, offset).
- O deslocamento é conhecido como **valor do índice** do caractere (ou apenas *índice* para abreviar).
- As strings dentro das strings são chamadas de **substrings**.
- As substrings são especificadas usando dois valores de índice – por exemplo: `text[10:20]`.
- O primeiro valor do índice é o local do primeiro caractere da substring.
- O segundo valor do índice é o local **depois** do último caractere da substring (até, mas não inclusive).
- Subtraia o primeiro índice do segundo para calcular qual tamanho deve ter a substring.

mudança de endereço

Beans'R'Us está recompensando os clientes fiéis

O diretor executivo acabou de receber ótimas notícias do fornecedor de grãos.

> O fornecedor está tão contente com o negócio que estamos realizando, que irá tornar-nos membros do seu programa de desconto de fidelidade. Ele diz que deve ser uma correção simples. Você pode examinar?

O fornecedor realmente mantém **dois preços**: um para os clientes *normais* e outro para os *clientes do programa de fidelidade*. Os preços diferentes são publicados em páginas Web diferentes:

Os clientes normais obtêm seus preços aqui.
↳ `http://www.beans-r-us.biz/prices.html`

Os clientes do programa de fidelidade obtêm seus preços aqui.
↳ `http://www.beans-r-us.biz/prices-loyalty.html`

Isso significa que você precisa mudar o endereço da página Web no código:

```
import urllib.request

page = urllib.request.urlopen("http://www.beans-r-us.biz/prices-loyalty.html")
text = page.read().decode("utf8")

price = text[234:238]
print(price)
```

↑ *Este é o novo endereço.*

Iremos executá-lo para assegurar que funciona bem.

dados **textuais**

TEST DRIVE

Desta vez quando você executar, **isto** acontecerá...

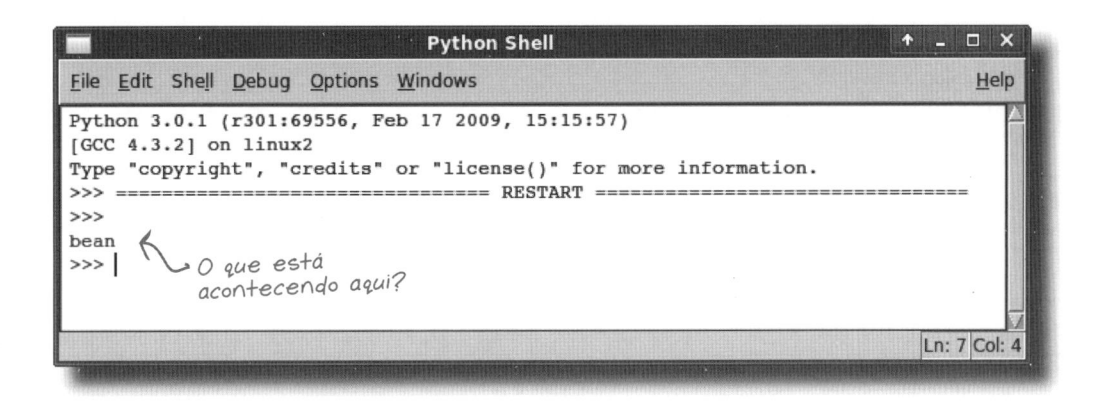

```
Python 3.0.1 (r301:69556, Feb 17 2009, 15:15:57)
[GCC 4.3.2] on linux2
Type "copyright", "credits" or "license()" for more information.
>>> ================================ RESTART ================================
>>>
bean
>>> |
```
↳ *O que está acontecendo aqui?*

O programa não está mais **exibindo um preço**. O que aconteceu?

O preço se moveu

A página Web para os clientes fiéis é muito mais **dinâmica** que a antiga página. A página para os clientes normais sempre exibe o preço em uma substring começando no índice 234. Isso não ocorre para a página Web do programa de fidelidade. O preço nessa página pode estar em qualquer lugar. Tudo que você sabe com certeza é que o preço segue a substring **>$**:

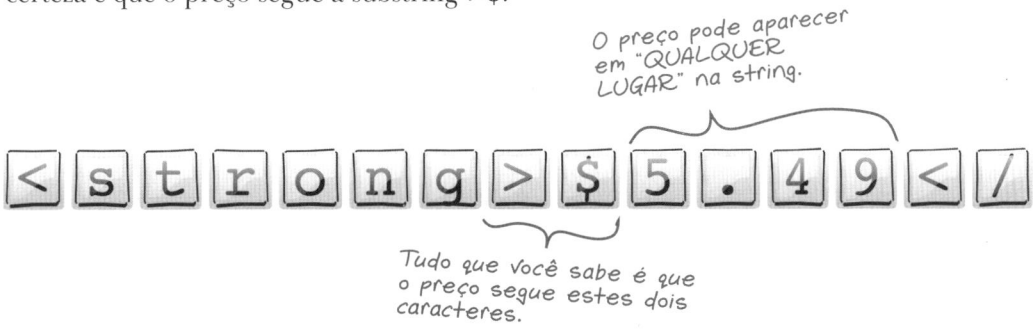

O preço pode aparecer em "QUALQUER LUGAR" na string.

`< s t r o n g > $ 5 . 4 9 < /`

Tudo que você sabe é que o preço segue estes dois caracteres.

Você precisa pesquisar a string do preço.

você está aqui ▶ **51**

pesquisando substrings

A pesquisa é complexa

Você já sabe como encontrar uma substring, portanto, pode executar a página Web inteira e verificar cada dois caracteres para ver se eles coincidem com ">$", assim:

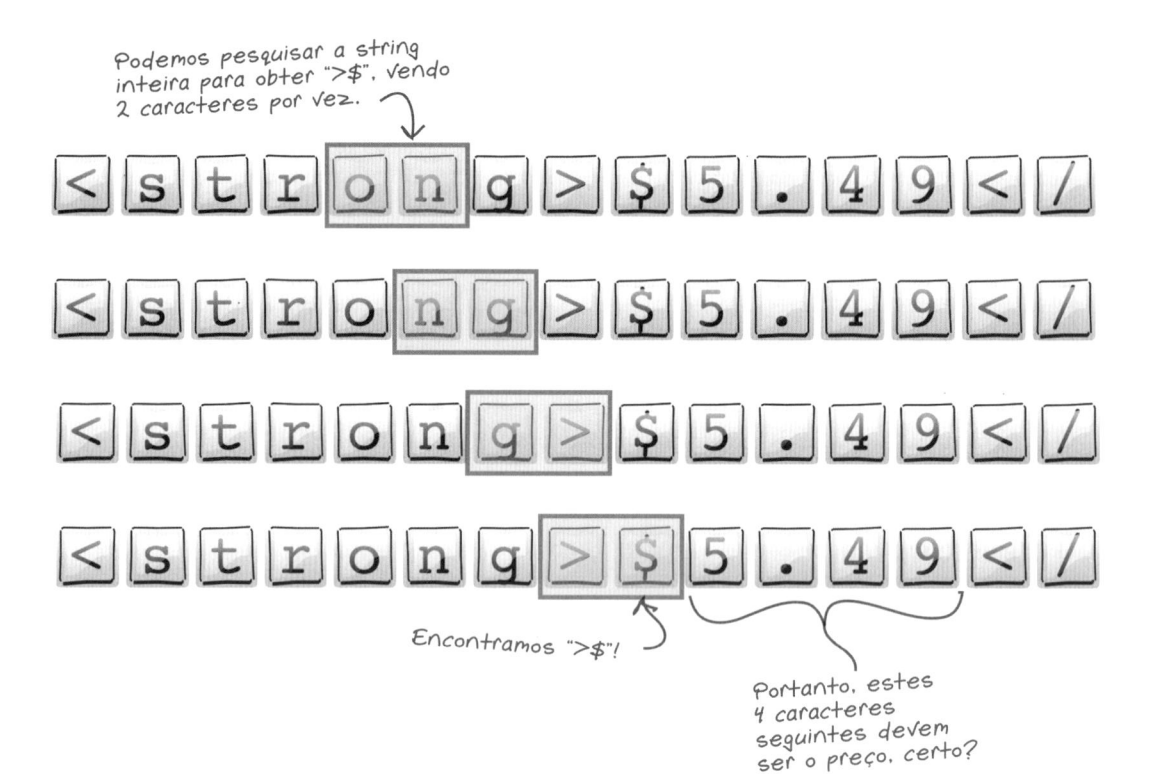

Podemos pesquisar a string inteira para obter ">$", vendo 2 caracteres por vez.

`< s t r o n g > $ 5 . 4 9 < /`

`< s t r o n g > $ 5 . 4 9 < /`

`< s t r o n g > $ 5 . 4 9 < /`

`< s t r o n g > $ 5 . 4 9 < /`

Encontramos ">$"!

Portanto, estes 4 caracteres seguintes devem ser o preço, certo?

Você *poderia* fazer assim... mas, *deveria*?

Há muita coisa com a qual se preocupar. Quais dois caracteres estão sendo comparados atualmente? Onde você está na string agora? E se ">$" não for encontrado? Pesquisar substrings em strings é um pouco mais complexo do que parece, à primeira vista...

Mas, se você não quiser escrever o código para pesquisar a string, o que mais poderá fazer?

dados **textuais**

> Não seria um sonho se houvesse um modo simples de pesquisar uma string para obter uma substring? Mas, acho que é apenas uma fantasia...

você está aqui ▶

dados espertos

Os dados Python são espertos

Quanto mais código você escrever, mais achará que precisa fazer o mesmo tipo de coisa com os dados em suas variáveis o tempo todo. Para impedi-lo de ter de criar o mesmo código sempre, as linguagens de programação fornecem uma **funcionalidade embutida** para ajudá-lo a evitar escrever o código desnecessário. Os dados Python são *espertos*: eles podem **fazer coisas**.

Vejamos um exemplo.

Imagine que você tenha uma parte de texto em uma variável que deseja exibir com letras maiúsculas (em inglês, *uppersase*) (todas as letras GRANDES):

```
msg = "Monster truck rally. 4pm. Monday."
```

Você *poderia* escrever um código que lesse cada caractere na string e imprimisse a letra maiúscula coincidente. Mas, se você estiver programando em uma linguagem como o Python, poderá fazer isto:

> O ponto significa "chame este método na" variável especificada.

> "upper()" é um método da string.

```
print(msg.upper())
```

> Eis o que é exibido, o valor da variável "msg" em LETRAS MAIÚSCULAS.

```
MONSTER TRUCK RALLY. 4PM. MONDAY.
```

Mas o que `msg.upper()` significa?

Bem, `msg` é a string que contém nossa parte do texto. A parte `.upper()` seguinte é chamada de **método** da string. Um método é apenas uma instrução para a string. Quando você chama `msg.upper()`, está informando a string para lhe dar uma versão MAIÚSCULA de seus dados.

Mas, há um método de string que pode ajudá-lo a pesquisar uma substring dentro de um objeto de string?

dados **textuais**

QUAL É MEU PROPÓSITO?

Estes são alguns dos muitos métodos de string predefinidos que vêm com o Python. Combine cada método com o que ele faz. Já fizemos um para você.

Método

O que o método faz

text.endswith(".jpg") — Retorna uma cópia da string com todas as ocorrências de uma substring substituídas por outra.

text.upper(): — Retorna uma cópia da string convertida em letras minúsculas.

text.lower(): — Retornará o valor **True** se a string tiver a substring no início.

text.replace("tomorrow", "Tuesday"): — Retornará o valor **True** se a string tiver a substring no final.

text.strip(): — Retorna o primeiro valor do índice quando a substring é encontrada.

text.find("python"): — Retorna uma cópia da string com os espaços em branco do início e do final removidos.

text.startswith("<HTML>") — Retorna uma cópia da string convertida em letras maiúsculas.

Aponte seu lápis

Quais dos métodos acima você precisa usar para localizar a substring de preço dentro da página Web Beans'R'Us?

....

você está aqui ▶ 55

find, o método certo

QUAL É MEU PROPÓSITO?
SOLUÇÃO

Estes são alguns dos muitos métodos de string predefinidos que vêm com o Python. Você teve que combinar cada método com o que ele faz.

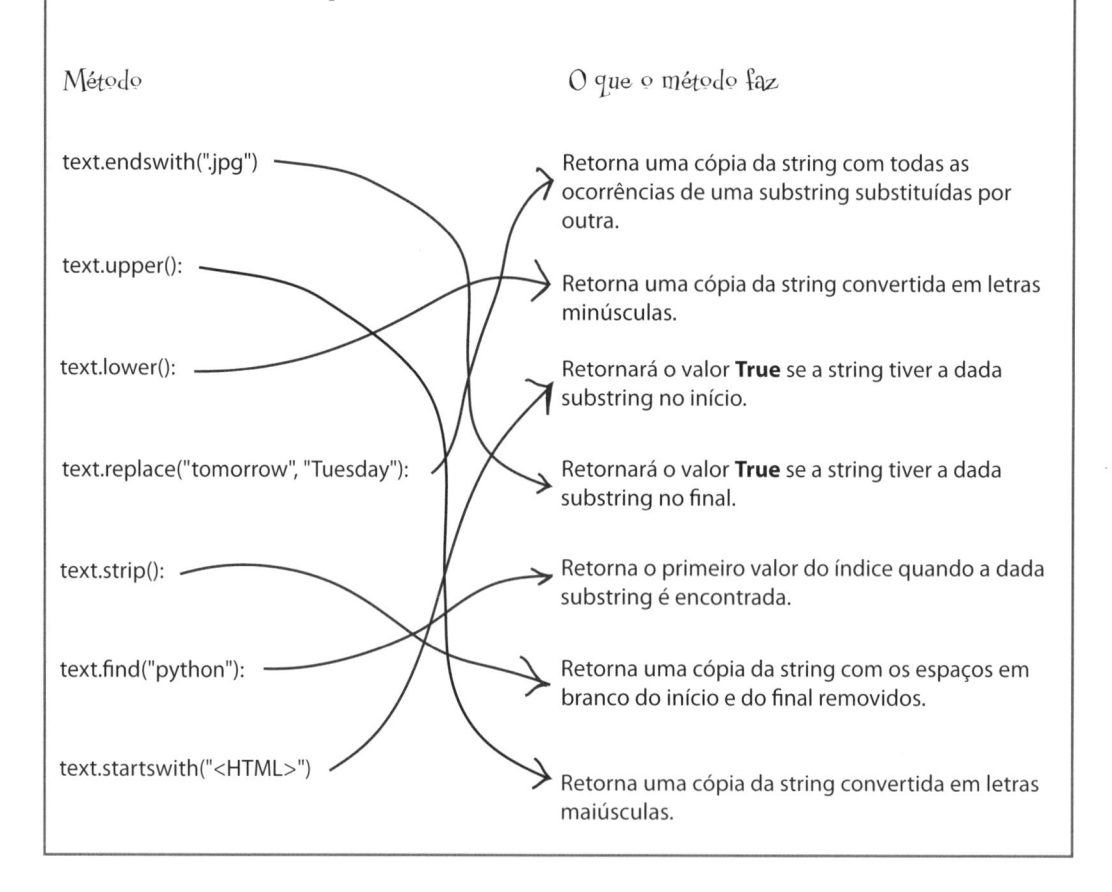

Método	O que o método faz
text.endswith(".jpg")	Retorna uma cópia da string com todas as ocorrências de uma substring substituídas por outra.
text.upper():	Retorna uma cópia da string convertida em letras minúsculas.
text.lower():	Retornará o valor **True** se a string tiver a dada substring no início.
text.replace("tomorrow", "Tuesday"):	Retornará o valor **True** se a string tiver a dada substring no final.
text.strip():	Retorna o primeiro valor do índice quando a dada substring é encontrada.
text.find("python"):	Retorna uma cópia da string com os espaços em branco do início e do final removidos.
text.startswith("<HTML>")	Retorna uma cópia da string convertida em letras maiúsculas.

Aponte seu lápis
Solução

Quais dos métodos acima você precisa usar para localizar a substring de preço dentro da página Web Beans'R'Us?

O método "find()"

Capítulo 2

dados **textuais**

Exercício

Você precisa atualizar seu programa de obtenção de preços para que ele extraia a substring com quatro caracteres que segue a ocorrência dos caracteres "> $". Escreva a nova versão de seu código no espaço fornecido.

Sugestões: Não se esqueça que o método `find()` encontra *a **posição** inicia*l de uma substring. Assim que você tiver encontrado ">$", use o **operador de adição** do Python para calcular onde na string você deseja extrair a substring. O operador de adição é o símbolo "+".

Pesquise esta combinação de 2 caracteres.

Eis o que você realmente está procurando.

```
coffee beans = <strong>$5.49</
strong></p><p>Price valid for
```

você está aqui ▶ **57**

chegando a um acordo

Solução do Exercício

Você precisava atualizar seu programa de obtenção de preços para que ele extraísse a substring com quatro caracteres que segue a ocorrência dos caracteres ">$".

Sugestões: Não se esqueça que o método `find()` encontra a **posição inicial** de uma substring. Assim que você tiver encontrado ">$", use **o operador de adição** do Python para calcular onde na string você deseja extrair a substring. O operador de adição é o símbolo "+".

Este código não mudou.
```
import urllib.request

page = urllib.request.urlopen("http://www.beans-r-us.biz/prices.html")
text = page.read().decode("utf8")
```

Pesquise o local do índice da combinação ">$".
```
where = text.find('>$')
```

Este é o operador de adição.
```
start_of_price = where + 2
```

O início real do preço são as 2 outras posições do índice na string, enquanto que o final do preço são os outros 4.
```
end_of_price = start_of_price + 4

price = text[start_of_price:end_of_price]

print(price)
```

Você lembrou de mostrar o preço assim que o encontrou?

Com os locais do índice inicial e final conhecidos, é fácil especificar a substring requerida.

dados textuais

TEST DRIVE

Tudo bem, então seu programa agora deve ser capaz de encontrar o preço, não importando onde ele apareça na página.

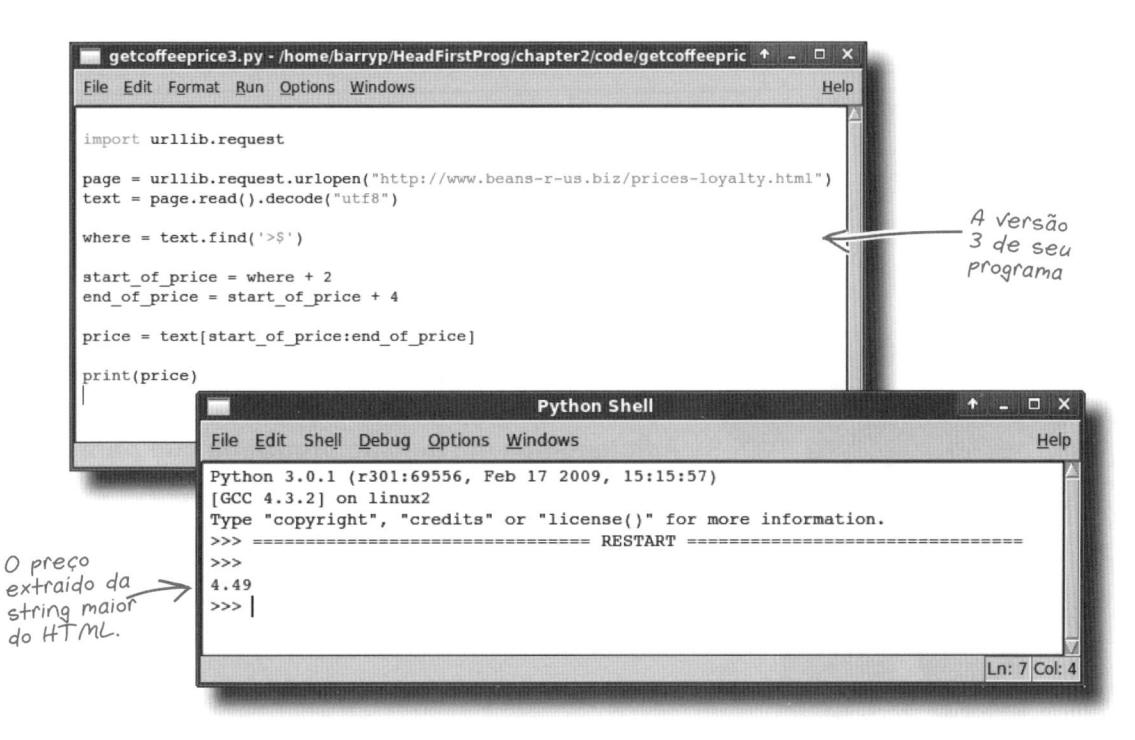

```python
import urllib.request

page = urllib.request.urlopen("http://www.beans-r-us.biz/prices-loyalty.html")
text = page.read().decode("utf8")

where = text.find('>$')

start_of_price = where + 2
end_of_price = start_of_price + 4

price = text[start_of_price:end_of_price]

print(price)
```

A versão 3 de seu programa

```
Python 3.0.1 (r301:69556, Feb 17 2009, 15:15:57)
[GCC 4.3.2] on linux2
Type "copyright", "credits" or "license()" for more information.
>>> ================================ RESTART ================================
>>>
4.49
>>>
```

O preço extraído da string maior do HTML.

Funciona! Adicionando muito pouco código extra, você tornou o programa muito mais esperto e útil.

> Foi rápido! Voltamos a economizar dinheiro mais uma vez. Agora, só falta...

você está aqui ▶

recurso da moderação

> Esqueci de dizer que só preciso saber quando é $4.74 ou menos. Não quero me incomodar quando não for.

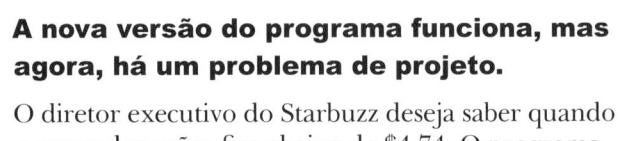

A nova versão do programa funciona, mas agora, há um problema de projeto.

O diretor executivo do Starbuzz deseja saber quando o preço dos grãos fica abaixo de $4.74. O programa precisa continuar verificando o Web site Beans'R'Us até que isso aconteça. É hora de reestruturar o programa para adicionar esse novo recurso.

Adicionemos um laço ao programa que para quando o preço do café estiver correto.

dados textuais

Ímãs de Geladeira

O código do programa para adicionar o recurso está na porta da geladeira. Seu trabalho é organizar os ímãs para que o programa execute um laço até o preço ser $4,74 ou menos.

```
text = page.read().decode("utf8")

price = 99.99

import urllib.request

price = text[start_of_price:end_of_price]

where = text.find('>$')

start_of_price = where + 2

print ("Buy!")

end_of_price = start_of_price + 4

while price > 4.74:

page = urllib.request.urlopen("http://www.beans-r-us.biz/prices.html")
```

Ímãs de Geladeira - Solução

O código do programa para adicionar o recurso estava na porta da geladeira. Você teve que organizar os ímãs para que o programa executasse um laço até o preço ser $4.74 ou menos.

```python
import urllib.request

price = 99.99

while price > 4.74:
    page = urllib.request.urlopen("http://www.beans-r-us.biz/prices.html")
    text = page.read().decode("utf8")
    where = text.find('>$')
    start_of_price = where + 2
    end_of_price = start_of_price + 4
    price = text[start_of_price:end_of_price]

print ("Buy!")
```

Você lembrou de indentar estas linhas? Elas estão dentro do laço

Esta linha não deve ser indentada, pois está fora do laço.

dados **textuais**

TEST DRIVE

Forneça a nova versão do código do programa em uma janela de edição do IDLE e execute-a.

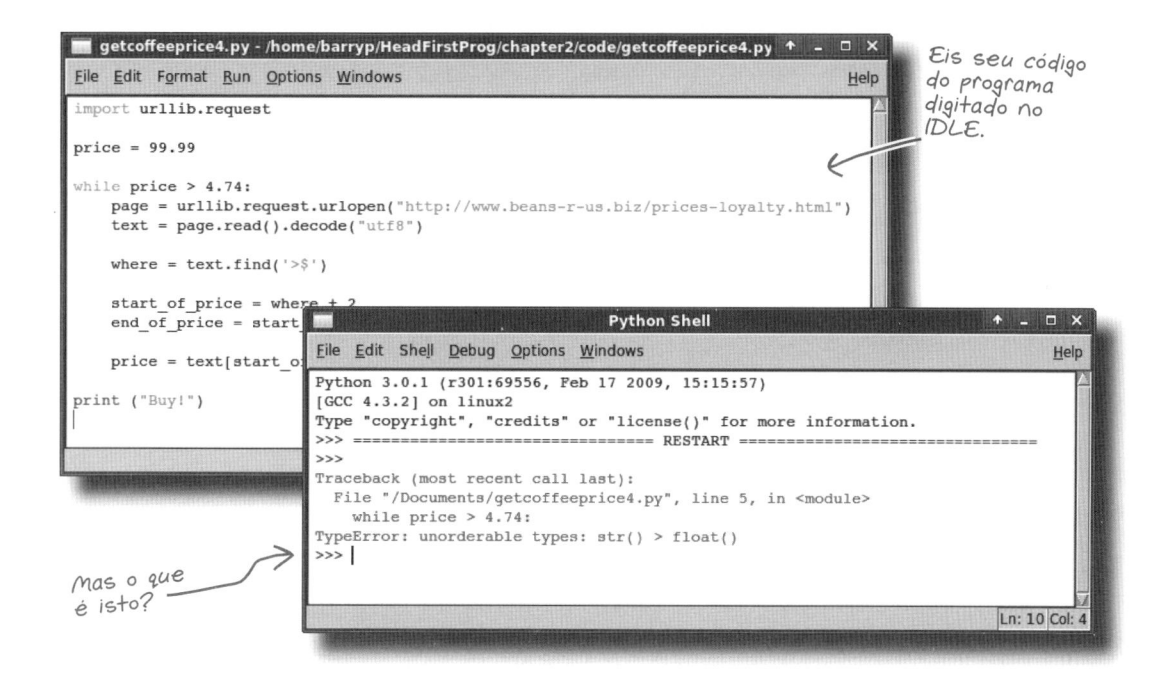

Eis seu código do programa digitado no IDLE.

```
getcoffeeprice4.py - /home/barryp/HeadFirstProg/chapter2/code/getcoffeeprice4.py
File  Edit  Format  Run  Options  Windows                                   Help
import urllib.request

price = 99.99

while price > 4.74:
    page = urllib.request.urlopen("http://www.beans-r-us.biz/prices-loyalty.html")
    text = page.read().decode("utf8")

    where = text.find('>$')

    start_of_price = where + 2
    end_of_price = start_of_price + 4

    price = text[start_of_price:end_of_price]

print ("Buy!")
```

mas o que é isto?

```
                                Python Shell
File  Edit  Shell  Debug  Options  Windows                                  Help
Python 3.0.1 (r301:69556, Feb 17 2009, 15:15:57)
[GCC 4.3.2] on linux2
Type "copyright", "credits" or "license()" for more information.
>>> ============================ RESTART ============================
>>>
Traceback (most recent call last):
  File "/Documents/getcoffeeprice4.py", line 5, in <module>
    while price > 4.74:
TypeError: unorderable types: str() > float()
>>>
                                                              Ln: 10 Col: 4
```

Parece que algo está dando errado com o programa. O que `TypeError` significa? O que aconteceu?

> ### ⚛ PODER DO CÉREBRO
>
> Veja a mensagem de erro em detalhes. Tente identificar qual linha no código causou a interrupção e adivinhe o que um `TypeError` poderia ser. Por que você acha que o código ficou corrompido?

você está aqui ▶ **63**

diferenças do tipo

Strings e números são diferentes

O programa paralisou porque tentou comparar uma **string** com um **número**, que é algo que não faz muito sentido para um programa de computador. Quando uma parte dos dados é classificada como uma string ou como um número, isso se refere a mais do que apenas o *conteúdo* da variável. Também estamos referindo-nos ao seu **tipo de dados** (em inglês, *datatype*). Se duas partes dos dados são *tipos diferentes*, não podemos compará-las entre si.

> Você não é meu tipo.

Pense novamente no capítulo anterior. Você viu este problema antes, quando estava trabalhando no programa de adivinhação:

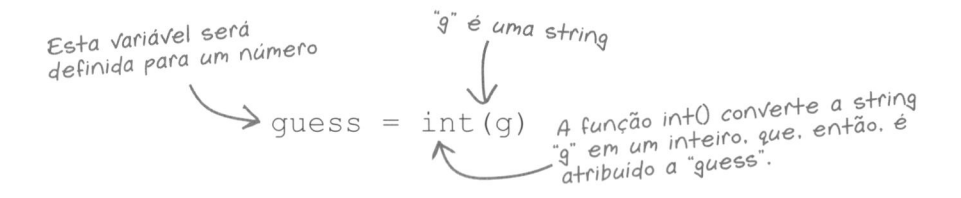

```
guess = int(g)
```

Esta variável será definida para um número

"g" é uma string

A função int() converte a string "g" em um inteiro, que, então, é atribuído a "guess".

No programa de adivinhação, você precisou *converter* a adivinhação do usuário em um **inteiro** (em inglês, *integer*) (um número inteiro) usando a função int(). Mas, os preços do grão de café *não são* números inteiros, pois contêm números depois de um ponto decimal. São **números com ponto flutuante** ou **flutuantes** (em inglês, *floats*) e para converter uma string em um float, você precisa usar uma função diferente de int(). Precisa usar float():

```
float("4.99")
```

Como int(), mas funciona com números que contêm um ponto decimal.

dados **textuais**

TEST DRIVE

Isso deve ser muito rápido de corrigir. Se você usar a função `float()` para converter a substring `price`, deverá ser capaz de comparar o preço com 4.74:

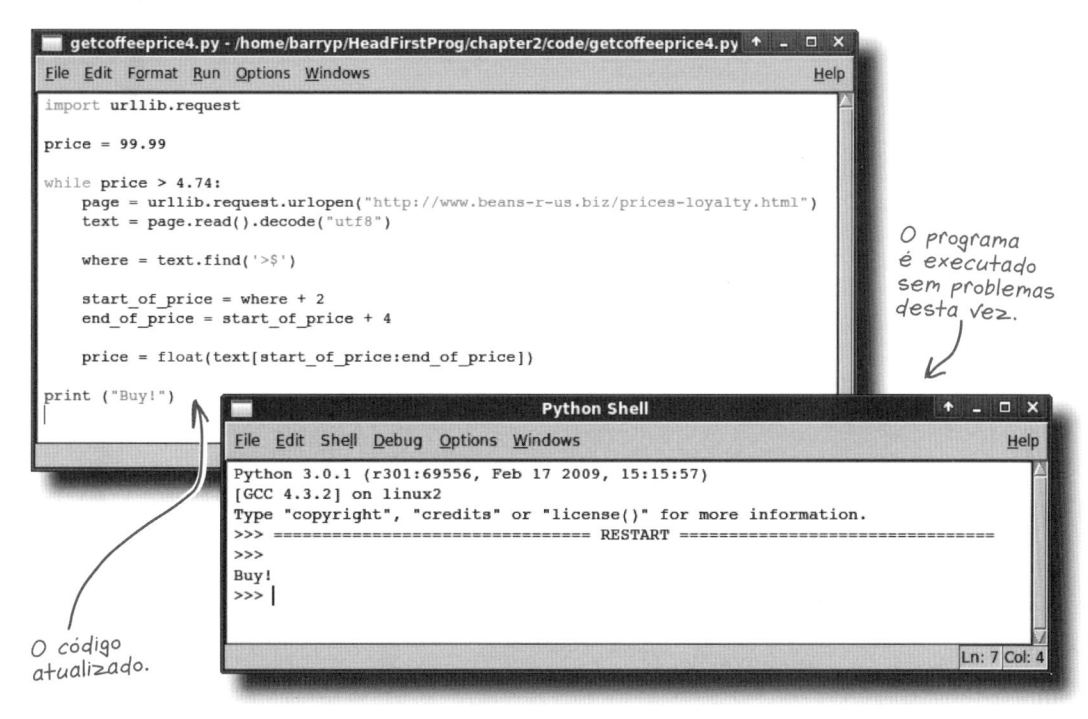

```
import urllib.request

price = 99.99

while price > 4.74:
    page = urllib.request.urlopen("http://www.beans-r-us.biz/prices-loyalty.html")
    text = page.read().decode("utf8")

    where = text.find('>$')

    start_of_price = where + 2
    end_of_price = start_of_price + 4

    price = float(text[start_of_price:end_of_price])

print ("Buy!")
```

O código atualizado.

O programa é executado sem problemas desta vez.

```
Python 3.0.1 (r301:69556, Feb 17 2009, 15:15:57)
[GCC 4.3.2] on linux2
Type "copyright", "credits" or "license()" for more information.
>>> ================================ RESTART ================================
>>>
Buy!
>>>
```

É muito melhor. Agora, seu programa espera com paciência até o preço ficar no nível certo e, só então, informa ao diretor executivo que é a hora certa de comprar um lote novo de grãos de café.

> Isso é ótimo! Agora, posso continuar com o resto do meu dia e só tomar conhecimento quando o preço dos grãos cair para o nível certo. Isso economizará milhões! Direi a cada ponto de vendas para usá-lo no **mundo todo**.

você está aqui ▶ **65**

congestionamento

DEPARTAMENTO DE SEGURANÇA WEBLAND
37 VOCÊ NÃO PRECISA
SABER ONDE ESTAMOS (MAS SABEMOS
ONDE VOCÊ VIVE)
WASHINGTON D.C.

De: Departamento de Segurança Webland
Serviço Secreto – Unidade de Fiscalização da Empresa

A quem possa interessar:

Uma investigação recente em um aparente ataque de Negação Distribuída de Serviço (NDS) no domínio www.beans-r-us.biz mostrou que grande parte do tráfego originou-se de máquinas localizadas em vários pontos de venda Starbuzz em todo o mundo. O número de transações Web (que atingiu um pico de várias centenas de milhares de solicitações em todo o mundo) resultou em uma paralisação dos servidores Beans'R'Us, resultando em uma perda significativa de negócios.

Em conformidade com os poderes investidos neste escritório pelo Procurador Geral dos Estados Unidos, estamos avisando ao desenvolvedor que desrespeitar que estamos vendo isto. Resumindo:

Estamos observando você, companheiro. Considere-se avisado.

Cordialmente,

Chefe de Negócios da Internet Head of Internet Affairs

Parece estranho. O que aconteceu?

dados **textuais**

O programa sobrecarregou o servidor Beans'R'Us

Parece que há um problema com o programa. Ele está enviando muitas solicitações que sobrecarregaram o web site Beans'R'U. Então, por que isso aconteceu? Observemos o código e vejamos:

Eis o código como está atualmente.

```
import urllib.request
price = 99.99
while price > 4.74:
    page = urllib.request.urlopen("http://www.beans-r-us.biz/prices.html")
    text = page.read().decode("utf8")
    where = text.find('>$')
    start_of_price = where + 2
    end_of_price = start_of_price + 4
    price = float(text[start_of_price:end_of_price])
print ("Buy!")
```

Se o valor de `price` não for baixo o suficiente (se for mais de 4.74), o programa voltará para o início do laço *imediatamente* e enviará outra solicitação.

Com o código escrito assim, o programa irá gerar **milhares** de solicitações por hora. Multiplique isso por todos os pontos de venda Starbuzz no mundo e poderá começar a ver a dimensão do problema.

Você precisa adiar as solicitações de preço. Mas, como?

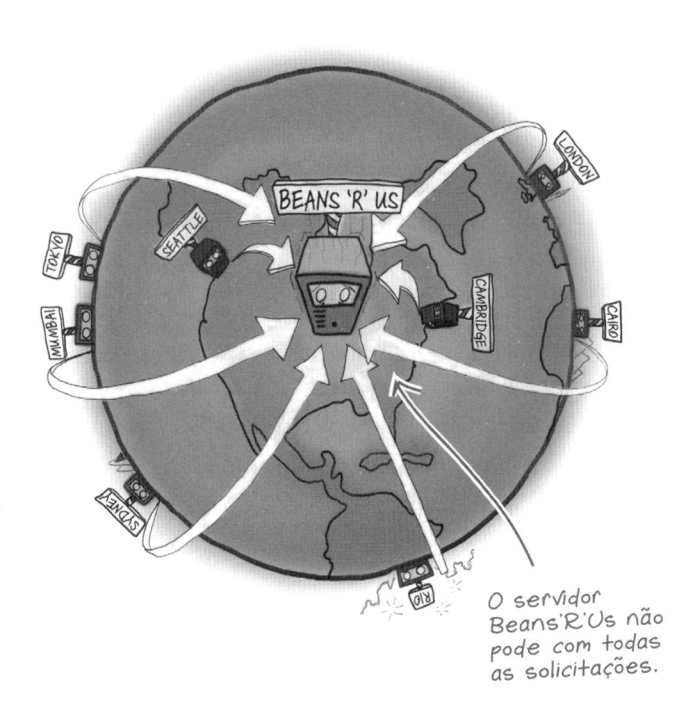

O servidor Beans'R'Us não pode com todas as solicitações.

você está aqui ▶ **67**

Tempo... se você tivesse mais

Exatamente quando você está sentindo-se completamente perdido, recebe um telefonema do codificador Starbuzz que escreveu a versão original do programa:

Zzkzzkkvkk... Desculpe, cara... vvzzz... Muita neve... ffzzkk... A ligação... pzzzkkkvkk... Acho que você precisa... vzzzkkk... da biblioteca time!

Parece que ele não consegue voltar por causa de uma tempestade nas montanhas. Mas, ele faz uma sugestão. Você precisa regular a frequência com a qual faz uma solicitação do servidor web Beans'R'Us. Um modo de fazer isso é usar a **biblioteca time**. Aparentemente, tornará possível enviar solicitações a cada *15 minutos* ou mais, o que deverá ajudar a aliviar o carregamento.

Só uma coisa: **o que é uma biblioteca?**

dados **textuais**

Você já está usando o código da biblioteca

Veja a primeira linha do código original:

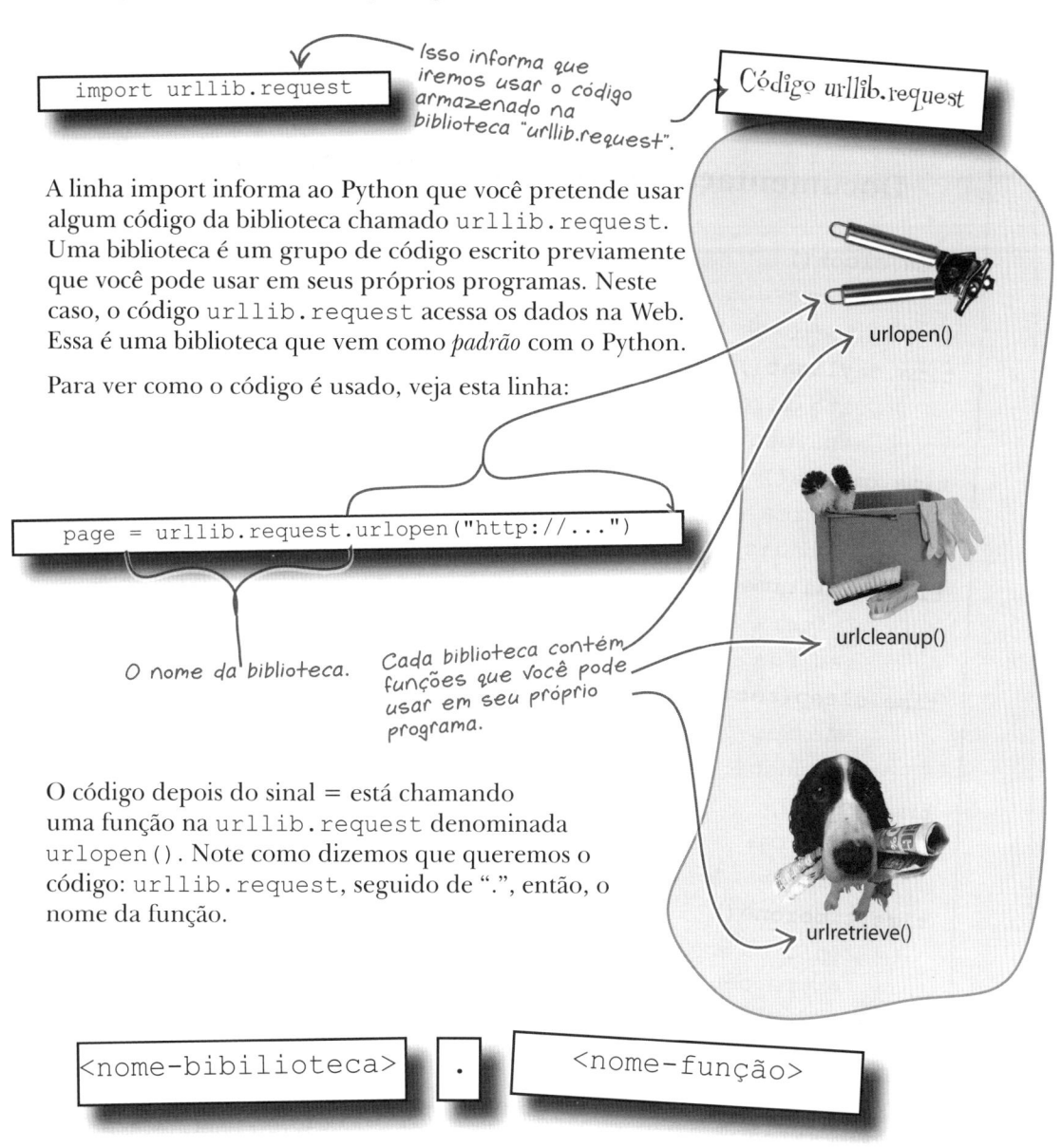

```
import urllib.request
```

Isso informa que iremos usar o código armazenado na biblioteca "urllib.request".

Código urllib.request

A linha import informa ao Python que você pretende usar algum código da biblioteca chamado `urllib.request`. Uma biblioteca é um grupo de código escrito previamente que você pode usar em seus próprios programas. Neste caso, o código `urllib.request` acessa os dados na Web. Essa é uma biblioteca que vem como *padrão* com o Python.

→ urlopen()

Para ver como o código é usado, veja esta linha:

```
page = urllib.request.urlopen("http://...")
```

O nome da biblioteca.

Cada biblioteca contém funções que você pode usar em seu próprio programa.

→ urlcleanup()

O código depois do sinal = está chamando uma função na `urllib.request` denominada `urlopen()`. Note como dizemos que queremos o código: `urllib.request`, seguido de ".", então, o nome da função.

→ urlretrieve()

```
<nome-bibilioteca>  .  <nome-função>
```

Mas, como a biblioteca time irá ajudar? Vejamos...

você está aqui ▸ **69**

encontre time

Exercício Longo

Estas são as funções fornecidas pela biblioteca time predefinida do Python:

Documentação da Biblioteca Python: time

`time.clock()`
A hora atual em segundos, dada como um número de ponto flutuante.

`time.daylight()`
Isto retornará 0 se você não estiver atualmente no Horário de Verão.

`time.gmtime()`
Informa a data e a hora UTC atuais (não afetadas pelo fuso horário).

`time.localtime()`
Informa a hora local atual (é afetada por seu fuso horário).

`time.sleep(secs)`
Não faz nada durante o número especificado de segundos.

`time.time()`
Informa o número de segundos desde 1º de janeiro de 1970.

`time.timezone()`
Informa a diferença do número de horas entre seu fuso horário e o fuso UTC (Londres).

Você precisa usar **uma** destas funções para ajudar a corrigir seu código. Mas, qual? Desenhe um círculo em torno da função que você acha que pode precisar.

Com a devida função identificada, corrija o código para controlar a frequência com a qual a solicitação para a página Web é enviada para o servidor. O Webmaster Beans'R'Us entrou em contato para dizer que suas informações de preço baseadas na Web são fornecidas a cada 15 minutos. Preencha as lacunas no código como indicado pelas linhas pontilhadas.

Sugestões: *15 minutos são iguais a 15 multiplicado por 60 segundos, que são 900 segundos. E mais: para usar a funcionalidade fornecida por uma biblioteca, lembre-se de importá-la primeiro.*

```
import urllib.request
.............................

price = 99.99
while price > 4.74:
    .............................
    page = urllib.request.urlopen("http://www.beans-r-us.biz/prices.html")
    text = page.read().decode("utf8")
    where = text.find('>$')
    start_of_price = where + 2
    end_of_price = start_of_price + 4
    price = float(text[start_of_price:end_of_price])
print ("Buy!")
```

o tempo está do seu lado

Exercício Longo
Solução

Estas são as funções fornecidas pela biblioteca time predefinida do Python:

Documentação da Biblioteca Python: time

time.clock()
   A hora atual em segundos, dada como um número com ponto flutuante.

time.daylight()
   Isto retornará 0 se você não estiver atualmente no Horário de Verão.

time.gmtime()
   Informa a data e a hora UTC atuais (não afetadas pelo fuso horário).

time.localtime()
   Informa a hora local atual (é afetada por seu fuso horário).

time.sleep(secs) ← *(circulada)*
   Não faz nada durante o número especificado de segundos.

time.time()
   Informa o número de segundos desde 1° de janeiro de 1970.

time.timezone()
   Informa a diferença do número de horas entre seu fuso horário e o fuso UTC (Londres).

Anotação à margem: "Esta parece a melhor função a usar" (apontando para time.sleep)

---

*Você precisa usar **uma** destas funções para ajudar a corrigir seu código.*

Mas, qual? Você teve que desenhar um círculo em torno da função que achou que poderia precisar.

*dados **textuais***

Com a devida função identificada, você teve que corrigir o código para controlar a frequência com a qual a solicitação para a página Web é enviada para o servidor. O Webmaster Beans'R'Us entrou em contato para dizer que suas informações de preço baseadas na Web são fornecidas a cada 15 minutos. Você teve que preencher as lacunas no código como indicado pelas linhas pontilhadas.

Sugestões: 15 minutos são iguais a 15 multiplicado por 60 segundos, que são 900 segundos. E mais: para usar a funcionalidade fornecida por uma biblioteca, lembre-se de importá-la primeiro.

Importe a biblioteca no início do programa. Isso dará ao programa acesso a toda a funcionalidade predefinida que a biblioteca fornece.

```
import urllib.request
import time

price = 99.99
while price > 4.74:
    time.sleep(900)
```

Use os recursos da biblioteca time para fazer uma pausa no programa por 15 minutos entre as solicitações.

```
    page = urllib.request.urlopen("http://www.beans-r-us.biz/prices.html")
    text = page.read().decode("utf8")
    where = text.find('>$')
    start_of_price = where + 2
    end_of_price = start_of_price + 4
    price = float(text[start_of_price:end_of_price])
print ("Buy!")
```

café em todo lugar

A ordem é restaurada

O Starbuzz Café está fora da lista negra, pois seus programas de verificação de preço não derrubarão mais o servidor Web Beans'R'Us. As pessoas da Segurança Webland foram embora, bem rapidamente.

Os grãos de café são pedidos quando o preço está certo!

> Adoro o sabor deste café e simplesmente adoro o custo destes grãos!

começando a codificar

Sua Caixa de Ferramentas de Programação

Você colocou o Capítulo 2 em seu currículo. Vejamos o que aprendeu neste capítulo:

CAPÍTULO 2

Ferramentas de programação

* Strings são sequências de caracteres individuais.

* Os caracteres de string individuais são referidos pelo índice.

* Os valores do índice são deslocamentos que iniciam em zero.

* Os métodos fornecem variáveis com uma funcionalidade embutida.

* As bibliotecas de programação fornecem uma coleção de códigos e funções predefinidas relacionadas.

* Assim como têm um valor, os dados nas variáveis também têm um "tipo de dados".

* Número é um tipo de dados.

* String é um tipo de dados.

Ferramentas do Python

* s[4] — acessa o 5º caractere da variável "s", que é uma string

* s[b:12] — acessa uma substring dentro da string "s" (até, mas não inclusive)

* O método s.find() para pesquisar strings

* O método s.upper() para converter string em LETRAS MAIÚSCULAS

* float() converte as strings em números com ponto decimal, conhecidos como "floats"

* Operador de adição +

* Operador maior que >

* A biblioteca urllib.request para se comunicar com a Web

* A biblioteca time para trabalhar com datas/hora

você está aqui ▶ 75

3 Funções

✳ Sejamos organizados

> @starbuzzceo
> Aguardando com paciência o leite...

Quando os programas crescem, geralmente o código fica mais complexo.

E o código complexo pode ser difícil de ler e ainda mais difícil de manter. Um modo de gerenciar essa complexidade é criar **funções**. As funções são **fragmentos de código** que você usa quando necessário de dentro de seu programa. Elas permitem **separar as ações comuns** e isso significa que tornam seu código **mais fácil de ler** e **mais fácil de manter**. Neste capítulo, você descobrirá como um pequeno conhecimento das funções pode **tornar sua codificação muito mais fácil**.

opção de emergência

O Starbuzz está sem grãos!

Os compradores Starbuzz adoram o programa que você criou no último capítulo. Graças a seus esforços, o diretor executivo do Starbuzz está apenas comprando grãos de café quando o preço fica abaixo de $4.74 e sua organização está economizando dinheiro como resultado.

Mas, agora há um problema: alguns pontos de venda Starbuzz *ficaram sem grãos*.

> Temos uma crise mundial! Estamos sem grãos de café em algumas de nossas lojas e perdemos alguns clientes também. Meus compradores estão comprando café apenas quando o custo é baixo, mas se ficarmos sem estoques de café, eu pagarei qualquer preço.

Quando os grãos de café começam a ficar baixos em um ponto de venda, os baristas Starbuzz precisam ser capazes de enviar um **pedido de emergência** para o diretor executivo. Os pontos de venda precisam de algum modo de solicitar *imediatamente* a compra de grãos de café no preço atual, independentemente de qual seja. Eles também precisam da opção de aguardar o melhor preço também, exatamente como no programa atual.

O programa precisa de uma opção extra.

O que o novo programa precisa fazer?

O novo programa para o Starbuzz precisa dar ao usuário duas opções.

A primeira opção é observar e aguardar o preço dos grãos de café cair. Se o usuário escolher essa opção, o programa deverá ser executado exatamente como fazia antes.

A segunda opção é para o usuário fazer um *pedido de emergência*. Se o usuário escolher essa opção, o programa deverá exibir imediatamente o preço atual a partir do Web site do fornecedor.

Aponte seu lápis

Eis o código existente para o Starbuzz. Você precisa modificar o programa para adicionar um recurso de relatório de emergência que informará imediatamente o preço atual. Quais partes do código você pode reutilizar para gerar o relatório de emergência? Pegue seu lápis e circule a parte do código que você acha que pode reutilizar. Por que você acha que precisará reutilizar este código?

```python
import urllib.request
import time

price = 99.99
while price > 4.74:
    time.sleep(900)
    page = urllib.request.urlopen("http://www.beans-r-us.biz/prices.html")
    text = page.read().decode("utf8")
    where = text.find('>$')
    start_of_price = where + 2
    end_of_price = start_of_price + 4
    price = float(text[start_of_price:end_of_price])

print ("Buy!")
```

reutilize o código

Aponte seu lápis
Solução

Eis o código existente para o Starbuzz. Você precisava modificar o programa para adicionar um recurso de relatório de emergência que informará imediatamente o preço atual. Quais partes do código você pode reutilizar para gerar o relatório de emergência? Você teve que circular a parte do código que acha que poderia reutilizar, assim como declarar por que poderia precisar reutilizá-lo:

```
import urllib.request
import time

price = 99.99
while price > 4.74:
    time.sleep(900)
    page = urllib.request.urlopen("http://www.beans-r-us.biz/prices.html")
    text = page.read().decode("utf8")
    where = text.find('>$')
    start_of_price = where + 2
    end_of_price = start_of_price + 4
    price = float(text[start_of_price:end_of_price])

print ("Buy!")
```

Eis o código que você pode reutilizar.

Se você espera o preço certo ou a solicitação de um pedido de emergência, precisará deste código em cada caso.

> Isso significa que temos que duplicar o código para cada opção? É uma boa ideia?

Se você apenas copiar e colar o mesmo código, poderá tornar seu programa muito longo. E difícil de manter. É por isso que você *não* deseja duplicar o código.

Imagine se você tivesse que manter um programa deste comprimento.

Funções

Não duplique seu código...

Quando você precisar adicionar um novo recurso a um programa que seja parecido com algum outro código no programa, poderá ficar tentado a simplesmente copiar e colar o código.

Na prática, realmente é uma ideia muito ruim, pois pode levar ao **excesso de código**. O excesso de código significa que você tem mais código em seu programa do que realmente precisa. Seus programas ficarão maiores e muito mais difíceis de manter.

Você descobrirá que o excesso de código é comum em muitos programas, mesmo o código escrito por programadores profissionais.

> Eis a impressão do jogo da velha. Se você realmente quiser que eu mude as cores das cruzes, eu simplesmente precisarei substituir o código que exibe cada um dos 9 quadrados. É o mesmo código em 9 casas diferentes. Ah e se você quiser que eu mude os Os...

...Reutilize seu código

As linguagens de programação vêm com recursos que permitem **reutilizar o código**. Portanto, qual é a diferença entre *copiar* e *reutilizar* o código?

Se você copia o código, simplesmente duplica-o. Mas, quando reutiliza o código, tem uma **única cópia** do código que você pode **chamar** em todos os lugares que precisar. Não só seus programas serão mais curtos, como também significa que quando você corrigir o código, precisará mudá-lo apenas **uma vez** e em **um lugar somente**.

> Então, você deseja um novo lançador de bombas de gravidade adicionado a cada um dos aviões de guerra. Tudo bem. Mudarei algumas linhas de código e cada avião na esquadra será atualizado.

Portanto, a reutilização do código é uma coisa boa. Mas, como faço?

você está aqui ▶ **81**

defina sua função

Reutilize o código com funções

> Uma função é uma parte fechada de código reutilizável.

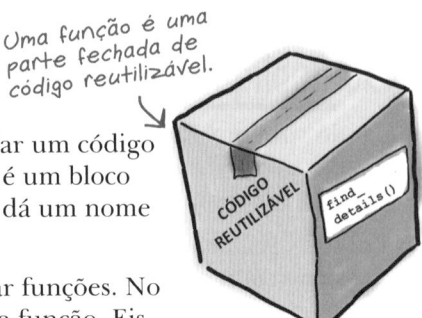

A maioria das linguagens de programação permite criar um código reutilizável e *compartilhável* com **funções**. Uma função é um bloco de código que você separa do resto de seu programa, dá um nome e, então, **chama** a partir de seu código.

Diferentes linguagens têm diferentes maneiras de criar funções. No Python, use a palavra-chave **def** para *definir* uma nova função. Eis um código Python que define uma função make_smoothie():

Dê um nome à função

Os parênteses são importantes, portanto, inclua-os.

```
def make_smoothie():
    juice = input("What juice would you like? ")
    fruit = input("OK - and how about the fruit? ")
    print("Thanks. Let's go!")
    print("Crushing the ice...")
    print("Blending the " + fruit)
    print("Now adding in the " + juice + " juice")
    print("Finished! There's your " + fruit + " and " + juice + " smoothie!")
```

O código que você compartilha é indentado.

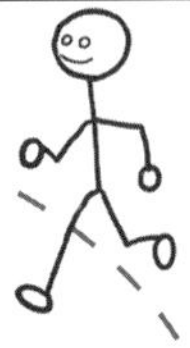

No Python, é importante que você defina a função *antes* de usá-la, portanto, certifique-se de que o código que *chama* (ou *usa*) a função venha *depois* da definição da função:

```
print("Welcome to smoothie-matic 2.0")
another = "Y"
while another == "Y":
    make_smoothie()
    another = input("How about another(Y/N)? ")
```

Chame a função. Note o uso dos parênteses.

Quando o computador encontra pela primeira vez uma chamada para a função, ele pula para o início da função, executa o código encontrado lá... então volta para a parte do código que chama. A função "responde à chamada" para executar seu código.

Sempre que o Python vê make_smoothie() no código, ele pula para o código na função make_smoothie(). Ele executa o código na função até chegar ao final, então, volta para a próxima linha no código que a chamou.

Usamos funções para compartilhar o código dentro de seu programa.

Funções

Ímãs de Geladeira

Antes de você corrigir o código do programa de grãos de café existente, vejamos se você pode criar uma função para exibir o preço do grão atual. Reorganize os ímãs na ordem correta para criar a função:

Demos uma vantagem inicial adicionando o primeiro ímã.

```
page = urllib.request.urlopen("http://www.beans-r-us.biz/prices.html")
text = page.read().decode("utf8")
where = text.find('>$')
start_of_price = where + 2
end_of_price = start_of_price + 4
```

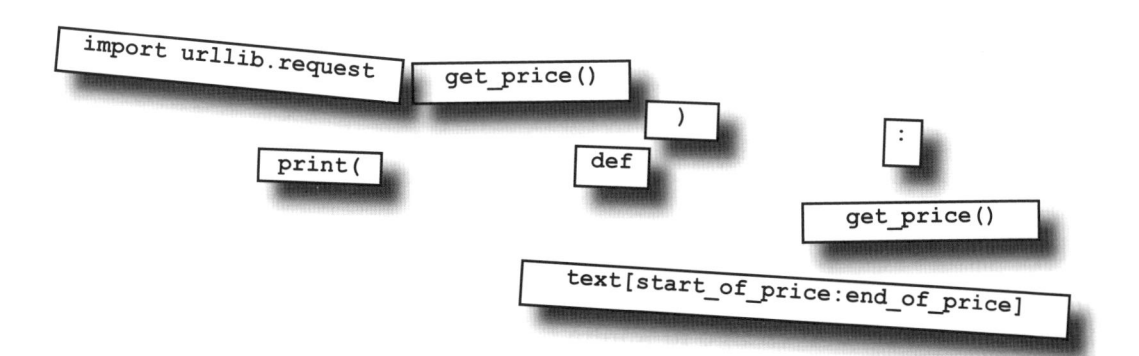

`import urllib.request`

`get_price()`

`)`

`print(`

`def`

`:`

`get_price()`

`text[start_of_price:end_of_price]`

você está aqui ▸ **83**

a ordem importa

Ímãs de Geladeira - Solução

Antes de você corrigir o código do programa de grãos de café existente, vejamos se você pode criar uma função para exibir o preço do grão atual. Você teve de reorganizar os ímãs na ordem correta para criar a função:

Você ainda precisa importar as bibliotecas antes de usá-las em uma função.

```
import urllib.request
```

Você precisa de dois pontos após o nome da função.

A definição da função começa aqui.

```
def get_price() :
```

O corpo da função precisa ser indentado.

```
page = urllib.request.urlopen("http://www.beans-r-us.biz/prices.html")
text = page.read().decode("utf8")
where = text.find('>$')
start_of_price = where + 2
end_of_price = start_of_price + 4
```

A função precisa ser declarada antes de ser chamada.

```
print( text[start_of_price:end_of_price] )
```

A definição da função termina aqui.

```
get_price()
```

Esta linha não é indentada, pois faz parte do programa principal.

Sempre coloque as coisas na ordem certa

Quanto às funções, a ordem na qual você faz as coisas realmente importa. A função `get_price()` precisa ser definida **antes** de você chamá-la. E como a função conta com um código na biblioteca `urllib.request`, você precisa assegurar que a linha `import` apareça **antes** da função também.

A ordem na qual você faz as coisas realmente é importante.

PROGRAMAÇÃO DA MANHÃ

* Tomar café da manhã
* Tomar banho
* Sair da cama

✗

* Tomar banho
* Tomar café da manhã
* Sair da cama

✗

* Sair da cama
* Tomar banho
* Tomar café da manhã

✓

Vejamos se seu novo código funciona.

Funções

TEST DRIVE

Digite o código na página em frente no IDLE e execute-o para ver o que acontece:

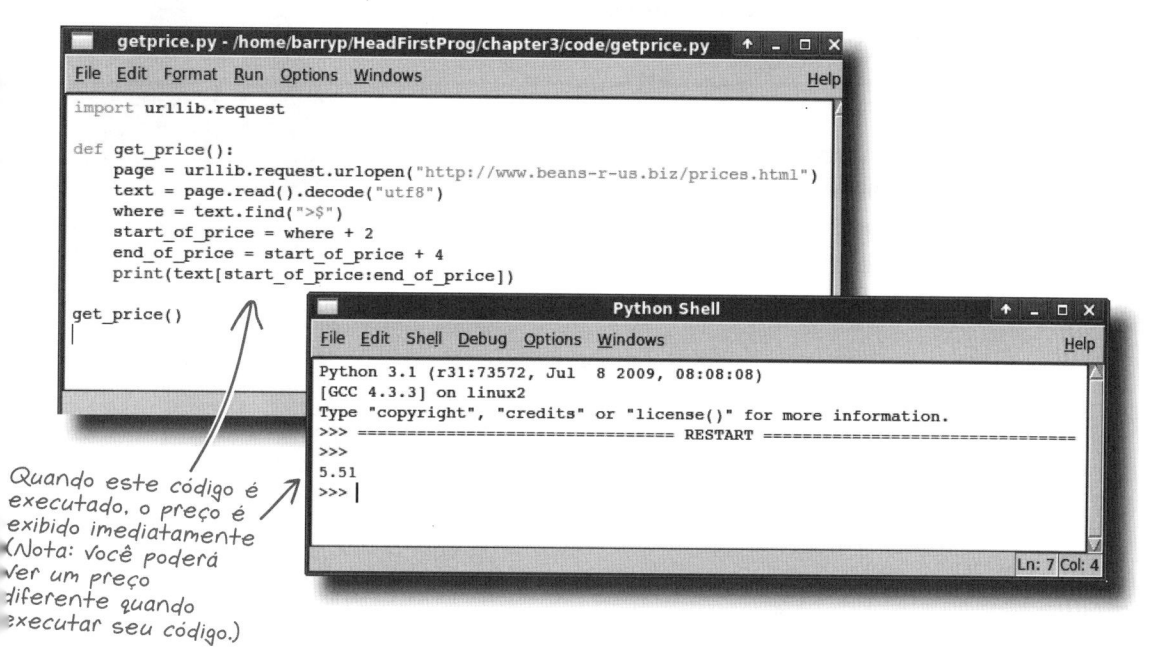

```
getprice.py - /home/barryp/HeadFirstProg/chapter3/code/getprice.py

import urllib.request

def get_price():
    page = urllib.request.urlopen("http://www.beans-r-us.biz/prices.html")
    text = page.read().decode("utf8")
    where = text.find(">$")
    start_of_price = where + 2
    end_of_price = start_of_price + 4
    print(text[start_of_price:end_of_price])

get_price()
```

```
Python Shell

Python 3.1 (r31:73572, Jul  8 2009, 08:08:08)
[GCC 4.3.3] on linux2
Type "copyright", "credits" or "license()" for more information.
>>> ================================ RESTART ================================
>>>
5.51
>>>
```

Quando este código é executado, o preço é exibido imediatamente (Nota: você poderá ver um preço diferente quando executar seu código.)

O preço aparece imediatamente. Agora, você tem uma função que lê o conteúdo da página a partir do Web site do fornecedor e imprime as informações do preço.

Você pode reutilizar a função em muitos lugares em seu programa simplesmente chamando a função `get_price()`. Agora, tudo que você tem que fazer é modificar seu programa existente para usar a nova função.

PODER DO CÉREBRO

Veja de novo o programa original no início do capítulo. Você sabe que pode usar esta função para produzir relatórios de emergência. Mas, também precisará substituir o código de observação de preços existente. Há um problema? Por quê? Por que não?

limites da função print

> Seu código mostra o preço. Grande coisa. É uma pena que você realmente precise OBTER o preço e USÁ-LO. Seu código não é muito útil, apenas imprime o preço assim, não é?

As funções são ótimas para reutilizar o código, mas realmente têm potencial quando executam uma ação para você, então, retornam alguns dados para usar de qualquer modo desejado.

A versão atual da função get_price() imprime o preço dos grãos de café sempre que é usada ou **chamada**. Isso será bom se é o que você realmente deseja que ela faça. O problema é: você precisa que a função forneça o preço para que possa, então, decidir o que deseja fazer com ela.

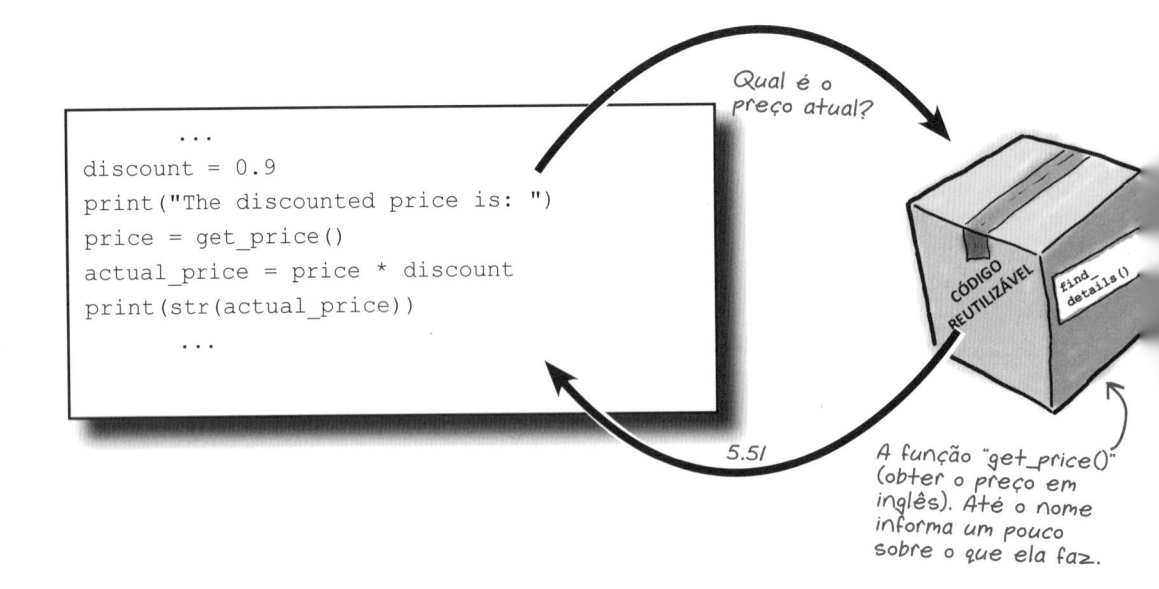

```
    ...
discount = 0.9
print("The discounted price is: ")
price = get_price()
actual_price = price * discount
print(str(actual_price))
    ...
```

Qual é o preço atual?

5.51

A função "get_price()" (obter o preço em inglês). Até o nome informa um pouco sobre o que ela faz.

Funções

Retorne dados com o comando return

Se você usar o comando `return()` dentro de uma função, poderá
enviar um valor de dados de volta para o código que chama.

```
import urllib.request

def get_price():
    page = urllib.request.urlopen("http://www.beans-r-us.biz/prices.html")
    text = page.read().decode("utf8")
    where = text.find('>$')
    start_of_price = where + 2
    end_of_price = start_of_price + 4
    print(text[start_of_price:end_of_price])
    return(text[start_of_price:end_of_price])
```

Remova a chamada para "print()"...

...e substitua-a por uma chamada para "return()".

Chame a função "get_price()".

```
...
price = get_price()
...
```

Execute o código para determinar o preço atual.

Retorne o preço para quem chama.

5.5l

O valor atribuído a "price" é 5.5l. A atribuição acontece *depois* de o código, na função, ser executado.

você está aqui ▸ **87**

não se repita

Não existem Perguntas Idiotas

P: O comando return( ) é como print( ), exceto que nada aparece na tela, certo?

R: *Bem... mais ou menos. O comando* `print()` *é designado a exibir (ou produzir) uma mensagem, geralmente na tela. O comando* `return()` *é designado a permitir que você organize uma função que você escreveu para fornecer um valor para seu programa. Lembre-se do uso de* `randint()` *no Capítulo 1: um número aleatório entre dois valores foi retornado para seu código. Portanto, obviamente, ao fornecer ao seu código um número aleatório, a função* `randint()` *usa* `return()` *e não* `print()`. *Na verdade, se* `randint()` *usasse* `print()` *ao invés de* `return()`, *seria bem inútil como uma função reutilizável.*

P: Então, o caso é que return( ) deixa que uma função forneça-lhe algo de volta?

R: *Sim, é isto, exatamente.*

P: Não estou certo se estou convencido sobre o uso das funções. Usar o copiar e colar não é rápido e fácil?

R: *Não, usar o copiar e colar é rápido e geral, com ênfase no "geral". Quando você precisa usar repetidamente algum código, sempre é melhor criar uma função para conter e nomear esse código. Então, você chama (ou invoca) a função quando necessário. Se você decidir mais tarde mudar como o código repetido funciona, será óbvio alterar o código na função* **uma vez**. *Se, ao contrário, você executou "rapidamente" o copiar e colar cinco vezes, agora, serão cinco alterações que você terá que fazer e a chance de esquecer uma alteração ou cometer um erro é realmente muito alta. Portanto, não copie e cole!*

P: Então, usar uma função permite que você compartilhe o código repetido de uma maneira controlada?

R: *Sim, permite. Também há um princípio orientador entre os programadores conhecido como DRY (Don't Repeat Yourself). Não Se Repita. Usar funções permite que você mantenha seu código DRY.*

P: O que acontece se a função omite o comando return( )? Cada função tem que ter um?

R: *Não, o uso de* `return()` *não é requerido. Na verdade, a versão atual de sua função* `get_price()` *não usa* `return()`. *Mas, é como se sua função lhe desse algo porque mostra o preço atual na tela. Quando o comando* `return()` *é omitido, uma função retorna um sem valor especial. No Python, esse valor é chamado de* `None`.

P: Então, só para esclarecer, usar return( ) é opcional?

R: *Sim, é.*

P: return( ) sempre vem no final da função?

R: *Em geral, mas não é uma exigência.* `return()` *pode aparecer em qualquer lugar dentro de uma função e quando é executado, controla os retornos ao código que chama a partir desse ponto na função. É perfeitamente razoável, por exemplo, ter diversos usos de* `return()` *dentro de uma função, talvez com instruções if que, então, fornecem um modo de controlar qual* `return()` *é chamado quando.*

P: return( ) pode enviar mais de um resultado de volta para quem chama?

R: *Sim, pode.* `return()` *pode fornecer uma lista de resultados para o código que chama. Mas, não nos adiantemos, pois as listas não são tratadas até o próximo capítulo. E há um pouco mais para aprender sobre como usar* `return()` *primeiro, portanto, leiamos e voltemos ao trabalho.*

Funções

Aponte seu lápis

Usando a nova função `get_price()`, escreva uma nova versão do programa de verificação de preço que faz isto:
1. Pede ao usuário para indicar se o preço é requerido imediatamente (Y/N).
2. Se o usuário escolher "Y" para "yes" (sim), encontrará o preço atual e irá exibi-lo na tela.
3. Do contrário, verifica o preço a cada 15 minutos até ele ficar abaixo de $4.74, então (e só então) exibe o preço na tela.

compre agora

Aponte seu lápis
Solução

Usando a nova função `get_price()`, você teve que escrever uma nova versão do programa de verificação de preço que faz isto:

1. Pede ao usuário para indicar se o preço é requerido imediatamente (S/N).
2. Se o usuário escolher "Y" para "yes" (sim), encontrará o preço atual e irá exibi-lo na tela.
3. Do contrário, verifica o preço a cada 15 minutos até ele ficar abaixo de $4.74, então (e só então) exibe o preço na tela.

Seu código pode parecer um pouco diferente deste, mas tudo bem. Contanto que faça a mesma coisa, você não terá problemas.

```python
import urllib.request
import time

def get_price():
    page = urllib.request.urlopen("http://www.beans-r-us.biz/prices.html")
    text = page.read().decode("utf8")
    where = text.find('>$')
    start_of_price = where + 2
    end_of_price = start_of_price + 4
    return float(text[start_of_price:end_of_price])

price_now = input("Do you want to see the price now (Y/N)? ")
if price_now == "Y":
    print(get_price())
else:
    price = 99.99
    while price > 4.74:
        time.sleep(900)
        price = get_price()
    print("Buy!")
```

Você precisa perguntar ao usuário se o preço é requerido imediatamente.

Se o usuário escolher "Y", exiba o valor que a função get_price() fornece.

Se o usuário decidir aguardar que o preço caia, obtenha o preço usando a função get_price(). Então, use o valor dado para decidir se é hora ou não de comprar café.

Funções

TEST DRIVE

Veja o que acontece quando você executa o novo programa. Faça as alterações requeridas no IDLE e leve seu novo programa para dar uma volta:

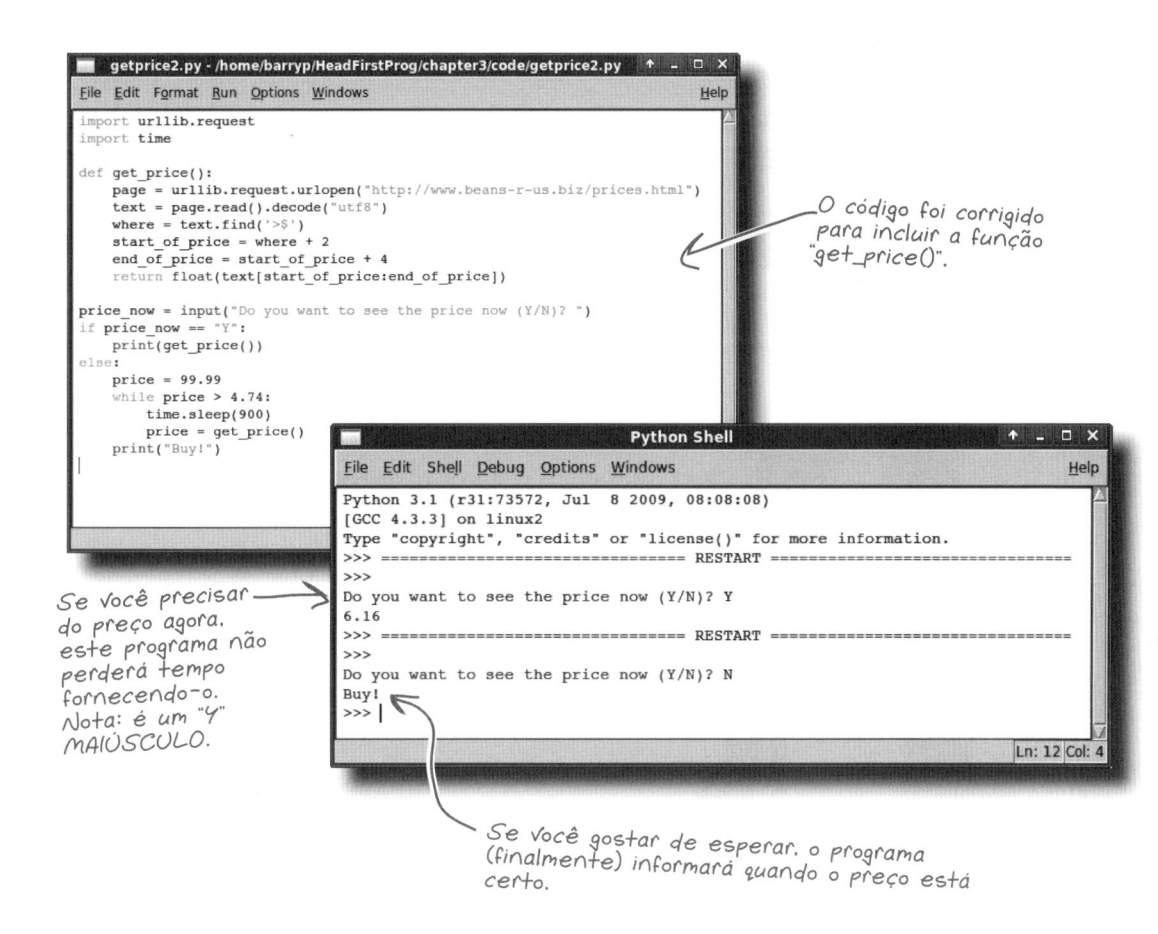

```
getprice2.py - /home/barryp/HeadFirstProg/chapter3/code/getprice2.py
File  Edit  Format  Run  Options  Windows                                 Help
import urllib.request
import time

def get_price():
    page = urllib.request.urlopen("http://www.beans-r-us.biz/prices.html")
    text = page.read().decode("utf8")
    where = text.find('>$')
    start_of_price = where + 2
    end_of_price = start_of_price + 4
    return float(text[start_of_price:end_of_price])

price_now = input("Do you want to see the price now (Y/N)? ")
if price_now == "Y":
    print(get_price())
else:
    price = 99.99
    while price > 4.74:
        time.sleep(900)
        price = get_price()
    print("Buy!")
```

O código foi corrigido para incluir a função "get_price()".

```
Python Shell
File  Edit  Shell  Debug  Options  Windows                                Help
Python 3.1 (r31:73572, Jul  8 2009, 08:08:08)
[GCC 4.3.3] on linux2
Type "copyright", "credits" or "license()" for more information.
>>> ================================ RESTART ================================
>>>
Do you want to see the price now (Y/N)? Y
6.16
>>> ================================ RESTART ================================
>>>
Do you want to see the price now (Y/N)? N
Buy!
>>>
                                                                    Ln: 12 Col: 4
```

Se você precisar do preço agora, este programa não perderá tempo fornecendo-o. Nota: é um "Y" MAIÚSCULO.

Se você gostar de esperar, o programa (finalmente) informará quando o preço está certo.

Princípio do design: reutilize o código com funções.

você está aqui ▶ **91**

ficando móvel

> É ótimo; simplesmente faz o que eu quero! Na verdade, é tão bom que me deu uma ideia. Como preciso estar muito fora da empresa, gostaria que o preço fosse enviado para meu telefone celular. Seu programa pode fazer iso?

O diretor executivo deseja que o preço seja enviado para seu telefone celular.

Em vez de ter o relatório de emergência exibido em um PC, o diretor executivo do Starbuzz prefere obter algo mais imediato enquanto está fora da empresa. Ele precisa das mensagens enviadas diretamente para sua conta no **Twitter**.

EXERCITANDO O CÉREBRO

Enviar uma mensagem para uma conta no Twitter parece ser uma tarefa enorme. Onde você acha que começaria a procurar sugestões úteis e, bem possivelmente, uma solução para este novo problema?

Funções

Use a ~~Força~~, Web Luke

É bem complicado escrever um programa que envia mensagens para um serviço, tal como o Twitter. Felizmente, outras pessoas já cuidaram de problemas como este e postaram seu código na Web. Eis uma função Python (encontrada na Web) que é muito parecida com o que você precisa:

Este é o texto da mensagem que será enviada.

Coloque seu nome de usuário do Twitter aqui.

Coloque sua senha do Twitter aqui.

```
def send_to_twitter():
    msg = "I am a message that will be sent
    to Twitter"
    password_manager = urllib.request.
    HTTPPasswordMgr()
    password_manager.add_password("Twitter API",
                                  "http://twitter.com/
                                  statuses", "...", "...")
    http_handler = urllib.request.HTTPBasicAuthHandler(password_manager)
    page_opener = urllib.request.build_opener(http_handler)
    urllib.request.install_opener(page_opener)
    params = urllib.parse.urlencode( {'status': msg} )
    resp = urllib.request.urlopen("http://twitter.com/statuses/update.json", params)
    resp.read()
```

Este código parece complexo, mas, agora, tudo que você precisa saber é que ele envia uma mensagem para o serviço Twitter. Uma vantagem de usar funções (como a que é mostrada aqui), é que elas permitem que você compreenda um programa em um nível alto, sem ter que entender inicialmente todos os detalhes. Isso é conhecido como trabalhar em um nível mais alto de **abstração**.

PODER DO CÉREBRO

Este código parece que poderia ser útil. Mas, há um problema?
Por que você não pode simplesmente substituir as chamadas `print()` em nosso programa existente por chamadas para essa função?

Faça isto!

Para usar o código, primeiro você precisará assinar uma conta no **Twitter**. Para se registrar, acesse:

```
https://twitter.com/signup
```

você está aqui ▶ **93**

a mensagem fica igual

A função sempre envia a mesma mensagem

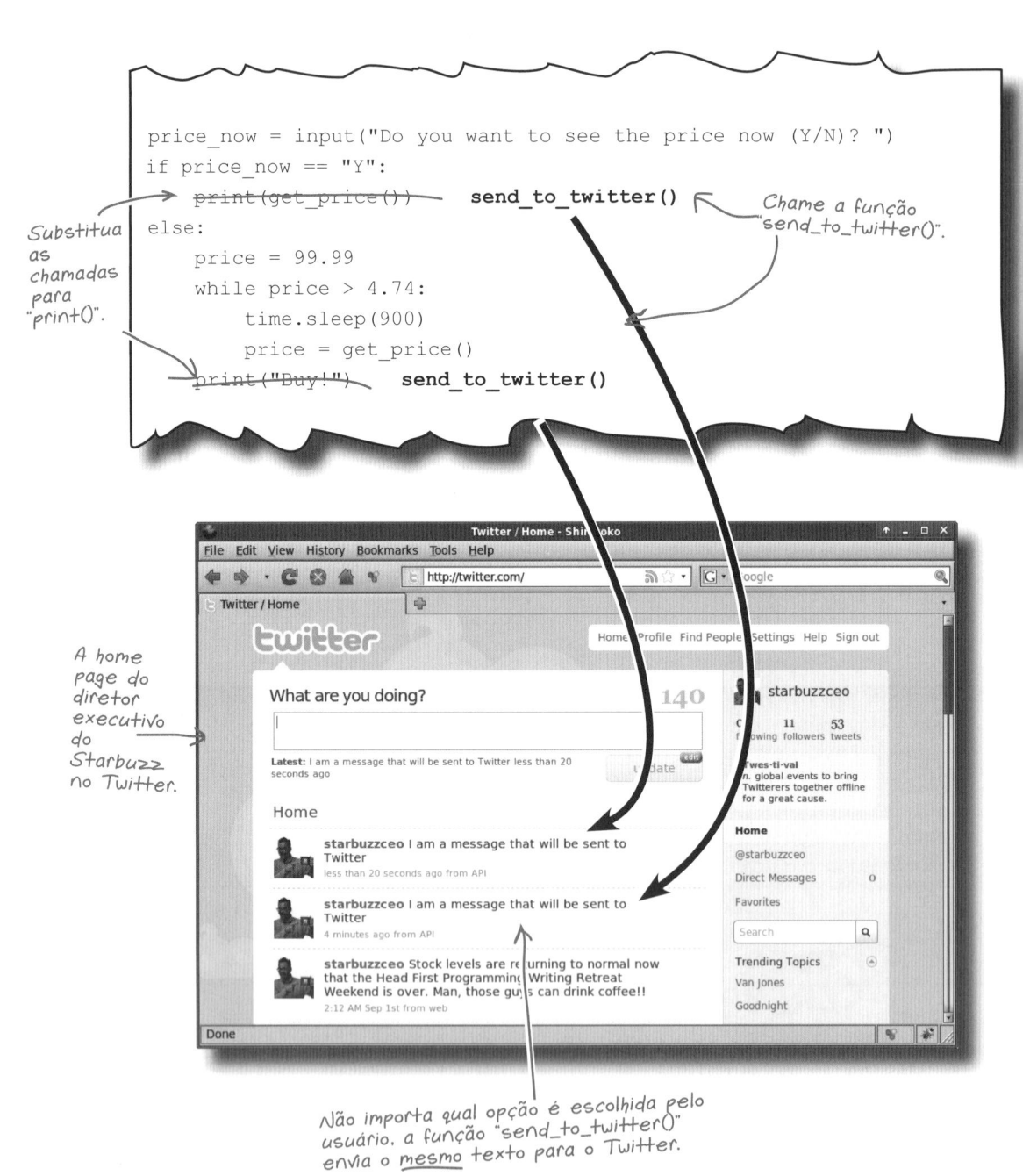

```
price_now = input("Do you want to see the price now (Y/N)? ")
if price_now == "Y":
    print(get_price())            send_to_twitter()
else:
    price = 99.99
    while price > 4.74:
        time.sleep(900)
        price = get_price()
    print("Buy!")                  send_to_twitter()
```

Substitua as chamadas para "print()".

Chame a função "send_to_twitter()".

A home page do diretor executivo do Starbuzz no Twitter.

Não importa qual opção é escolhida pelo usuário, a função "send_to_twitter()" envia o <u>mesmo</u> texto para o Twitter.

94   Capítulo 3

Funções

> Bem, não brinca, é realmente muito óbvio... você precisa de uma versão da função que envia o preço baixo e outra que envia um pedido de emergência. É muito difícil?

```
def send_to_twitter():
    # código original aqui...
```

Pegue o código Twitter original e crie duas funções novas.

```
def send_to_twitter_price_ low():
    # código original aqui...
    # ... mas mude a mensagem para
    # comprar com preço baixo.
```

```
def send_to_twitter_emergency():
    # código original aqui...
    # ... mas mude a mensagem para
    # fazer um pedido de emergência.
```

As linhas que começam com # são conhecidas como comentários no Python. Os comentários são anotações de código colocadas por um codificador e devem ser lidas pelos outros codificadores que trabalham com o código. O Python ignora todos os comentários porque eles não são um código executável.

PODER DO CÉREBRO

Algo não parece muito certo nesta solução.

Você pode ver o problema que isso cria? Pode pensar em uma solução que corrija o problema?

defina parâmetros

Use parâmetros para evitar a duplicação das funções

Exatamente como é uma má ideia usar o copiar e colar para usos repetidos de código, *também* é uma má ideia criar diversas cópias de uma função com apenas diferenças menores entre elas. Veja de novo as funções `send_to_twitter_price_low()` e `send_to_twitter_emergency()` propostas na página anterior; a *única* diferença entre elas é a mensagem enviada.

Um **parâmetro** é um valor que você envia *para* sua função. Considere-o como o oposto do que você obtém quando retorna um valor a partir de uma função:

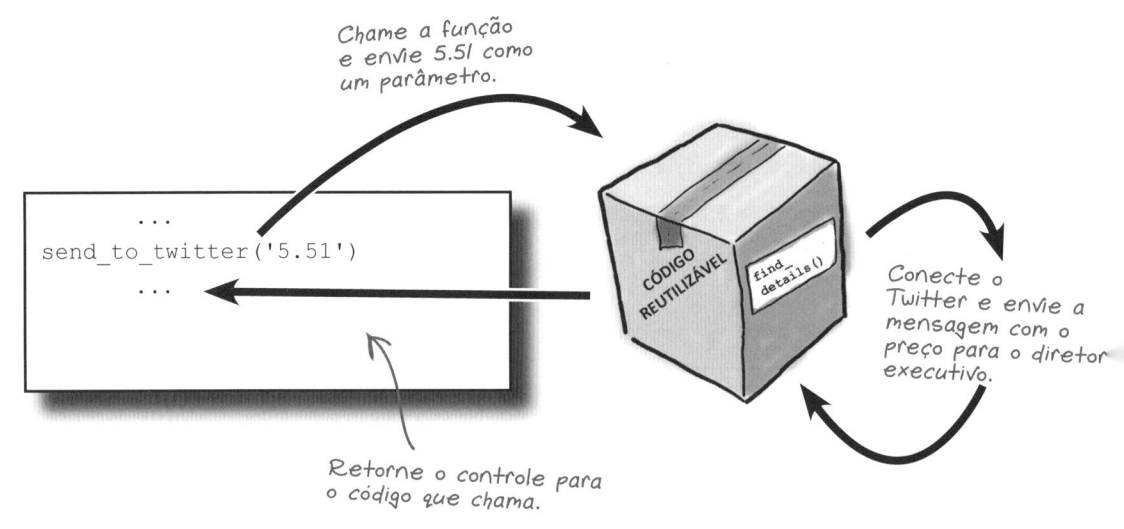

Chame a função e envie 5.5l como um parâmetro.

```
...
send_to_twitter('5.51')
...
```

CÓDIGO REUTILIZÁVEL `find_details()`

Conecte o Twitter e envie a mensagem com o preço para o diretor executivo.

Retorne o controle para o código que chama.

O valor do parâmetro funciona como uma variável *dentro* da função, exceto pelo fato de que seu valor inicial é definido *fora* do código da função:

Nesta versão da função, a variável "msg" é definida para o valor transmitido pela chamada para "send_to_twitter('5.5l')".

```
...
send_to_twitter('5.51')
...
```

```python
def send_to_twitter(msg):
    password_manager = urllib.request.HTTPPasswordMgr(
    password_manager.add_password("Twitter API",
                                  "http://twitter.com/s
    http_handler = urllib.request.HTTPBasicAuthHandler(pa
    page_opener = urllib.request.build_opener(http_handl
    urllib.request.install_opener(page_opener)
    params = urllib.parse.urlencode( {'status': msg}
    resp = urllib.request.urlopen("http://twitter.com/s
```

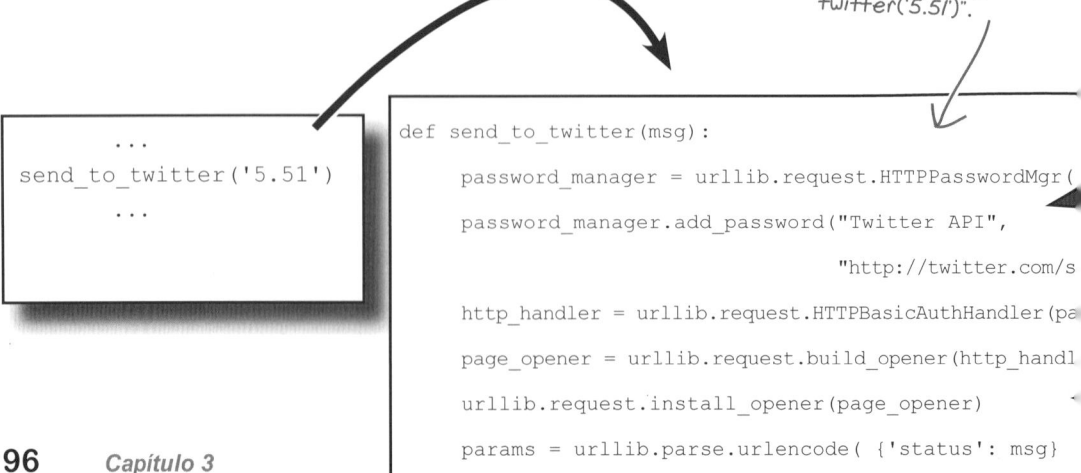

Funções

Parâmetros de Perto

Para usar um parâmetro no Python, simplesmente coloque o nome de uma variável entre parênteses, vindo *depois* da definição do nome da função e *antes* de dois pontos. Então, dentro da função em si, apenas use a variável como qualquer outra:

O nome do parâmetro fica aqui.

```
def shout_out(the_name):
    return("Congratulations " + the_name + "!")
```

Use o valor do parâmetro no código de sua função exatamente como qualquer outra variável.

Depois, chame a função a partir de seu código com um valor de parâmetro diferente sempre que usar a função:

```
print(shout_out('Wanda'))
msg = shout_out('Graham, John, Michael, Eric, and Terry by 2')
print(shout_out('Monty'))
```

Aponte seu lápis

Pegue seu lápis e atualize seu programa. Faça o seguinte:

1. Modifique a função `send_to_twitter()` para que o texto de mensagem seja transmitido na função como um parâmetro.

2. Atualize seu código para fazer as devidas chamadas com parâmetros para `sent_to_twitter()`.

....
....
....
....
....
....
....
....
....

pronto para enviar texto

Aponte seu lápis
Solução

Você teve que pegar seu lápis e atualizar seu programa para incorporar uma versão de `send_to_twitter()` que suporta parâmetros:

```
import urllib.request
import time
```
A variável "msg" no código precisa tornar-se um parâmetro da função.

```
def send_to_twitter(msg):
```
~~def send_to_twitter():~~
    ~~msg = "I am a message that will be sent to Twitter"~~
```
    password_manager = urllib.request.HTTPPasswordMgr()
    password_manager.add_password("Twitter API",
                                  "http://twitter.com/statuses","...", "...")
    http_handler = urllib.request.HTTPBasicAuthHandler(password_manager)
    page_opener = urllib.request.build_opener(http_handler)
    urllib.request.install_opener(page_opener)
    params = urllib.parse.urlencode( {'status': msg} )
    resp = urllib.request.urlopen("http://twitter.com/statuses/update.json", params)
    resp.read()
```

```
def get_price():
    page = urllib.request.urlopen("http://www.beans-r-us.biz/prices.html")
    text = page.read().decode("utf8")
    where = text.find('>$')
    start_of_price = where + 2
    end_of_price = start_of_price + 4
    return float(text[start_of_price:end_of_price])

price_now = input("Do you want to see the price now (Y/N)? ")

if price_now == "Y":
```
    ~~print(get_price())~~ `send_to_twitter(get_price())`
```
else:
    price = 99.99
    while price > 4.74:
        time.sleep(900)
        price = get_price()
```
    ~~print("Buy!")~~
        `send_to_twitter("Buy!")`

Você só precisa substituir as chamadas print() por chamadas send_to_twitter().

Funções

TEST DRIVE

Agora que você corrigiu o código do programa, é hora de ver se funciona. Certifique-se de que o código corrigido esteja no IDLE e, então, pressione F5 para executar seu programa.

Para começar, envienos uma mensagem de emergência:

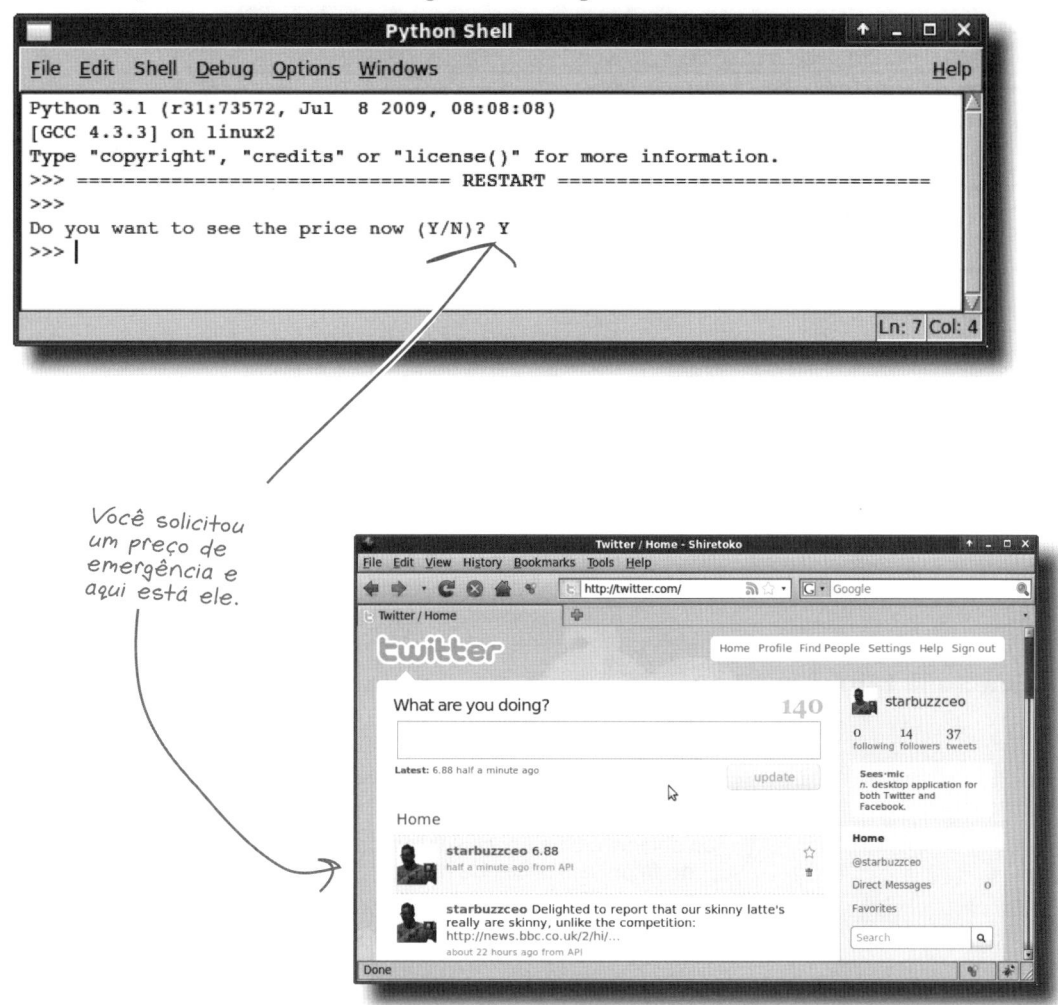

```
Python 3.1 (r31:73572, Jul  8 2009, 08:08:08)
[GCC 4.3.3] on linux2
Type "copyright", "credits" or "license()" for more information.
>>> ================================ RESTART ================================
>>>
Do you want to see the price now (Y/N)? Y
>>>
```

Você solicitou um preço de emergência e aqui está ele.

Funcionou. Mas, e a opção de "observação de preço..."?

você está aqui ▶ **99**

mensagem recebida

TEST DRIVE

CONTINUAÇÃO

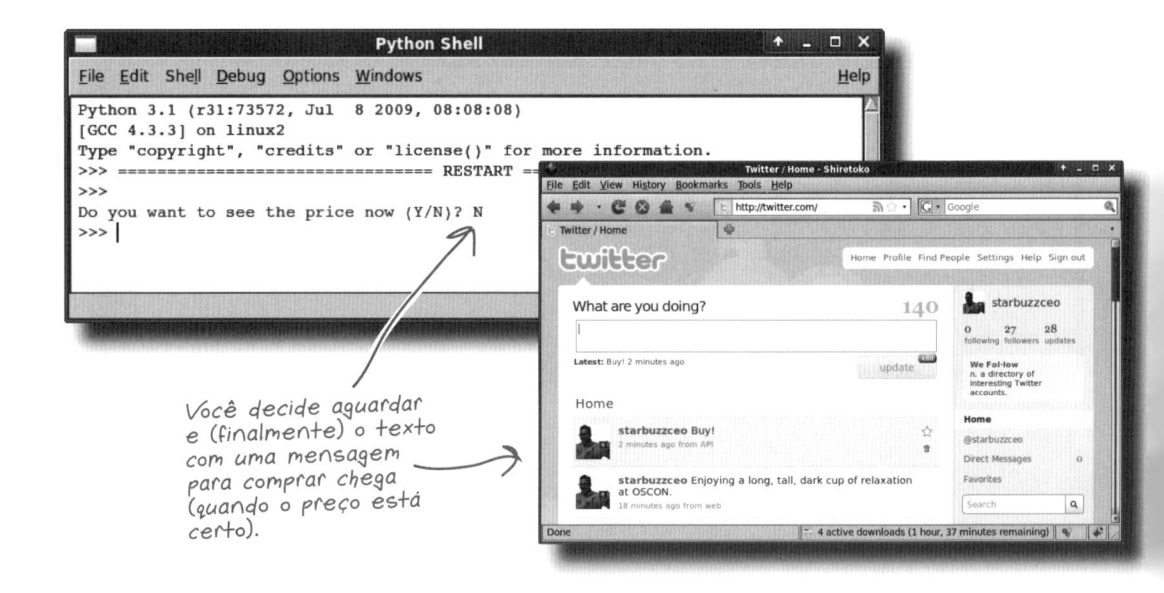

```
Python 3.1 (r31:73572, Jul  8 2009, 08:08:08)
[GCC 4.3.3] on linux2
Type "copyright", "credits" or "license()" for more information.
>>> ================================ RESTART ==
>>>
Do you want to see the price now (Y/N)? N
>>>
```

Você decide aguardar e (finalmente) o texto com uma mensagem para comprar chega (quando o preço está certo).

Funciona também. Você está pronto para entrar em tempo real.

Bip. bip... era o telefone de alguém?

Ótimo, um pedido de emergência! Farei rapidamente uma ligação antes de ficar sem grãos de novo...

Não importa onde está o diretor executivo do Starbuzz, se ele tiver um celular por perto, obterá a mensagem.

Funções

Não existem Perguntas Idiotas

P: Ainda posso chamar a função do Twitter assim: send_to_twitter( )? Ou sempre tenho que fornecer um valor para o parâmetro msg?

R: Como escrito, o parâmetro é requerido pela função. Se você omitir, o Python reclamará e irá recusar-se a executar seu código adiante.

P: Os parâmetros para as funções podem ser opcionais?

R: Sim. Na maioria das linguagens de programação (inclusive o Python), você pode fornecer um valor padrão para um parâmetro, que é, então, usado se o código que chama não fornece nenhum valor. Isso tem o efeito de tornar o parâmetro opcional, no sentido de que obtém seu valor em um fornecido por quem chama ou usa o valor padrão, caso quem chama não forneça nada.

P: Pode haver mais de um parâmetro?

R: Sim, você pode ter quantos quiser. Apenas se lembre que uma função com muitos parâmetros pode ser difícil de entender, o que dirá usar.

P: Todos os parâmetros podem ser opcionais?

R: Sim. Como exemplo, a função `print()`, predefinida do Python, pode ter até três parâmetros opcionais, além do item a ser exibido (que também é opcional). Para aprender mais, abra um prompt Python Shell e digite `help(print)` no prompt >>>.

P: Toda essa coisa opcional não é um pouco confusa?

R: Algumas vezes. Quando você criar e usar funções, terá uma ideia para quando tornar os parâmetros obrigatórios e quando os tornar opcionais. Se você vir a descrição de `print()` novamente, notará que na maioria das situações de uso, `print()` tem um único parâmetro: o item a exibir. É só quando uma funcionalidade extra e menos comum é requerida que os outros parâmetros são necessários.

P: A descrição de print( ) menciona "argumentos palavra-chave" (em inglês, keyword arguments). O que são?

R: A palavra "argumento" é outro nome para "parâmetro" e significa a mesma coisa. No Python, um argumento pode ter uma "palavra-chave" opcional associada. Isto significa que o parâmetro recebeu um nome que o código que chama pode usar para identificar qual valor em seu código está associado a qual parâmetro na função.

Continuando a usar `print()` como um exemplo, os parâmetros `sep`, `end` e `file` (também conhecidos como argumentos da palavra-chave) têm um valor padrão cada, portanto são todos opcionais. Porém, se você precisar usar apenas um deles no código que chama, precisará de algum modo para identificar qual está usando e é onde entram os argumentos da palavra-chave. Existem exemplos desses recursos opcionais de `print()` e outras funções posteriormente no livro. Não se preocupe com os detalhes agora.

a palavra-chave muda

Alguém decidiu bagunçar seu código

> Um pouco tarde, mudei a senha Twitter. Hmmm... Código interessante, mas seria ótimo se imprimisse uma mensagem sempre que enviasse um texto. Acho que irei melhorá-lo um pouco...

Um dos codificadores do Starbuzz decidiu que a senha deve ser definida no início do programa, onde pode ser realmente corrigida no futuro. É isto que ele adicionou:

```
import urllib.request
import time

def set_password():
    password="C8H10N4O2"     ← Esta é a nova senha.

set_password()   ← O codificador deseja definir a senha no início do arquivo, onde é fácil de encontrar.

def send_to_twitter(msg):
    password_manager = urllib.request.HTTPPasswordMgr()
    password_manager.add_password("Twitter API",
              "http://twitter.com/statuses", "starbuzzceo", password)
```

Use o valor de "password" aqui.

Portanto, mais tarde no programa, o código usa a variável `password`. Isso significa que na próxima vez em que a senha precisar ser alterada, será mais fácil encontrá-la no código porque está definida logo no início do arquivo.

Funções

TEST DRIVE

Adicione o novo código da senha ao início do programa e, então, execute-o através do IDLE.

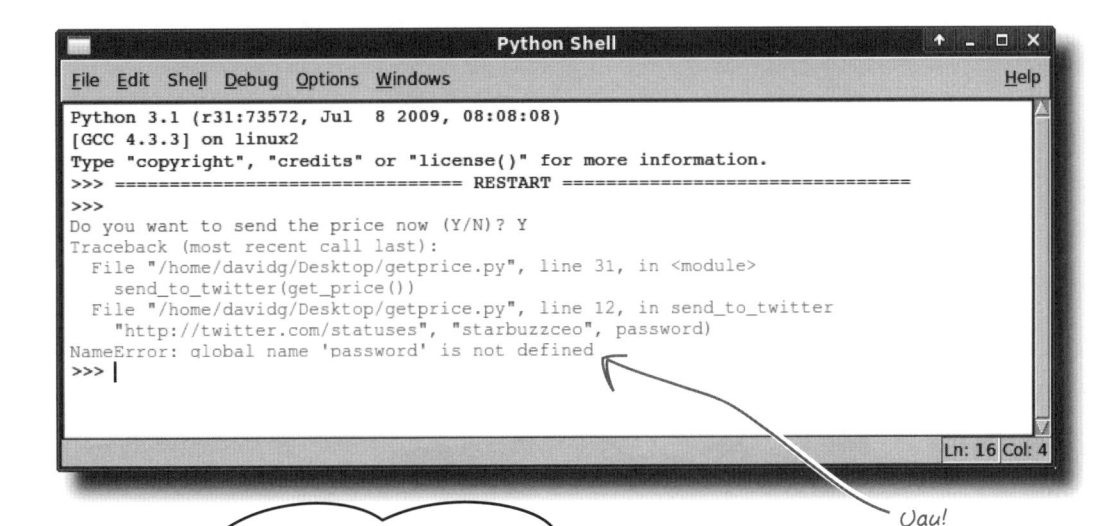

```
Python 3.1 (r31:73572, Jul  8 2009, 08:08:08)
[GCC 4.3.3] on linux2
Type "copyright", "credits" or "license()" for more information.
>>> ============================ RESTART ============================
>>>
Do you want to send the price now (Y/N)? Y
Traceback (most recent call last):
  File "/home/davidg/Desktop/getprice.py", line 31, in <module>
    send_to_twitter(get_price())
  File "/home/davidg/Desktop/getprice.py", line 12, in send_to_twitter
    "http://twitter.com/statuses", "starbuzzceo", password)
NameError: global name 'password' is not defined
>>>
```

Uau!

Ah, não! Paralisou! O que aconteceu? Nosso sistema de pedidos parou de funcionar em todo o mundo! Se não obtivermos informações sobre onde precisamos dos pedidos de café logo, isso poderá ser o fim do Starbuzz... Socorro!

O programa paralisou e não pode mais enviar mensagens para o diretor executivo. Em todo mundo, as lojas estão ficando sem grãos e cabe a você corrigir o código.

PODER DO CÉREBRO

Veja a mensagem de erro que foi gerada quando o programa já estava interrompido. O que você acha que aconteceu?

adicione à pilha

O resto do programa não pode ver a variável password

O programa foi interrompido porque, por alguma razão, o programa não pôde encontrar uma variável chamada `password`. Mas, é um pouco estranho, pois você a define na função `set_password()`:

```
def set_password():
    password="C8H10N4O2"   ← Este código define a senha.

set_password()   ← Este código chama a senha a
                   ser definida.
def send_to_twitter(msg):
    password_manager = urllib.request.HTTPPasswordMgr()
    password_manager.add_password("Twitter API",
            "http://twitter.com/statuses", "starbuzzceo", password)
```

Este código usa a senha... mas, por alguma razão, não pode vê-la.

Então, o que aconteceu? Por que a função `send_to_twitter()` não pode ver a variável `password` que foi criada na função `set_password()`?

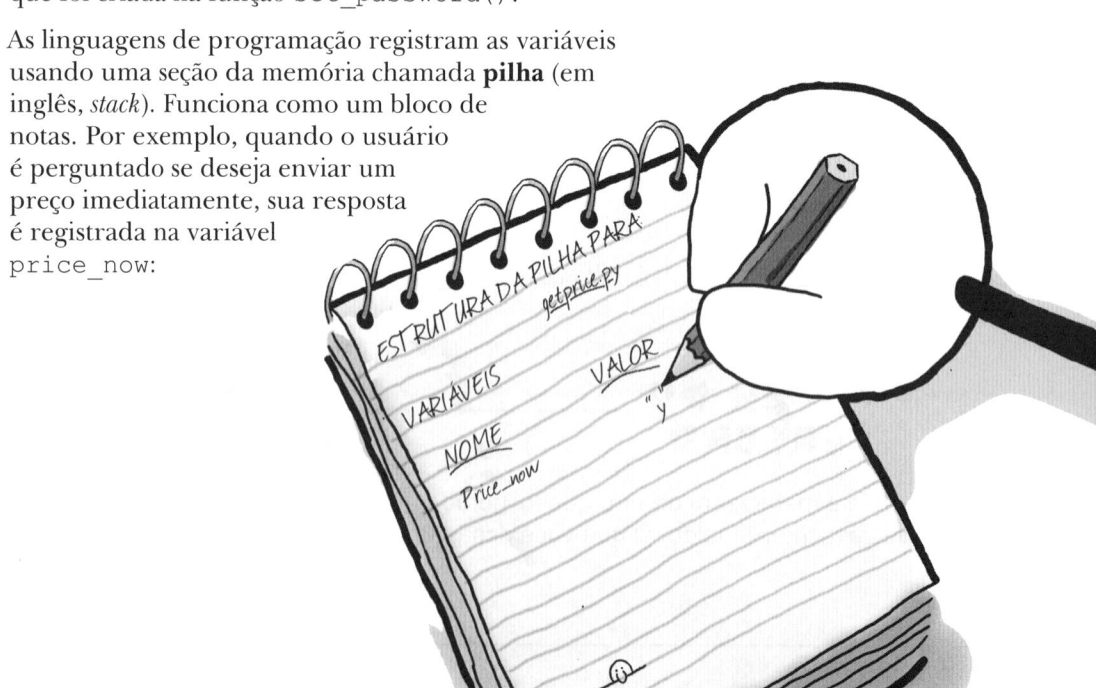

As linguagens de programação registram as variáveis usando uma seção da memória chamada **pilha** (em inglês, *stack*). Funciona como um bloco de notas. Por exemplo, quando o usuário é perguntado se deseja enviar um preço imediatamente, sua resposta é registrada na variável `price_now`:

104 *Capítulo 3*

Funções

Quando você chama uma função, o computador cria uma lista nova de variáveis

Mas, quando você chama uma função, o Python começa a registrar qualquer nova variável criada no código da função em uma *nova* folha de papel na pilha:

→ Novo espaço de pilha

Variáveis LOCAIS usadas pela função.

ESTRUTURA DA PILHA PARA: set_password()

VARIÁVEIS NOME: password
VALOR: "C8H10N4O2"

```
def set_password():
    password="C8H10N4O2"
```

As variáveis que o código chama ainda estão aqui.

Esta nova folha de papel na pilha é chamada de **espaço da pilha** (em inglês, *stack frame*). Os espaços da pilha registram todas as novas variáveis que são criadas dentro de uma função. São conhecidas como **variáveis locais**.

As variáveis que foram criadas antes da função ser chamada ainda existem, caso a função precise delas; elas estão no espaço a pilha *anterior*.

Mas, por que o computador registra as variáveis assim?

Seu programa cria um novo espaço da pilha sempre que chama uma função, permitindo que esta função tenha seu próprio conjunto separado de variáveis. Se a função criar uma nova variável por algum cálculo interno, fará isso em seu próprio espaço de pilha sem afetar as variáveis já existentes no resto do programa.

Quando o valor de uma variável pode ser visto por algum código, é dito como estando "no escopo".

Este mecanismo ajuda a manter as coisas organizadas, mas tem um efeito colateral, que é causar problemas...

você está aqui ▶   105

remoção do lixo local

Quando você sai de uma função, suas variáveis são descartadas

Sempre que você chama uma função, o Python cria um novo espaço da pilha para registrar as novas variáveis. Mas, o que acontece quando a função termina?

O computador descarta o espaçco da pilha da função!

Arquive isto sob G, para "garbage" (lixo).

[Ilustração: bloco de notas espiralado mostrando STACK FRAME FOR: getprice.py com VARIABLES NAME price_now VALUE "y", e uma folha solta STACK FRAME FOR: set_password() com VARIABLES NAME password VALUE "C8HION4O2"]

Lembre-se: o espaço de pilha existe para registrar as variáveis **locais** que *pertencem* à função. Elas *não são designadas* para serem usadas em outro lugar no programa, pois são *locais para a função*. Toda a razão para usar uma pilha de variáveis é permitir que uma função **crie** variáveis locais que são *invisíveis* para o resto do programa.

E é isso que aconteceu com a variável `password`. Na primeira vez que o Python viu, foi quando foi criada na função `set_password()`. Isso significou que a variável `password` foi criada na estrutura da pilha da função `set_password()`. Quando a função terminou, a estrutura da pilha foi descartada e o Python esqueceu completamente a variável `password`. Quando seu código tentar mais tarde usar a variável password para acessar o Twitter, você não terá sorte, pois ela não poderá mais ser encontrada...

Quando o valor de uma variável NÃO PODE ser visto por algum código, é dito como estando "fora do escopo".

Funções

Aponte seu lápis

Este é o início do programa. Escreva uma versão modificada deste código que permitirá à função `send_to_twitter()` ver a variável `password`.

Sugestão: você pode **não** precisar usar uma função.

```
import urllib.request
import time

def set_password():
    password="C8H10N4O2"

set_password()
```
Você precisa reescrever esta seção.

```
def send_to_twitter(msg):
    password_manager = urllib.request.HTTPPasswordMgr()
    password_manager.add_password("Twitter API",
                "http://twitter.com/statuses", "starbuzzceo",password)
    http_handler = urllib.request.HTTPBasicAuthHandler(password_manager)
    page_opener = urllib.request.build_opener(http_handler)
    urllib.request.install_opener(page_opener)
    params = urllib.parse.urlencode( {'status': msg} )
    resp = urllib.request.urlopen("http://twitter.com/statuses/update.json", params)
        resp.read()
```

Escreva sua nova versão aqui.

crie a variável password

Aponte seu lápis
Solução

Este é o início do programa. Você teve que escrever uma versão modificada deste código que permitirá à função `send_to_twitter()` ver a variável `password`.

Sugestão: você pode **não** precisar usar uma função.

```
import urllib.request
import time

def set_password():
    password="C8H10N4O2"

set_password()
```
↑ *Você precisou reescrever esta seção.*

```
def send_to_twitter(msg):
    password_manager = urllib.request.HTTPPasswordMgr()
    password_manager.add_password("Twitter API",
                "http://twitter.com/statuses", "starbuzzceo",password)
    http_handler = urllib.request.HTTPBasicAuthHandler(password_manager)
    page_opener = urllib.request.build_opener(http_handler)
    urllib.request.install_opener(page_opener)
    params = urllib.parse.urlencode( {'status': msg} )
    resp = urllib.request.urlopen("http://twitter.com/statuses/update.json", params)
    resp.read()
```

Isto é tudo que você precisa fazer: apenas criar a variável.
↓
password="C8H10N4O2"

Como a variável "password" é criada fora de uma função, está disponível em qualquer lugar no programa. A função "send_to_twitter()" agora deve ser capaz de vê-la.

Funções

Test Drive

A versão corrigida do código foi carregada nas máquinas em cada loja Starbuzz no mundo. É hora de experimentar o código e ver se você pode colocar o sistema de pedidos funcionando de novo:

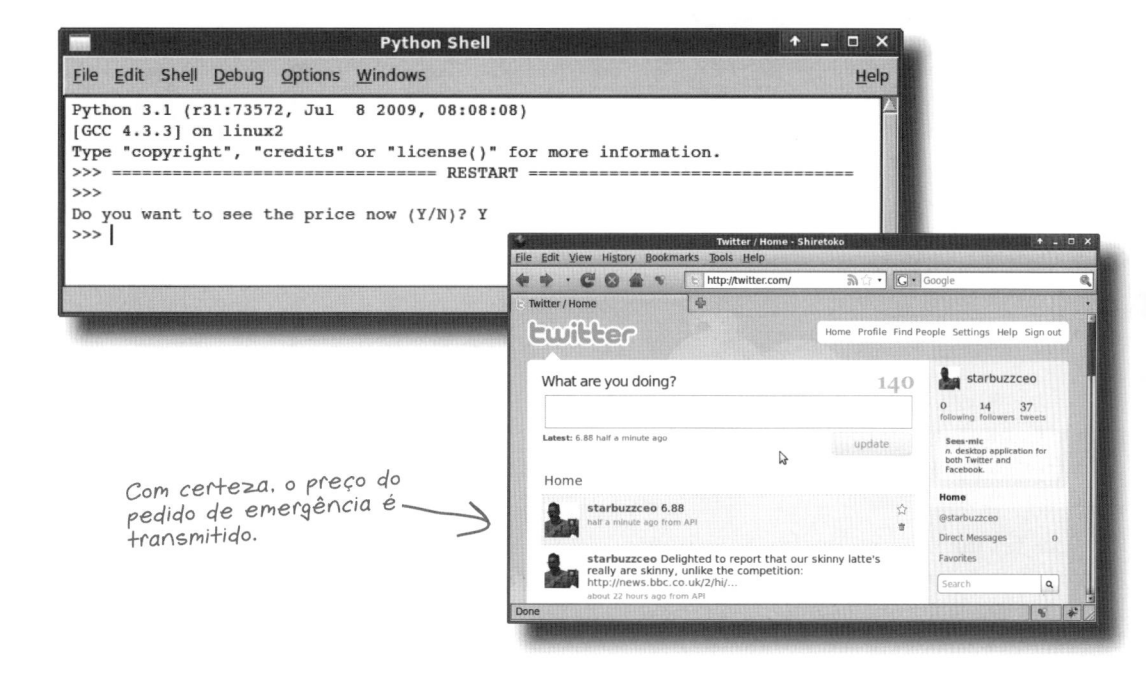

```
Python Shell
File  Edit  Shell  Debug  Options  Windows                              Help
Python 3.1 (r31:73572, Jul  8 2009, 08:08:08)
[GCC 4.3.3] on linux2
Type "copyright", "credits" or "license()" for more information.
>>> ================================ RESTART ================================
>>>
Do you want to see the price now (Y/N)? Y
>>> |
```

Com certeza, o preço do pedido de emergência é transmitido. →

```
Twitter / Home - Shiretoko
File  Edit  View  History  Bookmarks  Tools  Help
                   http://twitter.com/              Google
Twitter / Home
twitter                              Home  Profile  Find People  Settings  Help  Sign out
What are you doing?                 140        starbuzzceo
                                                 0      14      37
                                              following followers tweets
Latest: 6.88 half a minute ago              update
                                              Sees-mic
                                              n. desktop application for
Home                                          both Twitter and
                                              Facebook.
      starbuzzceo 6.88
      half a minute ago from API              Home
                                              @starbuzzceo
      starbuzzceo Delighted to report that our skinny latte's
      really are skinny, unlike the competition:   Direct Messages    0
      http://news.bbc.co.uk/2/hi/...           Favorites
      about 22 hours ago from API              Search
Done
```

Funciona! Como você está criando `password` fora de uma função, está disponível **globalmente** em todo o arquivo de programa Python. A variável `password` será registrada novamente no espaço de pilha inicial, portanto, a função `send_to_twitter()` *agora* será capaz de vê-la.

Vejamos como o código atualizado está afetando o resto do Starbuzz.

cheio de grãos

Starbuzz está totalmente estocado!

Com os grãos de café totalmente estocados, há muito tempo para coisas mais importantes na vida...

... e há muitos clientes Starbuzz contentes também.

Mostre as mãos quem deseja um café com leite desnatado?

De Cambridge ao Cambódia, de Seattle a Serra Leoa, os pedidos estão sendo feitos e os grãos estão sendo enviados.

Você fez um ótimo trabalho. Seu sistema controla os preços em tempo real a partir da Web e envia automaticamente mensagens para o diretor executivo onde ele estiver na Terra. Você realmente está usando o poder das funções para manter seu código **limpo**, **conciso** e **claro**. Usando corretamente o escopo da variável, você até facilitou a manter a senha atualizada.

Bom trabalho!

> Que alívio! Você realmente salvou o dia! E a empresa! Por um momento, achei que estávamos arruinados... mas, você nos trouxe de volta e funcionando.

começando a codificar

Sua Caixa de Ferramentas de Programação

Você colocou o Capítulo 3 em seu currículo. Vejamos o que você aprendeu de novo neste capítulo:

Ferramentas de programação

* Evite duplicar o código com funções.
* Parâmetros são variáveis que você pode transmitir para as funções.
* As funções podem retornar valores.
* Os computadores usam espaço de pilha para registrar e controlar as variáveis.
* Quando você chama uma função, um novo espaço de pilha é criado para ser usado pela função.
* Os espaços de pilha (e as variáveis locais) são descartados quando você sai de uma função.
* Uma variável é dita como estando "no escopo" sempre que seu valor pode ser visto por algum código.

Ferramentas do Python

* Use "def" para criar funções.
* Use return() para enviar um valor de volta para o código que chamou a função.
* Transmita parâmetros para as funções colocando-os entre parênteses.

4 dados em arquivos e arrays

✳ Classifique ✳

Uau! Veja, mamãe! Eu não sabia que o papai podia surfar no camarim...

Ummmm... Eu só espero que ele saiba o que está fazendo...

Quando seus programas se desenvolvem, também se desenvolvem suas necessidades de lidar com os dados.

E quando você tem muitos dados com os quais trabalhar, usar uma variável individual para cada parte dos dados fica realmente antiquado, muito rapidamente. Então, os programadores utilizam alguns contêineres bem impressionantes (conhecidos como **estruturas de dados**) para ajudá-los a trabalhar com muitos dados. Na maioria das vezes, todos esses dados vêm de um arquivo armazenado em um disco rígido. Portanto, como você pode trabalhar com os dados em seus arquivos? Acaba sendo moleza. Vire a página e aprenda como!

esperando *pelas ondas*

O surfe está em alta em Codeville

O Surf-A-Thon anual de Codeville está mais popular do que nunca este ano.

Como há muitos competidores, os organizadores pediram para você escrever um programa em Python para processar as pontuações. Ansioso em agradar, você concordou.

O problema é: mesmo que a competição tenha acabado e a praia esteja limpa agora, você não pode pegar onda até o programa ser escrito. Seu programa tem que calcular as pontuações mais altas do surfe. Apesar de seu desejo de surfar, promessa é promessa, portanto, escrever o programa vem primeiro.

O painel atualmente está vazio. Curioso para saber quem venceu a competição de hoje?

dados em arquivos e arrays

Encontre a pontuação mais alta no arquivo de resultados

Depois de os juízes avaliarem os competidores, as pontuações são armazenadas em um arquivo chamado `results.txt`. Há uma linha no arquivo para a pontuação de cada competidor. Você precisa escrever um programa que leia cada uma dessas linhas, selecione a pontuação e, então, calcule a pontuação mais alta no Surf-A-Thon.

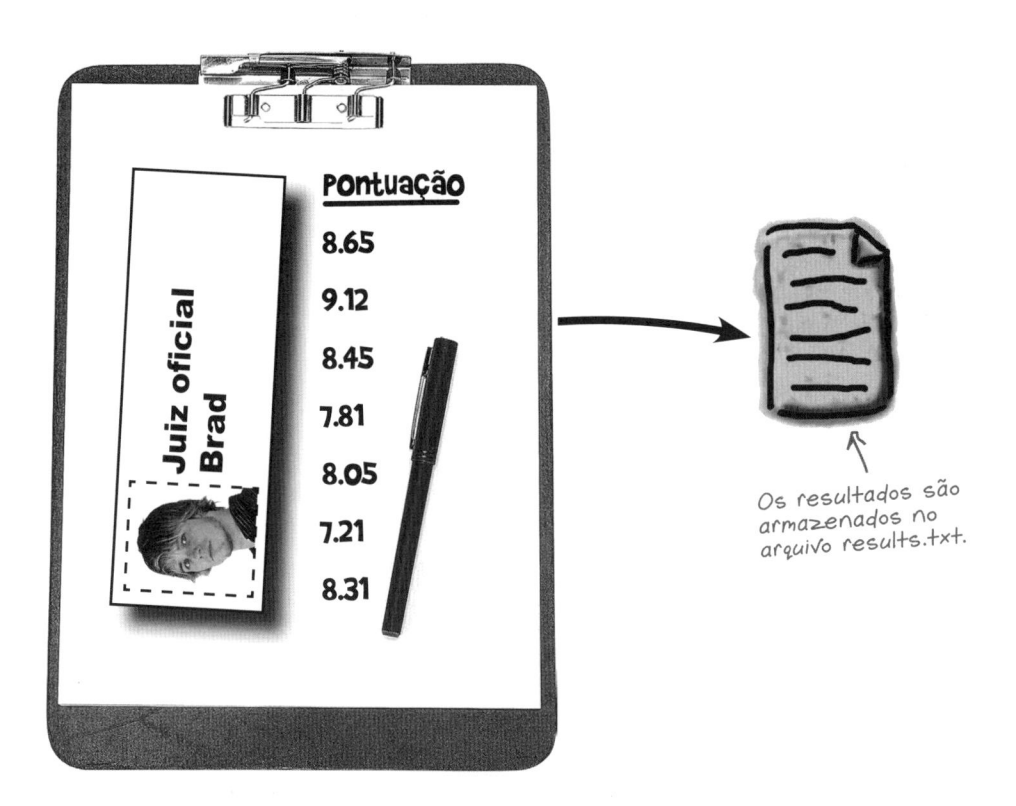

Juiz oficial Brad

PONTUAÇÃO

8.65

9.12

8.45

7.81

8.05

7.21

8.31

Os resultados são armazenados no arquivo results.txt.

Parece bem simples, exceto por um pequeno detalhe. Você escreveu programas para ler dados a partir da Web e ler dados que foram digitados no teclado, mas não escreveu ainda nenhum código que leia os dados armazenados em um arquivo.

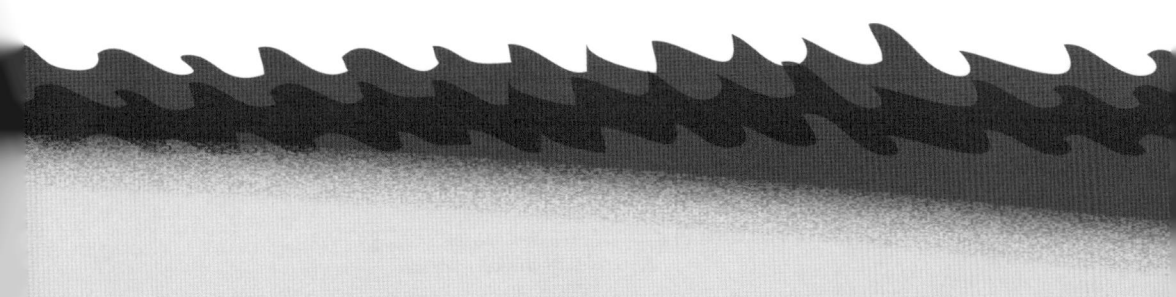

fragmentando com o laço for

Iterando dentro do arquivo com o padrão open, for, close

Se você precisar ler a partir de um arquivo usando o Python, um modo é usar o comando open() embutido. Abra um arquivo chamado results.txt assim:

O arquivo aberto é atribuido a um manipulador de arquivo, chamado "result_f" aqui.

```
result_f = open("results.txt")
```

Coloque o nome do arquivo real a abrir aqui.

A chamada para open() cria um **manipulador de arquivo** (em inglês, *file handle*), que é uma abreviação que você usará para se referir ao arquivo com o qual está trabalhando dentro de seu código.

Como você precisará ler o arquivo *uma linha de cada vez*, o Python fornece o laço for para esta finalidade. Como os laços while, o laço for é executado repetidamente, executando o código do laço uma vez para cada um dos itens em algo. Pense em um laço for como seu próprio fragmentador de dados personalizado:

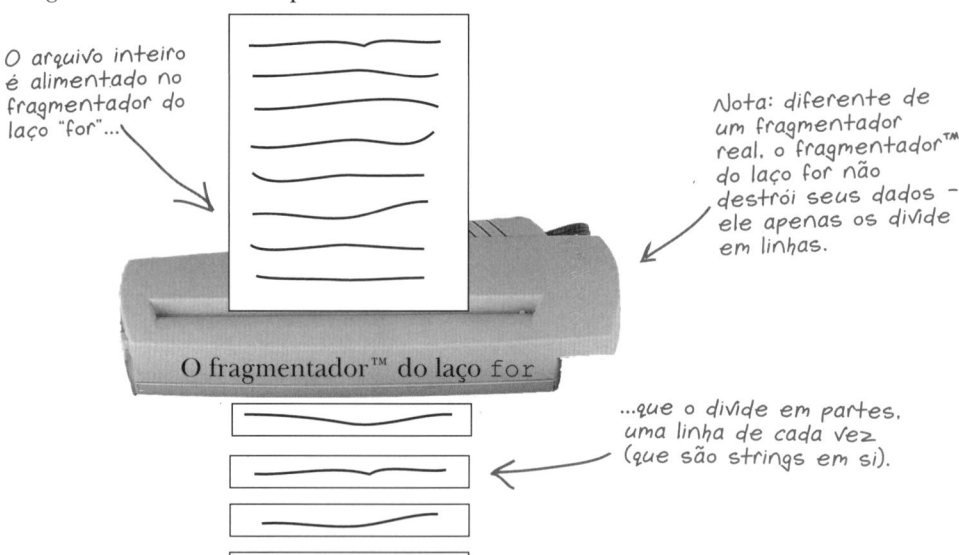

O arquivo inteiro é alimentado no fragmentador do laço "for"...

O fragmentador™ do laço for

Nota: diferente de um fragmentador real, o fragmentador™ do laço for não destrói seus dados – ele apenas os divide em linhas.

...que o divide em partes, uma linha de cada vez (que são strings em si).

Sempre que o corpo do laço for é executado, uma variável é definida para uma string contendo a linha atual de texto no arquivo. Isso é referido como **iteração** nos dados no arquivo:

A variável "each_line" é definida para a próxima linha do arquivo em cada repetição. O laço "for" para quando você fica sem linhas para ler.

```
result_f = open("results.txt")
for each_line in result_f:
    print(each_line)
result_f.close()
```

Abra o arquivo e forneça-lhe um manipulador de arquivo.

Faça algo com o que você acabou de ler no arquivo. Neste caso, você imprime a linha. Note que o código do laço "for" é indentado.

Feche o arquivo (através do manipulador de arquivo) quando terminar.

116 Capítulo 4

dados em arquivos e arrays

Ímãs de Geladeira

Você precisa completar o código para encontrar a pontuação mais alta no arquivo `results.txt`. Lembre-se: o laço `for` cria uma string a partir de cada linha no arquivo.

Sugestão: Para o programa funcionar, você precisará converter a string em um número.

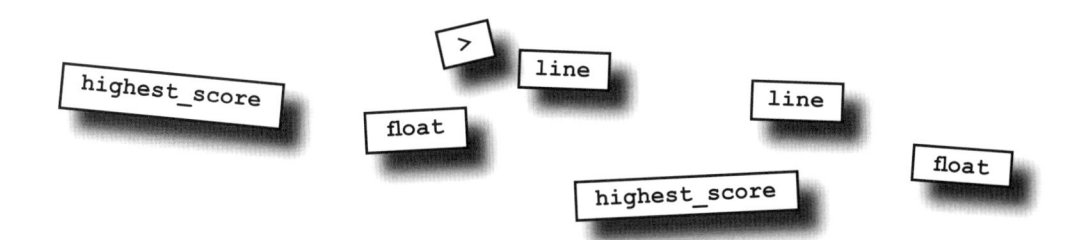

```
highest_score = 0

result_f = open("results.txt")

for line in result_f:
    if .............(.................) ........ ............................:
        ............................ = ................ (............)
result_f.close()

print("The highest score was:")

print(highest_score)
```

Magnets:

`highest_score` `>` `line` `float` `line` `highest_score` `float`

obtendo a pontuação mais alta

Ímãs de Geladeira Solução

Você precisava completar o código para encontrar a pontuação mais alta no arquivo `results.txt`. Lembre-se: o laço `for` cria uma string a partir de cada linha no arquivo.

Sugestão: Para o programa funcionar, você precisou converter a string em um número.

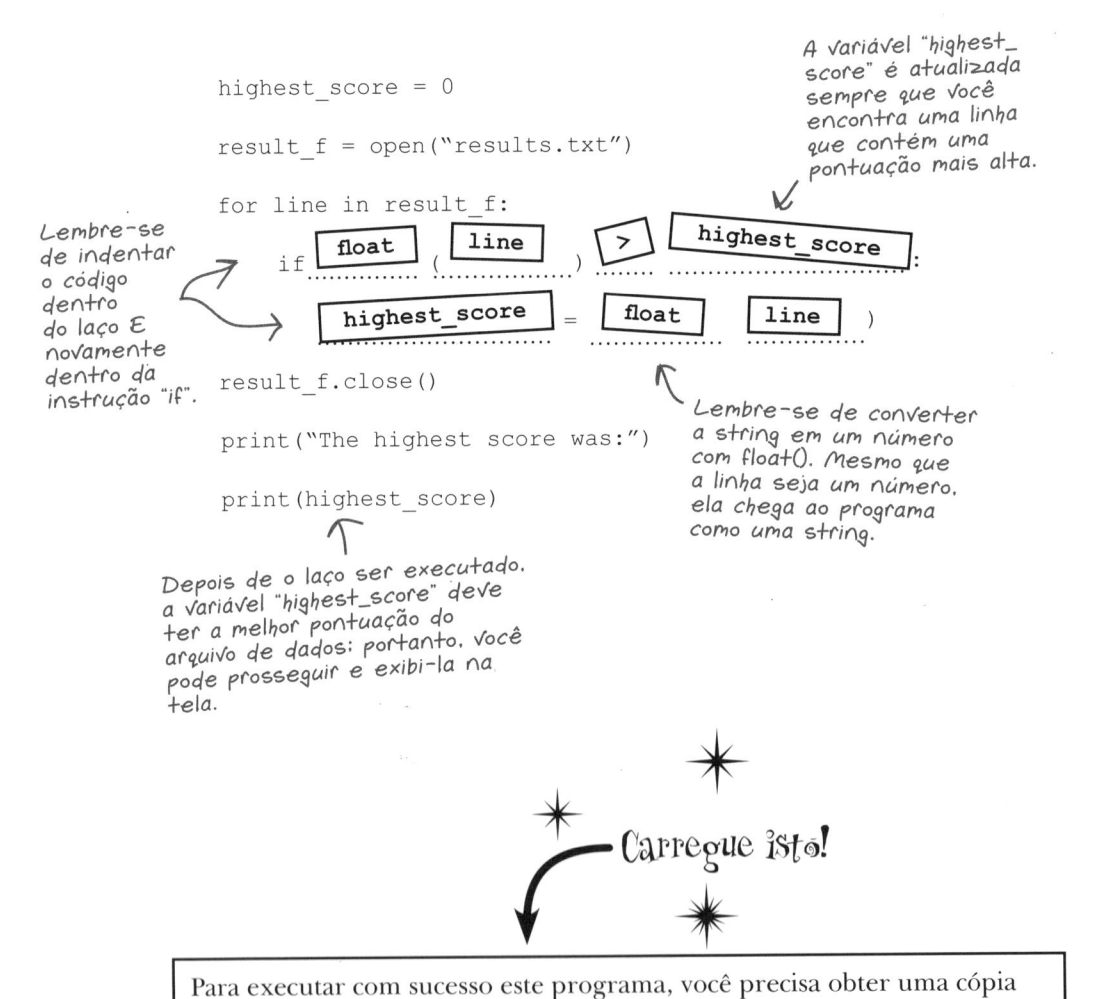

```
highest_score = 0

result_f = open("results.txt")

for line in result_f:
    if float(line) > highest_score:
        highest_score = float(line)

result_f.close()

print("The highest score was:")
print(highest_score)
```

Lembre-se de indentar o código dentro do laço E novamente dentro da instrução "if".

A variável "highest_score" é atualizada sempre que você encontra uma linha que contém uma pontuação mais alta.

Lembre-se de converter a string em um número com float(). Mesmo que a linha seja um número, ela chega ao programa como uma string.

Depois de o laço ser executado, a variável "highest_score" deve ter a melhor pontuação do arquivo de dados; portanto, você pode prosseguir e exibi-la na tela.

Carregue isto!

Para executar com sucesso este programa, você precisa obter uma cópia do arquivo de dados `results.txt` no Web site *Use a Cabeça Programação*. Coloque o arquivo de dados no mesmo diretório (ou pasta) que contém seu código.

dados em arquivos e arrays

TEST DRIVE

É hora de ver se o programa funciona. Use o IDLE para criar um novo arquivo usando o código da página anterior, salve seu programa como `high_score.py` e, então, execute-o pressionando a tecla F5:

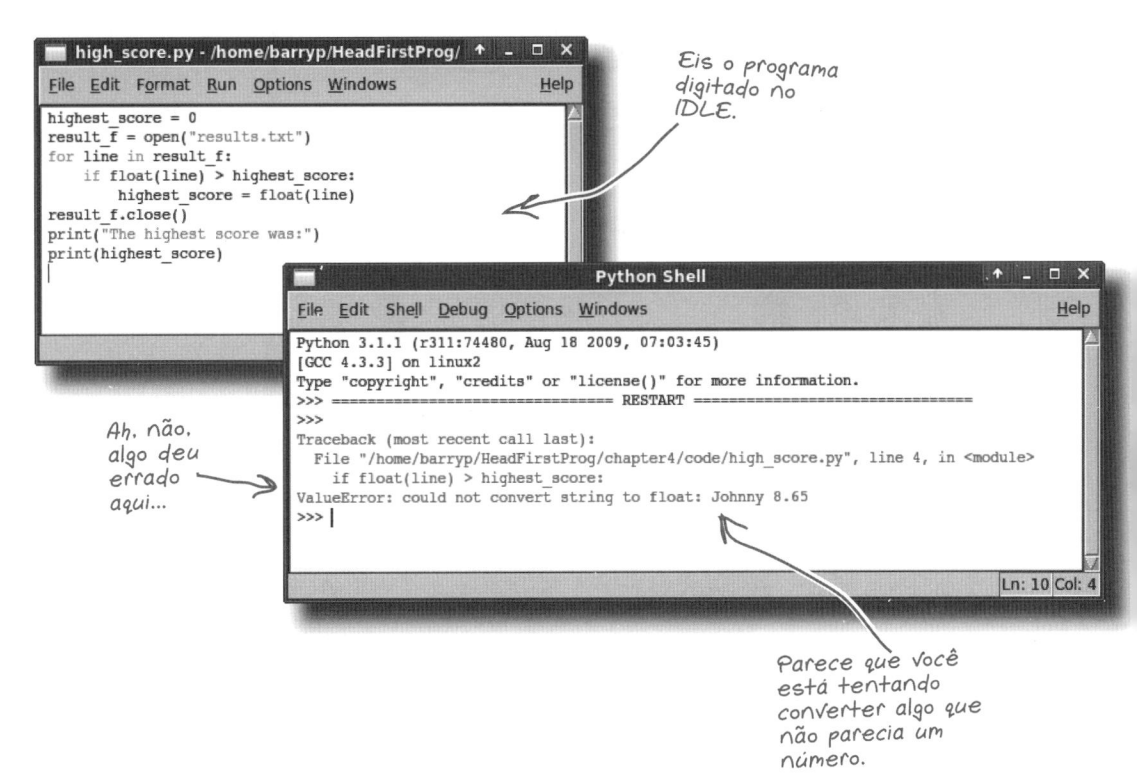

```
highest_score = 0
result_f = open("results.txt")
for line in result_f:
    if float(line) > highest_score:
        highest_score = float(line)
result_f.close()
print("The highest score was:")
print(highest_score)
```

Eis o programa digitado no IDLE.

```
Python 3.1.1 (r311:74480, Aug 18 2009, 07:03:45)
[GCC 4.3.3] on linux2
Type "copyright", "credits" or "license()" for more information.
>>> ================================ RESTART ================================
>>>
Traceback (most recent call last):
  File "/home/barryp/HeadFirstProg/chapter4/code/high_score.py", line 4, in <module>
    if float(line) > highest_score:
ValueError: could not convert string to float: Johnny 8.65
>>>
```

Ah, não, algo deu errado aqui...

Parece que você está tentando converter algo que não parecia um número.

Ah, meu caro. Parece que algo deu errado! O programa foi interrompido com um `ValueError`, seja lá o que for.

PODER DO CÉREBRO

Estude a mensagem de erro produzida pelo Python. Há algo errado com o código Python? Há um problema com o arquivo? Há algo errado com os dados? O que você acha que aconteceu?

você está aqui ▶ **119**

nomes e números

O arquivo contém mais que números...

Para ver o que aconteceu, vejamos a folha de pontuação do juiz para saber se você deixou passar algo:

O crachá de identificação oficial do juiz estava cobrindo os nomes.

Juiz oficial Brad

Nome	Pontuação
Johnny	8.65
Juan	9.12
Joseph	8.45
Stacey	7.81
Aideen	8.05
Zack	7.21
Aaron	8.31

Há duas partes de informação em cada linha: um nome e um número (a pontuação do surfista).

Os juízes também registraram o nome de cada competidor de surfe ao lado de sua pontuação. Isso será um problema para o programa apenas se o nome foi adicionado ao arquivo `results.txt`. Vejamos:

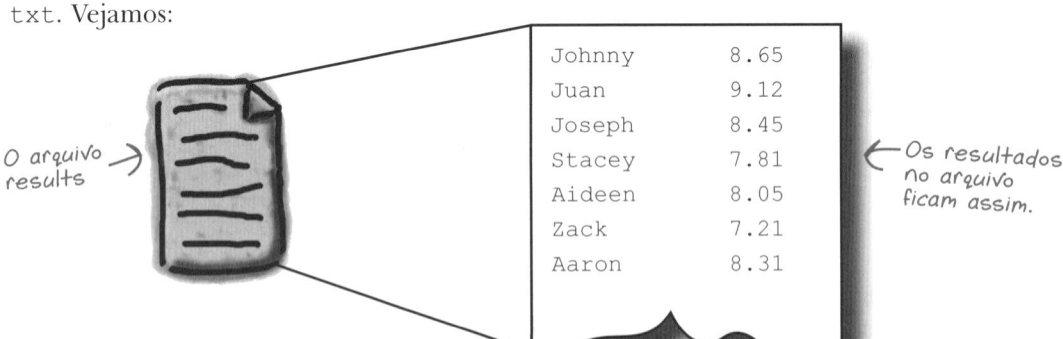

O arquivo results

```
Johnny      8.65
Juan        9.12
Joseph      8.45
Stacey      7.81
Aideen      8.05
Zack        7.21
Aaron       8.31
```

Os resultados no arquivo ficam assim.

Com certeza, o arquivo `results.txt` também contém os nomes do competidor. E é um problema para nosso código porque, quando ele faz uma repetição no arquivo, a string lida não é mais *apenas um número*.

Divida cada linha quando ler

Cada linha no laço `for` representa uma única string contendo duas partes de informação:

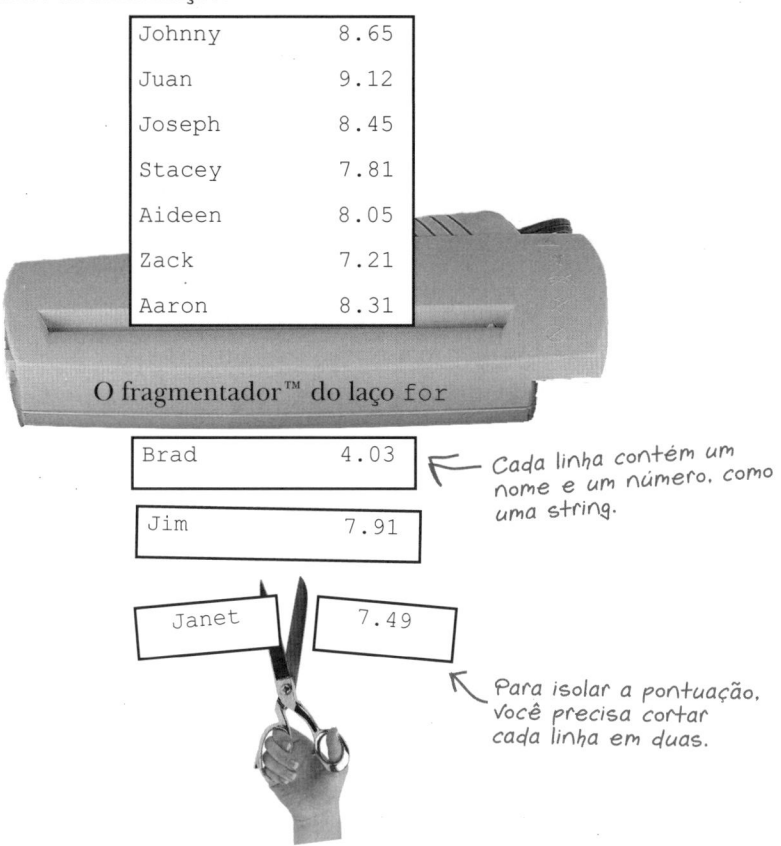

```
Johnny      8.65
Juan        9.12
Joseph      8.45
Stacey      7.81
Aideen      8.05
Zack        7.21
Aaron       8.31
```

O fragmentador™ do laço `for`

```
Brad        4.03
```
← Cada linha contém um nome e um número, como uma string.

```
Jim         7.91
```

```
Janet     7.49
```
← Para isolar a pontuação, você precisa cortar cada linha em duas.

Você precisa, de algum modo, extrair a pontuação da string. Em cada linha, há um nome, seguido de um espaço, seguido da pontuação. Você já sabe como extrair uma string de outra; você fez isso para o Starbuzz no Capítulo 2. E você poderia fazer algo parecido aqui usando o método `find()` e a manipulação do índice, pesquisando a posição de um caractere de *espaço* (' ') em cada linha e, então, extraindo a substring que se segue.

Geralmente, os programadores têm que lidar com os dados em strings que contêm várias partes de dados separadas por espaços. É tão comum, na verdade, que o Python fornece um método especial da string para executar o corte que você precisa: `split()`.

E você descobrirá que outras linguagens de programação têm mecanismos muito parecidos para dividir as strings.

As strings Python têm um método `split()` predefinido.

divida a string

O método split() corta a string

Imagine que você tenha uma string contendo várias palavras atribuídas a uma variável. Pense em uma variável como se fosse um *pote com rótulo*:

```
rock_band = "Al Carl Mike Brian"
```

Uma única variável é atribuída a... ... *uma única string, que contém quatro palavras.*

Uma variável, um pote com rótulo.

rock_band

"Al Carl Mike Brian"

Uma string contida em uma variável (pote).

A string `rock_band`, como todas as strings Python, tem um método `split()` que retorna uma coleção de strings: uma para cada palavra na string original.

Usando um recurso de programação chamado **atribuição múltipla** (em inglês, *multiple assignment*), você pode pegar o resultado do corte executado por `split()` e atribuí-lo a uma coleção de variáveis:

O lado direito do operador de atribuição contém a chamada para o método split().

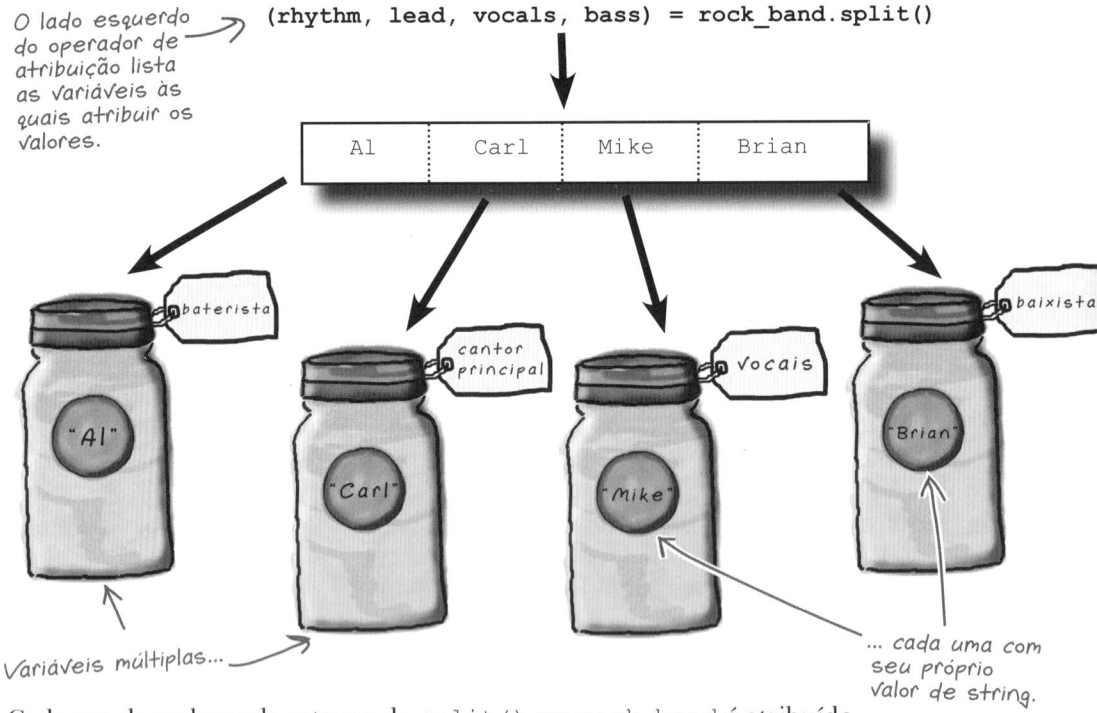

O lado esquerdo do operador de atribuição lista as variáveis às quais atribuir os valores.

```
(rhythm, lead, vocals, bass) = rock_band.split()
```

| Al | Carl | Mike | Brian |

baterista — "Al"
cantor principal — "Carl"
Vocais — "Mike"
baixista — "Brian"

Variáveis múltiplas...

... cada uma com seu próprio valor de string.

Cada um dos valores de retorno de `split()` em `rock_band` é atribuído à sua própria variável nomeada separadamente, que permite, então, trabalhar com cada palavra como você deseja. Note que a variável `rock_band` ainda existe e que ainda contém a string original com quatro nomes.

Parece que você pode usar a atribuição múltipla e `split()` para extrair as pontuações do arquivo `results.txt`.

Capítulo 4

Exercício

Eis a versão atual do programa:

```
highest_score = 0
result_f = open("results.txt")
for line in result_f:
    if float(line) > highest_score:
        highest_score = float(line)
result_f.close()
print("The highest score was:")
print(highest_score)
```

Escreva o código extra requerido para aproveitar o método `split()` *e a atribuição múltipla para criar as variáveis chamadas* `name` *e* `score`*. Então, use-as para completar o programa, afim de encontrar a pontuação mais alta.*

encontre a pontuação alta

Solução do Exercício

Eis a versão atual do programa:

```
highest_score = 0
result_f = open("results.txt")
for line in result_f:
    if float(line) > highest_score:
        highest_score = float(line)
result_f.close()
print("The highest score was:")
print(highest_score)
```

Você teve de escrever o código extra requerido para aproveitar o método `split()` *e a atribuição múltipla para criar as variáveis chamadas* name *e* score, *e então, usá-las para completar o programa a fim de encontrar a pontuação mais alta.*

As únicas alterações do código requeridas estão dentro do loop "for." O resto do programa permanece igual.

```
for line in result_f:

    (name, score) = line.split()

    if float(score) > highest_score:

        highest_score = float(score)
```

Adicione a chamada para o método split() para cortar a linha em duas, criando as variáveis "name" e "score" (nome e pontos).

Você não está mais comparando a linha com a pontuação mais alta, portanto, compare a variável "score".

dados em arquivos e arrays

TEST DRIVE

Então, o que acontecerá quando você executar *esta* versão do código dentro do IDLE? Iremos corrigir o código e ver:

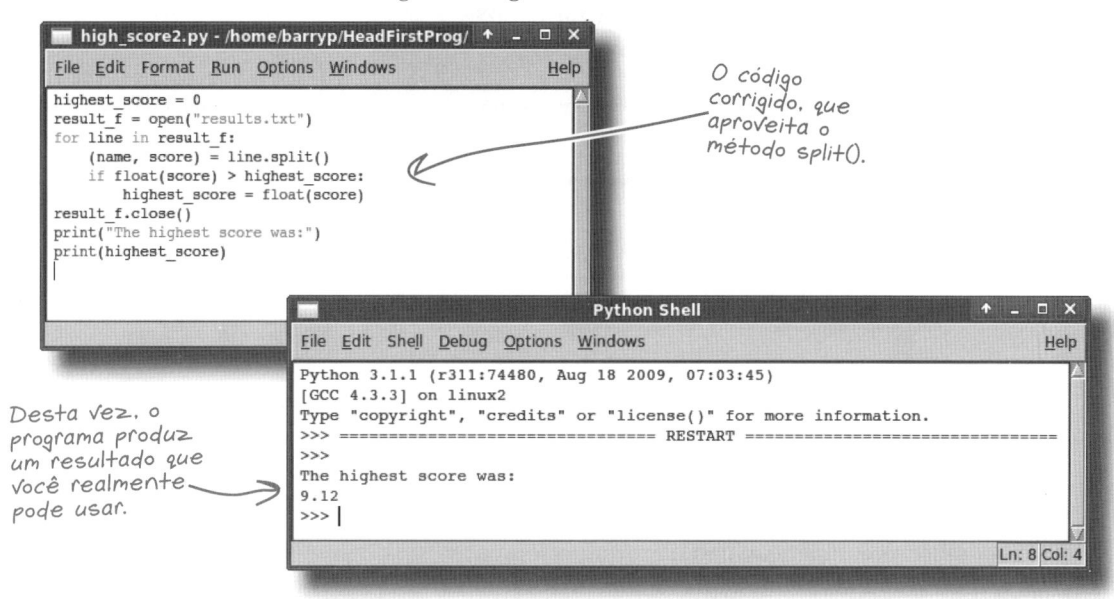

```
high_score2.py - /home/barryp/HeadFirstProg/
File  Edit  Format  Run  Options  Windows                     Help
highest_score = 0
result_f = open("results.txt")
for line in result_f:
    (name, score) = line.split()
    if float(score) > highest_score:
        highest_score = float(score)
result_f.close()
print("The highest score was:")
print(highest_score)
```

O código corrigido, que aproveita o método split().

```
Python Shell
File  Edit  Shell  Debug  Options  Windows                    Help
Python 3.1.1 (r311:74480, Aug 18 2009, 07:03:45)
[GCC 4.3.3] on linux2
Type "copyright", "credits" or "license()" for more information.
>>> ================================ RESTART ================================
>>>
The highest score was:
9.12
>>>
```

Desta vez, o programa produz um resultado que você realmente pode usar.

Funciona! O programa lê cada linha do arquivo como uma string, extrai a pontuação usando o método `split()` e, então, usa-a para encontrar a pontuação mais alta no arquivo. Os organizadores estão tão entusiasmados por saberem que o programa está terminado, que mostram imediatamente o resultado no grande placar no fundo da praia.

s resultados egaram! Ou stão...?

Surf-A-Thon

1. 9.12
2.
3.

Ummm... estas são as primeiras pontuações?!?!

você está aqui ▸ **125**

as pontuações mais altas

Mas, você precisa mais que a pontuação mais alta

Assim que a pontuação mais alta aparece, as pessoas começam a imaginar quais são as segunda e terceira pontuações mais altas:

Você não tem algumas pontuações aqui... a 2ª e a 3ª pontuações são um mistério.

Surf-A-Thon
1. 9.12
2. ???
3. ???

E o segundo e terceiro lugares?

Parece que os organizadores não disseram tudo que você precisva saber. A competição não dá prêmio somente para o vencedor, mas também premia os surfistas em segundo e terceiro lugares.

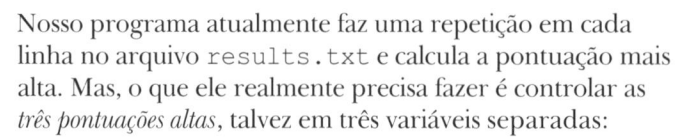

Nosso programa atualmente faz uma repetição em cada linha no arquivo `results.txt` e calcula a pontuação mais alta. Mas, o que ele realmente precisa fazer é controlar as *três pontuações altas*, talvez em três variáveis separadas:

Parece que você precisa de variáveis extras para a segunda e a terceira pontuações mais altas.

primeiro colocado — "9.12"

segundo colocado — ?

terceiro colocado — ?

Capítulo 4

dados em arquivos e arrays

Controlar 3 pontuações torna o código mais complexo

Então, como você controlará as pontuações extras? Você pode fazer algo assim:

Este NÃO é o código Python real. É o que os programadores chamam de "pseudocódigo". Eles o utilizam quando estão esboçando ideias e elaborando a lógica de um programa.

```
defina o primeiro_lugar como 0
defina o segundo_lugar como 0
defina o terceito_lugar como 0
itere através de cada item em pontuações:
se a pontuação > primeiro_lugar:
defina o terceiro_lugar para segundo_lugar
defina o segundo_lugar para primeiro_lugar
defina o primeira_lugar para pontuação
caso contrário se pontuação > segundo_lugar:
defina o terceiro_lugar para segundo_lugar
defina o segundo_lugar para pontuação
caseo contrário se pontuação > terceiro_lugar:
defina o terceiro_lugar para pontuação
```

Você pode ver que há muito mais lógica aqui, pois o programa precisa "pensar" um pouco mais. Infelizmente, transformar esta lógica em código tornará o programa maior e mais difícil de alterar no futuro. E, sejamos honestos, é um pouco mais difícil entender o que realmente está acontecendo com a lógica, como mostrado aqui.

Como você poderia tornar isso mais simples?

Aponte seu lápis

Pense no que poderia tornar o programa mais fácil de escrever. Marque a caixa que você acha que teria o maior impacto:

☐ Se não houvesse nomes no arquivo, apenas números

☐ Se os dados fossem ordenados dos mais altos para os mais baixos

☐ Se as pontuações viessem antes dos nomes no arquivo

☐ Se você soubesse exatamente quantas linhas estão no arquivo

classifique os dados

Aponte seu lápis
Solução

Você teve que pensar no que poderia tornar o programa mais fácil de escrever e marcar a caixa que acha que teria o maior impacto:

☐ Se não houvesse nomes no arquivo, apenas números

☑ Se os dados fossem ordenados dos mais altos para os mais baixos

☐ Se as pontuações viessem antes dos nomes no arquivo

☐ Se você soubesse exatamente quantas linhas estão no arquivo

Uma lista ordenada torna o código muito mais simples

Se você tivesse algum modo de ler os dados no arquivo e, então, produzir uma cópia ordenada deles, o programa seria muito mais simples de escrever. Ordenar os dados dentro de um programa é conhecido como "classificar".

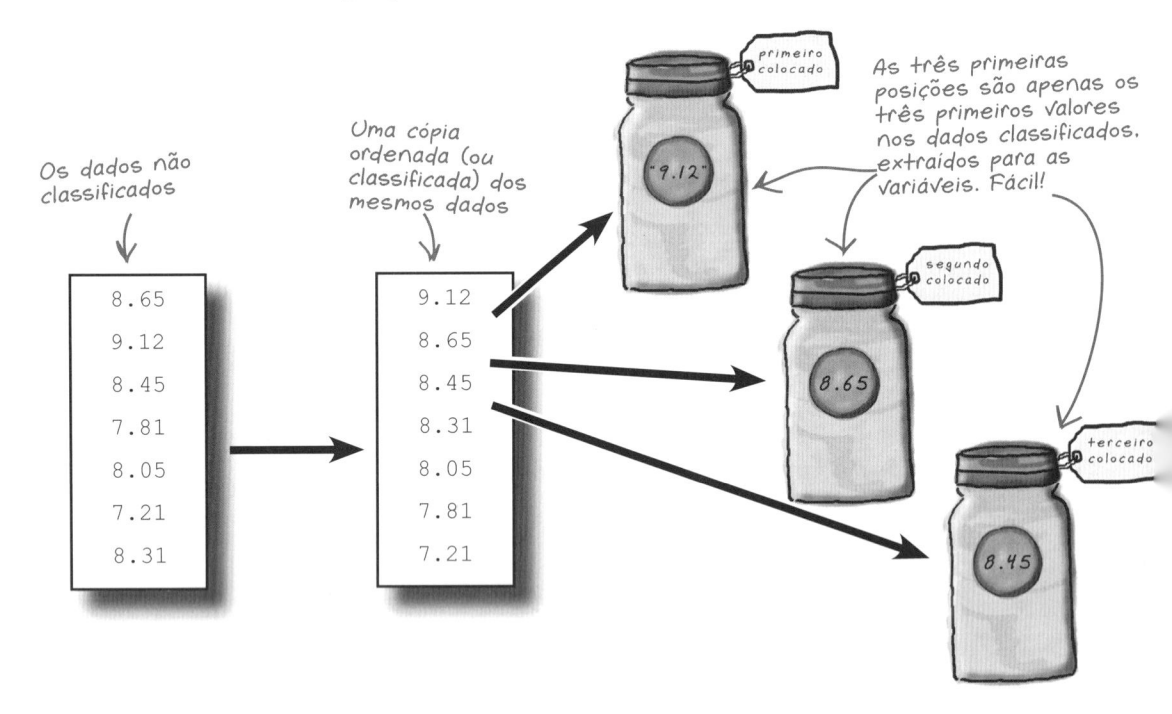

Os dados não classificados

```
8.65
9.12
8.45
7.81
8.05
7.21
8.31
```

Uma cópia ordenada (ou classificada) dos mesmos dados

```
9.12
8.65
8.45
8.31
8.05
7.81
7.21
```

primeiro colocado "9.12"

segundo colocado 8.65

terceiro colocado 8.45

As três primeiras posições são apenas os três primeiros valores nos dados classificados, extraídos para as variáveis. Fácil!

Mas, como você ordena, ou *classifica*, seus dados? O que acontece com os dados originais no arquivo? Eles permanecem sem classificação ou são classificados também? Os dados podem ainda ser classificados no disco e, se puderem, isso tornará as coisas mais simples, rápidas ou lentas?

A classificação parece capciosa... há uma maneira "melhor"?

dados em arquivos e arrays

A classificação é mais fácil na memória

Se você estiver escrevendo um programa que irá lidar com muitos dados, precisará decidir onde necessita manter esses dados enquanto o programa trabalha com eles. Na maioria das vezes, você terá duas escolhas:

① Manter os dados em arquivos no disco.

Se você tiver uma quantidade muito grande de dados, o lugar óbvio para colocá-los é no disco. Os computadores podem armazenar muito mais dados no disco do que podem na memória. O armazenamento em disco é **persistente**: se você puxar o fio de eletricidade, o computador não esquecerá as informações gravadas no disco. Mas, há um problema real ao manipular os dados no disco: eles podem ser muito **lentos**.

② Manter os dados na memória.

Os dados serão muito mais rápidos de acessar e alterar se estiverem armazenados na memória do computador. Mas, não são persistentes: os dados na memória desaparecem quando seu programa sai ou quando o computador é desligado (a menos que você lembre de salvá-los em um arquivo, neste caso eles *se tornam* persistentes).

Mantenha os dados na memória

Se você quiser classificar muitos dados, precisará reorganizá-los bastante. Isso é muito mais fácil na memória do que no disco.

Naturalmente, antes de classificar os dados, você precisará lê-los na memória, talvez em um grande número de variáveis individuais:

Você precisa mover as linhas de dados no arquivo results.txt para a memória antes de tentar classificá-los.

Você tem muitas linhas de dados, portanto, precisará de muitas variáveis... certo?!?

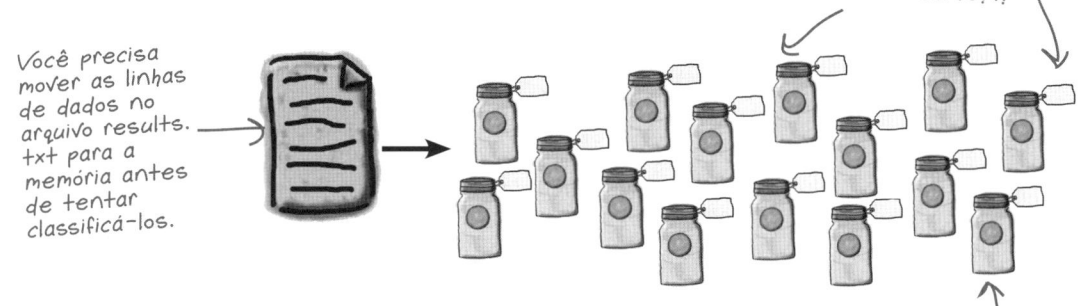

Você tem um armário grande?!? Porque são muitos potes...

⚛ PODER DO CÉREBRO

Você terá problemas se tentar mover todas essas linhas de dados para a memória do computador. Qual tipo de problema você acha que terá?

variáveis demais

Você não pode usar uma variável separada para cada linha de dados

As linguagens de programação usam as *variáveis* para lhe dar acesso aos dados na memória. Portanto, se você for armazenar os dados do arquivo `results.txt` na memória, faz sentido que você precisará usar muitas variáveis para acessar todos os dados, certo?

Mas, de quantas variáveis você precisa?

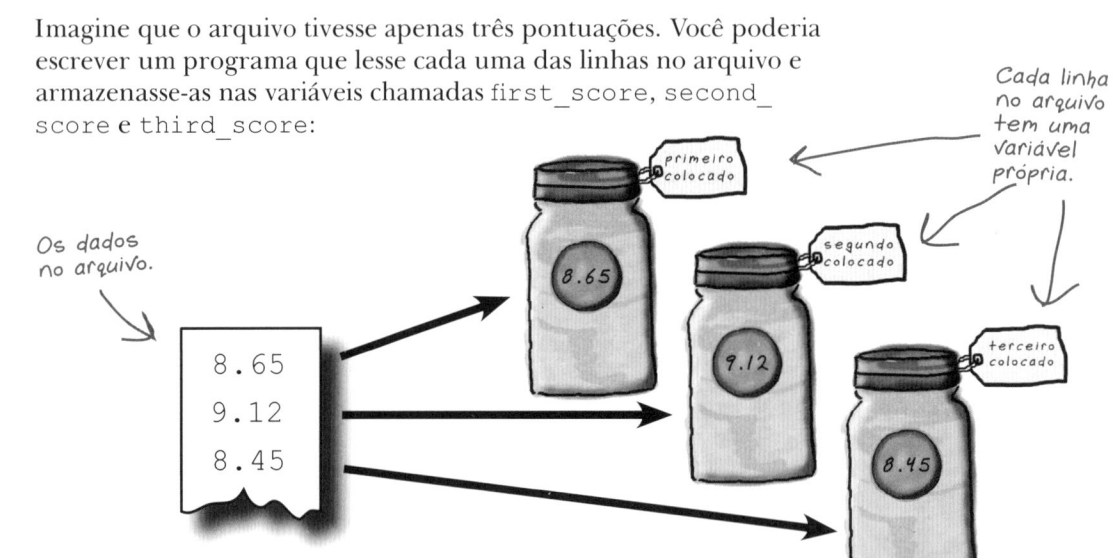

Imagine que o arquivo tivesse apenas três pontuações. Você poderia escrever um programa que lesse cada uma das linhas no arquivo e armazenasse-as nas variáveis chamadas `first_score`, `second_score` e `third_score`:

Os dados no arquivo.

```
8.65
9.12
8.45
```

primeiro colocado — 8.65
segundo colocado — 9.12
terceiro colocado — 8.45

Cada linha no arquivo tem uma variável própria.

Mas, e se houvesse quatro pontuações no arquivo? Ou cinco? Pior ainda, e se houvesse *10.000* pontuações? Logo, você ficaria sem nomes de variável e (possivelmente) sem memória em seu computador, sem mencionar o desgaste em seus dedos.

> Bem, os As acabaram e este é o primeiro volume de todas as entradas da Enciclopédia Galáctica armazenada na memória. É hora de cuidar dos Bs, então, Cs, Ds, Es...

Algumas vezes, você precisa lidar com lotes inteiros de dados, de uma só vez. Para tanto, a maioria das linguagens fornece o array.

dados em arquivos e arrays

Um array permite gerenciar um trem inteiro de dados

Até então, você usou variáveis para armazenar apenas uma *única parte de dados*. Mas, algumas vezes, você deseja referir-se a um lote inteiro de dados de uma só vez. Para tanto, você precisa de um novo tipo de variável: o **array**.

Um array é uma "variável de coleção" ou **estrutura de dados**. É projetado para agrupar um lote inteiro de itens de dados em um lugar e dar-lhes um nome.

Considere um array como um trem de dados. Cada vagão no trem é chamado de **elemento do array** e pode armazenar uma única parte dos dados. Se você quiser armazenar um número em um elemento e uma string em outro, poderá.

Aqui vem o trem de dados.

Cada vagão mantém uma única parte dos dados.

Você pode achar que quando está armazenando todos esses dados em um array, ainda poderá precisar de variáveis para cada um dos itens armazenados. Mas, este não é o caso. Um array é, em si, *apenas outra variável*, e você pode dar-lhe seu próprio nome de variável:

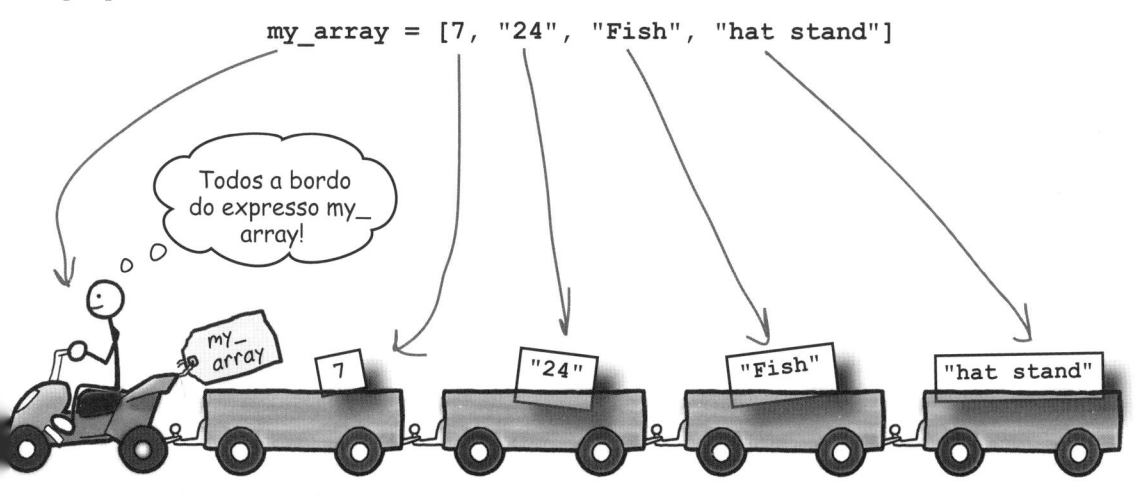

```
my_array = [7, "24", "Fish", "hat stand"]
```

Todos a bordo do expresso my_array!

Mesmo que um array contenha um lote inteiro de itens de dados, o próprio array é uma *única variável*, que simplesmente contém uma coleção de dados. Uma vez que seus dados estejam em um array, você poderá tratá-los exatamente como qualquer outra variável.

Então, como você usa os arrays?

crie e estenda um array

O Python fornece arrays com listas

Algumas vezes, diferentes linguagens de programação têm nomes diferentes para mais ou menos a mesma coisa. Por exemplo, no Python, a maioria dos programadores pensa em *array* quando está realmente usando uma **lista** Python. Para nossas finalidades, considere as listas Python e os arrays como *essencialmente* a mesma coisa.

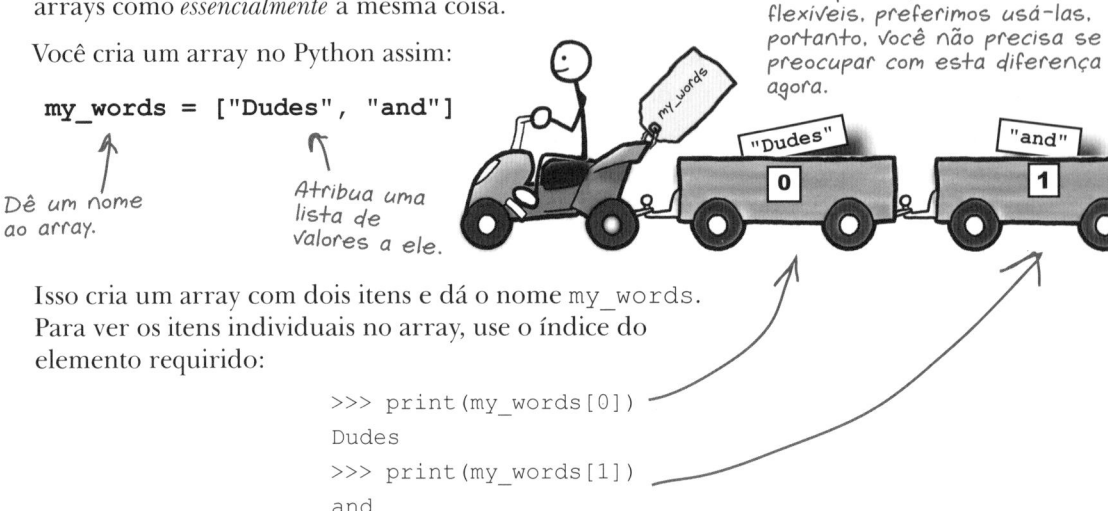

Você cria um array no Python assim:

```
my_words = ["Dudes", "and"]
```

Dê um nome ao array.

Atribua uma lista de valores a ele.

> Os codificadores Python geralmente usam a palavra "array" para se referirem mais corretamente a uma lista que contém apenas dados de um tipo, como, por exemplo, um grupo de strings ou um grupo de números. E o Python vem com uma tecnologia embutida chamada "array" para exatamente essa finalidade. Porém, como as listas são muito parecidas e muito mais flexíveis, preferimos usá-las, portanto, você não precisa se preocupar com esta diferença agora.

Isso cria um array com dois itens e dá o nome my_words. Para ver os itens individuais no array, use o índice do elemento requirido:

```
>>> print(my_words[0])
Dudes
>>> print(my_words[1])
and
```

Você pode ler as posições (ou partes) individuais dos dados de dentro do array usando um **índice**, exatamente como lê os caracteres individuais de **dentro de uma string**.

Como as strings, o índice para a *primeira* posição dos dados é 0. A seguinte parte tem o índice 1 etc.

Os arrays podem ser expandidos

Mas, e se você precisar adicionar algumas informações extras a um array? Como as strings, os arrays vêm com um grupo de métodos predefinidos. Use o método append() para adicionar um elemento extra no final do array:

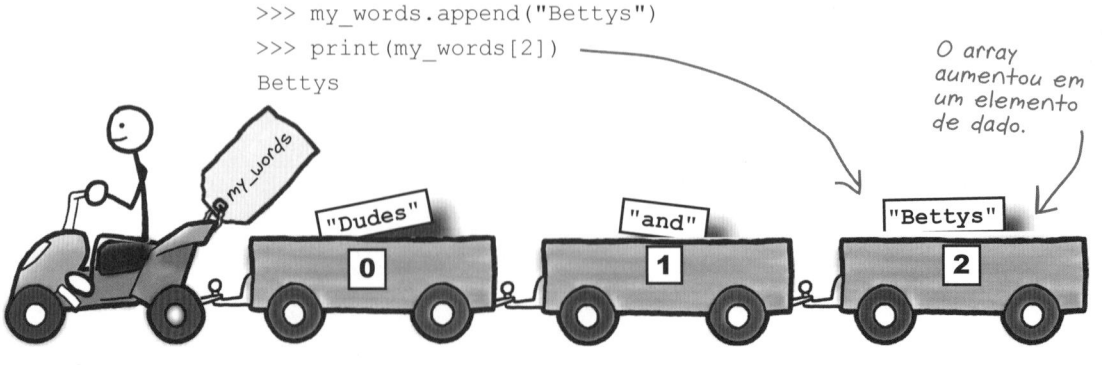

```
>>> my_words.append("Bettys")
>>> print(my_words[2])
Bettys
```

O array aumentou em um elemento de dado.

132 Capítulo 4

dados em arquivos e arrays

Aponte seu lápis

Reescreva seu programa para que sempre que você ler uma nova pontuação, anexe-a ao final de um array chamado `scores`.

Então, corrija o código para imprimir as **3** primeiras pontuações na lista.

Eis o código como está atualmente.

```
highest_score = 0
result_f = open("results.txt")
for line in result_f:
    (name, score) = line.split()
    if float(score) > highest_score:
        highest_score = float(score)
result_f.close()
print("The highest score was:")
print(highest_score)
```

Sugestão: Para criar um array vazio de pontuações, use `scores = []`.

pontuações altas no array

Aponte seu lápis
Solução

Você teve de reescrever o programa para que sempre que lesse uma nova pontuação, anexando ao final de um array chamado `scores`.

Então, teve de corrigir o código para mostrar as **3** primeiras pontuações na lista.

Eis o código como está atualmente.

```
highest_score = 0
result_f = open("results.txt")
for line in result_f:
    (name, score) = line.split()
    if float(score) > highest_score:
        highest_score = float(score)
result_f.close()
print("The highest score was:")
print(highest_score)
```

Comece com um array vazio.

    scores = []

Processe os dados no arquivo como antes...

    result_f = open("results.txt")

    for line in result_f:

        (name, score) = line.split()

... mas, desta vez, anexe as pontuações a um array.

        scores.append(float(score))

    result_f.close()

    print("The top scores were:")

Com os dados armazenados em segurança no array, imprima os 3 primeiros elementos deste.

    print(scores[0])

    print(scores[1])

    print(scores[2])

134   *Capítulo 4*

dados em arquivos e arrays

TEST DRIVE

Agora, o programa deve armazenar todas as informações do arquivo no array `scores` antes de exibir apenas as três primeiras pontuações. Iremos executar o programa dentro do IDLE e ver o que acontece:

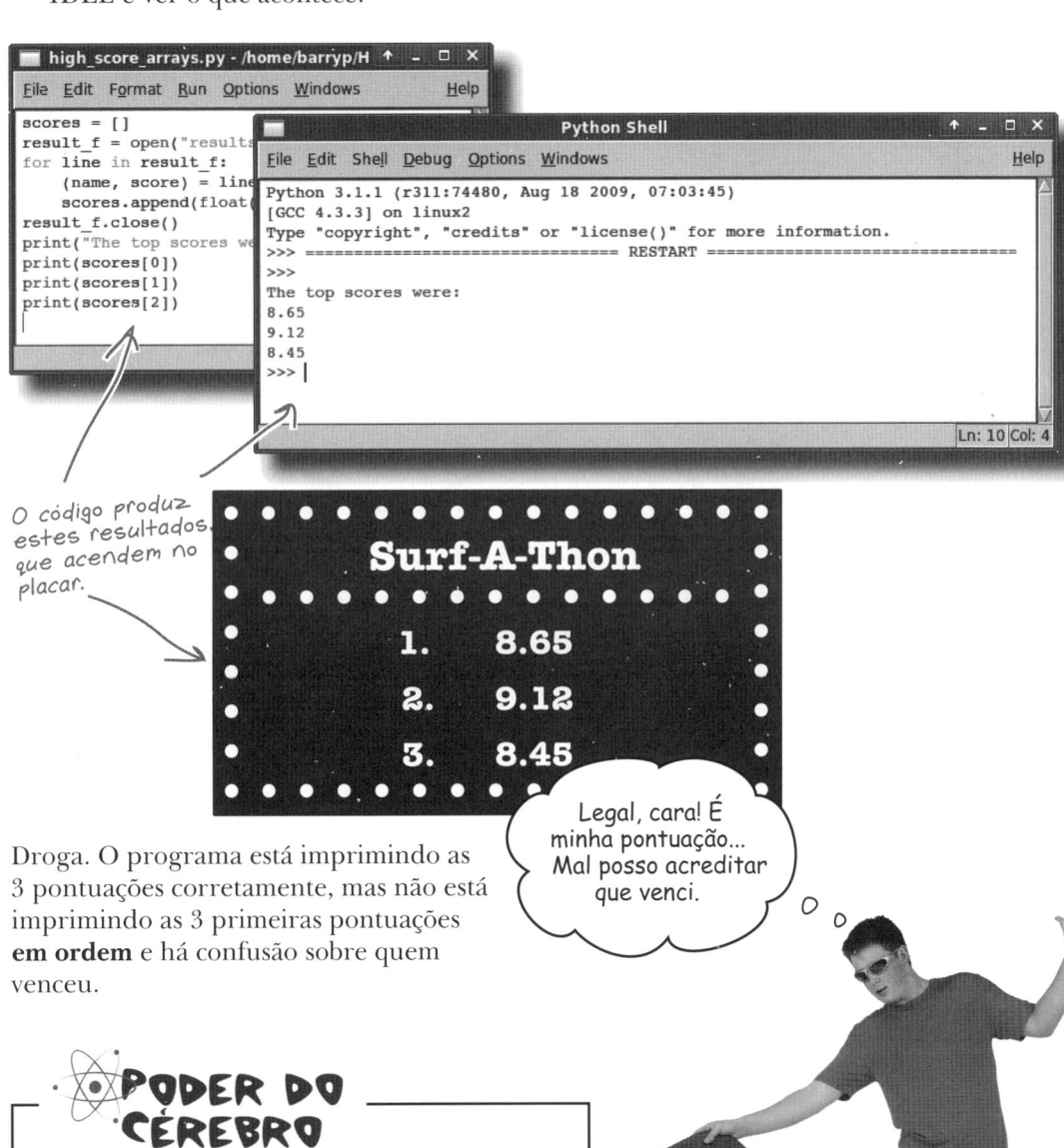

```
high_score_arrays.py - /home/barryp/H
File Edit Format Run Options Windows        Help
scores = []
result_f = open("results
for line in result_f:
    (name, score) = line
    scores.append(float(
result_f.close()
print("The top scores we
print(scores[0])
print(scores[1])
print(scores[2])
```

```
Python Shell
File Edit Shell Debug Options Windows        Help
Python 3.1.1 (r311:74480, Aug 18 2009, 07:03:45)
[GCC 4.3.3] on linux2
Type "copyright", "credits" or "license()" for more information.
>>> ================================ RESTART ================================
>>>
The top scores were:
8.65
9.12
8.45
>>>
```

O código produz estes resultados que acendem no placar.

Surf-A-Thon

1.   8.65
2.   9.12
3.   8.45

Droga. O programa está imprimindo as 3 pontuações corretamente, mas não está imprimindo as 3 primeiras pontuações **em ordem** e há confusão sobre quem venceu.

Legal, cara! É minha pontuação... Mal posso acreditar que venci.

PODER DO CÉREBRO

Qual etapa importante o programa esqueceu de executar?

classifique o array

Classifique o array antes de exibir os resultados

O array está classificando as pontuações na ordem em que foram lidas no arquivo. Contudo, você ainda precisa *classificá-las* para que as pontuações mais altas apareçam *primeiro*.

Você pode classificar o array comparando cada um dos elementos com cada um dos outros elementos, então, trocar qualquer um que esteja na ordem errada.

> As caixas no array estão armazenadas em uma ordem aleatória.

> Examinando de perto o array de caixas, você pode classifi organizando as caixas na ordem das maiores para as menores.

> Isto parece complicado. Não estamos fazendo tudo isto para tornar o código mais simples e fácil de manter? Imagino que o array tenha algum método embutido que possa ajudar...?

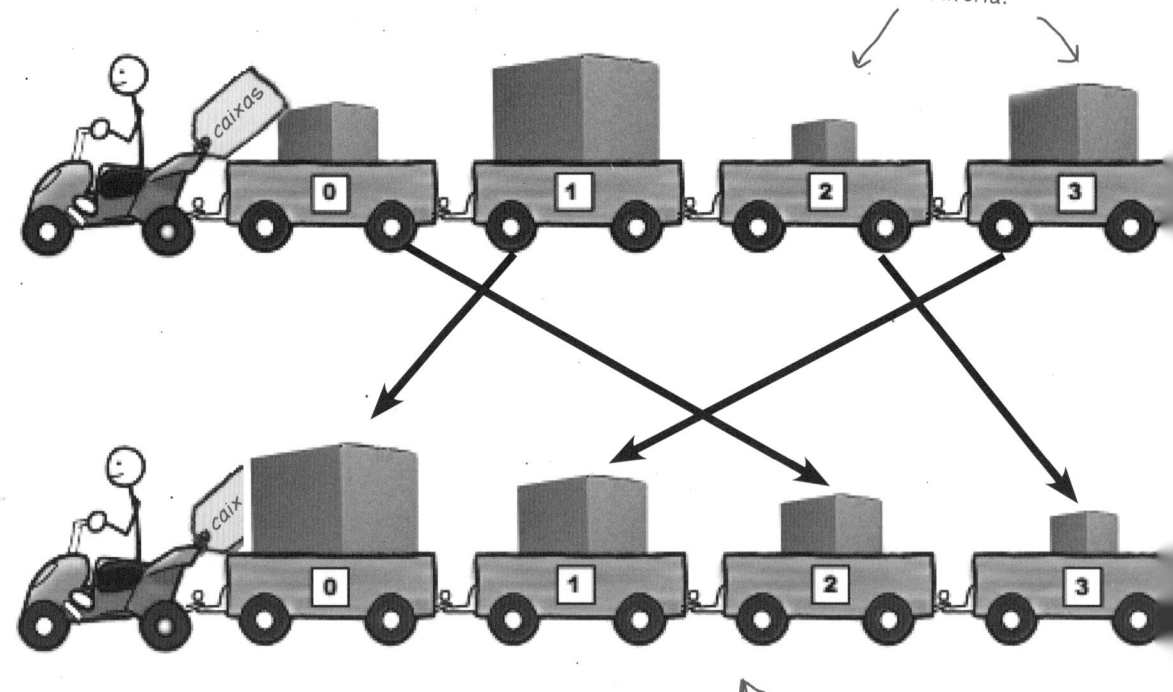

Os arrays no Python têm muitos métodos que facilitam muitas tarefas.

Vejamos quais podem ajudar.

136 Capítulo 4

dados em *arquivos* e *arrays*

QUAL É MEU PROPÓSITO?

Estes são alguns métodos que vêm embutidos em cada array. Veja se você pode combinar as descrições com os nomes do método. Faça as linhas que faltam. Fizemos uma para você começar:

Método   O que o método faz

`count()` — Classifica o array em uma ordem especificada (menor para o maior)

`extend()` — Remove e retorna o último item do array

`index()` ⟶ Adiciona um item a qualquer posição do índice

`insert()` ⟶ Procura um item e retorna seu valor de índice

`pop()` — Inverte a ordem do array

`remove()` — Informa quantas vezes um valor está no array

`reverse()` — Adiciona uma lista de itens a um array

`sort()` — Remove e retorna o primeiro item do array

EXERCITANDO O CÉREBRO

Você pode concluir sobre quais os *dois* métodos que você precisa utilizar para permitir a classificação dos dados na ordem necessária?

você está aqui ▶ **137**

classifique e *inverta*

QUAL É MEU PROPÓSITO? SOLUÇÃO

Estes são alguns métodos que vêm predefinidos em cada array. Você teve que combinar as descrições com os nomes do método:

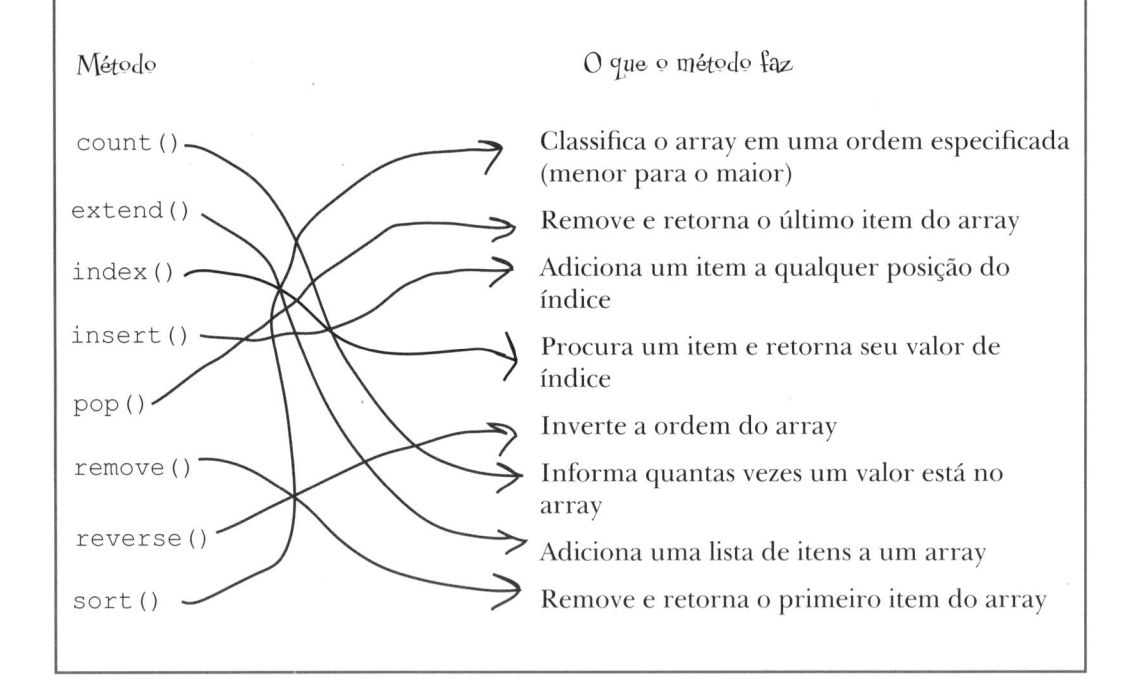

Método	O que o método faz
count()	Classifica o array em uma ordem especificada (menor para o maior) → sort()
extend()	Remove e retorna o último item do array → pop()
index()	Adiciona um item a qualquer posição do índice → insert()
insert()	Procura um item e retorna seu valor de índice → index()
pop()	Inverte a ordem do array → reverse()
remove()	Informa quantas vezes um valor está no array → count()
reverse()	Adiciona uma lista de itens a um array → extend()
sort()	Remove e retorna o primeiro item do array → remove()

EXERCITANDO O CÉREBRO SOLUÇÃO

Você teve que concluir sobre quais os *dois* métodos precisava utilizar para permitir a classificação dos dados na ordem necessária.

Os métodos `sort()` e `reverse()` parecem os mais úteis. Você precisa usar `reverse()` depois de classificar com `sort()` os dados, pois a ordem padrão usada por `sort()` é do *mais baixo para o mais alto*, o oposto do que você precisa.

Classifique as pontuações da mais alta para a mais baixa

Agora, você precisa adicionar as duas chamadas do método ao seu código que classificará o array. As linhas precisam ficar *entre* o código que lê os dados na lista e *antes* do código que exibe os três primeiros elementos:

O array começa em uma ordem aleatória. Não está "classificado".

Aponte seu lápis

Aqui está o programa existente. Adicione o código ausente que classifica os dados, dos mais altos para os mais baixos.

```
scores = []
result_f = open("results.txt")
for line in result_f:
    (name, score) = line.split()
    scores.append(float(score))
result_f.close()

.................................................

.................................................

print("The top scores were:")
print(scores[0])
print(scores[1])
print(scores[2])
```

Coloque o código extra aqui.

tudo classificado

Aponte seu lápis
Solução

Aqui está o programa existente. Você teve que adicionar o código ausente que classifica os dados, dos mais altos para os mais baixos.

```
scores = []
result_f = open("results.txt")
for line in result_f:
    (name, score) = line.split()
    scores.append(float(score))
result_f.close()
```
← Neste ponto no código, o array está na memória, mas não está na ordem necessária. Não está classificado.

<u>scores.sort()</u>
<u>scores.reverse()</u>
← Estas duas chamadas do método classificarão os dados na ordem requerida.

```
print("The top scores were:")
print(scores[0])
print(scores[1])
print(scores[2])
```
← Agora que o array está classificado, os três primeiros elementos contêm as pontuações altas.

Depois da chamada para sort() e reverse(), o array é classificado na ordem necessária.

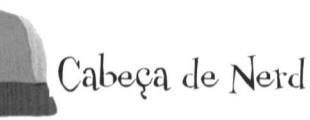

Cabeça de Nerd

Foi muito simples classificar um array de dados usando apenas duas linhas de código. Mas, acontece que você pode fazer ainda melhor que isso se usar uma **opção** com o método sort(). Em vez de usar estas duas linhas:

```
scores.sort()
scores.reverse()
```

você poderia ter usado apenas uma, que dá o mesmo resultado:

```
scores.sort(reverse = True)
```

dados em arquivos e arrays

TEST DRIVE

Atualize seu programa no IDLE e execute-o. Veja o que acontece:

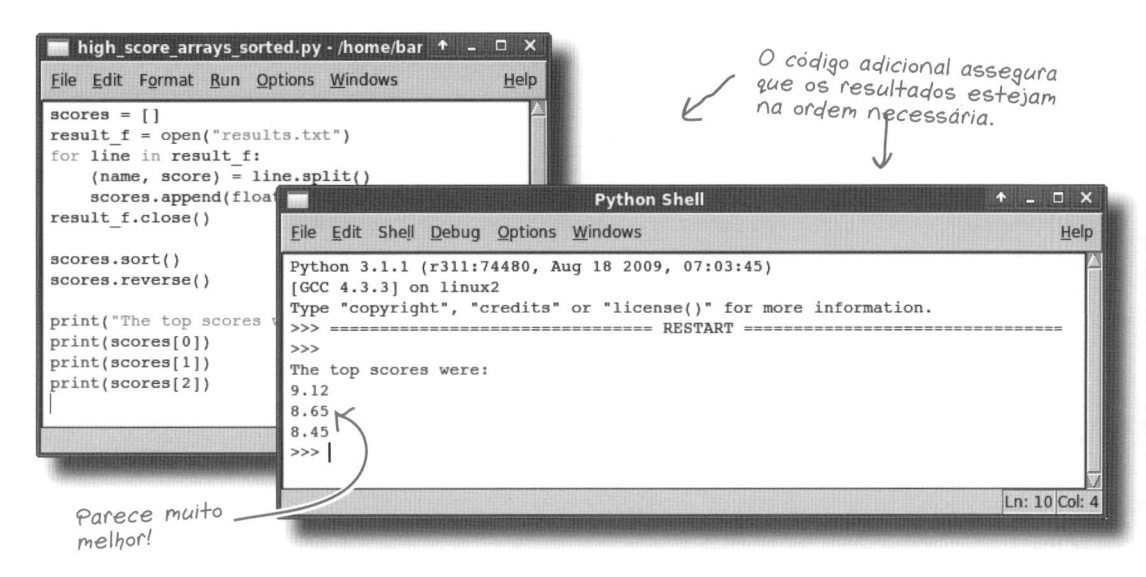

```
scores = []
result_f = open("results.txt")
for line in result_f:
    (name, score) = line.split()
    scores.append(float...
result_f.close()

scores.sort()
scores.reverse()

print("The top scores ...
print(scores[0])
print(scores[1])
print(scores[2])
```

O código adicional assegura que os resultados estejam na ordem necessária.

```
Python 3.1.1 (r311:74480, Aug 18 2009, 07:03:45)
[GCC 4.3.3] on linux2
Type "copyright", "credits" or "license()" for more information.
>>> ================================ RESTART ================================
>>>
The top scores were:
9.12
8.65
8.45
>>>
```

Parece muito melhor!

O programa funciona muito bem!

As pontuações estão na ordem *descendente* (ou decrescente) e o programa realmente não é muito maior em relação a quando encontrou apenas uma pontuação. Usar arrays nos permite resolver **muito mais** problemas com muito pouco código extra. E, em vez de usar muita lógica complexa e muitas variáveis, você tem uma lógica clara e apenas uma variável: o array `scores`.

Surf-A-Thon

1. 9.12
2. 8.65
3. 8.45

Cara, estes são resultados maravilhosos.

pontuações sem nomes

E o vencedor é...?

É hora da cerimônia de premiação.

Os prêmios estão providenciados e as pontuações estão no placar. Há apenas um problema.

Ninguém sabe qual surfista conseguiu a pontuação.

Surf-A-Thon
1. 9.12
2. 8.65
3. 8.45

VENCEDORES

Você sabe as pontuações do vencedor, mas os surfistas vencedores permanecem um mistério.

1°
2°
3°

dados em arquivos e arrays

Você esqueceu os nomes dos surfistas

Com sua pressa em pegar ondas antes do sol ir embora, você esqueceu da outra parte dos dados armazenada no arquivo `results.txt`: o nome de cada surfista.

Sem os nomes, possivelmente você não consegue saber qual pontuação combina com qual nome: portanto, o placar está parcialmente completo.

O problema é, seu array armazena um item de dados em cada elemento, não dois. Parece que você ainda tem um grande desafio. Não haverá nenhuma onda a pegar até este problema ser resolvido.

Você esqueceu de processar os nomes.

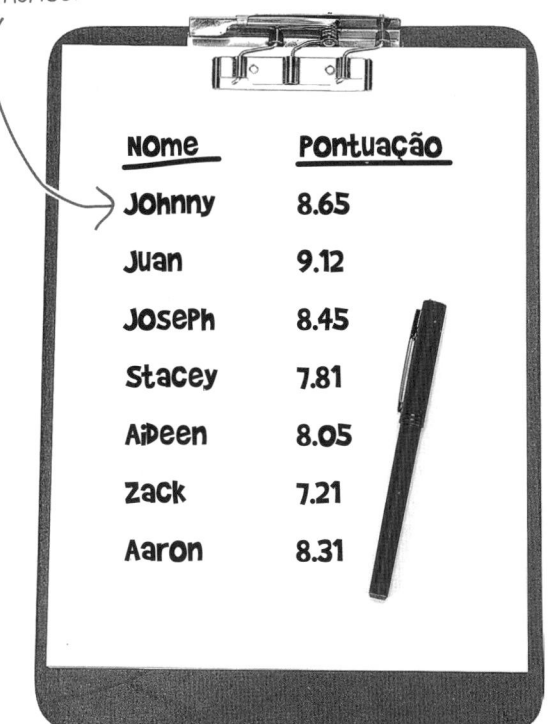

Nome	Pontuação
Johnny	8.65
Juan	9.12
Joseph	8.45
Stacey	7.81
Aideen	8.05
Zack	7.21
Aaron	8.31

Como você acha que pode lembrar os nomes e as pontuações para cada surfista na competição?

Assim que você tiver pensando sobre este problema, vá para o Capítulo 5 e veja se pode resolver o problema.

caixa de ferramenta da programação

Sua Caixa de Ferramentas de Programação

Você colocou o Capítulo 4 em seu currículo. Vejamos o que você aprendeu neste capítulo:

Ferramentas de programação

* arquivos – ler dados armazenados no disco
* arrays – uma variável de coleção que mantém diversos itens de dados que podem ser acessados pelo indice
* classificar – organizar uma coleção em uma ordem especifica

Ferramentas do Python

* open() – abre um arquivo para o processamento
* close() – fecha um arquivo
* for() – faz uma repetição em algo
* string.split() – corta uma string em diversas partes
* [] – o operador de indice do array
* array.append() – adiciona um item ao final de um array
* array.sort() – classifica um array, do menor para o maior
* array.reverse() – muda a ordem de um array invertendo-o

5 hashes e bancos de dados

Colocando os dados em seu lugar

Para surfar devidamente os dados de alguém, deve-se praticar constantemente sua pose...

Os arrays não são o único show da cidade em relação aos dados.

As linguagens de programação vêm com outras coisas que organizam os dados também e a nossa ferramenta escolhida, Python, não é uma exceção. Neste capítulo, você **associará** valores a nomes usando uma estrutura de dados comumente chamada de **hash** (mais conhecida como *dicionário* para as pessoas que usam o Python). E quanto a trabalhar com os **dados armazenados**, você lerá os dados de um *sistema do banco de dados externo*, assim como de arquivos normais baseados em texto. O mundo inteiro está inundado com dados, portanto, vire a página e comece a aplicar suas habilidades de programação sempre crescentes em algumas tarefas legais de processamento de dados.

este é um novo capítulo

ainda procurando um vencedor

Quem venceu a competição de surfe?

No capítulo anterior, você calculou os três primeiros lugares, mas não são muito úteis sem os nomes dos surfistas que conseguiram as pontuações. Não haverá nenhum surfe para você até ter terminado o programa.

Eis o código até então:

```
scores = []
result_f = open("results.txt")
for line in result_f:
    (name, score) = line.split()
    scores.append(float(score))
result_f.close()
scores.sort()
scores.reverse()
print("The top scores were:")
print(scores[0])
print(scores[1])
print(scores[2])
```

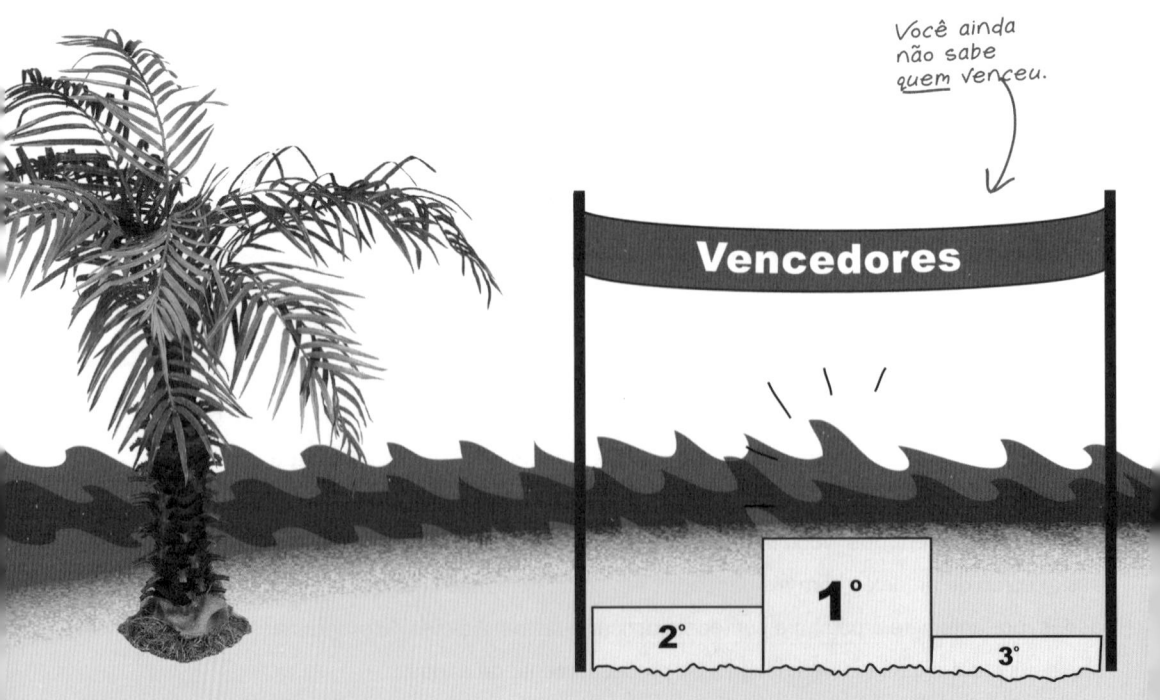

Você ainda não sabe *quem* venceu.

hashes e bancos de dados

> A correção é fácil. Apenas use dois arrays. É difícil?

Aponte seu lápis

Reescreva seu programa atual para usar dois arrays: um para controlar as pontuações, outro para controlar os nomes dos surfistas.

dois arrays

Aponte seu lápis
Solução

Você teve que reescrever seu programa atual para usar dois arrays: um para controlar as pontuações, outro para controlar os nomes dos surfistas.

Assim como o array scores, agora, você precisa de um array names também. →

Anexe o nome do surfista ao array names. →

Lembre-se de classificar o array names. →

```
scores = []
names  = []
result_f = open("results.txt")
for line in result_f:
    (name, score) = line.split()
    scores.append(float(score))
    names.append(name)
result_f.close()
scores.sort()
scores.reverse()
names.sort()
names.reverse()
print("The highest scores were:")
print(names[0] + ' with ' + str(scores[0]))
print(names[1] + ' with ' + str(scores[1]))
print(names[2] + ' with ' + str(scores[2]))
```

Carregue isto!

Não se esqueça de baixar `results.txt` do Web site *Use a Cabeça Programação* antes de continuar.

hashes e bancos de dados

TEST DRIVE

Com o arquivo `results.txt` gravado no mesmo diretório de seu programa, forneça este código no IDLE e veja o que acontece. Lembre-se de salvar seu programa, então, pressione F5 para executá-lo.

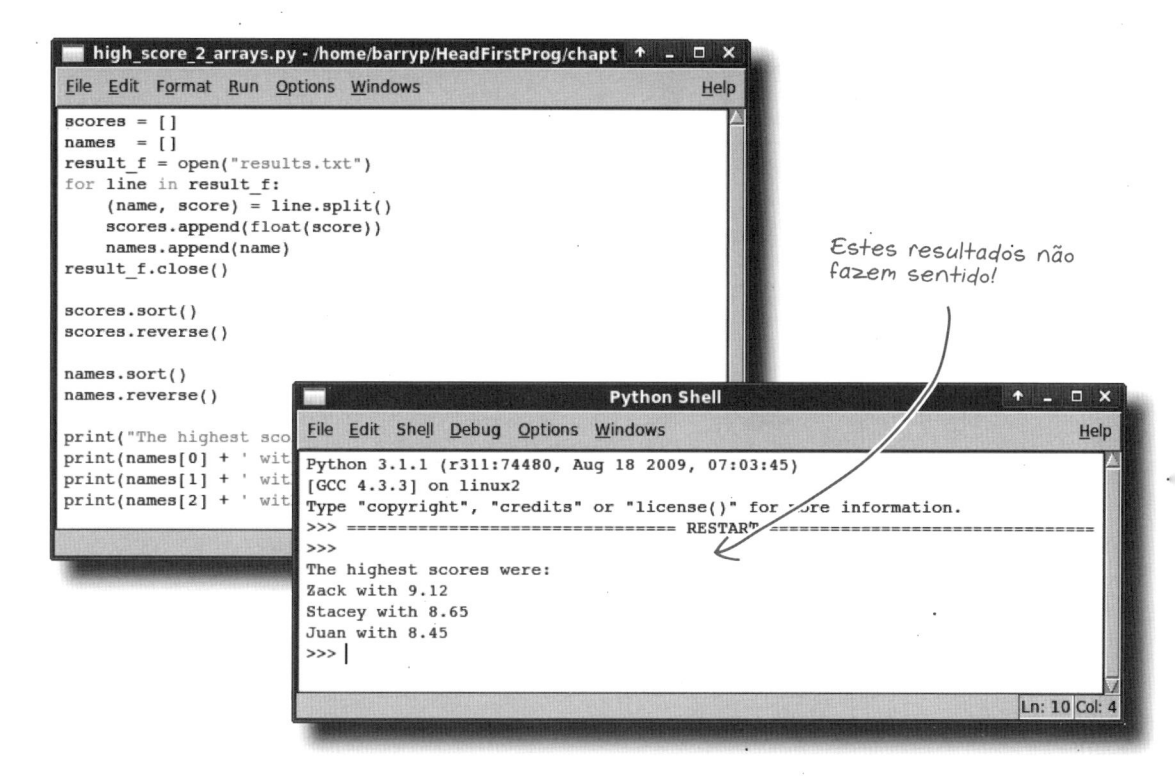

```
high_score_2_arrays.py - /home/barryp/HeadFirstProg/chapt

scores = []
names  = []
result_f = open("results.txt")
for line in result_f:
    (name, score) = line.split()
    scores.append(float(score))
    names.append(name)
result_f.close()

scores.sort()
scores.reverse()

names.sort()
names.reverse()

print("The highest sco
print(names[0] + ' wit
print(names[1] + ' wit
print(names[2] + ' wit
```

```
Python Shell

Python 3.1.1 (r311:74480, Aug 18 2009, 07:03:45)
[GCC 4.3.3] on linux2
Type "copyright", "credits" or "license()" for more information.
>>> ================================ RESTART ================================
>>> 
The highest scores were:
Zack with 9.12
Stacey with 8.65
Juan with 8.45
>>> 
```

Estes resultados não fazem sentido!

Estes resultados parecem um pouco estranhos. Zack é um surfista novato, mas segundo os resultados de seu programa, ele tem a maior pontuação. Parece que a associação entre os nomes do surfista e suas pontuações está um pouco perdida... e se você pensar, é exatamente o que está acontecendo.

Os dois arrays são independentes entre si: um contém as pontuações, o outro, os nomes. Quando os dados estão no arquivo, o nome do surfista e as pontuações são associados entre si porque aparecem *na mesma linha*. Contudo, assim que ocorre a divisão e os dados estão nos arrays, a associação é **desfeita**. Classificar um array não tem efeito na ordem do outro. Não é de estranhar que seus resultados sejam incomuns.

Como corrigir isto?

você está aqui ▶ **149**

precisa de uma estrutura de dados nova

Associe o nome à pontuação

Usar dois arrays simplesmente não resolverá. Você precisa de alguma outra estrutura de dados para manter seus dados de tal modo que a *associação* entre o nome dos surfistas e sua pontuação seja *mantida*.

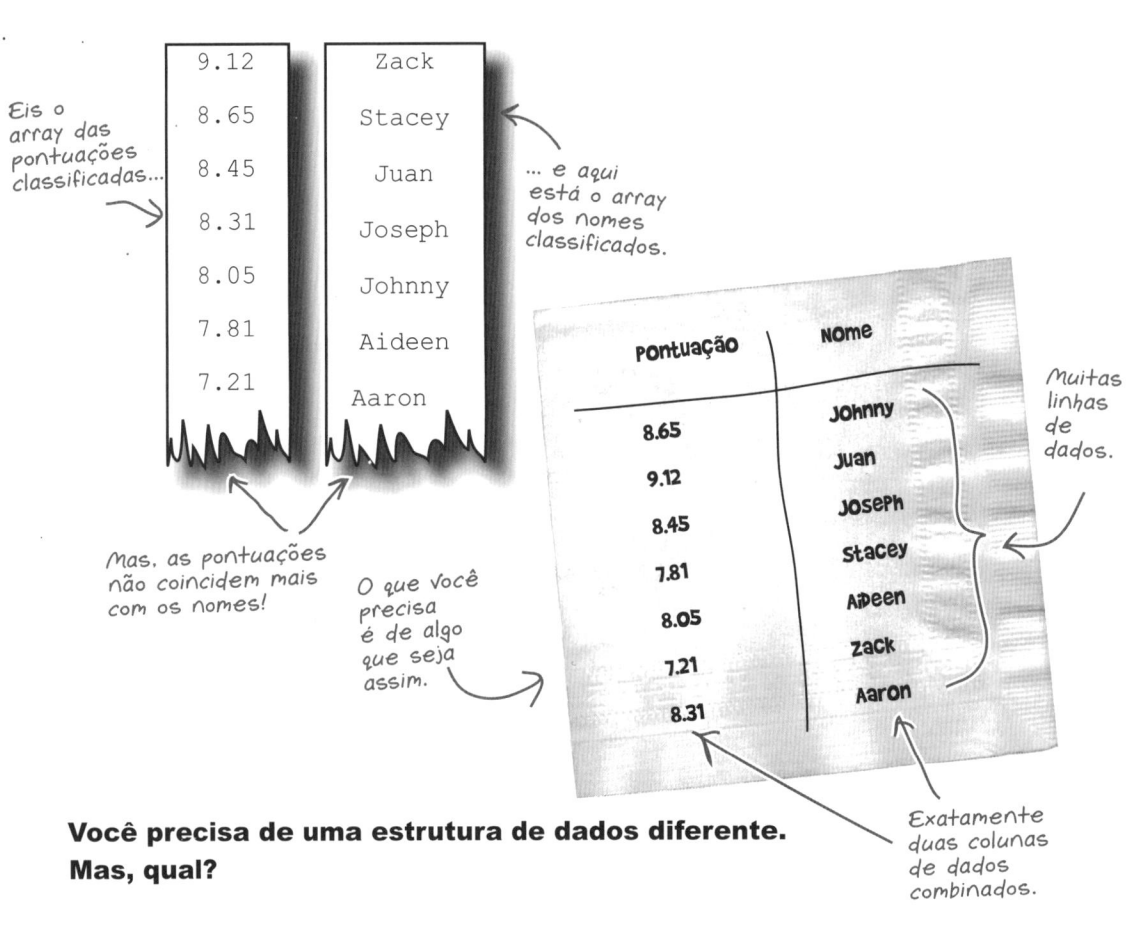

Eis o array das pontuações classificadas...

| 9.12 |
| 8.65 |
| 8.45 |
| 8.31 |
| 8.05 |
| 7.81 |
| 7.21 |

... e aqui está o array dos nomes classificados.

| Zack |
| Stacey |
| Juan |
| Joseph |
| Johnny |
| Aideen |
| Aaron |

Mas, as pontuações não coincidem mais com os nomes!

O que você precisa é de algo que seja assim.

Pontuação	Nome
8.65	Johnny
9.12	Juan
8.45	Joseph
7.81	Stacey
8.05	Aideen
7.21	Zack
8.31	Aaron

Muitas linhas de dados.

Exatamente duas colunas de dados combinados.

Você precisa de uma estrutura de dados diferente. Mas, qual?

º Canto do Estudioso

Estrutura de dados Um método padrão de organizar uma coleção de itens de dados na memória de seu computador. Você já conheceu uma das estruturas de dados clássicas: o array.

QUAL É MEU PROPÓSITO?

Combine os nomes da estrutura de dados à esquerda com suas descrições à direita. Já fizemos uma para você. Qual você acha que precisará usar para os dados do surfista?

Array → Uma variável que permite que os dados entrem em uma extremidade de uma coleção e saiam na outra, suportando o mecanismo primeiro a entrar, primeiro a sair (em inglês, *first-in, first-out*)

Lista encadeada (em inglês, Linked list) — Uma variável que contém dados organizados como uma matriz com diversas dimensões (mas, geralmente, apenas duas)

Fila (em inglês, Queue) — Uma variável que tem exatamente duas colunas e (potencialmente) muitas linhas de dados

Hash — Uma variável com diversas posições indexadas para manter os dados

Conjunto (em inglês, Set) — Uma variável que cria uma cadeia de dados onde um item de dado aponta para outro item de dado, que aponta, ele próprio, para outro item de dados, e para outro, para outro e assim por diante

Array muldimensional — Uma variável que contém uma coleção de itens de dados únicos

aplique um hash

QUAL É MEU PROPÓSITO? SOLUÇÃO

Você teve que combinar os nomes da estrutura de dados à esquerda com suas descrições à direita. Você teve também que identificar qual achava que poderia precisar usar para os dados do surfista.

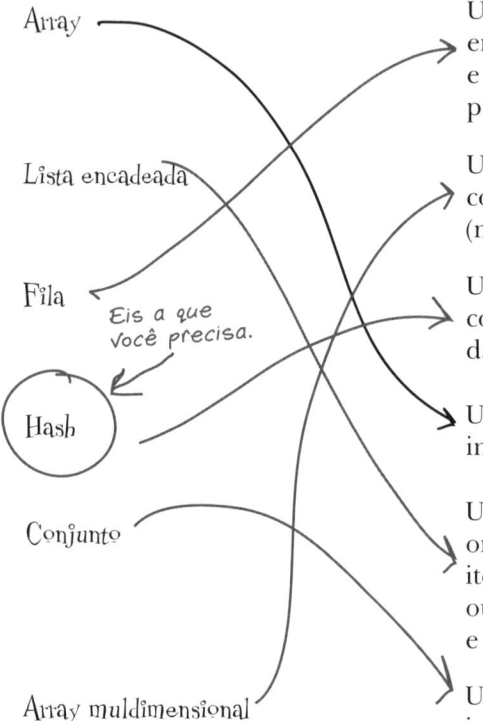

- Array → Uma variável com diversas posições indexadas para manter os dados
- Lista encadeada → Uma variável que cria uma cadeia de dados onde um item de dado aponta para outro item de dado, que aponta, ele próprio, para outro item de dados, e para outro, para outro e assim por diante
- Fila → Uma variável que permite que os dados entrem em uma extremidade de uma coleção e saiam na outra, suportando o mecanismo primeiro a entrar, primeiro a sair
- Hash → Uma variável que tem exatamente duas colunas e (potencialmente) muitas linhas de dados *(Eis a que você precisa.)*
- Conjunto → Uma variável que contém uma coleção de itens de dados únicos
- Array muldimensional → Uma variável que contém dados organizados como uma matriz com diversas dimensões (mas, geralmente, apenas duas)

Use um hash

Conhecido no mundo Python como "dicionário".

Você precisa usar uma estrutura de dados que mantenha a *associação* entre a pontuação do surfista e o nome, que é exatamente o que um hash fornece. Há muitos surfistas com muitas pontuações e você precisa manter a associação entre as duas partes de informação.

Vejamos como os hashes funcionam.

Cabeça de Nerd

Os hashes têm nomes diferentes em diferentes linguagens de programação: *mapeamento*, *dicionário*, *array associativo* e *lista de chave-valor*, para citar alguns. Neste livro, continuaremos a usar o nome *hash*.

Isto reduz a quantidade de digitação e economiza nossos pobres dedos!

Associe uma chave a um valor usando um hash

Comece com um hash vazio:

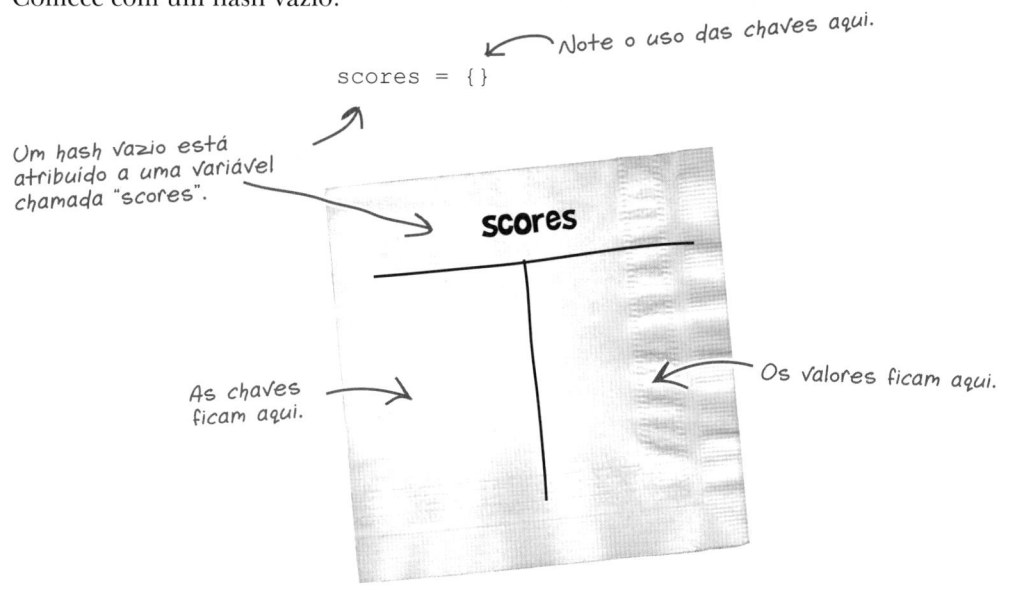

```
scores = {}
```

Note o uso das chaves aqui.

Um hash vazio está atribuído a uma variável chamada "scores".

scores

As chaves ficam aqui.

Os valores ficam aqui.

Você adiciona dados a um hash existente *descrevendo a associação* entre a chave e o valor. Eis como associar o nome de um surfista à sua pontuação:

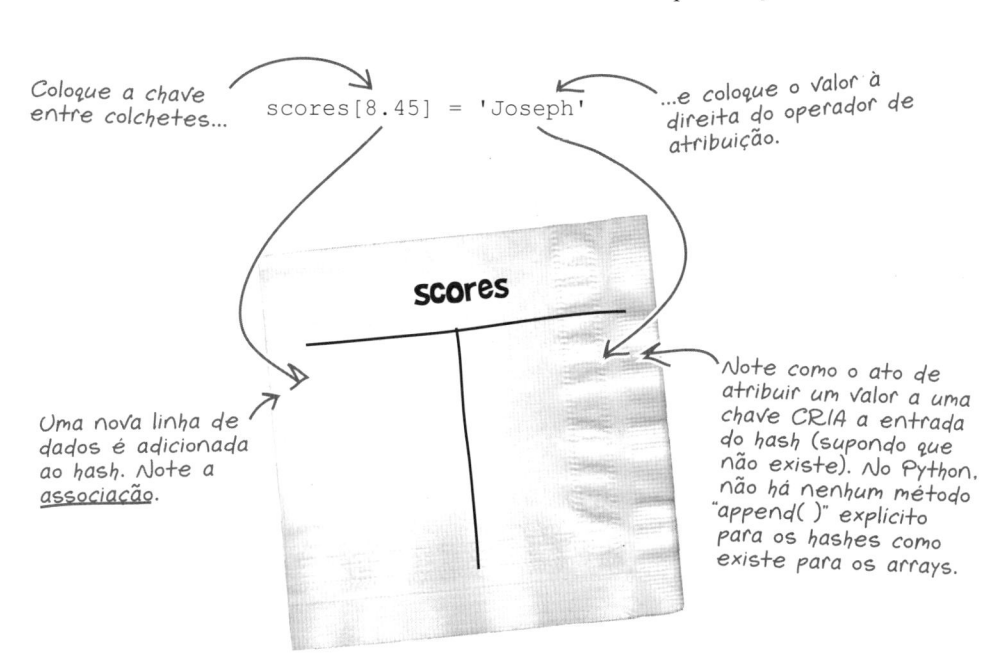

Coloque a chave entre colchetes...

```
scores[8.45] = 'Joseph'
```

...e coloque o valor à direita do operador de atribuição.

scores

Uma nova linha de dados é adicionada ao hash. Note a <u>associação</u>.

Note como o ato de atribuir um valor a uma chave CRIA a entrada do hash (supondo que não existe). No Python, não há nenhum método "append()" explícito para os hashes como existe para os arrays.

iterando nos dados do hash

Itere os dados do hash com for

Iremos acrescentar algumas linhas adicionais de dados ao seu hash:

```
scores[9.12] = 'Juan'
scores[7.21] = 'Zack'
```

As novas linhas foram adicionadas.

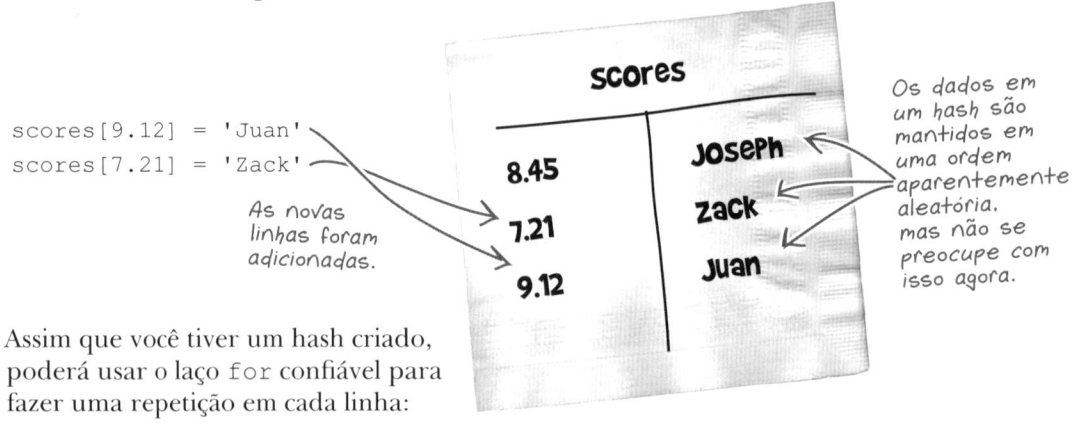

scores

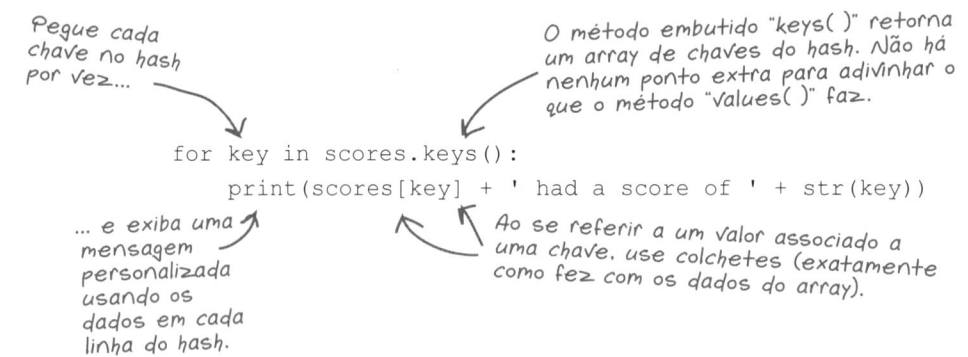

8.45	Joseph
7.21	Zack
9.12	Juan

Os dados em um hash são mantidos em uma ordem aparentemente aleatória, mas não se preocupe com isso agora.

Assim que você tiver um hash criado, poderá usar o laço for confiável para fazer uma repetição em cada linha:

Pegue cada chave no hash por vez...

O método embutido "keys( )" retorna um array de chaves do hash. Não há nenhum ponto extra para adivinhar o que o método "values( )" faz.

```
for key in scores.keys():
    print(scores[key] + ' had a score of ' + str(key))
```

... e exiba uma mensagem personalizada usando os dados em cada linha do hash.

Ao se referir a um valor associado a uma chave, use colchetes (exatamente como fez com os dados do array).

Eis o que apareceria na tela (supondo que todos os dados em "results.txt" estavam disponíveis para o hash).

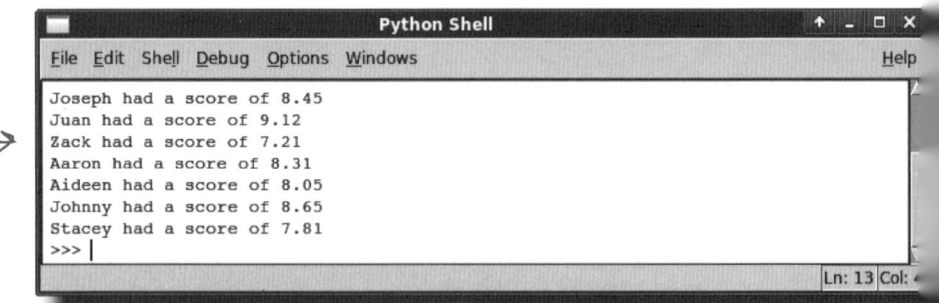

```
                    Python Shell
File  Edit  Shell  Debug  Options  Windows                    Help
Joseph had a score of 8.45
Juan had a score of 9.12
Zack had a score of 7.21
Aaron had a score of 8.31
Aideen had a score of 8.05
Johnny had a score of 8.65
Stacey had a score of 7.81
>>>
```

Outro método do *hash*, chamado items(), retorna cada *par de chave-valor* por vez e pode ser usado com o laço *for* também:

O método "items()" retorna cada par de chave-valor.

```
for score, surfer in scores.items():
    print(surfer + ' had a score of ' + str(score))
```

Qual método você usa para iterar nos dados de seu *hash* é com você, pois usar items() ou keys() produz a mesma saída.

Ímãs de Geladeira

Reorganize os ímãs de geladeira na parte inferior da página para completar o programa mostrado abaixo. Ao invés de usar dois arrays, esse programa armazena os resultados da competição de surfe em um *hash*:

```
..................................................................................
result_f = open("results.txt")
for line in result_f:
    (name, score) = line.split()

..................................................................................
result_f.close()

print("The top scores were:")

..................................................................................


..................................................................................
```

```
scores[score] = name
```

```
for each_score in scores.keys():
```

```
print('Surfer ' + scores[each_score] + ' scored ' + each_score)
```

```
scores = {}
```

surfistas e seus scores

Ímãs de Geladeira Solução

Você teve que reorganizar os ímãs de geladeira na parte inferior da página para completar o programa mostrado abaixo. Ao invés de usar dois *arrays*, esse programa armazena os resultados da competição de surfe em um *hash*:

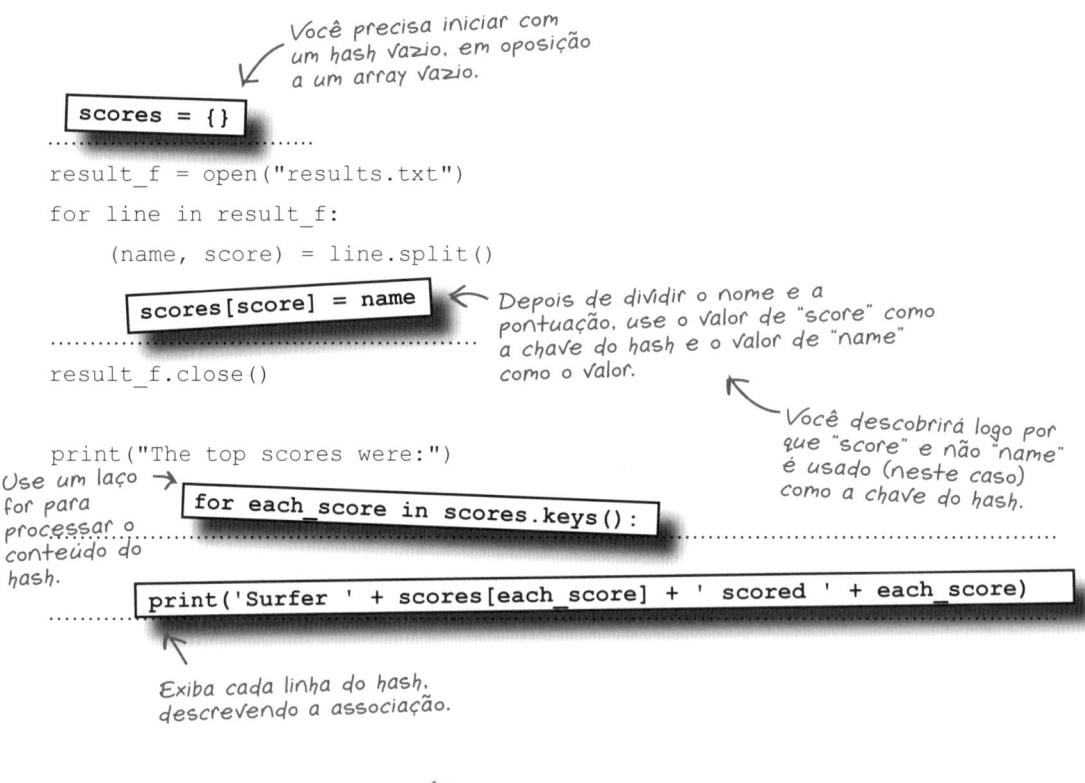

Você precisa iniciar com um hash vazio, em oposição a um array vazio.

```
scores = {}
result_f = open("results.txt")
for line in result_f:
    (name, score) = line.split()
    scores[score] = name
result_f.close()
print("The top scores were:")
for each_score in scores.keys():
    print('Surfer ' + scores[each_score] + ' scored ' + each_score)
```

Depois de dividir o nome e a pontuação, use o valor de "score" como a chave do hash e o valor de "name" como o valor.

Você descobrirá logo por que "score" e não "name" é usado (neste caso) como a chave do hash.

Use um laço for para processar o conteúdo do hash.

Exiba cada linha do hash, descrevendo a associação.

Não existem Perguntas Idiotas

P: Posso anexar os dados a um hash exatamente como fiz com um array?

R: Sim e não. Não há nenhum método `append()` para os hashes, como o incluído com cada array. Para adicionar uma nova linha de dados a um hash existente, use um código parecido com o utilizado na solução acima. Os hashes têm seu próprio conjunto de métodos, mas `append()` não é um deles.

P: Posso usar qualquer coisa como a chave de um hash?

R: Não, não pode. As regras que o Python aplica aqui podem ser complexas (como podem ser em outras linguagens de programação também). O melhor conselho que podemos dar é ficar com números e strings como chaves. Acredite: não é tão restritivo quanto parece, e é, de longe, a estratégia melhor/mais fácil a se seguir.

hashes e bancos de dados

TEST DRIVE

Pegue o código do exercício anterior e use-o para criar um novo arquivo no IDLE. Chame seu programa de scores_hash.py. Quando você estiver pronto, pressione F5 para executar seu programa.

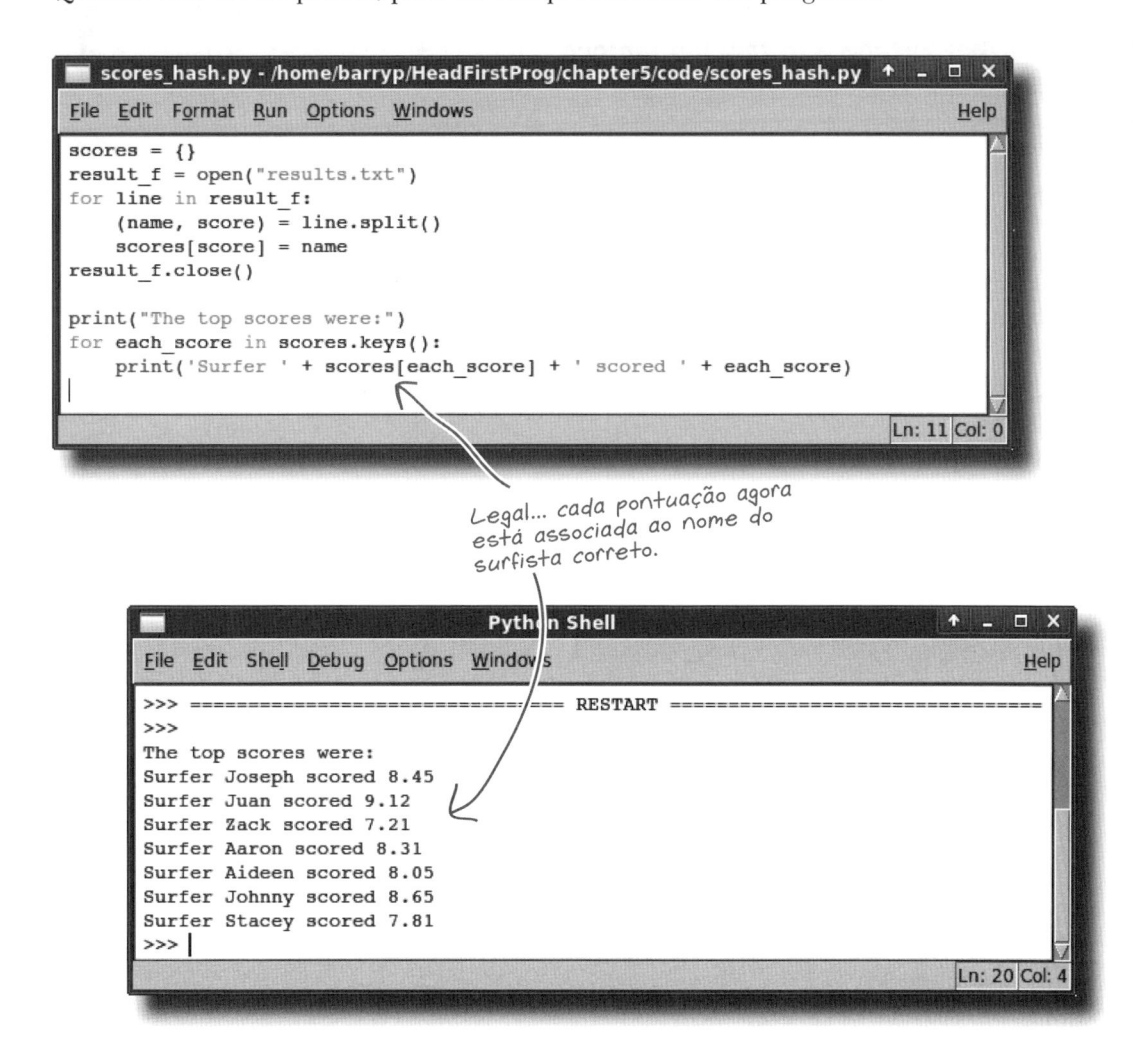

```
scores = {}
result_f = open("results.txt")
for line in result_f:
    (name, score) = line.split()
    scores[score] = name
result_f.close()

print("The top scores were:")
for each_score in scores.keys():
    print('Surfer ' + scores[each_score] + ' scored ' + each_score)
```

Legal... cada pontuação agora está associada ao nome do surfista correto.

```
The top scores were:
Surfer Joseph scored 8.45
Surfer Juan scored 9.12
Surfer Zack scored 7.21
Surfer Aaron scored 8.31
Surfer Aideen scored 8.05
Surfer Johnny scored 8.65
Surfer Stacey scored 7.81
>>>
```

Ótimo! Agora, seu programa usa uma estrutura de dados que permite associar duas partes relacionadas de dados.

classifique os surfistas

Os dados não estão classificados

Agora, seu programa associa os surfistas e suas pontuações, mas exibe os dados do hash em um tipo de ordenação aleatória. Você precisa classificar os dados no hash para descobrir quem realmente venceu a competição.

> **Surf-A-Thon**
> 1. Joseph   8.45
> 2. Zack   7.21
> 3. Juan   9.12

Estas pontuações não estão na ordem certa.

Os hashes Python não têm um método sort()...

No Python, os hashes são otimizados para inserções rápidas e até pesquisas mais rápidas. Como consequência, as boas pessoas que criaram o Python ficaram menos interessadas em fornecer um método para classificar um hash, portanto, não se importaram.

Você encontrará decisões de design e implementação parecidas em muitas linguagens de programação diferentes. As pessoas são diferentes... e também as linguagens de programação que elas criam.

... mas, há uma função chamada sorted( )

Obviamente, há uma *necessidade* de classificar o hash, portanto, de novo, as boas pessoas que criaram o Python decidiram fornecer uma função predefinida realmente esperta que tem a habilidade de classificar *qualquer* estrutura de dados e chamaram sua função de sorted(). Eis como usar a função sorted() com seu *hash*:

Lembre-se: as chaves em seu hash são as pontuações, que são números, portanto, pedimos a "sorted( )" para ordená-las da mais alta para a mais baixa, usando "reverse = True".

Use a função "sorted( )" para classificar as chaves do hash "scores".

```python
for each_score in sorted(scores.keys(), reverse = True):
    print('Surfer ' + scores[each_score] + ' scored ' + each_score)
```

É uma pequena alteração em uma linha na parte inferior de seu programa. Portanto, continuemos e **faça essa alteração**. Agora que você está classificando as chaves do hash (que representam as pontuações do surfista), deve estar claro por que as pontuações foram usadas como a chave ao adicionar dados ao hash: você precisa classificar as pontuações, não os nomes do surfista, portanto, as pontuações precisam estar no lado esquerdo do hash (pois é com isso que a função sorted() predefinida trabalha).

Faça isto

Faça a alteração em seu código para usar sorted().

hashes e bancos de dados

TEST DRIVE

Com a alteração de uma linha aplicada, salve seu programa e pressione F5 para executá-lo de novo.

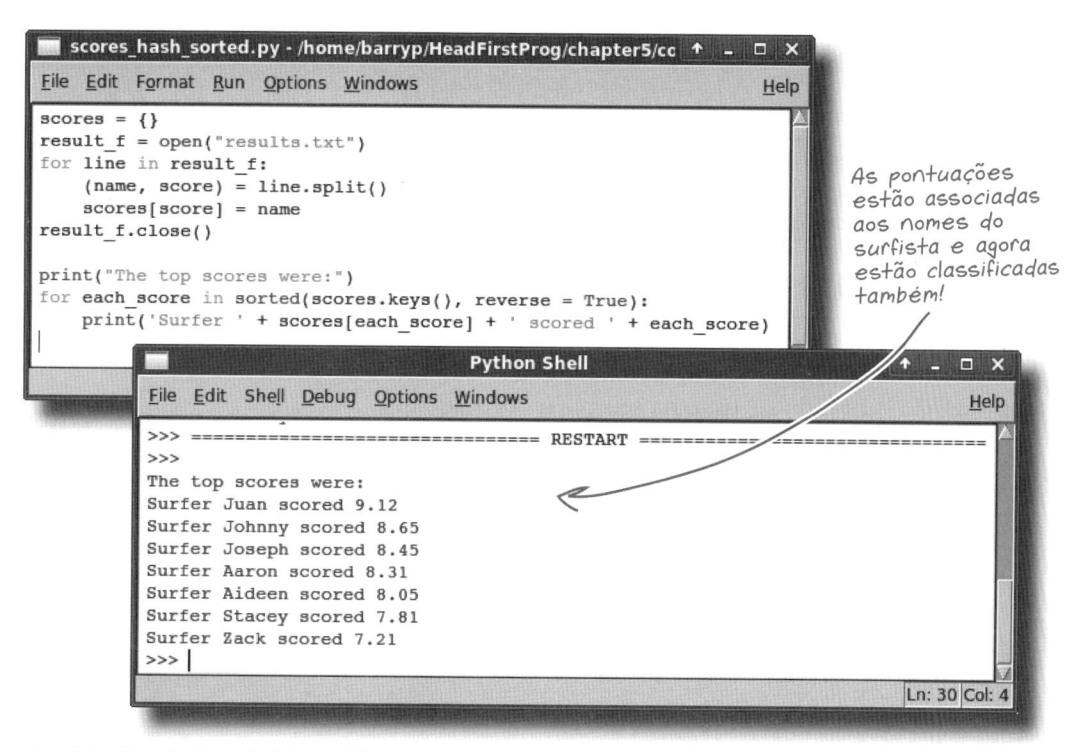

```
scores_hash_sorted.py - /home/barryp/HeadFirstProg/chapter5/cc
File  Edit  Format  Run  Options  Windows                                Help

scores = {}
result_f = open("results.txt")
for line in result_f:
    (name, score) = line.split()
    scores[score] = name
result_f.close()

print("The top scores were:")
for each_score in sorted(scores.keys(), reverse = True):
    print('Surfer ' + scores[each_score] + ' scored ' + each_score)
```

As pontuações estão associadas aos nomes do surfista e agora estão classificadas também!

```
Python Shell
File  Edit  Shell  Debug  Options  Windows                               Help

>>> ================================ RESTART ================================
>>>
The top scores were:
Surfer Juan scored 9.12
Surfer Johnny scored 8.65
Surfer Joseph scored 8.45
Surfer Aaron scored 8.31
Surfer Aideen scored 8.05
Surfer Stacey scored 7.81
Surfer Zack scored 7.21
>>>
                                                                 Ln: 30 Col: 4
```

Fantástico! Você identificou os 3 primeiros surfistas. É hora de pegar aquelas ondas, cara!

Surf-A-Thon

1. Juan   9.12
2. Johnny   8.65
3. Joseph   8.45

Isto avança Juan em três linhas!

mais dados complexos do surfista

Quando os dados ficam complexos

Seguindo de perto seu sucesso com o clube local de surfe, você acabou de ser contactado pela Associação de Surfe Regional (ASR) e eles querem que *você* escreva um novo programa para *eles*! A ASR está oferecendo uma prancha de surfe novinha, o "estado da arte" e resina sintética como pagamento... assim que o programa estiver funcionando segundo sua satisfação, claro.

← Isto é uma oferta boa demais para recusar.

Você vem esperando para experimentar uma prancha de resina sintética por anos. O problema é: são tãooooo caras e você é um surfista pobre. As ondas terão que esperar (mais uma vez). Mas, os pensamentos de surfar em uma prancha de resina... agora, vale a pena esperar.

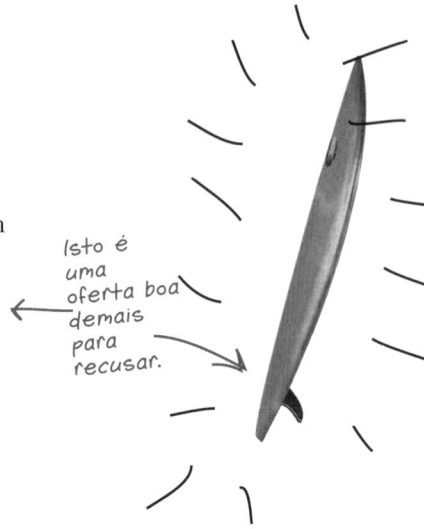

Então, como são os dados da ASR?

Atualmente, os dados da ASR são armazenados em um arquivo de texto usando um formato de dados proprietário. Para cada surfista, há seis partes de dados registradas em cada linha no arquivo.

Estas são as seis partes de dados.

Os dados são assim:

```
101;Johnny 'wave-boy' Jones;USA;8.32;Fish;21
102;Juan Martino;Spain;9.01;Gun;36
103;Joseph 'smitty' Smyth;USA;8.85;Cruiser;18
104;Stacey O'Neill;Ireland;8.91;Malibu;22
105;Aideen 'board babe' Wu;Japan;8.65;Fish;24
106;Zack 'bonnie-lad' MacFadden;Scotland;7.82;Thruster;26
107;Aaron Valentino;Italy;8.98;Gun;19
```

```
Competition ID.
Name.
Country.
Average score.
Preferred board type.
Age.
```

Os dados da ASR são armazenados em cada linha com um ponto e vírgula separando cada parte dos dados.

A ASR tentou importar esses dados para seu programa de planilha favorito, mas realmente não funcionou para eles. A ASR deseja um programa que lhes permita **encontrar** rapidamente os dados de um surfista com base em seu ID da Competição, então **exibir** os detalhes dos surfistas assim:

```
ID:          101
Name:        Johnny 'wave-boy' Jones
Country:     USA
Average:     8.32
Board type:  Fish
Age:         21
```

Cada item de dado é bem etiquetado.

Cada item de dado é exibido em sua própria linha, o que realmente facilita ler (diferente do arquivo de dados compactado).

hashes e bancos de dados

Aponte seu lápis

Eis os dados de um surfista do arquivo, atribuídos a uma variável chamada line:

```
line = "101;Johnny 'wave-boy' Jones;USA;8.32;Fish;21"
```

Pegue seu lápis e escreva um código para processar esta linha e exibi-la na tela assim:

```
ID:          101
Name:        Johnny 'wave-boy' Jones
Country:     USA
Average:     8.32
Board type:  Fish
Age:         21
```

Sugestões: Se você passar um parâmetro string para o método `split( )`, os dados serão cortados onde o parâmetro do tipo string ocorre, em oposição ao corte que ocorre em um caractere de espaço (que é o comportamento padrão de `split( )`). E mais, considere usar uma atribuição múltipla no lado esquerdo do operador de atribuição ao atribuir mais de um par de nome-valor a um hash.

exibição dos dados

Aponte seu lápis
Solução

Eis os dados de um surfista do arquivo, atribuídos a uma variável chamada line:

```
line = "101;Johnny 'wave-boy' Jones;USA;8.32;Fish;21"
```

Você teve que pegar seu lápis e escrever um código para processar esta linha e exibi-la na tela assim:

```
ID:          101
Name:        Johnny 'wave-boy' Jones
Country:     USA
Average:     8.32
Board type:  Fish
Age:         21
```

Eis uma possível solução.

Crie um hash vazio chamado "s".

Use uma atribuição múltipla para atribuir os dados divididos de "line" a "s".

Exiba seis mensagens bem formatadas na tela.

Corte a linha de dados sempre que o método split() encontrar um ponto e vírgula.

```
line = "101;Johnny 'wave-boy' Jones;USA;8.32;Fish;21"
s = {}
(s['id'], s['name'], s['country'], s['average'], s['board'], s['age']) = line.split(";")
print("ID:         " + s['id'])
print("Name:       " + s['name'])
print("Country:    " + s['country'])
print("Average:    " + s['average'])
print("Board type: " + s['board'])
print("Age:        " + s['age'])
```

TEST DRIVE

Como sempre, você precisa fornecer este código no IDLE antes de executá-lo. Então, grave seu programa e leve-o para dar uma volta pressionando F5.

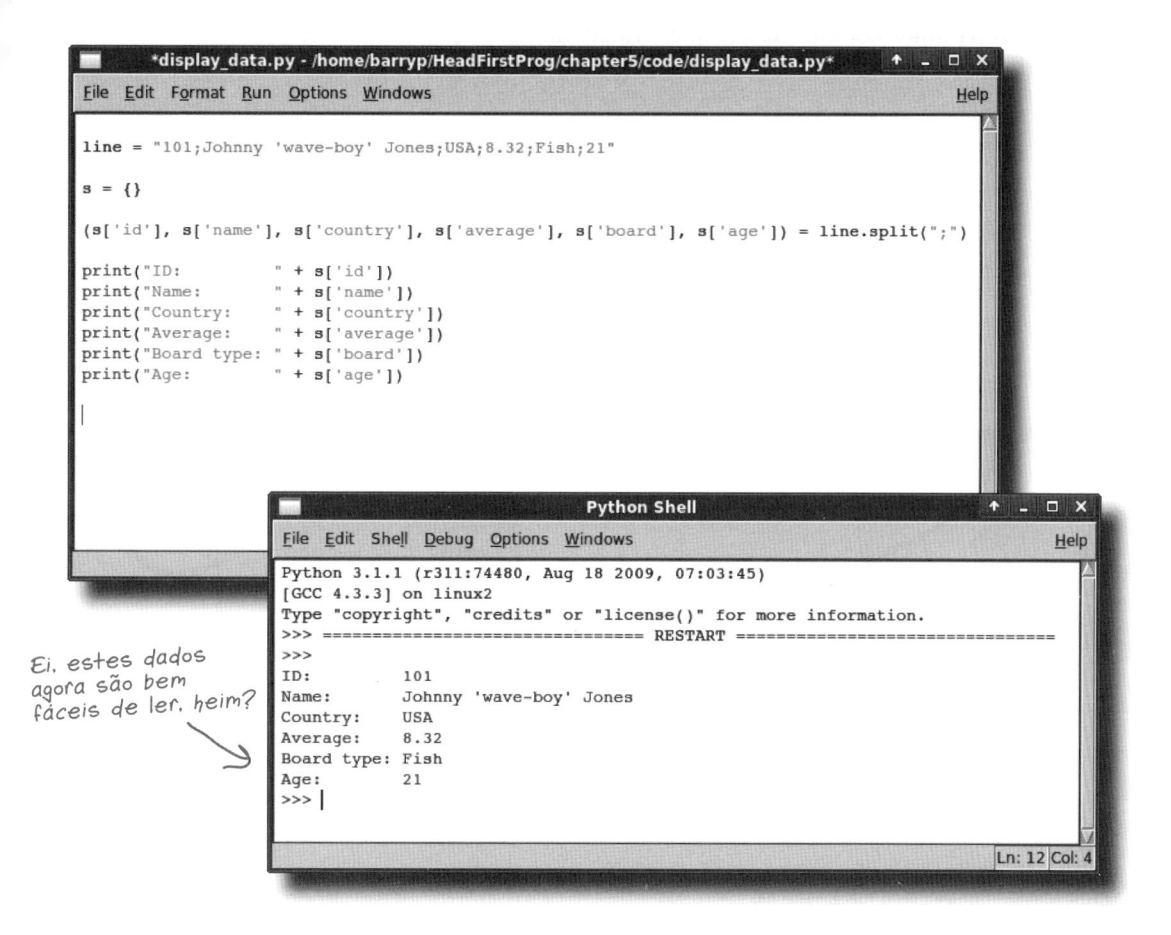

```
line = "101;Johnny 'wave-boy' Jones;USA;8.32;Fish;21"

s = {}

(s['id'], s['name'], s['country'], s['average'], s['board'], s['age']) = line.split(";")

print("ID:          " + s['id'])
print("Name:        " + s['name'])
print("Country:     " + s['country'])
print("Average:     " + s['average'])
print("Board type:  " + s['board'])
print("Age:         " + s['age'])
```

```
Python 3.1.1 (r311:74480, Aug 18 2009, 07:03:45)
[GCC 4.3.3] on linux2
Type "copyright", "credits" or "license()" for more information.
>>> ================================ RESTART ================================
>>>
ID:          101
Name:        Johnny 'wave-boy' Jones
Country:     USA
Average:     8.32
Board type:  Fish
Age:         21
>>>
```

Ei, estes dados agora são bem fáceis de ler, heim?

Seu código cuida de uma linha de dados. Mas, a ASR deseja ser capaz de exibir os dados de qualquer surfista, não apenas os do garoto das ondas.

de função para hash

Retorne uma estrutura de dados a partir de uma função

Processar uma linha de dados do surfista é bem simples. Mas, agora, você tem que trabalhar com **todas** as linhas de dados no arquivo. Seu programa tem que tornar os dados disponíveis *rapidamente* para que uma solicitação para exibir os detalhes de um determinado surfista possa ser executada assim que possível.

Você já sabe o bastante para escrever uma função que obtém o ID do surfista como um parâmetro, pesquisa o arquivo uma linha por vez para ter um ID coincidente e, então, retorna os dados encontrados para quem chama:

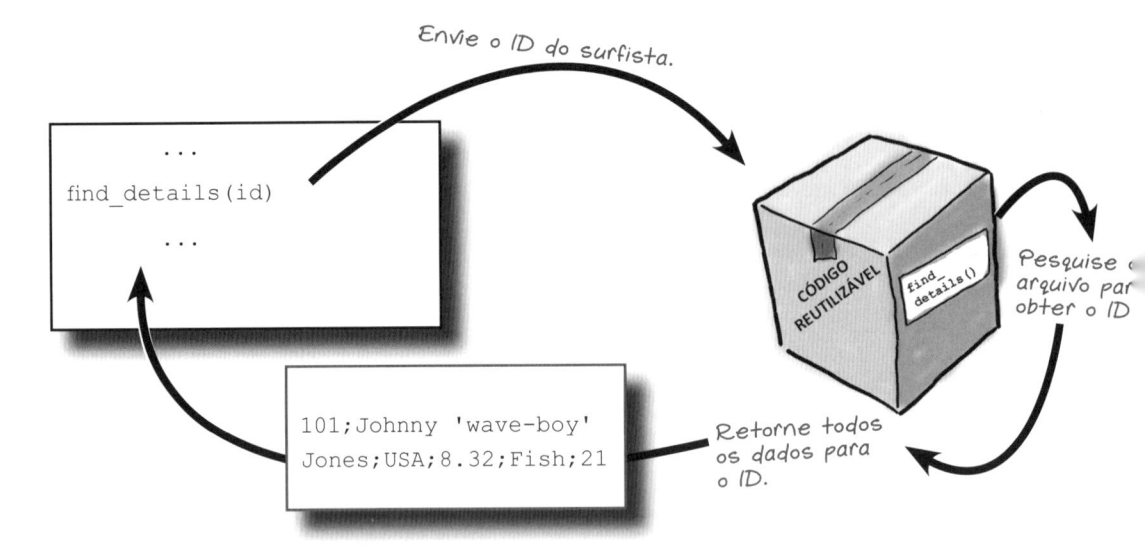

Envie o ID do surfista.

```
...
find_details(id)
...
```

CÓDIGO REUTILIZÁVEL — find_details()

Pesquise o arquivo par obter o ID

```
101;Johnny 'wave-boy'
Jones;USA;8.32;Fish;21
```

Retorne todos os dados para o ID.

Há realmente apenas duas escolhas para como você retorna os dados a partir desta função. Transmita os dados do surfista:

○ **Como uma string**

ou

○ **Como um hash**

Mas, qual? Retornar uma string requer que o código que a chama processe mais os dados para extrair as informações necessárias, o que (embora possível) fica confuso, pois o código que chama precisa cortar a string usando `split()`. Isto é algo que é mais bem realizado pela função, pois ela *oculta a complexidade* de manipular os dados do código que chama. Retornar um hash permite que o código que o chama simplesmente selecione as informações necessárias sem muita confusão e sem mais processamento.

Retorne um hash a partir da função para manter simples o código que chama.

hashes e bancos de dados

Ímãs de Geladeira

Reorganize os ímãs de geladeira para completar a função requerida. A seguinte funcionalidade é implementada:

1. Aceite um único parâmetro (o ID do surfista).
2. Processe o arquivo de dados, uma linha por vez, criando um hash a partir da linha em cada iteração.
3. Compare o parâmetro com o ID lido no arquivo.
4. Se os IDs coincidirem, retorne o hash para quem chama.
5. Se nenhuma coincidência for encontrada, retorne um hash vazio para quem chama.

```
def find_details(id2find):

................................................................................

    for each_line in surfers_f:

................................................................................


................................................................................

        surfers_f.close()

................................................................................

    surfers_f.close()

................................................................................
```

```
surfers_f = open("surfing_data.csv")
```
```
return({})
```
```
s = {}
```
```
return(s)
```
```
(s['id'], s['name'], s['country'], s['average'],
 s['board'], s['age']) = each_line.split(";")
```
```
if id2find == int(s['id']):
```

processe o parâmetro

Ímãs de Geladeira Solução

Você teve que reorganizar os ímãs de geladeira para completar a função requerida. A seguinte funcionalidade é implementada:

1. Aceite um único parâmetro (o ID do surfista).
2. Processe o arquivo de dados, uma linha por vez, criando um hash a partir da linha em cada iteração.
3. Compare o parâmetro com o ID lido no arquivo.
4. Se os IDs coincidirem, retorne o hash para quem chama.
5. Se nenhuma coincidência for encontrada, retorne um hash vazio para quem chama.

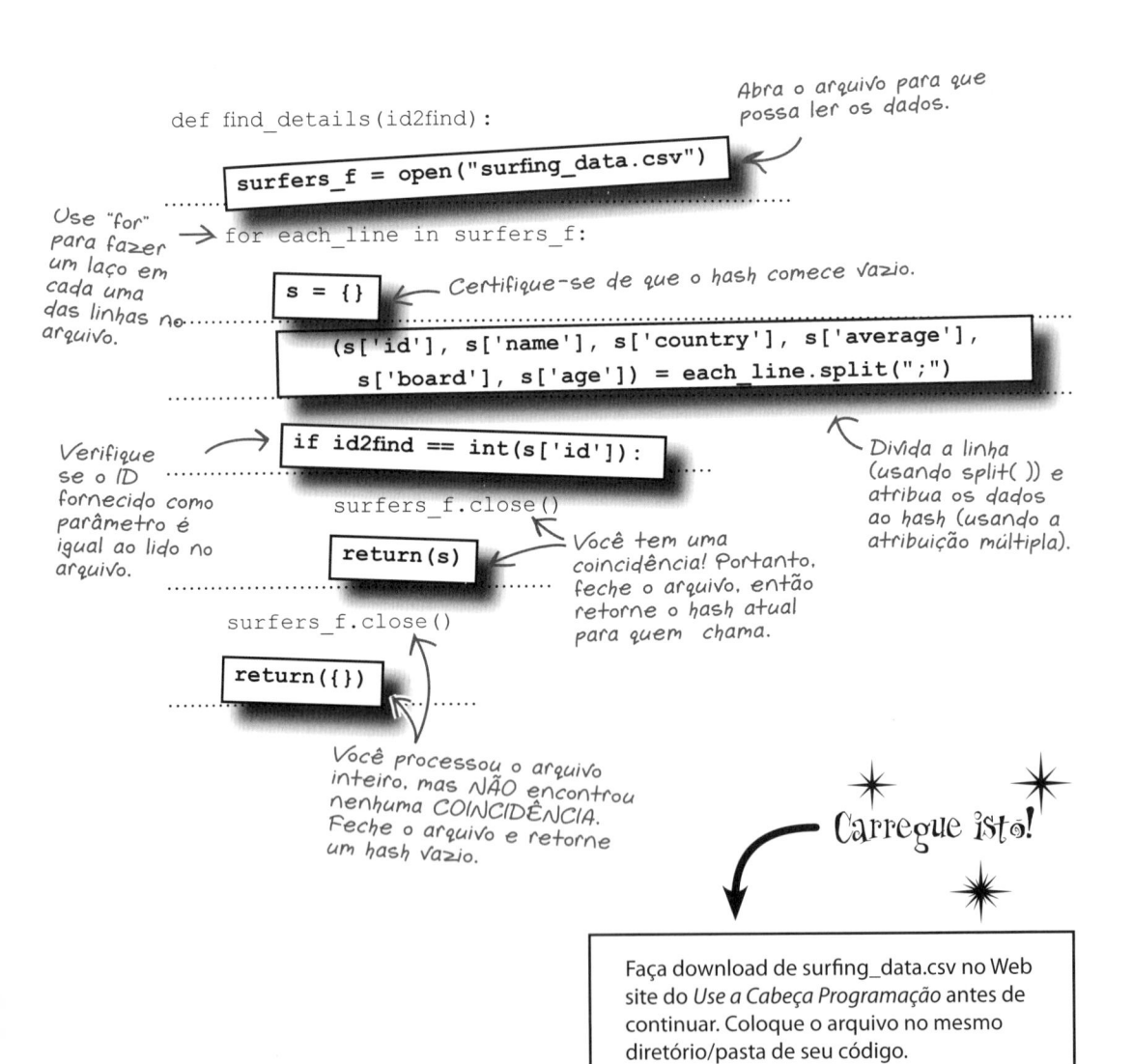

```
def find_details(id2find):
    surfers_f = open("surfing_data.csv")
    for each_line in surfers_f:
        s = {}
        (s['id'], s['name'], s['country'], s['average'],
            s['board'], s['age']) = each_line.split(";")
        if id2find == int(s['id']):
            surfers_f.close()
            return(s)
    surfers_f.close()
    return({})
```

Abra o arquivo para que possa ler os dados.

Use "for" para fazer um laço em cada uma das linhas no arquivo.

Certifique-se de que o hash comece vazio.

Divida a linha (usando split()) e atribua os dados ao hash (usando a atribuição múltipla).

Verifique se o ID fornecido como parâmetro é igual ao lido no arquivo.

Você tem uma coincidência! Portanto, feche o arquivo, então retorne o hash atual para quem chama.

Você processou o arquivo inteiro, mas NÃO encontrou nenhuma COINCIDÊNCIA. Feche o arquivo e retorne um hash vazio.

Carregue isto!

Faça download de surfing_data.csv no Web site do *Use a Cabeça Programação* antes de continuar. Coloque o arquivo no mesmo diretório/pasta de seu código.

hashes e bancos de dados

Código Pronto

Eis um código de verificação que preparamos especialmente para você. Esse código irá ajudá-lo a testar sua função:

Peça ao seu usuário o ID do surfista a encontrar.

Chame "find_details()" no ID fornecido do surfista.

Se os dados forem encontrados, exiba mensagens bem formatadas.

```
lookup_id = int(input("Enter the id of the surfer: "))
surfer = find_details(lookup_id)
if surfer:
    print("ID:         " + surfer['id'])
    print("Name:       " + surfer['name'])
    print("Country:    " + surfer['country'])
    print("Average:    " + surfer['average'])
    print("Board type: " + surfer['board'])
    print("Age:        " + surfer['age'])
```

Faça isto!

Digite este código de verificação, junto com sua função, no IDLE. Coloque a função perto do início de seu arquivo, para que esse código de verificação apareça **depois** dela.

TEST DRIVE

Certifique-se de que o código de verificação e sua função sejam fornecidos no IDLE e gravados em um arquivo como um novo programa. Pressione F5 para testar sua função.

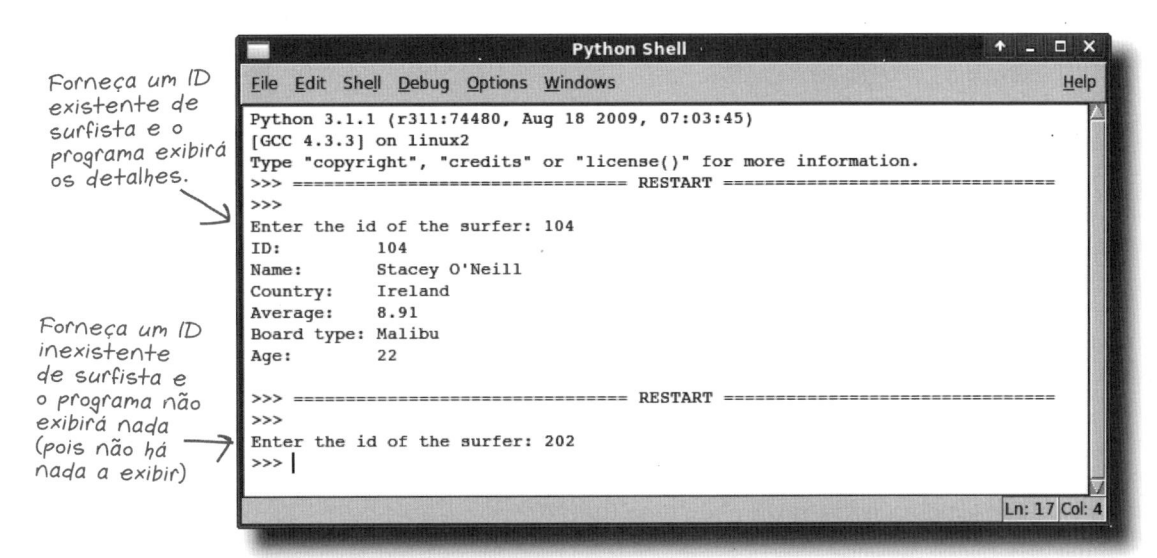

Forneça um ID existente de surfista e o programa exibirá os detalhes.

Forneça um ID inexistente de surfista e o programa não exibirá nada (pois não há nada a exibir)

```
Python Shell
File  Edit  Shell  Debug  Options  Windows                          Help

Python 3.1.1 (r311:74480, Aug 18 2009, 07:03:45)
[GCC 4.3.3] on linux2
Type "copyright", "credits" or "license()" for more information.
>>> ================================ RESTART ================================
>>>
Enter the id of the surfer: 104
ID:         104
Name:       Stacey O'Neill
Country:    Ireland
Average:    8.91
Board type: Malibu
Age:        22

>>> ================================ RESTART ================================
>>>
Enter the id of the surfer: 202
>>> |
```

Ótimo trabalho! Sua função está funcionando bem. Quero saber o que as pessoas da ASR acham dela?

sucesso do surfe

Eis sua nova prancha!

As pessoas da ASR estão satisfeitas com seu trabalho.

> Isto é exatamente o que precisamos...

> Veja com que rapidez obtém os dados de cada surfista.

> Realmente posso passar um tempo na praia este ano!

> Acho que os rapazes na TVN podem querer ver isto...

Seu programa realmente alcançou seu objetivo. As pessoas da ASR podem exibir os dados a partir de seu arquivo de dados firmemente empacotado, de um modo que facilita a leitura e o trabalho. É rápido também.

Seu uso de um hash na função foi uma escolha inspirada. O código que chama precisa apenas saber que um hash está sendo retornado da função para trabalhar com eficiência. E como você viu, retornar uma estrutura de dados (como um hash) é tão fácil quanto retornar qualquer outra variável de uma função.

← Eis sua prancha novinha... comece arrasando, cara!

A fama de suas habilidades de programação está espalhando-se em todo lugar.

hashes e bancos de dados

Nesse ínterim, de volta ao estúdio...

> Você foi altamente recomendado pela ASR. Temos uma exigência muito parecida na TVN... você consideraria vender seu código para nós?

O Use a Cabeça TVN é uma rede de esportes promissora especializada em tudo e qualquer coisa feita na água. Eles estão cobrindo o "National Surfing Championship" e querem que seus apresentadores de TV sejam capazes de usar seu programa para acessar os detalhes de cada surfista, do mesmo modo como fez a ASR. Há apenas uma pequena dificuldade em seus planos: a TVN tem todos os seus dados em um sistema de banco de dados, **não** em um arquivo.

← *O diretor executivo da TVN.*

⚛ PODER DO CÉREBRO

Qual parte de seu programa provavelmente mudará se você tiver que obter os dados do surfista em um banco de dados, em oposição a um arquivo?

tudo nos detalhes

O código permanece igual; é a função que muda

Seu programa espera que a função `find_details()` retorne um hash representando os detalhes do surfista. Ao invés da função pesquisar o arquivo para obter os dados, ela precisa pesquisar o banco de dados TVN, converter o que o banco de dados fornece em um hash e, então, retornar o hash para o código que chama.

Tudo que você precisa saber é qual sistema de banco de dados a TVN está usando e como acessá-lo a partir de sua função.

Iremos basear seu código no código da TVN.

> Perguntei aos nossos técnicos e eles me disseram que usamos o SQLite3...seja o que for. Eles também me deram um código para você corrigir... eles me disseram que você saberia o que fazer com ele, o que é muito bom porque é tudo ininteligível para mim!

Código Pronto

Eis o código da TVN:

```python
import sqlite3

db = sqlite3.connect("surfersDB.sdb")

db.row_factory = sqlite3.Row
cursor = db.cursor()
cursor.execute("select * from surfers")
rows = cursor.fetchall()
for row in rows:
    if row['id'] == 104:
        print("ID is " + str(row['id']))
        print("Name is " + row['name'])
        print("Board-type is " + row['board'])
cursor.close()
```

Importe a biblioteca SQLite3 padrão e conecte os dados no arquivo do banco de dados (que você pode fazer o download no Web site deste livro).

Processe cada uma das linhas...

... procurando um surfista que tenha um ID 104.

Pegue todos os dados do surfista no banco de dados atribuindo os dados a uma variável chamada "rows".

Mostre alguns dados (se tivermos uma coincidência).

Organize-se (é sempre uma boa ideia).

É possível melhorar a eficiência e o poder deste código, caso você saiba um pouco sobre SQL. Estamos evitando deliberadamente melhorar o SQL da TVN. Porém, recomendamos o "Use a Cabeça SQL" para aqueles que desejam aprender mais.

Aponte seu lápis

Reescreva sua função para recuperar os dados necessários no banco de dados da TVN. Use o código pronto, como fornecido pelos técnicos da TVN, como uma base para seu código. Lembre-se que seu programa espera que os dados no hash retornados a partir da função `find_details()` sejam uma coleção de strings.

....
....
....
....
....
....
....
....
....
....
....
....
....
....
....
....
....
....
....
....
....
....

obtenha os dados

Aponte seu lápis
Solução

Você teve que reescrever sua função para recuperar os dados necessários no banco de dados da TVN. Você teve que usar o código pronto, como fornecido pelos técnicos da TVN. Você teve que se lembrar que seu programa espera que os dados, dentro do hash retornado a partir da função `find_details()`, sejam uma coleção de strings.

```
import sqlite3

def find_details(id2find):
    db = sqlite3.connect("surfersDB.sdb")
    db.row_factory = sqlite3.Row
    cursor = db.cursor()
    cursor.execute("select * from surfers")
    rows = cursor.fetchall()
    for row in rows:
        if row['id'] == id2find:
            s = {}
            s['id']      = str(row['id'])
            s['name']    = row['name']
            s['country'] = row['country']
            s['average'] = str(row['average'])
            s['board']   = row['board']
            s['age']     = str(row['age'])
            cursor.close()
            return(s)
    cursor.close()
    return({})
```

Obtenha todos os dados do surfista no banco de dados, em oposição ao arquivo.

Quando uma coincidência for encontrada...

...construa o hash, usando um par de chave-valor por vez.

Retorne o hash para o código que o chama (como antes).

172   Capítulo 5

hashes e bancos de dados

TEST DRIVE

Mude seu programa no IDLE para usar a nova versão da função (que agora se comunica com o banco de dados da TVN). Salve seu programa com um novo nome e pressione F5 para executá-lo.

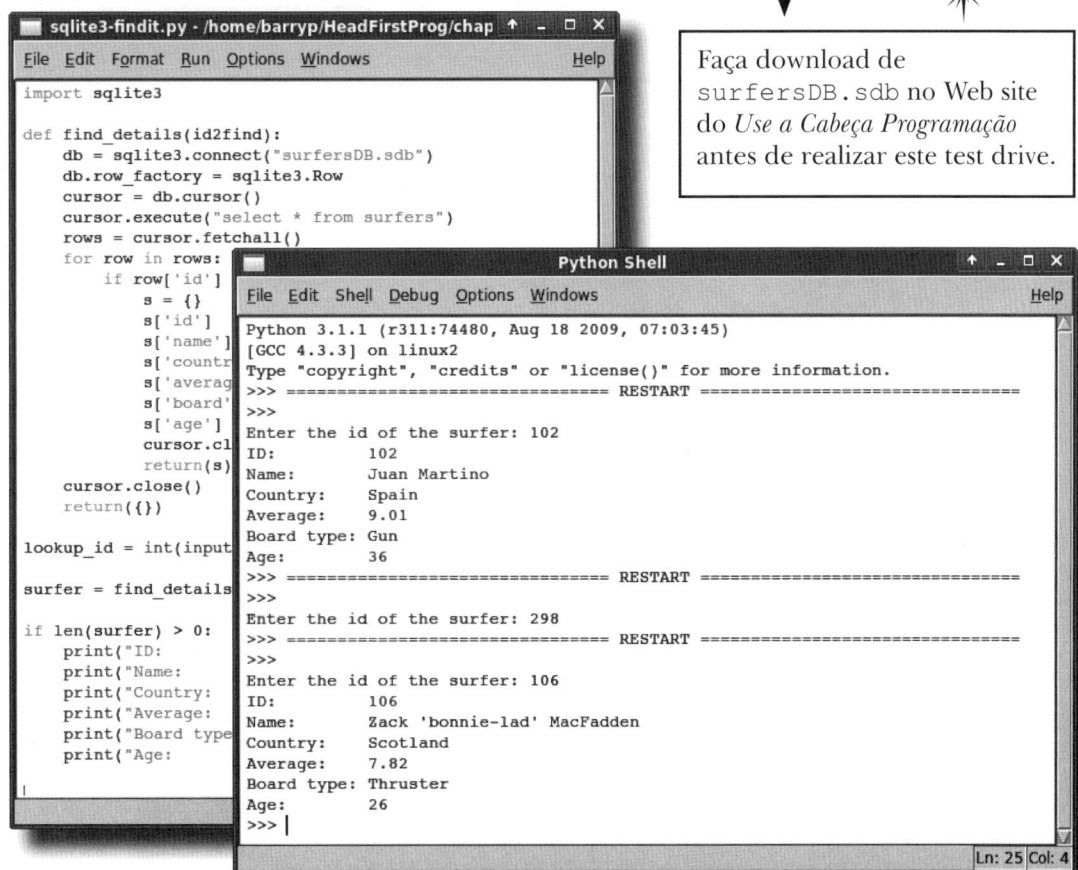

Carregue isto!

Faça download de `surfersDB.sdb` no Web site do *Use a Cabeça Programação* antes de realizar este test drive.

```
sqlite3-findit.py - /home/barryp/HeadFirstProg/chap
import sqlite3

def find_details(id2find):
    db = sqlite3.connect("surfersDB.sdb")
    db.row_factory = sqlite3.Row
    cursor = db.cursor()
    cursor.execute("select * from surfers")
    rows = cursor.fetchall()
    for row in rows:
        if row['id']
            s = {}
            s['id']
            s['name']
            s['countr
            s['averag
            s['board'
            s['age']
            cursor.cl
            return(s)
    cursor.close()
    return({})

lookup_id = int(input

surfer = find_details

if len(surfer) > 0:
    print("ID:
    print("Name:
    print("Country:
    print("Average:
    print("Board type
    print("Age:
```

```
Python Shell
Python 3.1.1 (r311:74480, Aug 18 2009, 07:03:45)
[GCC 4.3.3] on linux2
Type "copyright", "credits" or "license()" for more information.
>>> ================================ RESTART ================================
>>>
Enter the id of the surfer: 102
ID:         102
Name:       Juan Martino
Country:    Spain
Average:    9.01
Board type: Gun
Age:        36
>>> ================================ RESTART ================================
>>>
Enter the id of the surfer: 298
>>> ================================ RESTART ================================
>>>
Enter the id of the surfer: 106
ID:         106
Name:       Zack 'bonnie-lad' MacFadden
Country:    Scotland
Average:    7.82
Board type: Thruster
Age:        26
>>>
```

Agora, assim como trabalhar com os dados em arquivos, você pode extrair os dados de um sistema do banco de dados. Seu programa se integra totalmente à tecnologia SQLite3 da TVN.

O programa exibe uma saída parecida como antes... apenas, desta vez, os dados estão vindo de um banco de dados, NÃO de um arquivo!

Envie esse código para a TVN, sente e espere pelo dinheiro entrando...

você está aqui ▶ **173**

dados em foco

Os dados da TVN são precisos!

Com os dados do surfe agora exibidos diretamente do banco de dados da TVN, os redatores de esporte não precisam mais se preocupar com todos os formulários de entrada da competição rasgados e despedaçados. Os dados estão diretamente na tela quando precisam. Eles não poderiam estar mais contentes. Seu programa ganhou o dia.

Capítulo 5

Sua Caixa de Ferramentas de Programação

Você colocou o Capítulo 5 em seu currículo. Vejamos o que aprendeu neste capítulo:

Ferramentas de programação

* hash — uma estrutura de dados que associa um nome a um valor

* s['age'] — recupera o valor associado ao nome 'age' em um hash chamado 's'

* retornar uma estrutura de dados a partir de uma função

* sistema do banco de dados — uma tecnologia, tal como o SQLite3, que pode armazenar grandes quantidades de dados de uma maneira muito eficiente

Ferramentas do Python

* {} — um hash vazio

* s['wind'] = "off shore" — define o valor associado a "wind" no hash "s" para valor "off shore"

* s.keys() — fornece uma lista de chaves para o hash chamado 's'

* s.items() — fornece uma lista de chaves E valores para o hash chamado 's'

* line.split(",") — divide a string contida na variável 'line' em cada ocorrência de uma vírgula

* sorted() — uma função predefinida que pode classificar a maioria das estruturas de dados

6 programação modular

Mantendo as coisas certas

> Sei que ele disse conhecer um modo melhor de fazer as coisas, mas não era isso que eu tinha em mente.

O código que você escreve abrirá caminho em muitos programas.

E, embora o **compartilhamento** seja bom, você precisa ter *cuidado*. Um programador pode pegar seu código e usá-lo de uma maneira **inesperada**, ao passo que outro pode mudá-lo sem mesmo que você saiba. Você pode querer usar uma função em todos os seus programas e, com o tempo, o código dessa função pode **mudar** para se adequar às suas necessidades. Os programadores espertos aproveitam as *técnicas da programação modular* para manter seu trabalho gerenciável. Iremos descobrir como nas páginas a seguir...

upgrade na tecnologia

O Use a Cabeça Clube Desportivo está atualizando alguns sistemas

O Use a Cabeça Clube Desportivo tem um novo diretor executivo e ele adora tecnologia nova. Ele ficou chocado quando viu como os sistemas de vendas eram antigos.

Parte de nossa tecnologia é realmente antiga. Quero começar substituindo as caixas registradoras por novos sistemas PDV. Você pode ajudar?

← Novo diretor executivo

As antigas caixas registradoras realmente precisam ser substituídas.

O novo sistema será executado em um PC e aceitará pagamentos com cartão de crédito.

Antiga e quebrada

A nova sensação

Um sistema de **ponto de venda** (PDV) (do inglês, *point-of-sale (pos)*) é apenas um programa de computador que funciona como uma caixa registradora. O chefe não deseja substituir todas as caixas registradoras imediatamente. Ele quer começar com um sistema experimental na cafeteria.

Seria ótimo se os sistemas que você produz fossem modulares no design. Você chegará a isso DEPOIS de ter gasto um tempo entendendo o que é requerido.

Vejamos o que o PDV da cafeteria precisa fazer.

*programação **modular***

O programa precisa criar um arquivo de transação

O programa PDV registrará as vendas com cartão de crédito em um arquivo chamado `transactions.txt`. No final de cada dia, esse arquivo é enviado para o banco e o dinheiro é transferido da conta do cartão de crédito para a conta de banco do clube desportivo.

O banco enviou uma versão de exemplo do arquivo para você ver qual tipo de dados precisará gerar:

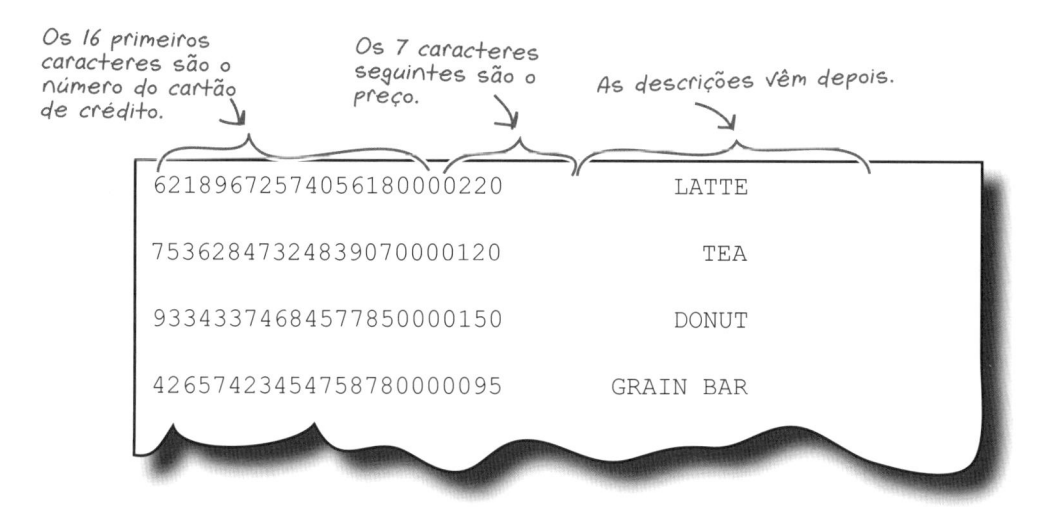

Os 16 primeiros caracteres são o número do cartão de crédito.

Os 7 caracteres seguintes são o preço.

As descrições vêm depois.

```
6218967257405618 0000220         LATTE

7536284732483907 0000120         TEA

9334337468457785 0000150         DONUT

4265742345475878 0000095         GRAIN BAR
```

O arquivo contém **dados formatados**. Há uma linha de texto (ou registro) para cada item vendido. Os 16 primeiros caracteres da linha são o **número do cartão de crédito**, seguidos de 7 caracteres que representam o preço da venda, excluindo o ponto decimal (portanto, $1.75 é escrito como **0000175**). O resto do registro é uma descrição do item sendo vendido.

⚛ PODER DO CÉREBRO

Como você criaria uma string no formato correto para o registro? Quais partes do registro serão as mais difíceis de criar?

string formatada

Use strings para formatar as strings

Muitos programas precisam criar strings com determinadas partes de dados em lugares particulares, portanto, a maioria das linguagens de computador tenta facilitar sua vida permitindo a você usar string **formatadas**.

A melhor maneira de entender as string formatadas é com um exemplo. Abra o Python Shell e digite isto:

O primeiro valor será inserido como um número com 5 caracteres.

O segundo valor será inserido como uma string.

```
>>> print("There are %5d %s available" % (17, "donuts"))
There are    17 donuts available
```

O número tem espaços extras adicionados na frente, para assegurar que ocupará os 5 caracteres requeridos.

O operador de formatação de strings.

Quando o Python vê uma string seguida de um símbolo de porcentagem (%), sabe que precisa considerar a string como uma **string formatada**. Os valores depois de operador % serão inseridos na string formatada na ordem especificada, um valor por vez. Onde o Python encontrar uma % dentro da string, saberá que é para inserir um valor.

Uma especificação de formato do número. → **%5d**

> Tudo bem, esta string é seguida de um símbolo %. Portanto, precisarei substituir %5d pelo número 17 e %s pela string "donuts".

Quando o Python vir isto, irá inserir o valor 17 como um número inteiro com 5 caracteres – sendo por isso que o especificador do tipo "d" informa ao Python para mostrar o número como um decimal. Como 17 não tem 5 caracteres de comprimento, o Python irá preenchê-lo com 3 espaços extras na frente para que tenha o tamanho correto.

Uma especificação de formato da string. → **%s**

Este símbolo informa ao Python para inserir o valor "donuts" como uma string. Como você não está especificando um comprimento aqui, a string é inserida como está.

Estes são apenas dois exemplos de como formatar valores em uma string. Há muito mais.

*programação **modular***

QUAL É MEU PROPÓSITO?

Combine cada string formatada com o que ela faz. Já fizemos uma para você.

`"%s %e" % ("Value is", 16.0 ** 0.5)`   Exibe uma string seguida de 4.000000.

`"%7d" % (11232/3)`   Exibe uma string seguida de 4.000000e+00.

`"%x" % 127`   Exibe o valor, preenchido com 0s.

`"%20s\n" % "Banana swirl"`   Exibe o resultado do cálculo, preenchido com espaços.

`"%s is $%4.2f" % ("Popsicle", 1.754)`   Preenche a string até 20 caracteres, então exibe um caractere de nova linha.

`"%s %f" % ("Value is", 16.0 ** 0.5)`   Exibe o número como hexadecimal (base 16).

`"%07d" % (11232/3)`   Assim como uma string, também exibe um número com ponto flutuante para 2 casas decimais.

Aponte seu lápis

Tenha cuidado com o ponto decimal no preço.

Veja os registros que você precisa criar para o arquivo de transação. Cada linha precisará terminar com um caractere de nova linha. Se você tiver o número do cartão de crédito, preço e descrição em variáveis chamadas credit_card, price e description, escreva o que usaria para a string formatada:

....

string formatada

QUAL É MEU PROPÓSITO?
SOLUÇÃO

Você teve que combinar cada string do formato com o que ela faz.

Se você tiver apenas um valor a formatar, não precisará colocá-lo entre parêntesis.

`"%s %e" % ("Value is", 16.0 ** 0.5)` — Exibe uma string seguida de 4.000000.

`"%7d" % (11232/3)` — Exibe uma string seguida de 4.000000e+00.

`"%x" % 127` — Exibe o valor, preenchido com 0s.

\n significa ter uma NOVA LINHA

`"%20s\n" % "Banana swirl"` — Exibe o resultado do cálculo, preenchido com espaços.

Por padrão, o Python preencherá usando espaços.

Isto significa "use 4 caracteres"

`"%s is $%4.2f" % ("Popsicle", 1.754)` — Preenche a string até 20 caracteres, então exibe um caractere de nova linha.

Isto significa "mostrar 2 números depois do ponto decimal".

`"%s %f" % ("Value is", 16.0 ** 0.5)` — Exibe o número como hexadecimal (base 16).

Os valores podem ser o resultado de um cálculo.

`"%07d" % (11232/3)` — Assim como uma string, também exibe um número com ponto flutuante para 2 casas decimais.

Seguir % com 0 significa "preencher com zeros".

Os números hexadecimais são usados para coisas, tais como, cores na Web.

Aponte seu lápis
Solução

Não se preocupe se sua resposta não parecer EXATAMENTE com esta. Experimente sua resposta no Python Shell para verificar se funciona.

Você teve que ver os registros que precisa criar para o arquivo de transação e escrever o que usaria para a string formatada:

Multiplicar por 100 e exibir como um número inteiro, realmente remove o ponto decimal do preço.

`"%16s%07d%16s\n" % (credit_card, price*100, description)`

Os números do cartão de crédito sempre devem ter exatamente 16 caracteres.

Você precisa de um caractere de nova linha no final de cada linha.

programação modular

Ímãs de Geladeira

Agora que você sabe como formatar os registros no arquivo `transactions.txt`, é hora de escrever o resto do programa PDV da cafeteria. Complete o código abaixo organizando os ímãs de geladeira no lugar correto:

```
def save_transaction(price, credit_card, description):
    file = open("transactions.txt", "a")
    file.write("%16s%07d%s\n" % (credit_card, price * 100, description))
    file.close()
```

O "a" significa que você sempre irá ANEXAR registros ao final do arquivo.

Esta é a string formatada que você acabou de criar.

```
items    = ["DONUT", "LATTE", "FILTER", "MUFFIN"]
prices   = [1.50, 2.0, 1.80, 1.20]
running = True

while running:
    option = 1
    for choice in items:
```

O laço continuará sua execução enquanto a variável "running" tiver o valor True. Para terminar o laço, defina "running" para False.

....

```
        option = option + 1
    print(str(option) + ". Quit")
```

....

```
    if choice == option:
```

....

```
    else:
```

....

```
        save_transaction(prices[choice - 1], credit_card, ...........)
```

`credit_card = input("Credit card number: ")`

`running = False`

`print(str(option) + ". " + choice)`

`items[choice - 1]`

`choice=int(input("Choose an option: "))`

você está aqui ▶ **183**

novo programa pdv

Ímãs de Geladeira Solução

Agora que sabemos como formatar os registros no arquivo `transactions.txt`, é hora de escrever o resto do programa PDV da cafeteria. Você teve que completar o código abaixo organizando os ímãs de geladeira:

```
def save_transaction(price, credit_card, description):
    file = open("transactions.txt", "a")
    file.write("%16s%07d%s\n" % (credit_card, price * 100, description))
    file.close()

items    = ["DONUT", "LATTE", "FILTER", "MUFFIN"]   ← Este é o array das opções do menu.
prices   = [1.50, 2.0, 1.80, 1.20]   ← Este é o array que combina com os preços do menu.
running = True

while running:
    option = 1                         ← Este código exibe o menu do programa.
    for choice in items:
        print(str(option) + ". " + choice)
        option = option + 1
    print(str(option) + ". Quit")
    choice = int(input("Choose an option: "))   ← O usuário fornece um número da opção de menu para fazer uma venda.
    if choice == option:   ← Isto será True se o usuário selecionar a ÚLTIMA opção no menu, que é "Quit" (Sair).
        running = False
    else:
        credit_card = input("Credit card number: ")
        save_transaction(prices[choice - 1], credit_card, items[choice - 1])
```

programação **modular**

TEST DRIVE

A máquina foi configurada na cafeteria no momento exato em que o chefe entrou para seu café com leite da manhã, portanto, iremos executar o código e ver o que ele acha. Execute o programa no IDLE:

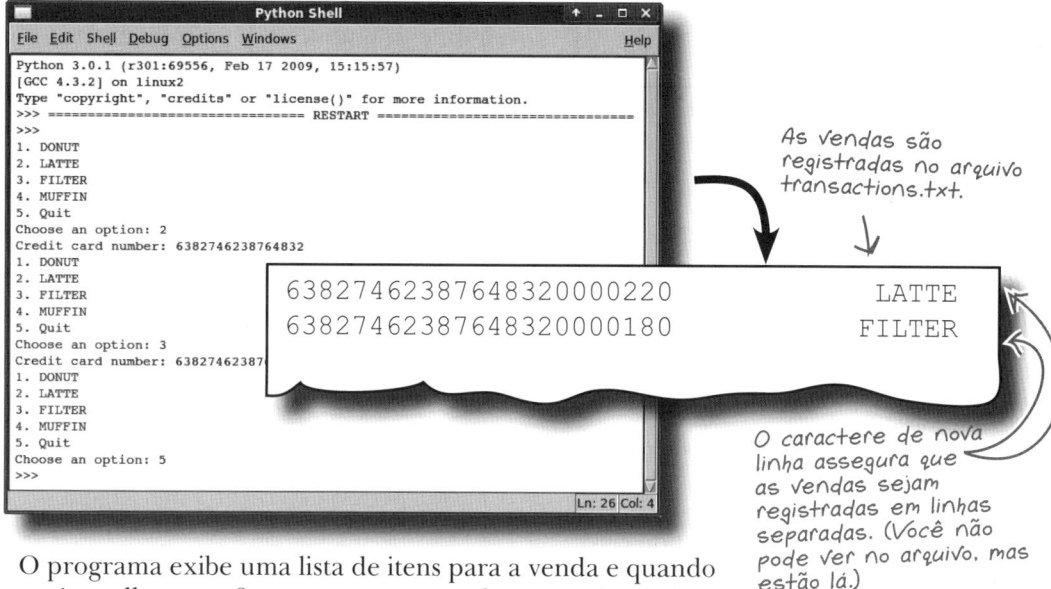

```
Python 3.0.1 (r301:69556, Feb 17 2009, 15:15:57)
[GCC 4.3.2] on linux2
Type "copyright", "credits" or "license()" for more information.
>>> ============================ RESTART ============================
>>>
1. DONUT
2. LATTE
3. FILTER
4. MUFFIN
5. Quit
Choose an option: 2
Credit card number: 6382746238764832
1. DONUT
2. LATTE
3. FILTER
4. MUFFIN
5. Quit
Choose an option: 3
Credit card number: 63827462387
1. DONUT
2. LATTE
3. FILTER
4. MUFFIN
5. Quit
Choose an option: 5
>>>
```

As vendas são registradas no arquivo transactions.txt.

```
6382746238764832 0000220        LATTE
6382746238764832 0000180        FILTER
```

O caractere de nova linha assegura que as vendas sejam registradas em linhas separadas. (Você não pode ver no arquivo, mas estão lá.)

O programa exibe uma lista de itens para a venda e quando você escolhe um e fornece um número do cartão de crédito, adiciona a venda a um arquivo chamado `transactions.txt`. Este é o mesmo arquivo que o sistema PDV usa na academia.

> Parece muito bom. Iremos experimentar por algumas semanas na cafeteria e ver como fica.

O chefe concorda em experimentar o sistema na cafeteria e até concorda em **estender a experiência** e deixar que seu amigo crie outro PDV para a academia, com base em seu código.

As coisas estão indo realmente bem. Se continuarem assim, você ganhará o contrato para substituir todos os sistemas no clube desportivo!

strings formatada *reais*

A STRING FORMATADA EXPOSTA

Entrevista desta semana:
Por que as aparências importam?

Use a Cabeça: String formatada, é um prazer conhecer você.

String formatada: O prazer é todo meu.

Use a Cabeça: Você não é usada apenas no Python, é?

String formatada: Ah, não. Na verdade, sou usada em muitas linguagens de programação, tais como, C, C# e Java. Você me vê aparecer em todo lugar.

Use a Cabeça: Por que é assim?

String formatada: Bem, não gosto de me vangloriar, mas sou útil. Em todo lugar que você precisa gerar um texto formatado, posso facilitar muito as coisas.

Use a Cabeça: Você pode dar alguns exemplos?

String formatada: Ah, certamente. Se você precisar enviar dados para outro sistema, provavelmente precisará de mim. Se quiser exibir uma mensagem de erro em um formato específico, sou boa nisso também.

Use a Cabeça: Odeio dizer isso, parece muito rude, mas não é possível fazer tudo que você faz com apenas as operações normais da string?

String formatada: Por favor, não se ofenda. Sim, você pode fazer tudo que eu faço escrevendo código e criando as strings manualmente. Mas, não acho que seja uma ótima ideia.

Use a Cabeça: Por quê?

String formatada: Duas razões: primeiro, você pode ter que criar muito código e segundo, sou um pouco mais dinâmica.

Use a Cabeça: O que você quer dizer?

String formatada: Bem, sou apenas dados. Muitas vezes, os programadores preferem usar dados ao invés de blocos de código, pois significa que podem armazenar-me como configuração. Portanto, sou muito usada para coisas, tais como, a internacionalização.

Use a Cabeça: Internacionalização?

String formatada: Sim, digamos que alguém queira exibir uma mensagem de que alguém tem a melhor pontuação. A pessoa poderia escrever a mensagem em um arquivo assim: "%d é a melhor pontuação!". Se ela escrever uma versão francesa da partida, simplesmente terá que me corrigir para "%d est les points supérieurs!".

Use a Cabeça: Não precisa de nenhuma mudança de código.

String formatada: Exatamente.

Use a Cabeça: String formatada, obrigado por seu tempo.

Não existem Perguntas Idiotas

P: Estas strings formatadas parecem um pouco estanhas. Como descubro mais sobre elas?

R: Um bom livro de consulta (apresentamos nosso favorito no apêndice) conterá tudo que você precisa saber e também há muito material on-line nos documentos oficiais do Python.

P: Há regras especiais para o que é aceitável como um número do cartão de crédito?

R: Sim, há. Mas, não fiquemos presos a este tipo de detalhe neste estágio. Concentre-se na função `save_transaction()` e como o código interage com ela.

P: Por que o código gera o menu de modo tão complexo?

R: Se você estudar o código de geração do menu, verá que quando adiciona mais itens e preços, o resto do código não precisa mudar para suportar os novos itens. O menu é gerado automaticamente.

*programação **modular***

Um e-mail tarde da noite arruína seu dia

Alguns dias depois da demonstração, você recebe um e-mail tarde da noite do amigo que escreveu o segundo programa (com base em *seu* código):

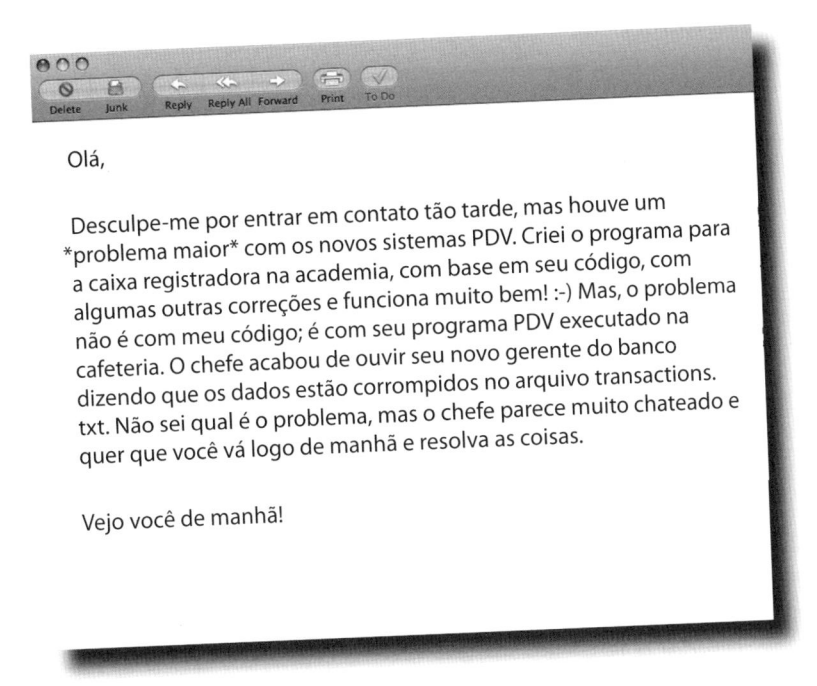

> Olá,
>
> Desculpe-me por entrar em contato tão tarde, mas houve um *problema maior* com os novos sistemas PDV. Criei o programa para a caixa registradora na academia, com base em seu código, com algumas outras correções e funciona muito bem! :-) Mas, o problema não é com meu código; é com seu programa PDV executado na cafeteria. O chefe acabou de ouvir seu novo gerente do banco dizendo que os dados estão corrompidos no arquivo transactions.txt. Não sei qual é o problema, mas o chefe parece muito chateado e quer que você vá logo de manhã e resolva as coisas.
>
> Vejo você de manhã!

Algo realmente estranho aconteceu. Embora seu código *costumasse* funcionar, de repente começou a dar errado. Nesse ínterim, o programa de seu amigo, que é realmente apenas uma **cópia modificada** de seu programa, está funcionando perfeitamente.

Parece que é melhor você ir para o clube desportivo logo de manhã cedo e ver o que aconteceu.

donut caro

$50.000... por um donut?!

Quando você chega ao clube desportivo, descobre exatamente o que aconteceu. As **vendas do dia inteiro** foram rejeitadas pelo banco por duas razões:

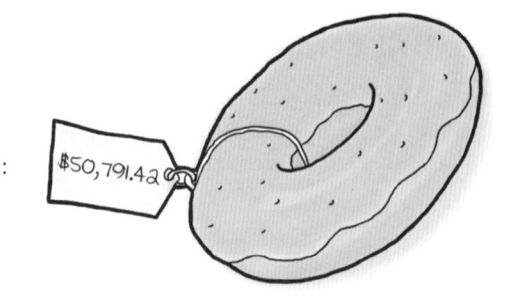

1) Os números do cartão de crédito são todos falsos/inválidos.

O banco ficou realmente preocupado com isto porque acha que alguém deve ter acessado ilegalmente o sistema para gerar números do cartão de crédito confusos.

2) Os preços são ridículos.

Uma das vendas registradas foi para um donut que custa mais de **$50.000**!

> E o que é pior, esta foi a primeira vez que enviamos o arquivo de transação para nosso novo banco! Apenas mudamos antes de ontem para que pudéssemos assegurar um empréstimo para a nova sala de musculação!

Parece ser um problema realmente grave. Vejamos o arquivo que o banco rejeitou.

programação modular

Apenas as vendas de seu programa foram rejeitadas

O arquivo `transations.txt` que foi enviado para o banco contém todas as vendas do dia de *seu* programa PDV na cafeteria e do programa PDV de *seu amigo* na academia. Esta é uma seção do arquivo:

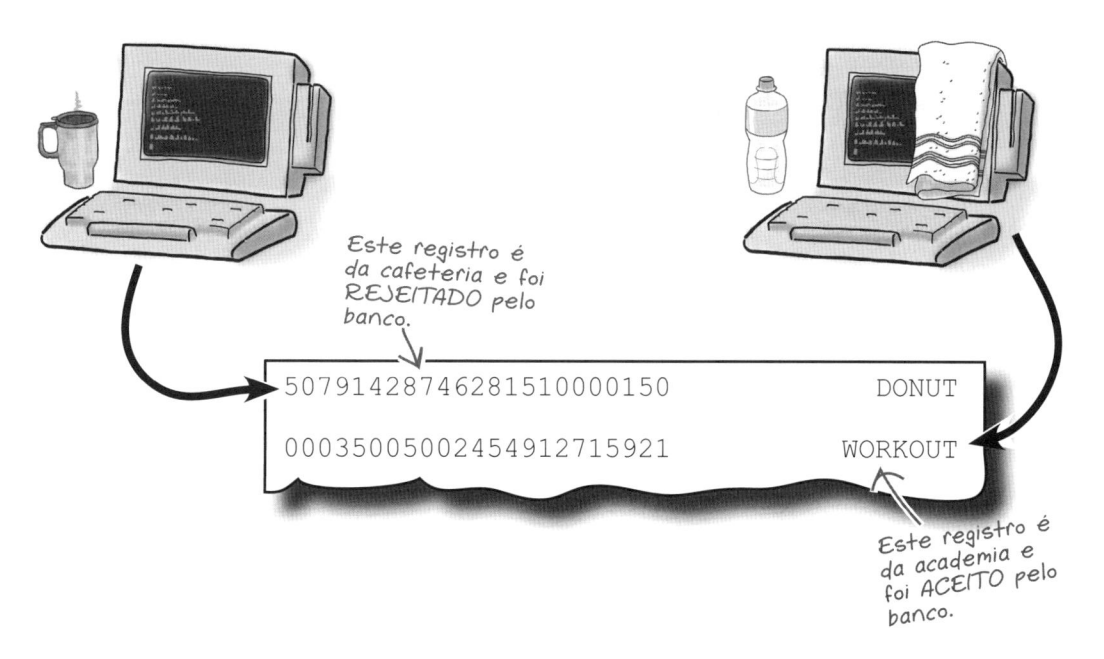

Este registro é da cafeteria e foi REJEITADO pelo banco.

```
50791428746281510000150        DONUT
00035005002454912715921        WORKOUT
```

Este registro é da academia e foi ACEITO pelo banco.

Como esperado, cada registro (de cada um dos programas PDV) foi anexado ao arquivo de transações. Essa parte parece estar funcionando bem.

Mas, algo não está certo aqui...

> ### PODER DO CÉREBRO
>
> Estude os dois registros com cuidado. Há uma diferença entre eles que possa explicar por que um foi aceito e o outro foi rejeitado? Pense sobre os eventos recentes. O que você acha que causou este problema?

mudança no formato

O novo banco usa um novo formato

Seu amigo informa que logo depois de pegar uma cópia de seu código, foi falado que o clube desportivo estava mudando de banco. Sem dizer a *você*, seu amigo descobriu o novo formato do banco e atualizou *seu código* no programa da **academia**.

Isso significa que o programa PDV na academia está gerando registros no formato do novo branco.

O formato do novo banco é:

```
Preço / Cartão de Crédito / Descrição
```

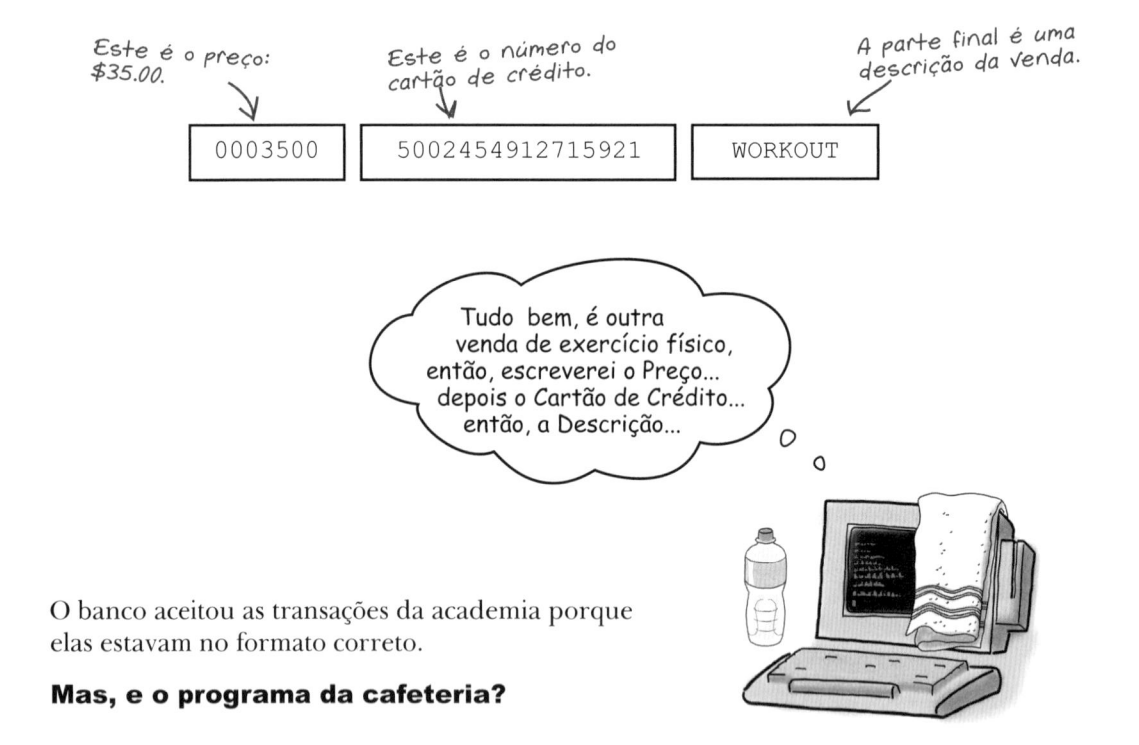

Este é o preço: $35.00.
```
0003500
```

Este é o número do cartão de crédito.
```
5002454912715921
```

A parte final é uma descrição da venda.
```
WORKOUT
```

Tudo bem, é outra venda de exercício físico, então, escreverei o Preço... depois o Cartão de Crédito... então, a Descrição...

O banco aceitou as transações da academia porque elas estavam no formato correto.

Mas, e o programa da cafeteria?

programação modular

Seu programa da cafeteria ainda usa o <u>formato</u> antigo

Seu programa na cafeteria *nunca* foi atualizado depois do clube desportivo mudar de banco. Ele ainda está fazendo o que sempre fez: ainda está criando arquivos no **formato antigo**.

Esse formato antigo escrevia o preço e o cartão de crédito de *outro modo*, quando seu programa escrevia um registro assim:

> Então, é um donut. Melhor escrever o Cartão de Crédito... depois o Preço... e então, a Descrição.

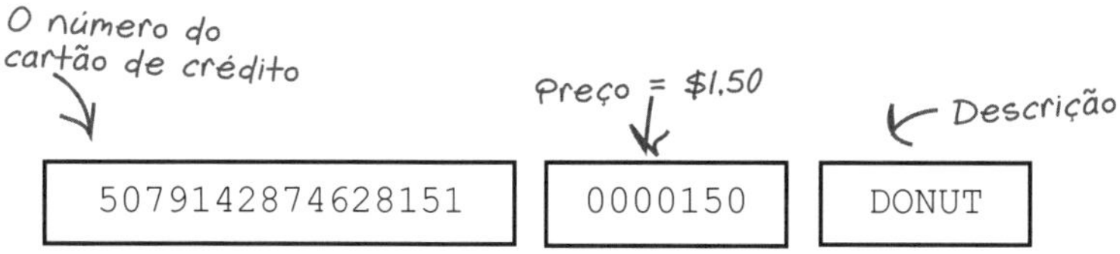

O número do cartão de crédito → 5079142874628151

Preço = $1.50 → 0000150

← Descrição DONUT

O novo banco **lê** o registro assim:

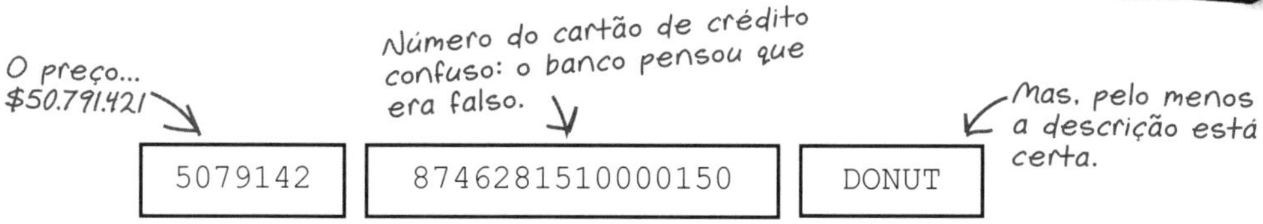

O preço... $50.791.421 → 5079142

Número do cartão de crédito confuso: o banco pensou que era falso. → 8746281510000150

Mas, pelo menos a descrição está certa. → DONUT

> Isto é suspeito... $50.000 por um donut... Não calcula... Informações falsas do cartão de crédito! Segurança! Segurança!

Portanto, não foi alguém que invadiu seu programa e mudou-o. Não, é exatamente o oposto. Seu código nunca teve a mudança que foi feita no programa da academia para suportar o novo formato.

☢ PODER DO CÉREBRO

O que você deve fazer para corrigir? O que você *não deve* fazer?

---

você está aqui ▶ **191**

não copie, compartilhe

Simplesmente não atualize sua cópia

O código no programa da academia é uma *cópia* de seu código na cafeteria. E copiar o código é uma **coisa ruim**. Uma vez que você tem duas cópias separadas de uma parte do código, as mudanças precisam ser aplicadas nos **dois lugares**. Então, como evitamos copiar o código?

Os programadores espertos escrevem um código modular

O segredo é dividir seus programas em partes menores de código, chamadas módulos. O que é um módulo? É apenas um arquivo que contém um código que o computador pode executar. Todo programa Python escrito até então era um módulo simples.

Mas, a maioria dos programas que você escreverá provavelmente será dividida em muitos, muitos módulos. E escrever um código modular é importante porque os módulos podem ser **compartilhados entre os programas**.

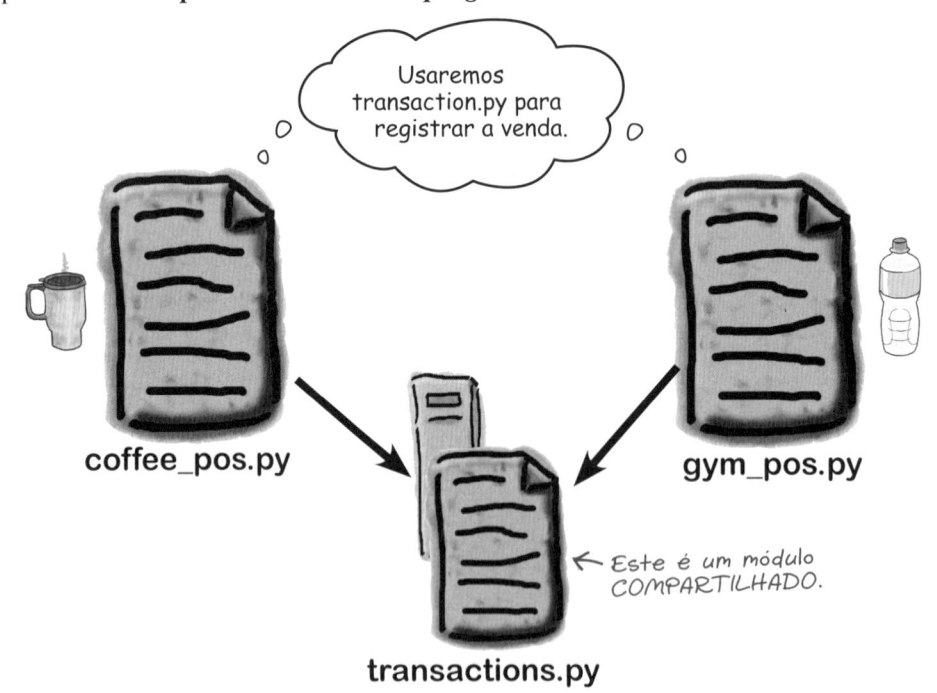

Usaremos transaction.py para registrar a venda.

coffee_pos.py

gym_pos.py

← Este é um módulo COMPARTILHADO.

transactions.py

Se você separar o código que salva as transações em um arquivo e armazená-lo em um novo módulo chamado `transactions.py`, esse módulo poderá ser compartilhado pelos **dois programas**. Então, se você precisar mudar o código em `transactions.py`, **ambos** os programas obterão as alterações automaticamente.

Então, como se cria um módulo...?

Lembre-se, um módulo é apenas um arquivo contendo código Python. Portanto, pegue o código que você deseja compartilhar do arquivo `gym_pdv.py`:

```
def save_transaction(price, credit_card, description):
    file = open("transactions.txt", "a")
```

Então, salve esse código em um arquivo chamado `transactions.py`. Você acabou de criar um novo módulo:

... e como você o usa?

Assim que você tiver criado o módulo, precisará *informar aos programas para usá-lo*. Quando você estava usando o código da *biblioteca*, precisou *importá-lo*. Você faz o mesmo com seus próprios módulos. Então, ao invés de usar o código da biblioteca a partir da Standard Python Library, realmente está usando o código da biblioteca que você mesmo escreveu. Você pode adicionar esta linha ao início de cada um de seus programas:

Esta linha precisa ser adicionada a qualquer programa que usa o módulo "transactions.py".

Isto significa "executar o código no módulo nomeado".

→ `from transactions import *` ← *Isto significa "tratar tudo dentro do módulo como se fosse o código dentro de seu programa".*

Com esta linha, você está informando ao Python que deseja executar o código no arquivo `transactions.py` e isto permite acessar qualquer código que o módulo contém *como se fosse simplesmente parte de seu programa*.

É hora de corrigir os programas.

a história dos dois programas

Aponte seu lápis

Estes são os dois programas PDV. Eis o código para aquele usado na cafeteria (que você escreveu):

Este é o código para o programa "coffee_pos.py".

```python
def save_transaction(price, credit_card, description):
    file = open("transactions.txt", "a")
    file.write("%16s%07d%16s\n" % (credit_card, price * 100, description))
    file.close()

items    = ["DONUT", "LATTE", "FILTER", "MUFFIN"]
prices   = [1.50, 2.20, 1.80, 1.20]
running = True

while running:
    option = 1
    for choice in items:
        print(str(option) + ". " + choice)
        option = option + 1
    print(str(option) + ". Quit")
    choice = int(input("Choose an option: "))
    if choice == option:
        running = False
    else:
        credit_card = input("Credit card number: ")
        save_transaction(prices[choice - 1], credit_card, items[choice - 1])
```

programação modular

O outro programa é muito parecido (que seu amigo criou para usar na academia):

Este é o código para o programa "gym_pos.py".

```python
def save_transaction(price, credit_card, description):
    file = open("transactions.txt", "a")
    file.write("%07d%16s%16s\n" % (price * 100, credit_card, description))
    file.close()

items   = ["WORKOUT", "WEIGHTS", "BIKES"]
prices  = [35.0, 10.0, 8.0]
running = True

while running:
    option = 1
    for choice in items:
        print(str(option) + ". " + choice)
        option = option + 1
    print(str(option) + ". Quit")
    choice = int(input("Choose an option: "))
    if choice == option:
        running = False
    else:
        credit_card = input("Credit card number: ")
        save_transaction(prices[choice - 1], credit_card, items[choice - 1])
```

Usando um lápis, modifique os dois programas para que eles usem o módulo `transactions.py`. Então, escreva o que você acha que deve entrar no módulo `transactions.py` aqui:

....
....
....
....

você está aqui ▶ **195**

módulo **transactions**

Aponte seu lápis
Solução

Estes são os dois programas PDV. Eis o código para aquele usado na cafeteria (que você escreveu):

```
def save_transaction(price, credit_card, description):
    file = open("transactions.txt", "a")
    file.write("%16s%07d%16s\n" % (credit_card, price * 100,
    description))
    file.close()
```
from transactions import *
```
items   = ["DONUT", "LATTE", "FILTER", "MUFFIN"]
prices  = [1.50, 2.20, 1.80, 1.20]
running = True

while running:
    option = 1
    for choice in items:
        print(str(option) + ". " + choice)
        option = option + 1
    print(str(option) + ". Quit")
    choice = int(input("Choose an option: "))
    if choice == option:
        running = False
    else:
        credit_card = input("Credit card number: ")
        save_transaction(prices[choice - 1], credit_card, items[choice - 1])
```

programação modular

O outro programa é muito parecido (que seu amigo criou para usar na academia):

```
def save_transaction(price, credit_card, description):
    file = open("transactions.txt", "a")
    file.write("%07d%16s%16s\n" % (price * 100, credit_card,
    description))
    file.close()
from transactions import *
items    = ["WORKOUT", "WEIGHTS", "BIKES"]
prices   = [35.0, 10.0, 8.0]
running  = True

while running:
    option = 1
    for choice in items:
        print(str(option) + ". " + choice)
        option = option + 1
    print(str(option) + ". Quit")
    choice = int(input("Choose an option: "))
    if choice == option:
        running = False
    else:
        credit_card = input("Credit card number: ")
        save_transaction(prices[choice - 1], credit_card, items[choice - 1])
```

Usando um lápis, modifique os dois programas para que eles usem o módulo transactions.py. Então, escreva o que você acha que deve entrar no módulo transactions.py aqui:

```
def save_transaction(price, credit_card, description):
    file = open("transactions.txt", "a")
    file.write("%07d%16s%16s\n" % (price * 100, credit_card, description))
    file.close()
```

Use o código que exibe o PREÇO primeiro.

test drive

TEST DRIVE

Assim que você tiver terminado o exercício, deverá ter **três arquivos gravados**: `gym_pos.py`, `coffee_pos.py` e `transactions.py`. Agora, você pode executar os programas `gym_pos.py` e `coffee_pos.py`:

gym_pos

```
Python 3.1.1 (r311:74480, Aug 18 2009, 07:03:45)
[GCC 4.3.3] on linux2
Type "copyright", "credits" or "license()" for more information.
>>> ================================ RESTART ================================
>>>
1. WORKOUT
2. WEIGHTS
3. BIKES
4. Quit
Choose an option: 1
Credit card number: 6432425412474321
1. WORKOUT
2. WEIGHTS
3. BIKES
4. Quit
Choose an option: 4
>>>
```

coffee_pos.py

```
Python 3.1.1 (r311:74480, Aug 18 2009, 07:03:45)
[GCC 4.3.3] on linux2
Type "copyright", "credits" or "license()" for more information.
>>> ================================ RESTART ================================
>>>
1. DONUT
2. LATTE
3. FILTER
4. MUFFIN
5. Quit
Choose an option: 1
Credit card number: 7649463856424326
1. DONUT
2. LATTE
3. FILTER
4. MUFFIN
5. Quit
Choose an option: 5
>>>
```

Os dois programas parecem funcionar corretamente. Mas, e o arquivo de transação?

programação **modular**

O arquivo de transação está funcionando bem também

Quando você abrir o arquivo `transactions.txt`, verá isto:

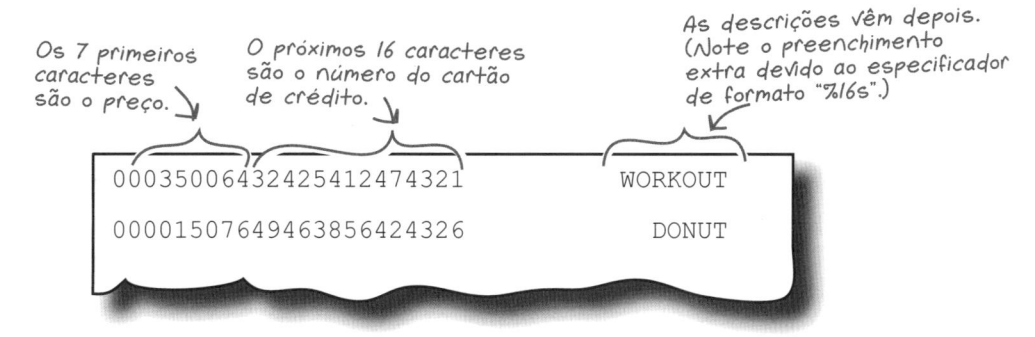

Os 7 primeiros caracteres são o preço.

O próximos 16 caracteres são o número do cartão de crédito.

As descrições vêm depois. (Note o preenchimento extra devido ao especificador de formato "%16s".)

```
0003500643242541247 4321        WORKOUT
0000150764946385642 4326         DONUT
```

Ambos os registros, criados por cada um dos programas PDV, agora estão formatados corretamente. É porque os dois programas estão compartilhando a mesma parte de código para salvar as transações.

Ufa! Acabei de saber no banco que as transações dos dois sistemas PDV funcionam sem problemas. É um grande alívio. Bom trabalho na correção!

Parece que você salvou o dia.

Não existem Perguntas Idiotas

P: Então, os módulos são um tipo de contêiner para as funções, certo?

R: É verdade que a maioria dos módulos é usada para armazenar uma coleção de funções afins. Contudo, é perfeitamente aceitável colocar **qualquer** código em um módulo, que então é executado sempre que o módulo é importado para seu programa.

P: Então, quando uso import é como se eu tivesse digitado o código no módulo diretamente em meu programa?

R: Sim, é um bom modo de pensar sobre isso. Usar um módulo compartilhado evita que você tenha que digitar (ou cortar e colar) todo o código você mesmo. Apenas importe-o e ele estará lá.

P: Tenho que usar módulos?

R: Não, mas a vantagem de colocar o código compartilhável em um módulo começa a compensar assim que você usa esse módulo em outro programa. Compartilhar o código com módulos é uma boa prática de programação.

você está aqui ▶

*redução **nos preços***

O clube desportivo tem uma nova exigência

O chefe do clube desportivo tem um grande plano para conseguir mais clientes para o clube.

> Ah, acho que preciso de preços com desconto na cafeteria no próximo mês. Não há nada como relaxar com uma xícara de café com leite depois de um exercício físico pesado, especialmente se o preço estiver certo. Nossos clientes gostam de se cuidar, portanto quero facilitar para eles.

O chefe tem uma ideia grande e nova.

O chefe deseja cortar 10% de todos os preços na cafeteria. Se tiver sucesso, ele poderá querer fazer o mesmo em outros lugares, tais como na academia.

Ao invés de apenas corrigir o código no arquivo `coffee_pos.py`, você precisará criar um novo módulo chamado `promotion.py`, que calculará um preço com desconto.

*programação **modular***

Aponte seu lápis

Você precisa mudar o programa PDV da cafeteria para aplicar 10% de desconto em tudo que é vendido. Você tem três tarefas:

❶ Comece criando um novo módulo chamado `promotion.py` contendo uma função:

```
def discount(price):
```

....

❷ Complete o código na função acima para que retorne 90% do preço dado.

❸ Esta é a versão mais recente do módulo `coffee_pos.py`. Modifique-a para que use o novo módulo para cortar o preço de tudo que é vendido.

```
from transactions import *

items  = ["DONUT", "LATTE", "FILTER", "MUFFIN"]
prices = [1.50, 2.20, 1.80, 1.20]
running = True

while running:
    option = 1
    for choice in items:
        print(str(option) + ". " + choice)
        option = option + 1
    print(str(option) + ". Quit")
    choice = int(input("Choose an option: "))
    if choice == option:
        running = False
    else:
        credit_card = input("Credit card number: ")
        save_transaction(prices[choice - 1], credit_card, items[choice - 1])
```

desconto aplicado

> ### Aponte seu lápis
> ### Solução
> Você precisava mudar o programa PDV da cafeteria para aplicar 10% de desconto em tudo que é vendido. Você tinha três tarefas:

① Comece criando um novo módulo chamado `promotion.py` contendo uma função:

```
def discount(price):
    return 0.9 * price
```
Multiplicar o preço por 0.9 dará um desconto de 10%.

② Complete o código na função acima para que retorne 90% do preço dado.

③ Esta é a versão mais recente do módulo coffee_pdv.py. Modifique-a para que use o novo módulo para cortar o preço de tudo que é vendido.

```
from transactions import *
from promotion import *
items  = ["DONUT", "LATTE", "FILTER", "MUFFIN"]
prices = [1.50, 2.20, 1.80, 1.20]
running = True

while running:
    option = 1
    for choice in items:
        print(str(option) + ". " + choice)
        option = option + 1
    print(str(option) + ". Quit")
    choice = int(input("Choose an option: "))
    if choice == option:
        running = False
    else:
        credit_card = input("Credit card number: ")
        new_price = discount(prices[choice - 1])
        save_transaction(new_price, credit_card, items[choice - 1])
```

Você precisa importar o código do módulo "promotion.py".

Seu código deve chamar a função "discount( )".

"new_price" é o valor descontado do preço.

*programação **modular***

TEST DRIVE

Então, o que acontecerá se você iniciar `coffee_pos.py` no IDLE e comprar um café com leite de $2?

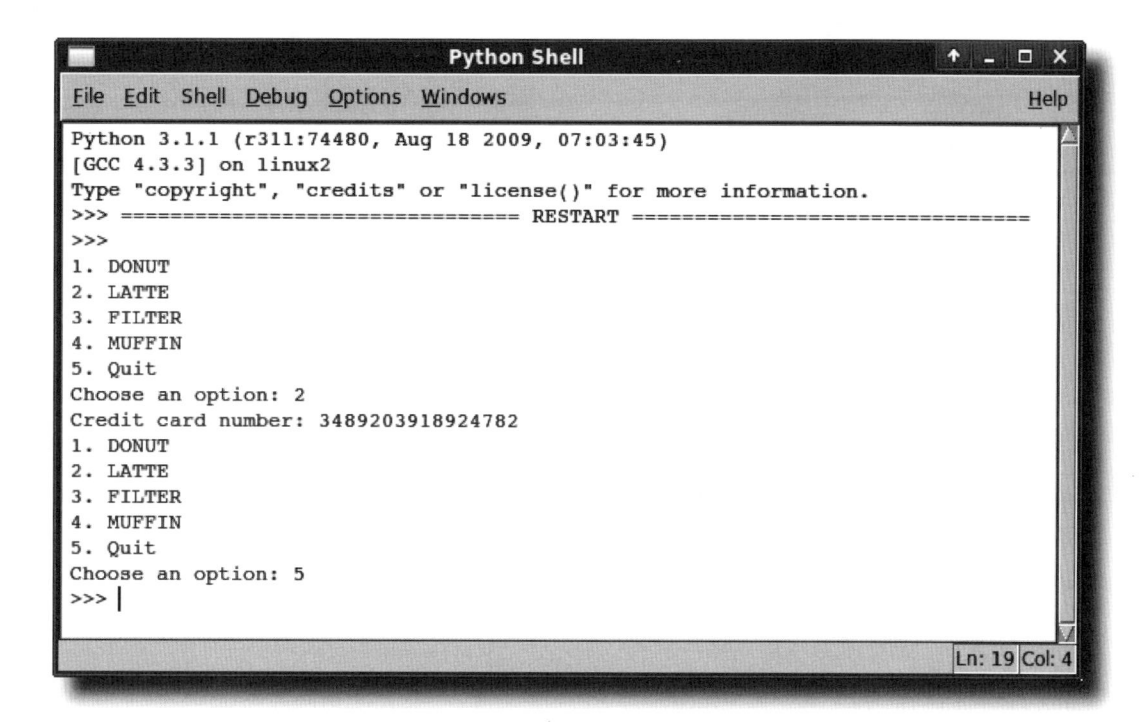

```
Python 3.1.1 (r311:74480, Aug 18 2009, 07:03:45)
[GCC 4.3.3] on linux2
Type "copyright", "credits" or "license()" for more information.
>>> ================================ RESTART ================================
>>>
1. DONUT
2. LATTE
3. FILTER
4. MUFFIN
5. Quit
Choose an option: 2
Credit card number: 3489203918924782
1. DONUT
2. LATTE
3. FILTER
4. MUFFIN
5. Quit
Choose an option: 5
>>>
```

Parece que está funcionando na tela. E no arquivo `transactions.txt`? O café com leite ainda custará $2.20?

```
00001983489203918924782                    LATTE
```

O preço real a cobrar está aqui.

Não, o café com leite foi descontado em 10% para $1.98, que é *exatamente* o que você deseja registrar no arquivo de transações.

É hora de demonstrar seu código para o chefe.

outro desconto

> É fantástico! Você fez a alteração muito rapidamente, na hora das portas abrirem. Ela lida com **ambos** os tipos de desconto, certo?

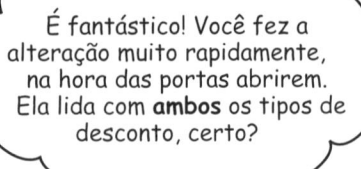

Ambos dos tipos de desconto?

Parece que havia algo que o chefe *esqueceu* de dizer. Assim como decidiu cortar os próprios preços do clube desportivo, ele também entrou em contato com seu velho amigo, o diretor executivo do Starbuzz, e providenciou um desconto especial para todos que mostram ao caixa um Cartão de Desconto Starbuzz. Este é o e-mail recebido:

Ótimo ter notícias suas!

Sim, claro, você pode reunir-se ao esquema de desconto do Starbuzz! Muitas pessoas no mundo agora estão trabalhando nos sistemas para o Starbuzz, portanto, acho que posso ajudar seus codificadores. Veja uma cópia anexada do Módulo de Desconto Starbuzz (tm) oficial. É um módulo Python que calculará um desconto de 5% adicional para todo cliente que apresentar um Cartão de Desconto Starbuzz.

Se mudarmos o modo como o esquema de desconto funcionará no futuro, poderemos enviar um módulo atualizado e seus sistemas serão atualizados sem você ter que fazer nenhum trabalho!

Fique bem e continue bebendo café!

Seu amigo,

Diretor executivo do Starbuzz

São ótimas notícias. Embora você tenha tido notícias sobre este desconto extra no final do dia, pelo menos grande parte do trabalho já foi feita. Você apenas precisa usar o módulo Python que o diretor executivo do Starbuzz anexou a seu e-mail e seu programa estará configurado para aplicar ambos os descontos.

Vejamos o código Starbuzz.

programação **modular**

O código Starbuzz

O anexo do Starbuzz era um arquivo chamado `starbuzz.py`. Quando você o abrir, verá isto:

As linhas que começam com # são comentários; o Python irá ignorá-las.

Esta é a função de desconto, como fornecida pelo Starbuzz.

```
# Módulo de Desconto Starbuzz Oficial
# Copyright(c) Starbuzz Corporation
# Todos os Direitos Reservados.
# Esta função calcula um desconto de 5% em um preço
def discount(price):
    return 0.95 * price
```

Esta função retorna um preço que é 5% menor que o preço dado.

As primeiras linhas começam com caracteres #; são **comentários**. Os comentários são apenas notas adicionadas por um programador com a intenção de serem lidas por outros programadores. O Python irá ignorá-las, pois os comentários não são código.

Depois dos comentários, vem a função `discount()` do Starbuzz. É exatamente como a função de desconto que você escreveu, exceto que ao invés de retornar um desconto de 10%, retorna um desconto de 5%.

Seu código terá que usar ambos os descontos:

- Ele aplicará um desconto de 10% em tudo.

- E se alguém apresentar um Cartão de Desconto Starbuzz, também terá que aplicar um desconto Starbuzz de 5%.

⚛ PODER DO CÉREBRO

Você precisa mudar o código para que ele use ambas as funções `discount()`. **Você pode ver um problema? Qual é?**

---

você está aqui ▶   **205**

confusão de identidade

As duas funções de desconto têm o mesmo nome

Eis o módulo `promotion.py` que você acabou de criar:

```
def discount(price):
    return 0.9 * price
```

E eis o módulo `starbuzz.py`:

```
# Módulo de Desconto Starbuzz Oficial
# Copyright(c) Starbuzz Corporation
# Todos os Direitos Reservados.
# Esta função calcula um desconto de 5% em um preço def
discount(price):
        return 0.95 * price
```

Ambos os módulos definem uma função chamada `discount()`. Então, o que acontece quando você tenta usá-los? Se o Python vir uma linha de código assim:

```
new_price = discount(1.75)
```

qual função ele chamará? O desconto de promoção? O desconto Starbuzz? Ambos? Nenhum???

Este é um dos problemas de usar o código compartilhado. Algumas vezes, há uma função em um módulo que tem o *mesmo nome* de uma função em outro módulo. Quando isto acontece, a última função importada é a usada, que tem o efeito de sobrecarregar qualquer função existente que tenha o mesmo nome. Isto pode resultar em erros difíceis de localizar.

Então, o que fazer?

Você precisa qualificar de algum modo os nomes de sua função.

programação modular

Os Nomes Totalmente Qualificados (NTQs) impedem que seus programas fiquem confusos

Imagine se você vivesse em um mundo onde as pessoas tivessem os primeiros nomes apenas:

Michael →

← Michael

> Olá, é Michael. Diga-me, você está livre sexta-feira à noite?

Muitas pessoas compartilham o mesmo primeiro nome. Mas, as pessoas também têm **sobrenomes**. Se você usar um primeiro nome com um sobrenome, as coisas ficam muito menos confusas.

E é a mesma coisa com o código. Se você tiver dois módulos contendo funções com o mesmo nome, o computador ficará confuso. Mas, se você **qualificar totalmente** o nome da função, prefixando-o com o **nome do módulo**, o computador saberá exatamente o que você quer dizer:

> Ah, eu preciso aplicar o desconto de 10% a partir de promotion.py? Sem problemas, desde que você esteja usando um NTQ...

```
promotion.discount(1.75)
```

Se você for usar Nomes Totalmente Qualificados (NTQs) a partir de um módulo, então, também precisará mudar o modo como importa o código:

```
from promotion import *
```
(riscado)

```
import promotion
```
← Isto importará o código de promotion.py, mas para usá-lo, você precisará adicionar "promotion" ao início do nome da função.

coffee_pos.py

Agora, você pode corrigir o código para usar ambos os descontos.

você está aqui ▶ **207**

pos mais esperto

Exercício Longo

Estes são os dois módulos de desconto:

promotion.py

```
def discount(price):
    return 0.9 * price
```

starbuzz.py

```
# Módulo de Desconto Starbuzz Oficial
# Copyright(c) Starbuzz Corporation
# Todos os Direitos Reservados.
# Esta função calcula um desconto de 5% em
um preço def discount(price):
        return 0.95 * price
```

Escreva uma nova versão de coffee_pos.py que, depois de escolher uma opção de menu, perguntará se o cliente tem um Cartão de Desconto Starbuzz. Se a resposta for "Y" (sim), aplique **ambos**, o desconto Starbuzz e o desconto da promoção. Do contrário, apenas aplique o desconto da promoção.

Eis a versão mais recente de coffee_pos.py:

```
from transactions import *
from promotion import *

items  = ["DONUT", "LATTE", "FILTER", "MUFFIN"]
prices = [1.50, 2.20, 1.80, 1.20]
running = True

while running:
    option = 1
    for choice in items:
        print(str(option) + ". " + choice)
        option = option + 1
    print(str(option) + ". Quit")
    choice = int(input("Choose an option: "))
    if choice == option:
        running = False
    else:
        credit_card = input("Credit card number: ")
        new_price = discount(prices[choice - 1])
        save_transaction(new_price, credit_card, items[choice - 1])
```

Escreva seu código aqui.

conseguindo uma promoção

Exercício Longo
Solução

Estes são os dois módulos de desconto:

promotion.py

```
def discount(price):
    return 0.9 * price
```

starbuzz.py

```
# Módulo de Desconto Starbuzz Oficial
# Copyright(c) Starbuzz Corporation
# Todos os Direitos Reservados.
# Esta função calcula um desconto de 5% em
um preço def discount(price):
    return 0.95 * price
```

Você teve que escrever uma nova versão de coffee_pos.py que, depois de escolher uma opção de menu, perguntará se o cliente tem um Cartão de Desconto Starbuzz. Se a resposta for "Y" (sim), aplique **ambos**, o desconto Starbuzz e o desconto da promoção. Do contrário, apenas aplique o desconto da promoção.

Eis a versão mais recente de coffee_pos.py:

```
from transactions import *
from promotion import *

items   = ["DONUT", "LATTE", "FILTER", "MUFFIN"]
prices  = [1.50, 2.20, 1.80, 1.20]
running = True

while running:
    option = 1
    for choice in items:
        print(str(option) + ". " + choice)
        option = option + 1
    print(str(option) + ". Quit")
    choice = int(input("Choose an option: "))
    if choice == option:
        running = False
    else:
        credit_card = input("Credit card number: ")
        new_price = discount(prices[choice - 1])
        save_transaction(new_price, credit_card, items[choice - 1])
```

programação modular

> Importando o módulo transactions assim, você poderá chamar as funções sem o nome do módulo.

> Você precisa usar este tipo de import para "promotion.py" e "starbuzz.py", pois irá qualificar os nomes da função com os nomes do módulo.

```
from transactions import *

import promotion

import starbuzz


items   = ["DONUT", "LATTE", "FILTER", "MUFFIN"]
prices  = [1.50, 2.20, 1.80, 1.20]
running = True


while running:
    option = 1
    for choice in items:
        print(str(option) + ". " + choice)
        option = option + 1
    print(str(option) + ". Quit")
    choice = int(input("Choose an option: "))
    if choice == option:
        running = False
    else:
        credit_card = input("Credit card number: ")
        price = promotion.discount(prices[choice - 1])
        if input("Starbuzz card? ") == "Y":
            price = starbuzz.discount(price)
        save_transaction(price, credit_card, items[choice - 1])
```

> Se alguém tiver um Cartão de Desconto Starbuzz, você precisará aplicar o segundo desconto Starbuzz

test drive

TEST DRIVE

Tentemos executar o novo programa e comprar um bolinho *muffin* de $1.20 sem um cartão de desconto.

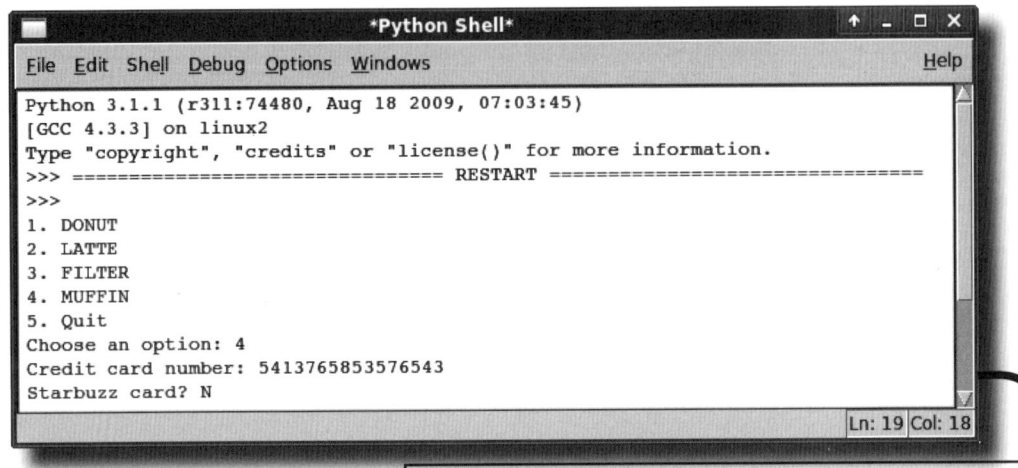

```
*Python Shell*
File  Edit  Shell  Debug  Options  Windows                           Help
Python 3.1.1 (r311:74480, Aug 18 2009, 07:03:45)
[GCC 4.3.3] on linux2
Type "copyright", "credits" or "license()" for more information.
>>> ================================ RESTART ================================
>>>
1. DONUT
2. LATTE
3. FILTER
4. MUFFIN
5. Quit
Choose an option: 4
Credit card number: 5413765853576543
Starbuzz card? N
                                                            Ln: 19  Col: 18
```

00001085413765853576543   MUFFIN

Custa $1.08 = 90% de $1.20.

É um bolin muffin.

Mas, e se você tentar comprar um café com leite (latte) de $2.20 usando um cartão Starbuzz?

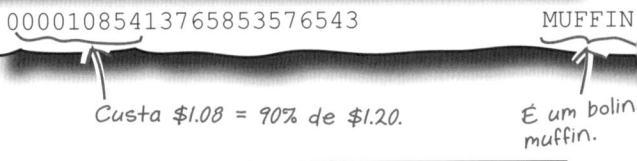

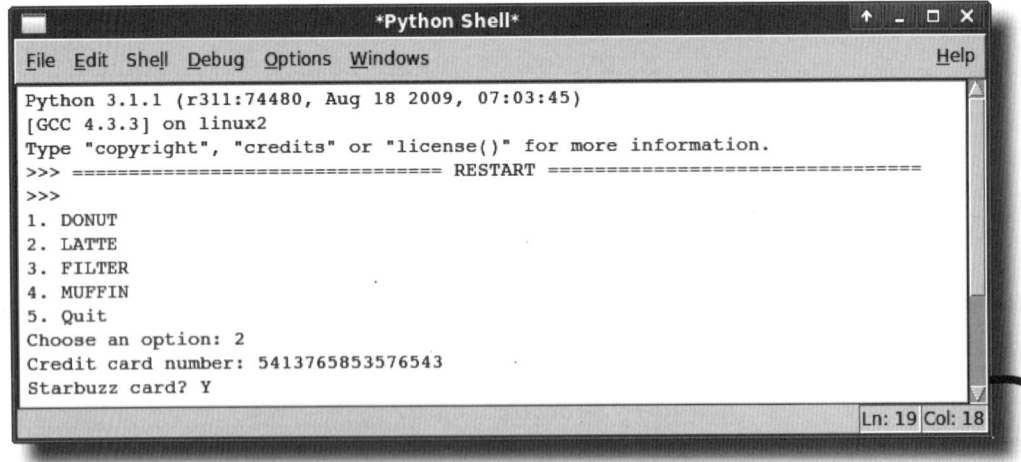

```
*Python Shell*
File  Edit  Shell  Debug  Options  Windows                           Help
Python 3.1.1 (r311:74480, Aug 18 2009, 07:03:45)
[GCC 4.3.3] on linux2
Type "copyright", "credits" or "license()" for more information.
>>> ================================ RESTART ================================
>>>
1. DONUT
2. LATTE
3. FILTER
4. MUFFIN
5. Quit
Choose an option: 2
Credit card number: 5413765853576543
Starbuzz card? Y
                                                            Ln: 19  Col: 18
```

00001885413765835766543   LATTE

O código funciona! Com o cartão Starbuzz, ele aplica dois descontos. Sem um cartão Starbuzz, seu código apenas aplica um.

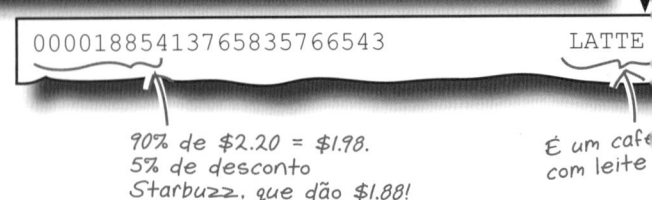

90% de $2.20 = $1.98.
5% de desconto Starbuzz, que dão $1.88!

É um café com leite

programação modular

Os descontos mantêm o fluxo de clientes entrando

Assim que a fama se espalhou de que há duplos descontos disponíveis na cafeteria, o clube desportivo ficou cheio de clientes.

> Nunca ficamos tão ocupados! A sala de musculação, a academia, as saunas. O lugar inteiro está cheio de clientes! Gosto do modo como você escreve o código. Quero que faça um upgrade de cada sistema no lugar!

Graças à escrita do **código modular**, você conseguiu o contrato para substituir *todos* os sistemas do clube desportivo. Os módulos ajudam a escrever um código estável e gerenciável. Quanto mais código você escrever em módulos, maior será a chance de que conseguirá reutilizá-lo em todo lugar.

Dividir seu código em módulos transforma bons programas em ótimos programas.

Não existem Perguntas Idiotas

P: Não entendi; por que preciso usar um NTQ de novo?

R: *Você usa um Nome Totalmente Qualificado (ou NTQ) quando precisa distinguir duas funções de diferentes módulos que têm o mesmo nome. Com os sistemas do clube desportivo, a função discount( ) existia em seu módulo e no módulo fornecido pelo Starbuzz. Para manter a coisas simples, você teve que usar um NTQ.*

P: Então, se eu não tivesse usado um NTQ, o desconto errado seria aplicado na compra?

R: *Sim, muito provavelmente.*

P: Mas, se eu não tivesse usado um NTQ, como saberia qual desconto foi usado?

R: *Bem... esse é o problema. Você não saberia. É difícil prever o que aconteceria, pois tudo depende de em qual ordem o código importa seus módulos.*

P: Então, tudo que preciso fazer é manter os olhos na ordem quando importo os módulos e tudo estará bem?

R: *Não, não é o que recomendamos. Não confie no que poderia acontecer. Use um NTQ para que sempre fique no controle.*

você está aqui ▶ 213

Sua Caixa de Ferramentas de Programação

Você colocou o Capítulo 6 em seu currículo. Vejamos o que aprendeu neste capítulo:

Ferramentas de programação

* As strings formatadas permitem que você use especificadores de formato para formatar as strings.

* Os especificadores de string permitem que você defina o tipo, comprimento e preenchimento usados em um formato.

* Dividir o código em arquivos separados é chamado de programação modular.

* O código modular é mais fácil de compartilhar entre os programas.

* Escrever um código modular é como escrever suas próprias bibliotecas.

* Os Nomes Totalmente Qualificados (NTQ) são nomes da função que incluem os nomes do módulo.

Ferramentas do Python

* Use "from ... import *" para executar as funções de módulo do código sem os nomes do módulo.

* Use "import ..." se você precisar qualificar os nomes de suas funções com um nome de módulo usando um NTQ (que é a abordagem recomendada na comunidade Python).

7 construindo uma interface gráfica com o usuário

Sendo geui

> Veja bem, algumas vezes não é suficiente apenas construir. Tem que ficar bonito também.

Suas habilidades de codificação são ótimas e estão ficando melhores com o tempo.

É simplesmente uma vergonha que seus programas não sejam *bonitos* na aparência. Exibir prompts e mensagens em um console baseado em texto é correto e bom, mas é tão anos 70, não é? Adicione um texto verde em um fundo preto e sua aparência retrô estará completa. Tem que haver uma *maneira melhor* de se comunicar com seus usuários além do console, e há: usando uma **interface gráfica com o usuário do inglês "Graphical User Interface"** ou **GUI** (pronunciado como "geui"). Parece legal, mas complexo, e pode ser. Mas, não se preocupe; aprender um truque ou dois tornará seu código todo gráfico em pouco tempo. Sejamos gráficos (desculpe, Geui) neste capítulo.

muitas solicitações

A Use a Cabeça TVN agora produz shows de televisão

Há mais do que apenas esportes no Use a Cabeça TVN, pois a estação entrou no mundo lucrativo da transmissão de programas ao vivo. Seu programa principal, *Who Wants to Win a Swivel Chair*, está atraindo dígitos na casa dos milhões... nada mal para uma estação que opera com um orçamento pequeno.

Você foi abordado pelo apresentador do programa estressado (mas, incrivelmente educado) para ajudar com um programa do qual ele precisa. A TVN ficou tão impressionada com seu trabalho na última vez, que eles estão oferecendo dois ingressos gratuitos na frente para a Grande Final como pagamento por seu trabalho.

> Não consigo controlar a pontuação, fazer as perguntas e tocar a campainha... tudo sozinho... você pode ajudar?

Apresentador do programa da TVN.

Você teve algumas conversas com o apresentador e determinou uma lista de *exigências do programa*:

1. O apresentador deseja ser *avisado* depois de uma pergunta ter sido feita para pressionar 1 para uma *resposta certa* ou 2 para uma *resposta errada*.

2. Com base na tecla pressionada, um devido *efeito sonoro* precisa ser reproduzido.

3. O programa precisa *lembrar* quantas respostas foram corretas e quantas foram erradas.

4. O apresentador terminará o programa pressionando 0. Então, o programa exibirá o número de respostas certas, erradas e o número de perguntas feitas.

Iremos detalhar o que é requerido no pseudocódigo.

Aponte seu lápis

Use o espaço fornecido abaixo para escrever o pseudocódigo para o programa que você foi solicitado a escrever para a TVN:

Escreva seu pseudocódigo aqui.

pseudocódigo do programa

Aponte seu lápis
Solução

Você teve que usar o espaço fornecido abaixo para escrever o pseudocódigo para o programa que lhe foi solicitado pela TVN:

Você precisa lembrar quantas perguntas foram feitas, quantas estavam corretas e quantas estavam erradas.

```
numero_perguntas = 0
numero_corretas = 0
numero_incorretas = 0
```

Comece pedindo ao apresentador para fazer uma escolha.

```
faça uma pergunta e pressione 1 para resposta
correta, 2 para resposta incorreta ou 0 para sair
enquanto a resposta não é 0
    se a resposta é 1
```

Isto será executado se a pergunta foi respondida CORRETAMENTE.

```
        adicione 1 a numero_perguntas
        adicione 1 a numero_corretas
        reproduza um efeito sonoro
    se a resposta é 2
```

Isto será executado se a pergunta foi respondida INCORRETAMENTE.

```
        adicione 1 a numero_perguntas
        adicione 1 a numero_incorretas
        reproduza um efeito sonoro
    faça uma pergunta e pressione 1 para resposta
    correta, 2 para resposta incorreta ou 0 para sair
```

Pergunte ao apresentador no final de cada loop o que ele deseja fazer em seguida.

Finalmente, exiba as pontuações.

```
exibe os valores de numero_perguntas, numero_
corretas e numero_incorretas na tela
```

Não se preocupe se sua resposta não parecer EXATAMENTE com esta. Há alguns modos de escrever o código.

construindo uma interface gráfica com o usuário

Frank: Acho que o som será um problema.

Jim: Parece fácil para mim...

Joe e Frank: <suspiro>

Jim: Desculpe-me, não consigo resistir. Falando a sério, pode ser difícil reproduzir um som a partir de um programa?

Joe: Reproduzir um som não é o problema; fazer com que funcione em diversas plataformas pode ser. Por exemplo, o que funciona no Windows pode não funcionar no Mac OS X ou no Linux.

Jim: Não é um problema. Uso apenas o Windows, portanto, tudo bem.

Frank: Bom para você, mas o resto de nós deseja reproduzir também e não queremos ter que... um... eh... *retroceder* para o Windows.

Jim: Típico: ataque o Windows quando algo não funcionar em *seu* computador não Windows.

Joe: Acalmem-se, rapazes. Precisamos parar de brigar e propor uma solução que nos permita reproduzir sons *e* trabalhar no Windows, Mac OS X e Linux. E tem que funcionar com o Python também.

Jim: Você quer dizer que o Python não suporta o som como padrão?!?

Frank: Não, de fato. Na verdade, muito poucas linguagens de programação suportam o som entre múltiplas plataformas. Não é apenas um problema do Python.

Jim: Então... estamos sem sorte. Isso significa que é hora de ir para casa?

Joe: Não tão rapidamente, Jim! Estou bem certo que o **pygame** pode ajudar aqui.

Jim: Então... não posso voltar cedo para casa, mas *posso* jogar jogos?

Frank: Fala a sério, Jim, acho que Joe que está certo. Podemos usar o **pygame** para reproduzir nossos sons no Python.

Jim: E funcionará no Windows, Mac OS X e Linux?

Joe: Sim, estou bem certo que funcionará. Certamente, o pygame é um conjunto de bibliotecas de jogos para o Python, mas tudo que precisamos usar é a parte que lida com a reprodução de sons.

Jim: Parece ótimo. Mal posso esperar para vê-lo em ação.

Frank: Você não quis dizer "*ouvi-lo em ação*"?

Jim e Joe: <suspiro>

entre no pygame

O pygame é compatível entre plataformas

Antes de continuar com o resto deste capítulo, você precisa fazer uma pausa para o download e, então, instalar a tecnologia pygame em seu computador. A tecnologia pygame é um exemplo do que é conhecido como *biblioteca de terceiros*: que é a funcionalidade extra que pode ser adicionada ao seu ambiente Python, mas que não faz parte da biblioteca padrão.

Como instalar o pygame tende a ser uma coisa muito específica da plataforma, fizemos o upload de um conjunto de instruções para o Web site do *Use a Cabeça Programação* para você seguir.

PARE! Não prossiga com o resto deste capítulo até ter instalado o pygame para o Python 3 em seu computador.

construindo *uma* *interface gráfica com o usuário*

Código Pronto

Veja este programa pygame útil, que mostra como reproduzir quatro sons, um após o outro:

Exatamente como outras bibliotecas. Você importa a biblioteca que deseja usar.

Crie um objeto "pygame.mixer" e inicialize o sistema de som.

A função "wait_finish()" faz um laço até o método "get_busy()" do canal retornar False.

O valor retornado do método "play()" é transmitido para "wait_finish()".

```
import pygame.mixer
sounds = pygame.mixer
sounds.init()

def wait_finish(channel):
    while channel.get_busy():
        pass

s = sounds.Sound("heartbeat.wav")
wait_finish(s.play())
s2 = sounds.Sound("buzz.wav")
wait_finish(s2.play())
s3 = sounds.Sound("ohno.wav")
wait_finish(s3.play())
s4 = sounds.Sound("carhorn.wav")
wait_finish(s4.play())
```

O método "get_busy()" verifica para saber se o som ainda está sendo reproduzido.

"pass" é uma construção Python que não faz nada.

Carregue o arquivo de som que você deseja reproduzir.

Identifique e reproduza cada um dos sons.

Carregue isto!

Para executar este programa em seu computador, obviamente você precisa do pygame instalado **e** precisa fazer o download dos arquivos de som deste capítulo no Web site *Use a Cabeça Programação*. Coloque os arquivos de som no mesmo diretório/pasta de seu programa.

test drive

TEST DRIVE

Você carregou/instalou com sucesso o pygame e pegou uma cópia dos arquivos de som *Use a Cabeça Programação* deste capítulo. Agora, **teste** o programa pygame no IDLE para ver se as coisas estão funcionando corretamente:

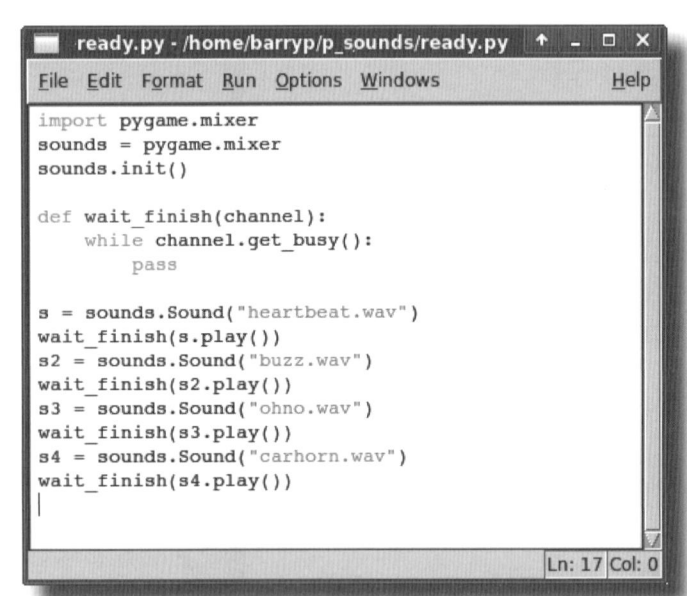

```python
import pygame.mixer
sounds = pygame.mixer
sounds.init()

def wait_finish(channel):
    while channel.get_busy():
        pass

s = sounds.Sound("heartbeat.wav")
wait_finish(s.play())
s2 = sounds.Sound("buzz.wav")
wait_finish(s2.play())
s3 = sounds.Sound("ohno.wav")
wait_finish(s3.play())
s4 = sounds.Sound("carhorn.wav")
wait_finish(s4.play())
```

Tamp!
Tamp!
Buzz!
Oh, nõ!
Biiiiip!

Os sons, como o pygame, estão ativados e em execução!

Obviamente, não podemos mostrar o som neste livro, mas acredite, este programa funciona como avisado. Na verdade, NÃO acredite em nós, execute o programa você mesmo!

Ouço meus efeitos sonoros baratos... você vai gostar daquela buzina de carro!

222   *Capítulo 7*

Não existem Perguntas Idiotas

P: Então, o pygame é uma biblioteca criada por algum programador diferente das pessoas que trabalham no Python?

R: Sim. É chamada de **biblioteca de terceiros**. Não foi criada por você ou pelas pessoas que trazem o Python. Algum(ns) outro(s) programador(es), o(s) terceiro(s), criou(aram) o pygame.

P: E é distribuído gratuitamente?

R: Sim. O que é muito bom, não é?

P: Existem outras bibliotecas, tais como, o pygame, que podem ser adicionadas ao meu ambiente Python?

R: Sim, há muitas. Para ver a lista atual, siga o link **Package Index** do Web site Python principal. O Python se refere às bibliotecas de terceiros como "packages" e, como você verá, há pacotes (packages) disponíveis para cada finalidade concebível, não apenas para reproduzir sons ou desenvolver jogos (como é o caso do pygame).

P: Os sons que carreguei são arquivos WAV. Sei que o WAV é um dos padrões para codificar o som, mas é o melhor formato a usar?

R: Isso depende de para quem você pergunta! Estamos usando arquivos WAV porque eles são usados em muitos lugares e são bem suportados na maioria dos sistemas operacionais. Há muitos formatos de arquivo para o som e muitos deles afirmam ser "melhores" do que o WAV, mas para o que estamos fazendo aqui, o WAV é perfeito.

P: Qual a finalidade da função wait_finish() no Código pronto? Simplesmente não entendo por que ela existe.

R: É função que aguarda o som terminar de reproduzir antes de continuar com o resto do programa.

P: O quê?! Certamente, o som reproduz apenas?

R: Reproduzir com o pygame assim, embora seja divertido, oculta um problema que pode aparecer ao trabalhar com o som (em qualquer linguagem de programação). Como resultado, quando solicitado a reproduzir um som, o principal chip dentro de seu computador (a CPU) nem mesmo tenta. Ao contrário, há outro chip menor em seu computador que é especificamente designado a reproduzir sons e é para esse chip que seu chip principal entrega o arquivo de som e diz: "reproduza isto para mim". Então, o chip principal volta a executar seu código, vê outra solicitação para reproduzir um som, não se importa, entrega o novo arquivo de som para o chip de som e repete até seu programa terminar. O chip de som – e é a parte importante – é designado a operar **paralelamente** com seu chip principal. Enquanto seu chip principal está fazendo outra coisa, o chip de som está ocupado reproduzindo qualquer som que foi solicitado a reproduzir. E – eis a dificuldade – se o chip de som foi solicitado a reproduzir mais de um som, ele tentará reproduzir cada som ao mesmo tempo.

P: Então, a função wait_finish() é como um atraso artificial depois de cada som?

R: Não, não é realmente um atraso, é mais como uma pausa designada a permitir que o efeito sonoro seja reproduzido totalmente antes de reproduzir qualquer outra coisa. A função `wait_finish()` **força** seu chip de som terminar com um som antes de iniciar outro. O que acontece é que quando um som é reproduzido, o método `play()` retorna o número do canal (ou trilha) no qual o som está sendo reproduzido. Então, você pode usar o número do canal para pedir ao pygame para esperar o canal terminar de reproduzir um som antes de continuar, que é o que o código no Test drive faz na página anterior.

P: E se eu não usar wait_finish(), o que acontecerá então?

R: Todos os sons tentarão reproduzir-se ao mesmo tempo e parecerá uma confusão de sons, em oposição à reprodução de um som, então, outro, depois outro etc.

além do pseudocódigo

Exercício Longo

Agora que você sabe como gerar um som usando o pygame, é hora de escrever o código para o programa da TVN. Baseie seu programa no pseudocódigo criado anteriormente.

construindo uma interface gráfica com o usuário

continuando com o programa

Exercício Longo — Solução

Agora que você sabe como gerar um som usando o pygame, é hora de escrever o código para o programa da TVN. Você teve que basear seu programa no pseudocódigo criado anteriormente.

Você precisa importar o módulo "mixer" do pygame para reproduzir os sons.
```
import pygame.mixer
```

Reutilize a função "wait_finish()" de antes.
```
def wait_finish(channel):
    while channel.get_busy():
        pass
```

Crie um objeto mixer e inicialize o sistema de som de pygame.
```
sounds = pygame.mixer
sounds.init()
```

Carregue cada som requerido em sua própria variável.
```
correct_s = sounds.Sound("correct.wav")
wrong_s   = sounds.Sound("wrong.wav")
```

É o que você perguntará principalmente a cada vez.
```
prompt = "Press 1 for Correct, 2 for Wrong, or 0 to Quit: "
```

Certifique-se de que as contagens que você manterá sejam definidas para um valor inicial razoável!
```
number_asked   = 0
number_correct = 0
number_wrong   = 0
```

Seria bom mover estas três linhas de código para o início do programa, contanto que tenham valores iniciais antes do laço while iniciar.

Solicite ao apresentador. → `choice = input(prompt)`

Enquanto o jogo não tiver terminado... → `while choice != '0':`

    `if choice == '1':`

Se a resposta for correta, aumente os contadores e, então, reproduza o devido som.

        `number_asked = number_asked + 1`
        `number_correct = number_correct + 1`
        `wait_finish(correct_s.play())`

Se a resposta for incorreta, aumente os contadores e reproduza o efeito sonoro.

    `if choice == '2':`
        `number_asked = number_asked + 1`
        `number_wrong = number_wrong + 1`
        `wait_finish(wrong_s.play())`
    `choice = input(prompt)`

No final do programa, exiba um resumo dos valores do contador.

`print("You asked " + str(number_asked) + " questions.")`
`print(str(number_correct) + " were correctly answered.")`
`print(str(number_wrong) + " were answered incorrectly.")`

test drive

TEST DRIVE

Digite seu código no IDLE e grave-o com o nome `gameshow.py`. Com os sons do *Use a Cabeça Programação* armazenados no mesmo diretório de seu programa, pressione F5 para a primeira rodada.

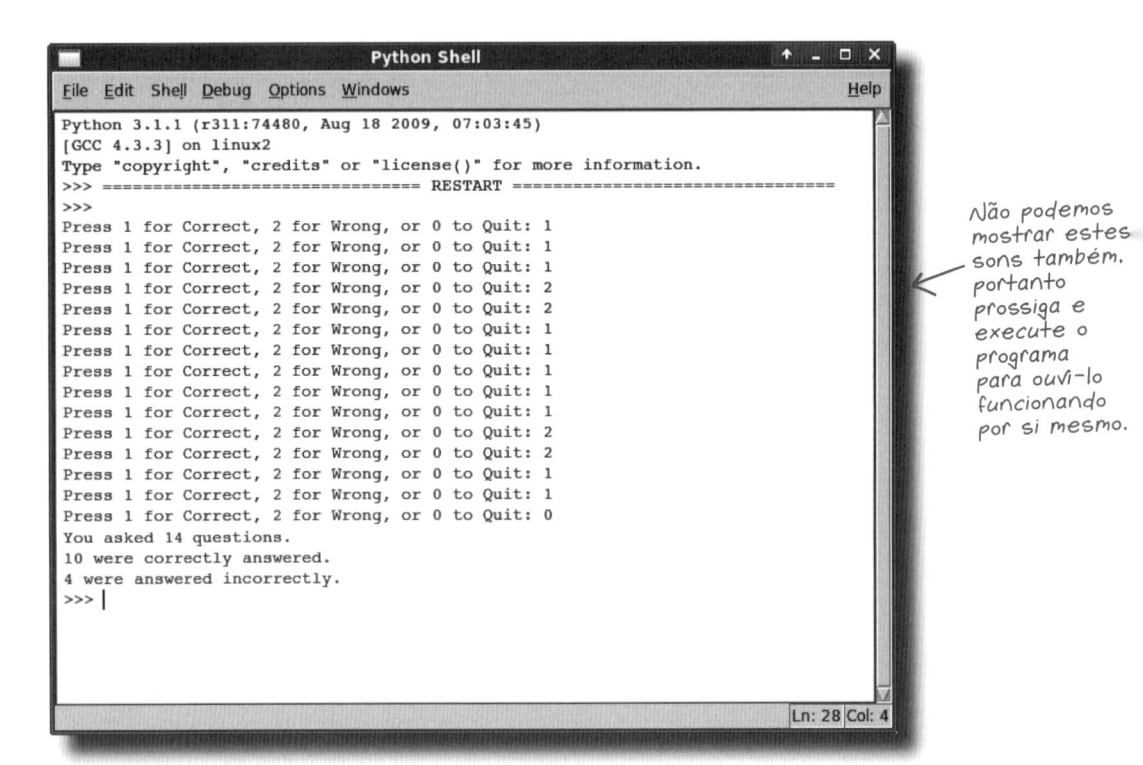

```
Python 3.1.1 (r311:74480, Aug 18 2009, 07:03:45)
[GCC 4.3.3] on linux2
Type "copyright", "credits" or "license()" for more information.
>>> ================================ RESTART ================================
>>>
Press 1 for Correct, 2 for Wrong, or 0 to Quit: 1
Press 1 for Correct, 2 for Wrong, or 0 to Quit: 1
Press 1 for Correct, 2 for Wrong, or 0 to Quit: 1
Press 1 for Correct, 2 for Wrong, or 0 to Quit: 2
Press 1 for Correct, 2 for Wrong, or 0 to Quit: 2
Press 1 for Correct, 2 for Wrong, or 0 to Quit: 1
Press 1 for Correct, 2 for Wrong, or 0 to Quit: 1
Press 1 for Correct, 2 for Wrong, or 0 to Quit: 1
Press 1 for Correct, 2 for Wrong, or 0 to Quit: 1
Press 1 for Correct, 2 for Wrong, or 0 to Quit: 2
Press 1 for Correct, 2 for Wrong, or 0 to Quit: 1
Press 1 for Correct, 2 for Wrong, or 0 to Quit: 1
Press 1 for Correct, 2 for Wrong, or 0 to Quit: 1
Press 1 for Correct, 2 for Wrong, or 0 to Quit: 0
You asked 14 questions.
10 were correctly answered.
4 were answered incorrectly.
>>>
```

Não podemos mostrar estes sons também, portanto prossiga e execute o programa para ouvi-lo funcionando por si mesmo.

Isto tem uma aparência e sons muito bons... e mal posso esperar para experimentar na semifinal!

O PYGAME EXPOSTO

Entrevista desta semana:
É divertido ser o pygame?

Use a Cabeça: Olá, pygame. É ótimo tê-lo conosco.

pygame: Olá. Muito obrigado por me dar esta oportunidade de discutir minha situação com você.

Use a Cabeça: Que situação é esta?

pygame: Bem, você sabe, só porque estou acostumado a jogar, todos esperam que eu seja divertido *o tempo todo*. A vida e a alma da festa... nunca parar de cheirar rosas... sempre em atividade. <suspiro> É tudo muito divertido, realmente.

Use a Cabeça: Muito divertido? Realmente?

pygame: Bem... sim. Poucas pessoas sabem isto, mas minha vida como pygame é difícil. Não só tenho que ajudar as pessoas comuns com seus problemas de programação, como há todos aqueles jogadores também. Alguns desses caras *nunca* dormem... é apenas jogar, jogar, jogar, jogar, jogar... Estou simplesmente exausto.

Use a Cabeça: Ah, lamento ouvir isso. Mas, você não se sente bem com todos esses programadores por aí na comunidade Python usando você?

pygame: Acho que sim.

Use a Cabeça: Você tornou mais fácil as vidas de muitos programadores. Há muito código bom escrito que não teria sido escrito se não fosse por você.

pygame: Sim, certo. Faço todo o esforço enquanto as outras pessoas estão fazendo outras coisas.

Use a Cabeça: Ah, sem essa, sua vida não é *tão* ruim, é?

pygame: <suspiros>

Use a Cabeça: Certamente, você sabe o que as pessoas estão dizendo sobre você?

pygame: Agora, elas estão falando sobre mim também? Que terrível... <gemidos>

Use a Cabeça: Sim, há muita conversa, mas é tudo *bom*. A comunidade de programação Python *adora* você, pygame.

pygame: Adora? <mais gemidos>

Use a Cabeça: Sim. Você é bem testado, bem escrito e sua documentação é excelente. Seu suporte para os lançamentos mais recentes do Python é preciso também e você funciona no Mac OS X, Windows *e* Linux.

pygame: Tudo que tento fazer é deixar todos contentes.

Use a Cabeça: E você deixa. Ouvimos tantas coisas ótimas sobre você que estamos recomendando-o a todos os nossos amigos.

pygame: Eles jogam jogos? Sou bom nisso, você sabe.

Use a Cabeça: Sim, alguns deles jogam. Mas, outros simplesmente falam ótimas coisas sobre o que seus aplicativos podem fazer *graças a você*, pygame.

pygame: Suponho que as coisas não sejam tão ruins afinal?

Use a Cabeça: De modo algum. Somos grandes fãs!

pygame: Por que obrigado? Que impressionante. Você tem tempo para um jogo rápido? Há este novo Dungeons & Dragons que estou louco para experimentar...

interface antiquada

0... 2... 1... 9... decolar!

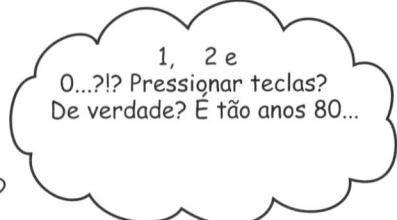

> 1, 2 e 0...?!? Pressionar teclas? De verdade? É tão anos 80...

A aparência de seu programa é muito antiquada.

O programa funciona, mas não ganhará um Prêmio de Design Visual tão cedo. E seu uso de teclas pressionadas torna-o um pouco difícil de usar também.

Então, sua *aparência* poderia ser melhorada e sua *utilização* poderia ser melhor.

Parece que você precisa de uma *interface gráfica com o usuário* ou **GUI**

↑
A maioria das pessoas falam "geui".

construindo uma interface gráfica com o usuário

Aponte seu lápis

Você precisa projetar a aparência de sua GUI para a TVN. Desenhe como acha que deve ser sua GUI no espaço fornecido abaixo.

Sugestão: Reserve um tempo para pensar sobre outros programas GUI que você usou. Pense em um elemento comum da interface que você poderia usar (e desenhar) aqui.

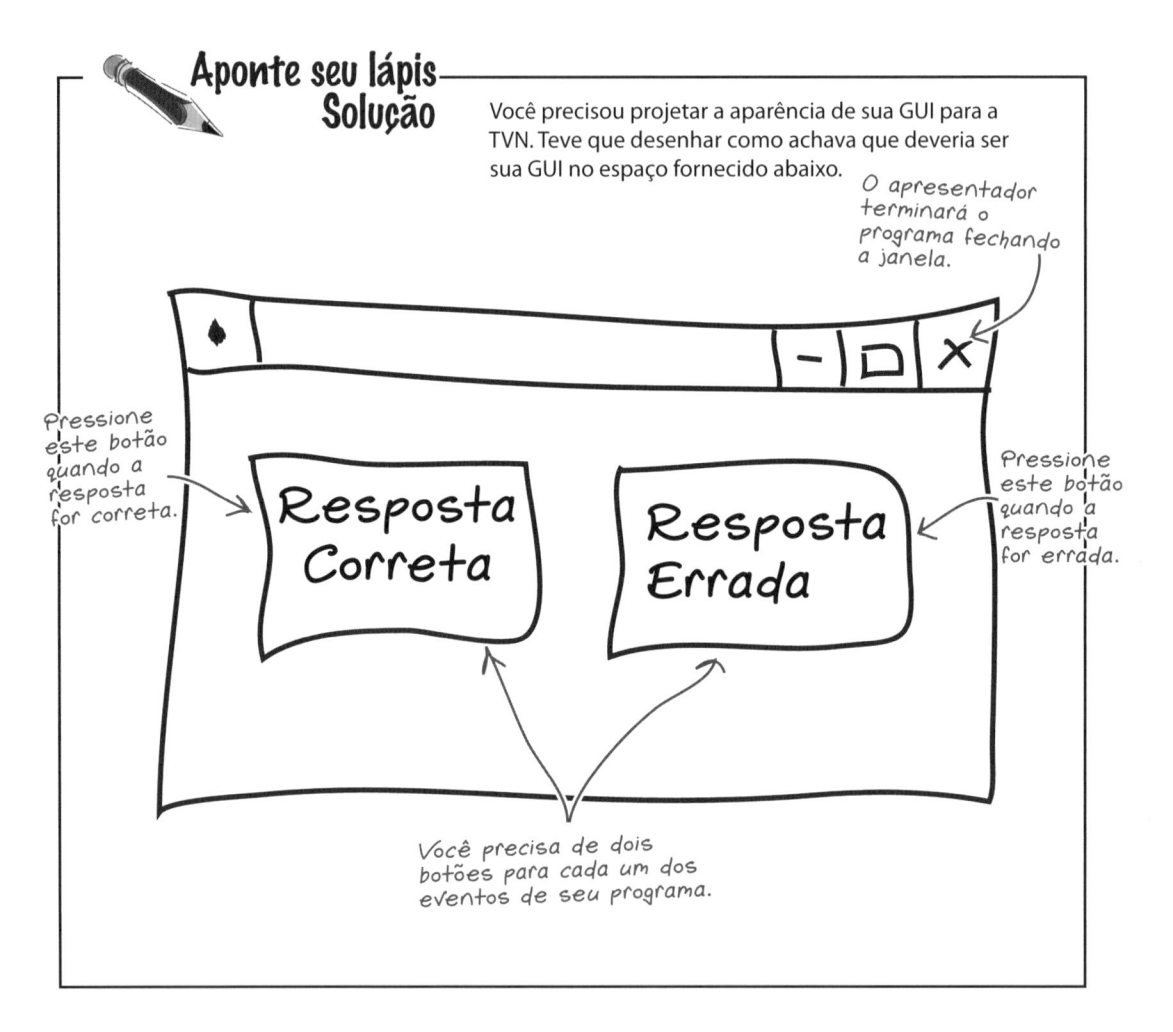

plástica da **interface**

Aponte seu lápis
Solução

Você precisou projetar a aparência de sua GUI para a TVN. Teve que desenhar como achava que deveria ser sua GUI no espaço fornecido abaixo.

O apresentador terminará o programa fechando a janela.

Pressione este botão quando a resposta for correta.

Resposta Correta

Resposta Errada

Pressione este botão quando a resposta for errada.

Você precisa de dois botões para cada um dos eventos de seu programa.

construindo *uma interface gráfica com o usuário*

Frank: Desde quando você é um especialista em GUIs?

Jim: Todo usuário Windows não é?

Joe: Bem, claro, todos sabem como *usar* uma GUI, mas estamos falando sobre *criar* uma GUI no código.

Jim: Ah... oh... um... eh... agora, por onde devemos começar?

Frank: Para escrever o código para um aplicativo GUI é... bem... como escrever qualquer outro código. Se você souber programar, saberá como criar uma GUI. É apenas uma questão de **selecionar** a biblioteca GUI correta, **aprender** a usá-la, então, **escrever** o código.

Joe: Então, iremos para o *Python Package Index* e pegaremos algumas bibliotecas GUI, não é?

Frank: Não tão rapidamente. O Python vem com uma biblioteca GUI como padrão, chamada tkinter.

Jim: tk o quê?

Frank: tkinter. A parte "tk" se refere ao fato de que a biblioteca GUI padrão do Python é baseada na tecnologia **Tk** muito popular. A parte "inter" é uma abreviação de "interface".

Jim: Então, iremos construir uma interface GUI no Python executada no Tk usando o tkinter?

Frank: Sim, iremos. Isto não é confuso demais, é?

Joe e Jim: Bem... não se você diz.

Frank: O ótimo ao criar as GUIs é entender o *laço de evento*.

Joe: Ah, é apenas o código de laço que reage quando certas coisas ocorrem, não é? É como o laço `while` na versão não GUI do programa da TVN. Nesse código, o laço é um laço de evento, não é?

Frank: Com certeza. Embora o laço de evento GUI tenda a ser muito capaz e possa fazer muito mais coisas que o laço `while` simples.

Joe: Isso parece complexo. Não é?

Frank: Na verdade não. Apenas é preciso acostumar-se.

Jim: Mas, é tudo apenas código, não é?

Frank: Sim. Código Python usando a biblioteca tkinter.

Joe: Tudo bem. Façamos isto, uma vez que *já* sabemos como programar.

Ah... GUIs. Todas aquelas sub-rotinas de evento adoráveis, cliques do mouse, componentes da interface (ou widgets), estruturas, barras de rolagem, cliques duplos e –pessoalmente favorito – movimento do mouse.

laço de evento tkinter

O tkinter fornece o laço de evento gratuitamente

Para processar os eventos com eficiência, as GUIs empregam um *laço de evento*. Os laços de evento observam e esperam os eventos, chamando uma parte do código sempre que um evento ocorre. Se você pensar no programa de Jogos da TVN atual, ele *já* tem um laço de evento muito básico que aguarda o apresentador pressionar 1, 2 ou 0. Então, o programa chama um código antes de aguardar novamente outro *evento de tecla pressionada* do apresentador. Para implementar isto no código, você usou o laço while:

```
while choice != '0':
    if choice == '1':
        number_asked = number_asked + 1
        number_correct = number_correct + 1
```

Clique na caixa fechar para encerrar este aplicativo.

No tkinter, você não precisa escrever um laço while como precisou para seu programa não GUI. No tkinter, chame o método mainloop():

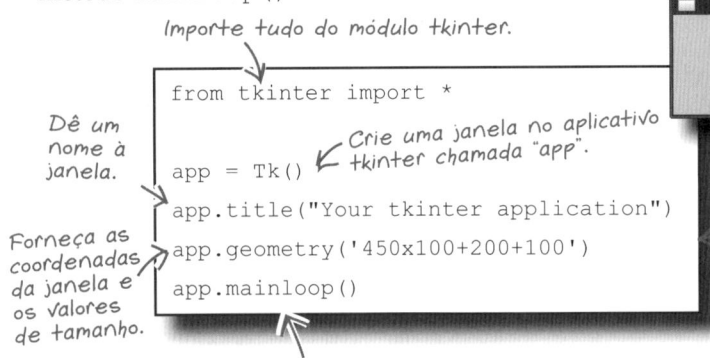

Importe tudo do módulo tkinter.

```
from tkinter import *
app = Tk()
app.title("Your tkinter application")
app.geometry('450x100+200+100')
app.mainloop()
```

Dê um nome à janela.

Crie uma janela no aplicativo tkinter chamada "app".

Forneça as coordenadas da janela e os valores de tamanho.

Estas cinco linhas de código Python/tkinter produzem esta GUI.

Inicie o laço de evento tkinter.

Para adicionar um botão ao seu aplicativo, use um código como este, assegurando de que colocará estas duas linhas de código *antes* da chamada para mainloop():

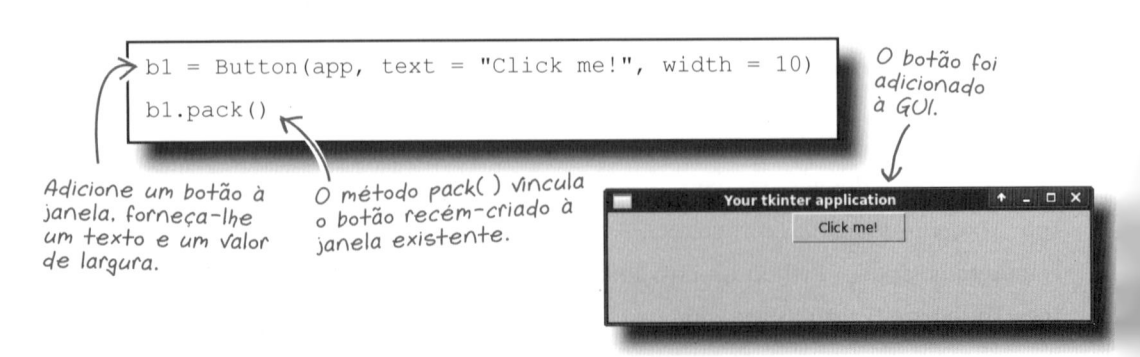

```
b1 = Button(app, text = "Click me!", width = 10)
b1.pack()
```

Adicione um botão à janela, forneça-lhe um texto e um valor de largura.

O método pack() vincula o botão recém-criado à janela existente.

O botão foi adicionado à GUI.

O tkinter vem com opções

O método `pack()` permite que você posicione o botão na janela do aplicativo. Se você fornecer um valor do parâmetro `side` para `pack()`, poderá controlar onde o botão aparece na janela. Eis os valores válidos para `side`:

- `pack(side = 'left')`
  Posiciona o botão no lado esquerdo da janela.

- `pack(side = 'right')`
  Posiciona o botão no lado direito da janela.

- `pack(side = 'top')`
  Posiciona o botão na parte superior da janela.

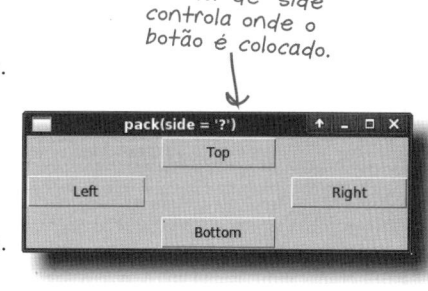

- `pack(side = 'bottom')`
  Posiciona o botão na parte inferior da janela.

O valor de "side" controla onde o botão é colocado.

Também é possível adicionar um preenchimento em volta dos botões (para deixá-los mais bonitos em sua janela):

- `pack(padx = 10, pady = 10)`
  Posiciona o botão com 10 pixels de preenchimento em todos os quatro lados.

Aponte seu lápis

Com base no que você sabe agora sobre as janelas tkinter e os botões, escreva o código para exibir a GUI que você precisa para o programa da TVN:

....

....

....

....

....

....

....

....

exibição gráfica

Aponte seu lápis
Solução

Com base no que você sabe agora sobre as janelas tkinter e os botões, você teve que escrever o código para exibir a GUI que você precisa para o programa da TVN

```
from tkinter import *
```

Crie a janela como no exemplo anterior, mas mude seu título e valores da geometria.

```
app = Tk()
app.title("TVN Game Show")
app.geometry('300x100+200+100')
```

Crie um botão para o evento "Correct" (Correto).

```
b1 = Button(app, text = "Correct!", width = 10)
```

Coloque um botão à esquerda, outro à direita e forneça-lhes um preenchimento.

```
b1.pack(side = 'left', padx = 10, pady = 10)

b2 = Button(app, text = "Wrong!", width = 10)
b2.pack(side = 'right', padx = 10, pady = 10)
```

Crie outro botão para o evento "Wrong" (Errado).

Inicie o laço de evento.

```
app.mainloop()
```

construindo uma interface gráfica com o usuário

TEST DRIVE

Levemos seu primeiro programa GUI para fazer um test drive. Com seu código tkinter fornecido no IDLE, grave-o como tvn.pyw e pressione F5 para ver como fica:

Há uma convenção no mundo Python que sugere nomear os programas tkinter com uma extensão ".pyw", em oposição ao ".py" usual. Isto ajuda ao sistema operacional a executar devidamente seus programas tkinter, especialmente no Windows.

Seu código no IDLE.

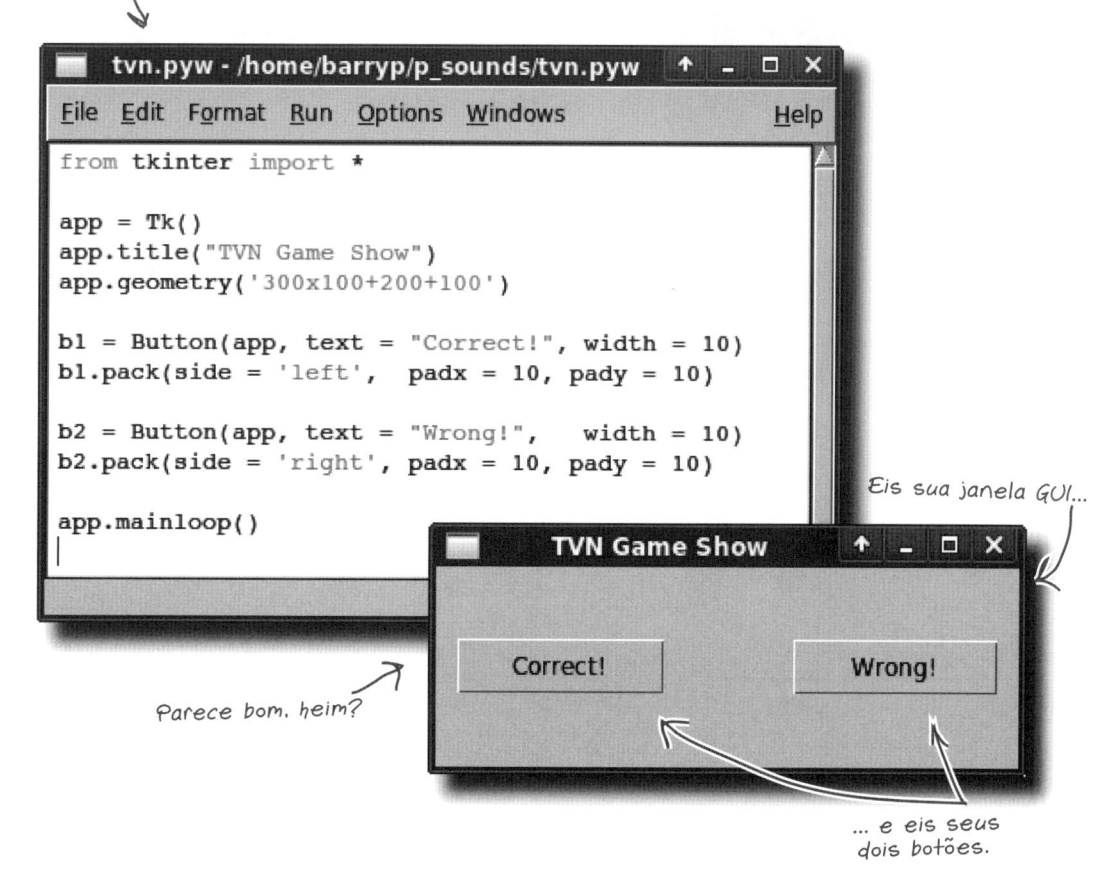

```
tvn.pyw - /home/barryp/p_sounds/tvn.pyw
File  Edit  Format  Run  Options  Windows              Help

from tkinter import *

app = Tk()
app.title("TVN Game Show")
app.geometry('300x100+200+100')

b1 = Button(app, text = "Correct!", width = 10)
b1.pack(side = 'left',  padx = 10, pady = 10)

b2 = Button(app, text = "Wrong!",   width = 10)
b2.pack(side = 'right', padx = 10, pady = 10)

app.mainloop()
```

Parece bom, heim?

Eis sua janela GUI...

TVN Game Show

    Correct!   Wrong!

... e eis seus dois botões.

É uma GUI bonita e profissional! O que as pessoas na TVN acharam?

você está aqui ▶ **237**

beleza sem cérebro

A GUI funciona, mas não faz nada

> Bela interface, mas não funciona. Quando clico em um botão, nada acontece... não ouço nada. O que aconteceu com meus efeitos sonoros legais?

A interface gráfica do usuário pode estar pronta, mas o programa não está completo.

Não existem Perguntas Idiotas

P: Então, tudo que o tkinter me dá é a capacidade de desenhar a GUI?

R: Bem, sim, mas há bastante funcionalidade envolvida nesse pequeno número de linhas do código tkinter.

P: O método `pack()` parece um pouco estranho... como ele sabe onde colocar as coisas?

R: O método `pack()` adota uma abordagem de melhor abordagem quanto a colocar os componentes de sua GUI na janela de seu aplicativo GUI. Isso geralmente funciona e quando não, os parâmetros de `pack()` fornecem algum controle sobre a situação.

P: É tudo left, right, top e bottom, não é?

R: Sim, assim como parâmetros padx e pady. Eles ajudam no posicionamento dos componentes também, colocando um espaço adicional (ou preenchimento) em torno de seus botões.

P: Tudo bem, entendi, mas como pode nada acontecer quando clico em meus botões?

R: Ah, engraçado você ter perguntado isso...

Conecte o código aos seus eventos de botão

Quando você clica em um botão, o laço de evento tkinter **captura** o evento e *procura algo para fazer com ele*. O problema é: como seu programa está, você não detalhou o que *é* esse algo a fazer. Seus botões não têm código associado, portanto, os eventos ocorrem, mas *não são percebidos*. Para *conectar* o código aos botões, coloque o código que você deseja executar em sua própria função e, então, nomeie a função no código do botão fornecendo um parâmetro command.

Identifique a função a executar quando o botão é clicado.

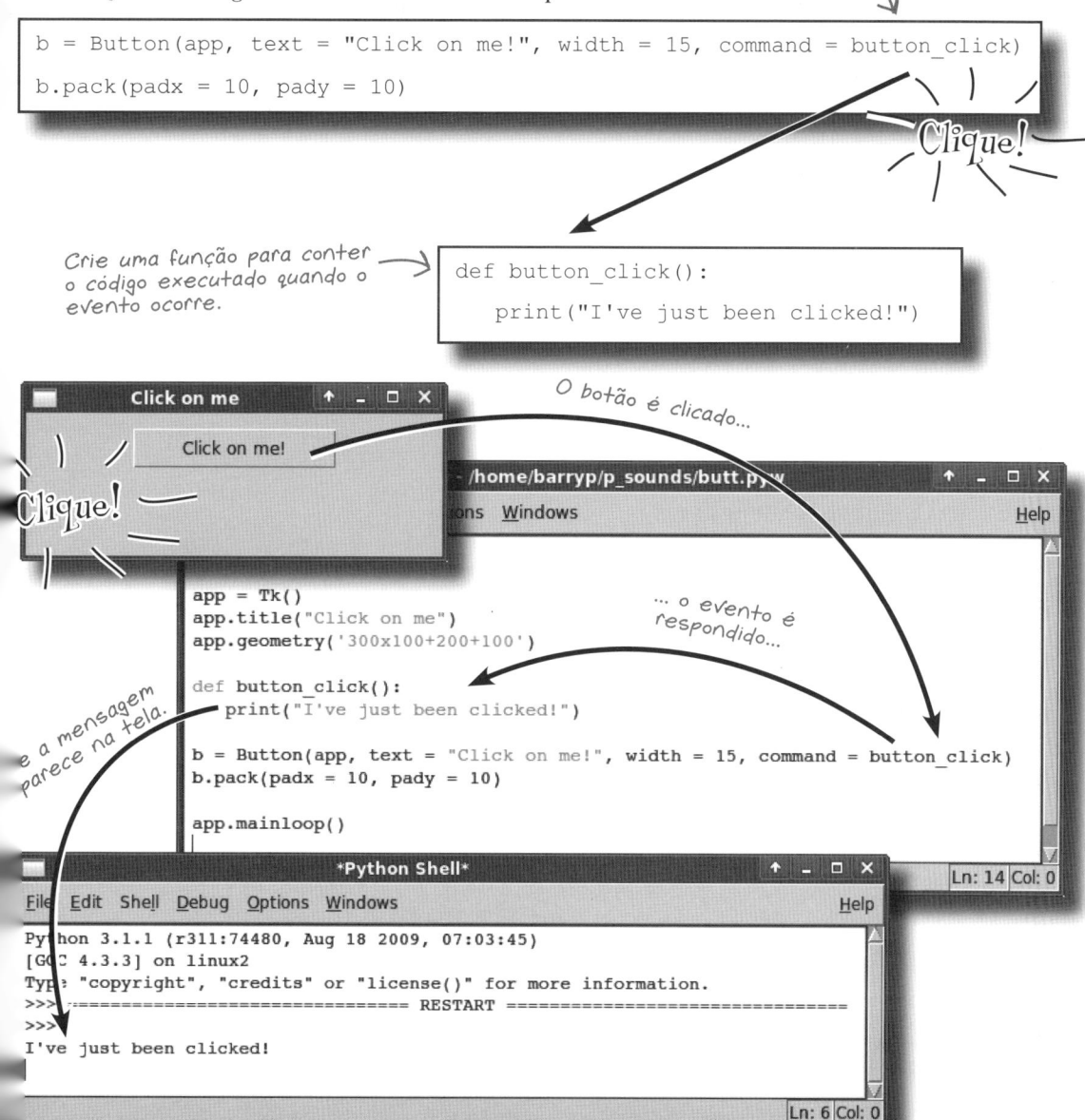

```
b = Button(app, text = "Click on me!", width = 15, command = button_click)
b.pack(padx = 10, pady = 10)
```

Crie uma função para conter o código executado quando o evento ocorre.

```
def button_click():
    print("I've just been clicked!")
```

Clique!

O botão é clicado...

... o evento é respondido...

```
app = Tk()
app.title("Click on me")
app.geometry('300x100+200+100')

def button_click():
    print("I've just been clicked!")

b = Button(app, text = "Click on me!", width = 15, command = button_click)
b.pack(padx = 10, pady = 10)

app.mainloop()
```

e a mensagem aparece na tela.

```
Python 3.1.1 (r311:74480, Aug 18 2009, 07:03:45)
[GCC 4.3.3] on linux2
Type "copyright", "credits" or "license()" for more information.
>>> ================================ RESTART ================================
>>>
I've just been clicked!
```

você está aqui ▶ **239**

fazendo conexões

Aponte seu lápis

O código da versão não gráfica do programa TVN está nesta e na página de abertura. Pegue seu lápis e marque as partes do código que você extrairia e transforme em funções para que possa conectar as funções aos botões em sua GUI. Marque as outras partes deste programa que também precisam ser adicionadas à versão GUI.

A natureza da interface fornecida pela GUI significa que algumas das exigências do programa mudaram.

Nota: Não se preocupe em pedir ao apresentador para fazer uma pergunta na GUI. Mas **se preocupe** em manter uma contagem do número de perguntas respondidas correta e incorretamente. (A contagem total não é importante também.)

De quantas funções você acha que precisa? Escreva seus nomes aqui:

....

....

```
import pygame.mixer

def wait_finish(channel):
    while channel.get_busy():
        pass

sounds = pygame.mixer
sounds.init()

correct_s = sounds.Sound("correct.wav")
wrong_s   = sounds.Sound("wrong.wav")
prompt = "Press 1 for Correct, 2 for Wrong, or 0 to Quit: "

number_asked   = 0
number_correct = 0
number_wrong   = 0
```

```
choice = input(prompt)
while choice != '0':
    if choice == '1':
        number_asked = number_asked + 1
        number_correct = number_correct + 1
        wait_finish(correct_s.play())
    if choice == '2':
        number_asked = number_asked + 1
        number_wrong = number_wrong + 1
        wait_finish(wrong_s.play())
    choice = input(prompt)

print("You asked " + str(number_asked) + " questions.")
print(str(number_correct) + " were correctly answered.")
print(str(number_wrong) + " were answered incorrectly.")
```

Com o código necessário identificado, reserve um tempo para atualizar seu aplicativo GUI com as novas funções e qualquer outro código que tenha extraído do programa não GUI.

Produza um novo programa que seja uma combinação de seu código GUI existente e do código extraído deste programa.

Aponte seu lápis
Solução

Você teve que pegar seu lápis e marcar as partes do código na página anterior (e de abertura) para identificar o código que extrairia e transformar em funções para que pudesse, então, conectar as funções aos botões em sua GUI. Também teve que marcar as outras partes deste programa que também precisavam ser adicionadas à versão GUI:

Você teve que pensar em quantas funções poderia precisar. Teve que escrever seus nomes aqui:

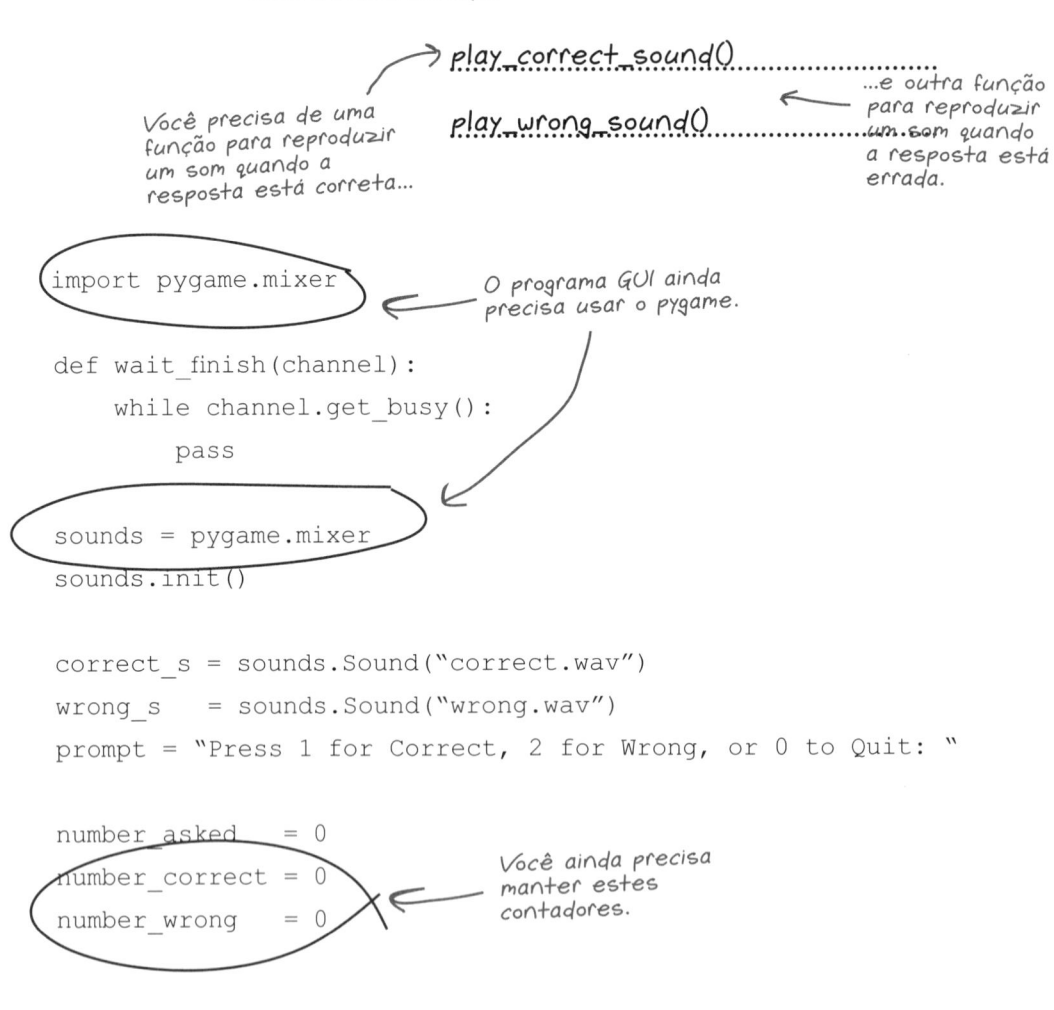

Você precisa de uma função para reproduzir um som quando a resposta está correta... → **play_correct_sound()**

play_wrong_sound() ← *...e outra função para reproduzir um som quando a resposta está errada.*

```
import pygame.mixer
```
← *O programa GUI ainda precisa usar o pygame.*

```
def wait_finish(channel):
    while channel.get_busy():
        pass

sounds = pygame.mixer
sounds.init()

correct_s = sounds.Sound("correct.wav")
wrong_s   = sounds.Sound("wrong.wav")
prompt = "Press 1 for Correct, 2 for Wrong, or 0 to Quit: "

number_asked   = 0
number_correct = 0
number_wrong   = 0
```
← *Você ainda precisa manter estes contadores.*

construindo uma interface gráfica com o usuário

```
choice = input(prompt)
while choice != '0':
    if choice == '1':
        number_asked = number_asked + 1
        number_correct = number_correct + 1
        wait_finish(correct_s.play())
    if choice == '2':
        number_asked = number_asked + 1
        number_wrong = number_wrong + 1
        wait_finish(wrong_s.play())
    choice = input(prompt)

print("You asked " + str(number_asked) + " questions.")
print(str(number_correct) + " were correctly answered.")
print(str(number_wrong) + " were answered incorrectly.")
```

Transforme este código na função "play_correct_sound()".

Transforme este código na função "play_wrong_sound()".

Exibir o resumo continua sendo uma exigência também.

Com o código necessário identificado, você teve que reservar um tempo para atualizar seu aplicativo GUI com as novas funções e qualquer outro código que tenha extraído do programa não GUI.

Você teve que produzir um novo programa que fosse uma combinação de seu código GUI existente e do código extraído deste programa.

Vire a página para ver a solução do código atualizada.

você está aqui ▶ **243**

treinamento do botão pressionado

O programa GUI agora está pronto para um teste na tela

Eis como seu programa GUI deve ficar agora:

```
from tkinter import *

import pygame.mixer

sounds = pygame.mixer
sounds.init()

correct_s = sounds.Sound("correct.wav")
wrong_s   = sounds.Sound("wrong.wav")

number_correct = 0
number_wrong   = 0

def play_correct_sound():
    global number_correct
    number_correct = number_correct + 1
    correct_s.play()

def play_wrong_sound():
    global number_wrong
    number_wrong = number_wrong + 1
    wrong_s.play()

app = Tk()
app.title("TVN Game Show")
app.geometry('300x100+200+100')

b1 = Button(app, text = "Correct!", width = 10, command = play_correct_sound)
b1.pack(side = 'left',  padx = 10, pady = 10)

b2 = Button(app, text = "Wrong!",   width = 10, command = play_wrong_sound)
b2.pack(side = 'right', padx = 10, pady = 10)

app.mainloop()

print(str(number_correct) + " were correctly answered.")
print(str(number_wrong) + " were answered incorrectly.")
```

A palavra-chave "global" do Python permite ajustar o valor associado a uma variável criada fora da função.

Os botões agora estão conectados às funções de tratamento de eventos.

construindo uma interface gráfica com o usuário

TEST DRIVE

Com o código necessário extraído do aplicativo não gráfico e adicionado ao seu programa GUI, pressione F5 no IDLE para ver (e ouvir) se as coisas estão funcionando melhor agora:

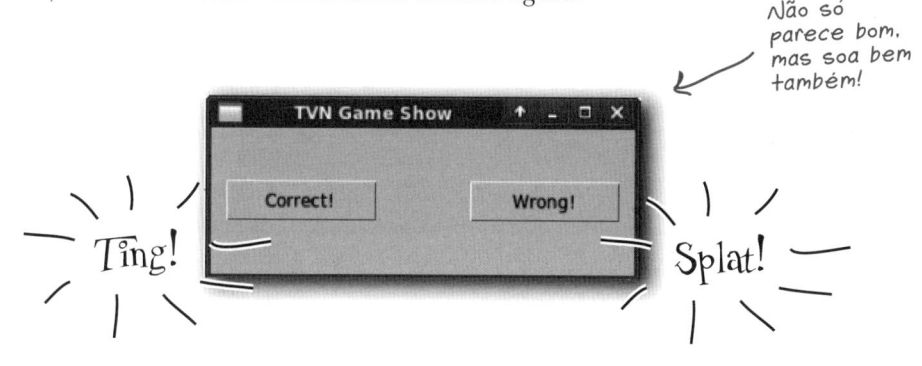

Não só parece bom, mas soa bem também!

Ting! [TVN Game Show — Correct! | Wrong!] *Splat!*

Sempre que você clicar em um botão, o devido efeito sonoro será ouvido. Funciona bem!

Não existem Perguntas Idiotas

P: Então, as "sub-rotinas do evento" no tkinter são apenas funções?

R: Sim, como dissemos anteriormente neste capítulo: é apenas código. E colocando o código que você deseja executar em uma função, é fácil se referir a ele usando o parâmetro command associado a cada botão. Seu usuário clica no botão para executar o código em sua função.

P: Isto realmente não é muito difícil. Sempre achei que construir uma GUI era apenas para os programadores avançados?

R: Bem... certamente costumava ser assim, mas as coisas mudaram (para melhor). Tecnologias, tais como o tkinter, permitem que todo programador construa GUIs com ótima aparência sem muita confusão. É um exemplo do tkinter concentrando-se na GUI, enquanto você se concentra em seu código.

P: E é o caso de, se eu quiser adicionar outras coisas ao meu programa GUI, isso ser feito de uma maneira parecida?

R: Sim, tudo que você tem a fazer é escrever o código.

P: E eu conecto meu código às minhas outras coisas usando algo como o parâmetro command que funciona com os botões?

R: Sim, é tudo que é preciso. O mecanismo para os outros elementos da interface (ou componentes) pode ser um pouco diferente, mas o conceito é o mesmo. Assim que você puder trabalhar com um, o resto será muito mais fácil de contornar.

resultados que faltam

Mas, a TVN ainda não está feliz

> Os sons são ótimos, a GUI parece fantástica... mas, onde estão meus resultados? Não consigo encontrá-los!

Os resultados apareceram no Python Shell, *não* na GUI, portanto, o apresentador não os viu. Quando você mostra isto para ele, ele fica pouco impressionado e deixa claro que espera que os resultados apareçam na GUI.

Você precisa de algum modo de exibir mensagens na GUI.

Os resultados estão no Python Shell. Mas, isto NÃO é o que o apresentador deseja.

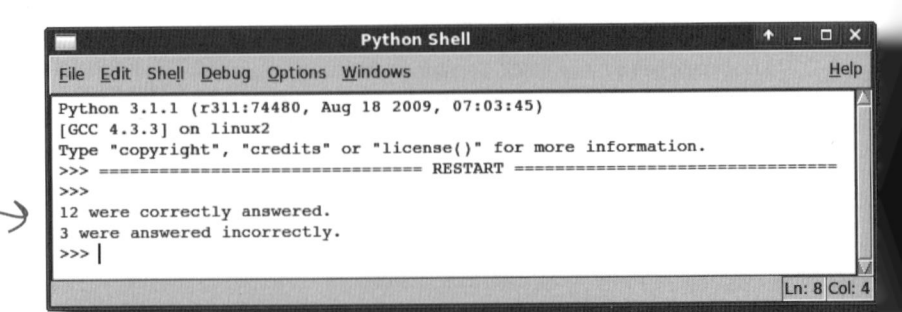

```
                              Python Shell
File  Edit  Shell  Debug  Options  Windows                          Help
Python 3.1.1 (r311:74480, Aug 18 2009, 07:03:45)
[GCC 4.3.3] on linux2
Type "copyright", "credits" or "license()" for more information.
>>> ================================ RESTART ================================
>>>
12 were correctly answered.
3 were answered incorrectly.
>>> |
                                                              Ln: 8 Col: 4
```

246   Capítulo 7

QUAL É MEU PROPÓSITO?

Os *elementos da interface* que você adiciona a uma GUI são conhecidos como **componentes** (ou *widgets*). Você já conheceu um: o botão. Há muitos outros. Observe os nomes de alguns outros componentes abaixo e veja se pode combiná-los com a descrição correta. Já fizemos o primeiro para você.

Drop-down list (Lista suspensa) —— Um componente que fornece um modo de pequenas e grandes quantidades de texto serem fornecidas

Label (Rótulo) —— Uma janela separada que aparece para solicitar informações adicionais ao usuário.

Text Box (Caixa de texto) —— Um componente que exibe uma mensagem de string em uma janela

Menu —— A combinação de uma lista suspensa e uma caixa de texto

Combo box (Caixa de combinação) —— Um componente que permite selecionar um item em uma lista grande

Dialog box (Caixa de diálogo) —— Uma lista de opções de comando que é anexada à parte superior de uma janela

Escreva sua resposta aqui. De qual componente você acha que precisa para usar em seu programa?

*coloque um **label** (rótulo)*

QUAL É MEU PROPÓSITO?
SOLUÇÃO

Os *elementos da interface* que você adiciona a uma GUI são conhecidos como **componentes** (ou *widgets*). Você já conheceu um: o botão. Há muitos outros. Você teve que ver os nomes de alguns outros componentes abaixo e ver se podia combiná-los com a descrição correta.

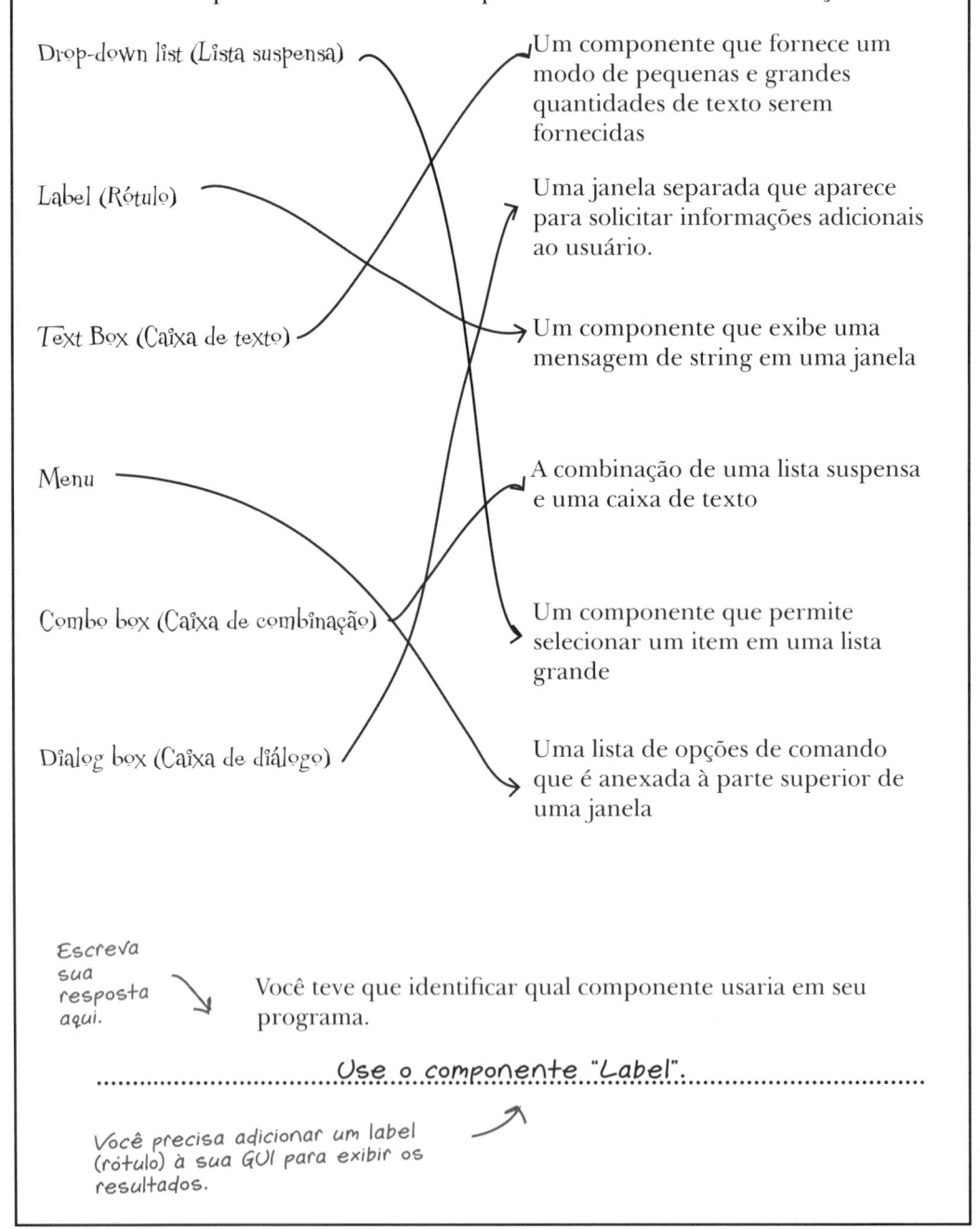

Drop-down list (Lista suspensa) — Um componente que fornece um modo de pequenas e grandes quantidades de texto serem fornecidas

Label (Rótulo) — Uma janela separada que aparece para solicitar informações adicionais ao usuário.

Text Box (Caixa de texto) — Um componente que exibe uma mensagem de string em uma janela

Menu — A combinação de uma lista suspensa e uma caixa de texto

Combo box (Caixa de combinação) — Um componente que permite selecionar um item em uma lista grande

Dialog box (Caixa de diálogo) — Uma lista de opções de comando que é anexada à parte superior de uma janela

Escreva sua resposta aqui. → Você teve que identificar qual componente usaria em seu programa.

.... Use o componente "Label". ....

Você precisa adicionar um label (rótulo) à sua GUI para exibir os resultados.

construindo uma interface gráfica com o usuário

Coloque uma etiqueta

Quanto a adicionar uma etiqueta à sua GUI, use o componente Label do tkinter. Você o cria no código, do mesmo modo como cria um botão. Eis o código para adicionar uma etiqueta a um aplicativo GUI existente. A etiqueta simplesmente exibe uma string:

Crie uma nova etiqueta, anexe-a à janela principal, forneça-lhe um texto e ajuste sua altura.

```
l = Label(app, text='When you are ready, click on the buttons!', height = 3)
l.pack()
```

Não se esqueça de invocar o método pack( ) do componente.

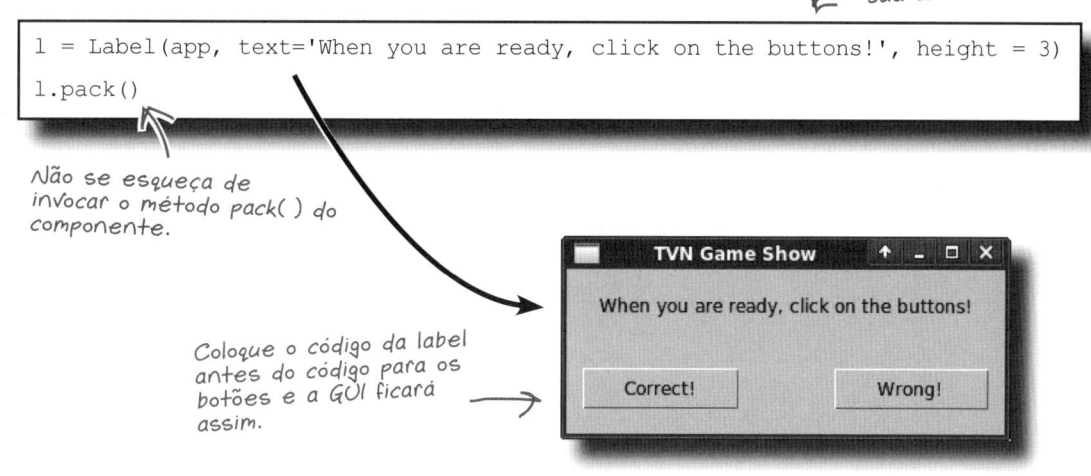

Coloque o código da label antes do código para os botões e a GUI ficará assim.

TVN Game Show
When you are ready, click on the buttons!
Correct!   Wrong!

Outra variação substitui o parâmetro text por textvariable. Se você atribuir uma variável tkinter *especial* a este parâmetro, a etiqueta mudará sempre que o valor da variável mudar, *automaticamente*.

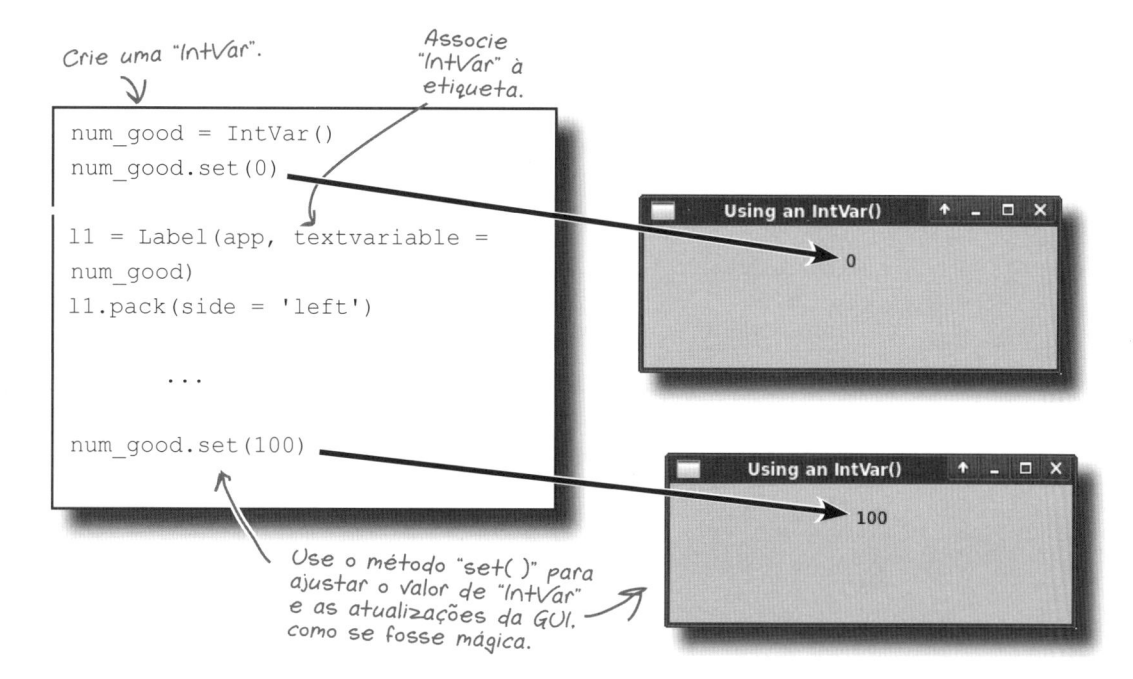

Crie uma "IntVar".
Associe "IntVar" à etiqueta.

```
num_good = IntVar()
num_good.set(0)

l1 = Label(app, textvariable =
num_good)
l1.pack(side = 'left')

    ...

num_good.set(100)
```

Using an IntVar()
0

Using an IntVar()
100

Use o método "set( )" para ajustar o valor de "IntVar" e as atualizações da GUI, como se fosse mágica.

você está aqui ▶ **249**

adicione labels (rótulos)

Exercício Longo

Com base no que você sabe agora sobre adicionar uma etiqueta a uma GUI, trabalhe de novo em seu código GUI para que ele use duas etiquetas. Uma deve exibir o número de respostas corretas e a outra deve exibir o número de respostas erradas. Deixamos muito espaço para você escrever todo o código que seu programa precisa agora.

resultados da label (Rótulo)

Exercício Longo — Solução

Com base no que você sabe agora sobre adicionar uma etiqueta a uma GUI, teve que trabalhar de novo em seu código GUI para que ele usasse duas etiquetas. Uma deveria exibir o número de respostas corretas e a outra deveria exibir o número de respostas erradas. Deixamos muito espaço para você escrever todo o código que seu programa precisa agora

Comece importando o código da biblioteca necessário. →
```
from tkinter import *
import pygame.mixer
```

Crie as duas sub-rotinas do evento que definem IntVar que reproduzem o devido som. →
```
def play_correct_sound():
    num_good.set(num_good.get() + 1)
    correct_s.play()


def play_wrong_sound():
    num_bad.set(num_bad.get() + 1)
    wrong_s.play()
```

Cria a janela do aplicativo GUI. →
```
app = Tk()
app.title("TV N Game Show")
app.geometry('300x110+200+100')
```

Inicialize o sistema de som. →
```
sounds = pygame.mixer
sounds.init()
```

252   Capítulo 7

construindo uma interface gráfica com o usuário

Carregue os efeitos sonoros requeridos.
```
correct_s = sounds.Sound("correct.wav")
wrong_s   = sounds.Sound("wrong.wav")
```

Crie duas IntVars: uma para contar o número de respostas corretas e outra para contar o número de respostas erradas.
```
num_good = IntVar()
num_good.set(0)
num_bad = IntVar()
num_bad.set(0)
```

Exiba uma mensagem amigável que informe ao apresentador o que fazer.
```
lab = Label(app, text='When you are ready,
click on the buttons!', height = 3)
```

Invoque PACK em seus componentes.
```
lab.pack()
```

Crie duas labels para manter cada contador e conecte as labels às IntVars relevantes.
```
lab1 = Label(app, textvariable = num_good)
lab1.pack(side = 'left')

lab2 = Label(app, textvariable = num_bad)
lab2.pack(side = 'right')
```

Crie cada um dos botões e conecte-os à sua sub-rotina de eventos relevante.
```
b1 = Button(app, text = "Correct!", width = 10, command
= play_correct_sound)
b1.pack(side = 'left', padx = 10, pady = 10)

b2 = Button(app, text = "Wrong!", width =
10, command = play_wrong_sound)
b2.pack(side = 'right', padx = 10, pady = 10)
```

Inicie o laço de evento principal do tkinter.
```
app.mainloop()
```

você está aqui ▶ 253

TEST DRIVE

Com seu código recém-corrigido fornecido no IDLE, pressione F5 para ver e ouvir a GUI em toda a sua glória:

Maravilhoso... a GUI funciona totalmente!

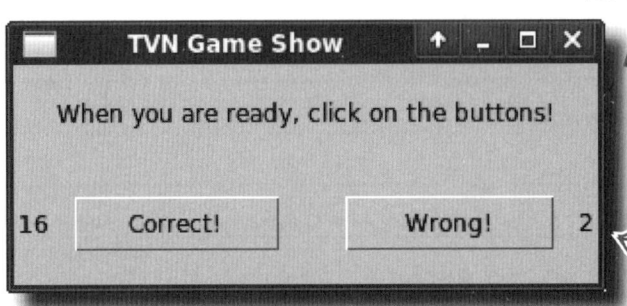

TVN Game Show

When you are ready, click on the buttons!

16 Correct!   Wrong! 2

As labels estão exibindo os totais contínuos com cada clique do mouse (evento).

Está simplesmente perfeito! A nova versão do programa funciona com meu toque na tela e é muito fácil de usar! Adoro! Ah e antes que eu me esqueça, aqui estão seus dois ingressos na fila da frente para o Grand Final. Vejo você!

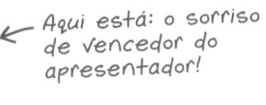

Aqui está: o sorriso de vencedor do apresentador!

Uma decisão final: quem você levará junto?

254 Capítulo 7

começando a codificar

Sua Caixa de Ferramentas de Programação

Você colocou o Capítulo 7 em seu currículo. Vejamos o que aprendeu neste capítulo:

Ferramentas de programação

* Usar uma biblioteca de programação de terceiros
* Reproduzir uma biblioteca de sons
* Laços de evento – responde aos eventos quando eles ocorrem.
* Sub-rotina de eventos – o código executado quando certo evento ocorre.
* GUI – uma interface gráfica do usuário (parece ótima, não é?)
* Componente (ou widget) – um elemento da interface GUI

Ferramentas do Python

* pygame – um conjunto de nível profissional de bibliotecas de jogos que suporta som
* pass – uma parte do código que não faz nada
* break – sai do laço
* tkinter – uma biblioteca padrão para criar GUIs
* Tk() – um aplicativo GUI em branco
* Button() – um componente de botão tkinter
* Label() – um componente de etiqueta tkinter
* IntVar() – uma variável inteira tkinter que pode atualizar a GUI "como se fosse mágica"

8 GUI's e dados

Componentes de entrada de dados

> Então, veja, se substituirmos todos os nossos sistemas de entrada de dados da linha de comando por GUIs, poderemos aumentar bastante a eficiência para eu conseguir ligas muito enfeitadas para meu Hummer.

As GUIs não processam apenas eventos. Também lidam com os dados.

Quase todos os aplicativos GUI precisam ler os dados do usuário e escolher os componentes certos que podem mudar sua interface de *inferno de entrada dos dados* para *paraíso do usuário*. Os componentes podem aceitar texto comum ou apenas apresentar um menu de opções. Há muitos componentes diferentes por aí, significando que há muitas escolhas também. E, claro, fazer a escolha certa pode fazer toda a diferença. É hora de levar seu programa GUI ao **próximo nível**.

entrega especial

A Head-Ex precisa de um sistema de entrega novo

A **Head-Ex Deliveries** é uma pequena empresa de entregas que está esperando expandir. Eles sabem que as empresas de entrega contam com seus sistemas de computador, portanto, querem ter um sistema inteiramente novo para registrar as entregas no país.

O sistema precisa ser simples de usar, portanto, eles querem utilizar uma interface gráfica do usuário (GUI). Eles querem dar à **você** o serviço de criar o sistema e ainda ter um incentivo para fazer valer a pena o seu tempo.

Funcionário da Head-Ex.

> Darei um bônus para você. Quanto mais entregarmos, mais você será pago!

Eles já desenharam a interface

A Head-Ex vem pensando em expandir seus negócios há um tempo e já tem um desenho para a interface do novo sistema de entregas. É assim que precisa ficar:

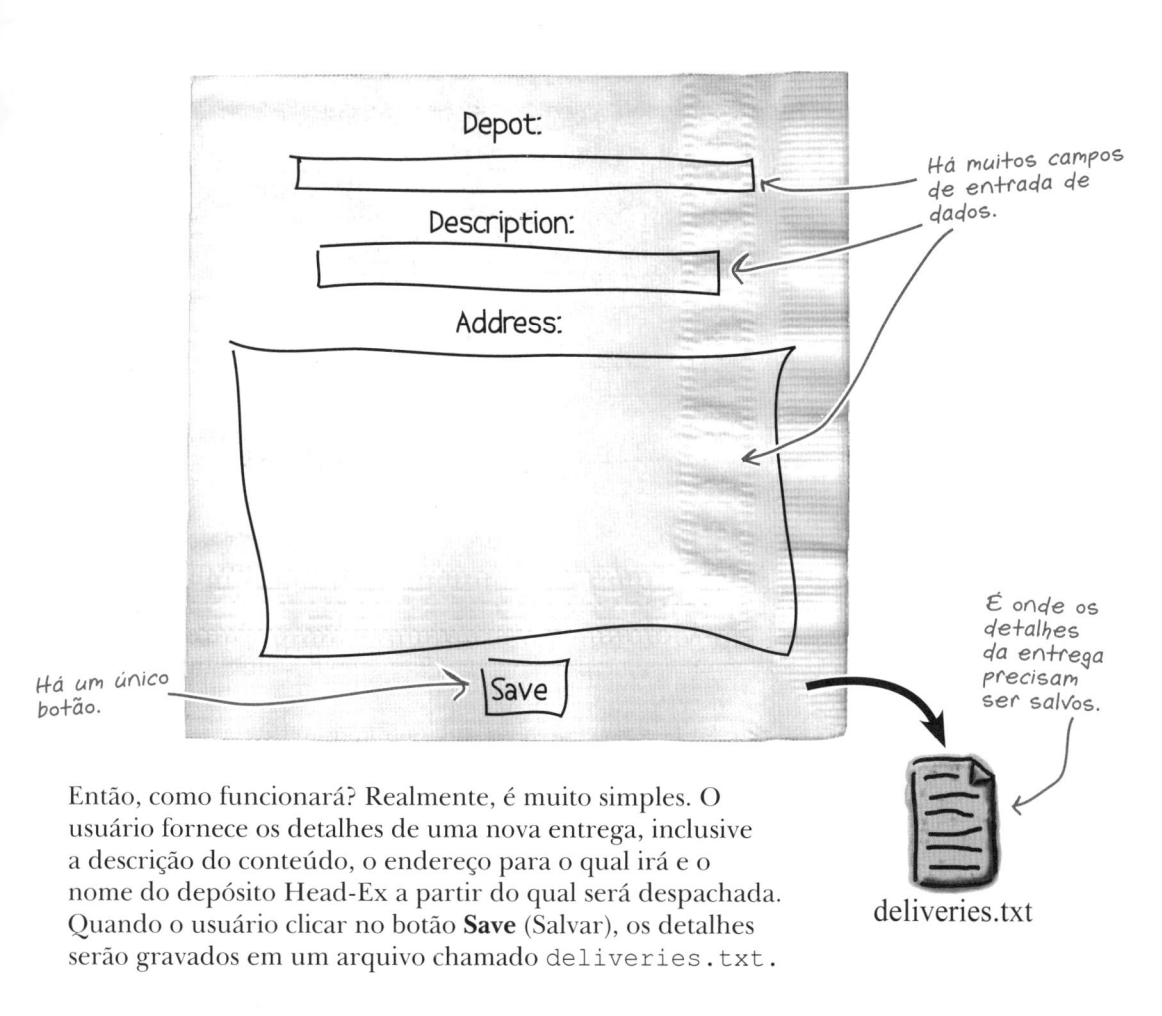

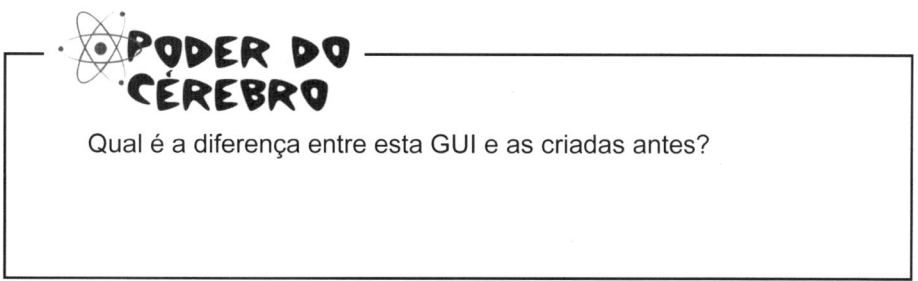

Depot:

Description:

Address:

Save

Há muitos campos de entrada de dados.

Há um único botão.

É onde os detalhes da entrega precisam ser salvos.

deliveries.txt

Então, como funcionará? Realmente, é muito simples. O usuário fornece os detalhes de uma nova entrega, inclusive a descrição do conteúdo, o endereço para o qual irá e o nome do depósito Head-Ex a partir do qual será despachada. Quando o usuário clicar no botão **Save** (Salvar), os detalhes serão gravados em um arquivo chamado `deliveries.txt`.

⚛ PODER DO CÉREBRO

Qual é a diferença entre esta GUI e as criadas antes?

entrada de texto

Leia os dados a partir da GUI

Pense nas GUIs criadas até então. Esses aplicativos executavam o código em resposta aos *eventos* gerados por usuários clicando botões. Então, qual é a diferença aqui? Bem, além de gerar eventos, seus usuários também estarão **criando dados**.

Você precisa fazer duas coisas:

❶ Criar uma interface com locais para fornecer o texto.

O desenho da Head-Ex mostra exatamente como a interface precisará ficar:

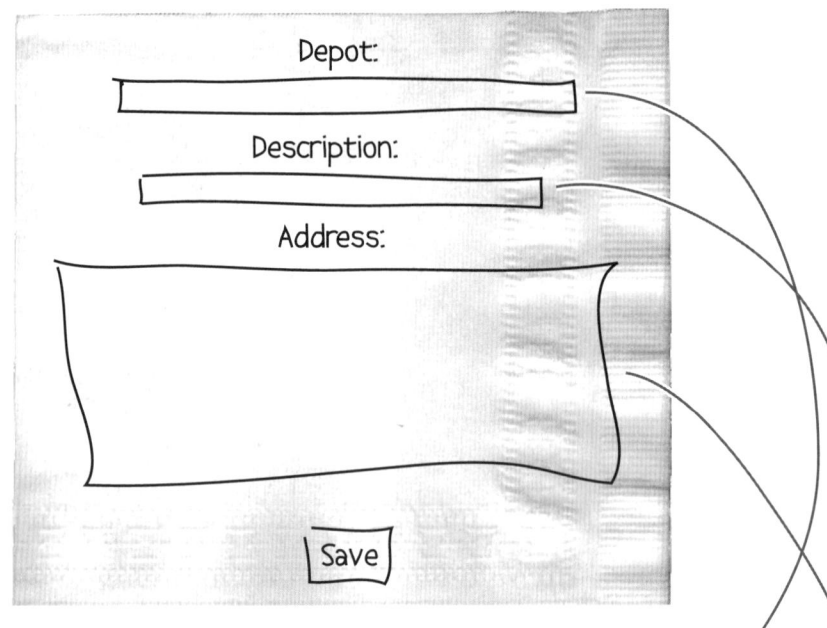

> Depot:
>
> Description:
>
> Address:
>
> Save

❷ Algum modo de acessar essas informações.

Os dados precisarão ser armazenados em um arquivo, portanto você precisa de algum modo de **perguntar à interface** qual texto foi fornecido. Assim, quando alguém clicar no botão **Save**, você será capaz de escrever os dados no arquivo deliveries.txt, assim:

Você precisará ANEXAR estas informações ao arquivo sempre que alguém pressionar "Save".

O formato do arquivo não importa, contanto que a equipe do depósito possa lê-lo.

> **Depot:**
> **Seattle, WA**
> **Description:**
> **Books**
> **Address:**
> **1 Main Street**
> **Anytown**
> **WA**

Os componentes Entry e Text permitem fornecer dados de texto em sua GUI

Se você vir o desenho da interface, perceberá que há **dois** tipos diferentes de campo de texto com os quais precisará lidar: campos de texto curto e mais longo, com **diversas linhas**. Para lidar com essas duas necessidades, a biblioteca tkinter do Python tem dois **componentes** diferentes para cada tipo de entrada de dados:

> Um CAMPO TEXTO é apenas uma caixa na tela que você pode usar para fornecer texto.

Componente Entry: para fornecer linhas simples de texto

O componente Entry é o que você usará para a maioria dos campos de texto. Você pode criar um componente Entry assim:

> Uma única linha de texto.

```
my_small_field = Entry(app)
```

> Lembre-se que você sempre precisa importar primeiro a biblioteca tkinter.

    starbuzzceo@gmail.com

Componente Text: para texto mais longo, com diversas linhas

Como nem todo dado de texto cabe em uma linha, o tkinter tem o componente Text. Pense nas mensagens de e-mail, páginas Wikipédia e documentos de processamento de texto. Para os grandes dados com **diversas linhas**, você precisa de algo diferente de Entry. Você precisa de Text:

> Diversas linhas de texto.

```
y_large_field = Text(app)
```

> Você pode fornecer grandes partes de dados textuais aqui.

    Costello: Quero dizer o nome do companheiro. Abbott: Quem.
    Costello: O cara em primeiro lugar. Abbott: Quem. Cos-
    tello: O primeiro jogador de base. Abbott: Quem. Costello:
    O cara jogando... Abbott: Quem está em primeiro lugar!
    Costello: Eu estou perguntando a VOCÊ quem está em primei-
    ro lugar. Abbott: Esse é o nome do homem. Costello: É o
    nome de quem? Abbott: Sim. Costello: Bem, vá em frente e
    diga. Abbott: É isso. Costello: É quem? Abbott: Sim.

> Apenas verificamos... estamos muito certos que o Python está em primeiro lugar.

Os campos Entry e Text devem ser suficientes para criar a interface Head-Ex. Mas, não é suficiente para simplesmente *criar* a interface. Você também precisa *controlar os dados* dentro dela.

controle os campos de texto

Leia e escreva dados nos campos de texto

Quando alguém fornece texto em um componente Entry, o Python armazena esse texto em algum lugar na memória como uma *string*. Se você quiser ler a string, simplesmente chame o método get() do componente:

`my_entry_field.get()`

Isso retornará a string "ice cream".

`ice cream`

Mas, e se você quiser *mudar* o conteúdo do componente, poderá fazer isso também? Sim, você pode: **adicione** texto ao componente usando o método insert(). É um pouco mais complicado do que apenas ler o texto, pois você precisa dizer *onde* deseja o texto inserido:

`my_entry_field.insert(0, "banana ")`

Este é o ÍNDICE do ponto de inserção.

`banana ice cream`
`0 1 2 3 4 5 6`

Os campos Entry são indexados a partir de 0.

Você precisa especificar o **índice** do ponto de inserção. Os índices nos campos Entry funcionam como os índices nas strings: *eles começam em zero*. Portanto, se você inserir texto no índice **0**, o novo texto aparecerá na *frente* de todo o texto já no campo. Do mesmo modo, o método delete() permite remover o texto do campo. Você pode querer apagar o conteúdo inteiro do campo, portanto o tkinter fornece um símbolo **END** útil que permite apagar *todo* o texto assim:

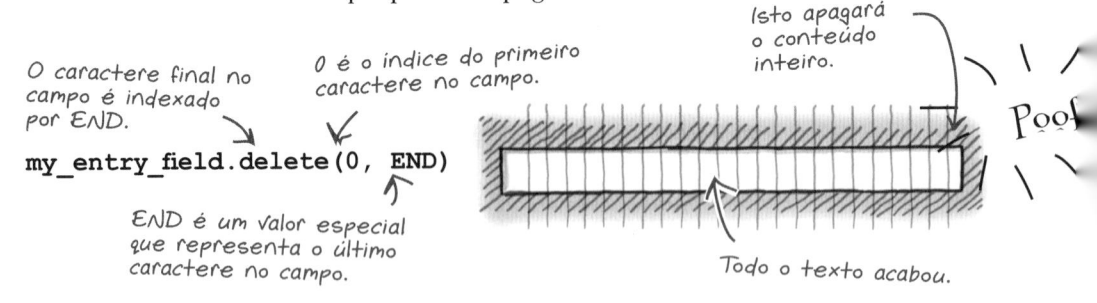

O caractere final no campo é indexado por END.

0 é o índice do primeiro caractere no campo.

Isto apagará o conteúdo inteiro.

`my_entry_field.delete(0, END)`

END é um valor especial que representa o último caractere no campo.

Todo o texto acabou.

Poof

Os métodos get(), insert() e delete() dão um controle completo sobre o conteúdo de *seu* campo Entry.

Mas, e os campos Text?

Os campos Text grandes são mais difíceis de lidar

Então, os campos `Text` *devem* funcionar igualmente, certo? Bem, na verdade, não. Os projetistas do tkinter descobriram que as pessoas podem querer acessar determinadas *linhas* e *colunas* nos campos `Text`. Isso significa que enquanto os campos Entry usam *um número* para indexar o conteúdo do campo, os campos `Text` usam uma string, na forma **linha.coluna**:

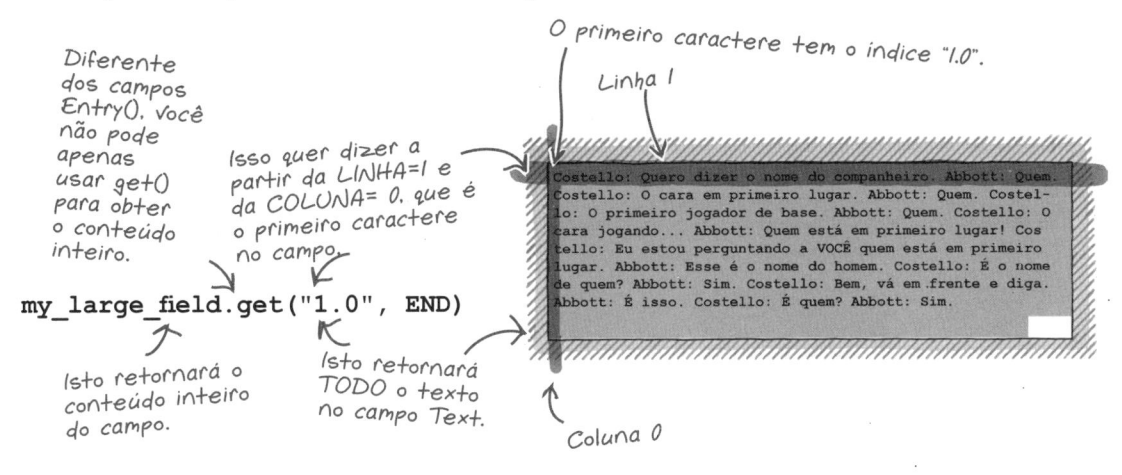

> Diferente dos campos Entry(). Você não pode apenas usar get() para obter o conteúdo inteiro.

> Isso quer dizer a partir da LINHA=1 e da COLUNA= 0, que é o primeiro caractere no campo.

> O primeiro caractere tem o índice "1.0".

> Linha 1

```
Costello: Quero dizer o nome do companheiro. Abbott: Quem.
Costello: O cara em primeiro lugar. Abbott: Quem. Costel-
lo: O primeiro jogador de base. Abbott: Quem. Costello: O
cara jogando... Abbott: Quem está em primeiro lugar! Cos
tello: Eu estou perguntando a VOCÊ quem está em primeiro
lugar. Abbott: Esse é o nome do homem. Costello: É o nome
de quem? Abbott: Sim. Costello: Bem, vá em frente e diga.
Abbott: É isso. Costello: É quem? Abbott: Sim.
```

`my_large_field.get("1.0", END)`

> Isto retornará o conteúdo inteiro do campo.

> Isto retornará TODO o texto no campo Text.

> Coluna 0

Assim que você entender como os índices `Text` funcionam, verá que pode *inserir* e *apagar* o texto deles de uma maneira muito parecida com os campos `Entry`:

`my_large_field.delete("1.0", END)`

> Isto limpará o campo.

`my_large_field.insert("1.0", "Some text")`

> Isto irá inserir o texto no início do campo.

> **Veja bem!**
>
> **Tenha cuidado com o modo como você numera as linhas e as colunas nos campos Text().**
>
> *As linhas começam em 1, mas as colunas começam em 0.*

Agora que você sabe como criar os campos de texto e controlar o texto que eles contém, está pronto para construir o aplicativo Head-Ex.

crie a interface

Ímãs de Geladeira

Complete o código para criar a interface. Pense com cuidado sobre os componentes dos quais precisará para cada um dos campos.

```
from tkinter import *

app = Tk()              ← Crie a GUI.
app.title('Head-Ex Deliveries')
Label(app, text = "Depot:").pack()
depot = Entry(app)
depot.pack()
................................................................

................................................................

................................................................

................................................................

................................................................

                Button(app, text = "Save", command = save_data).pack()
................................................................
```

Crie a GUI.

Lembre-se que "pack()" adiciona componentes à janela.

Você não precisa controlar as labels, portanto não precisa atribuí-las à variáveis.

Você irá precisar controlar os campos de entrada de dados, portanto, atribua-os à variáveis.

Chamar "pack()" sem opções significa que você deixa para o tkinter decidir como é melhor dispor as coisas na GUI.

Isto significa que o botão chamará a função save_data() quando ele for clicado.

Peças disponíveis:

- `Entry(app)`
- `Label(app, text = "Description:")`
- `Text(app)`
- `description =`
- `description`
- `.pack()`
- `.pack()`
- `.pack()`
- `address`
- `.pack()`
- `address =`
- `app.mainloop()`
- `Label(app, text = "Address:")`

264 Capítulo 8

GUI's e dados

✏️ Aponte seu lápis

Além do código GUI, você precisa escrever a função que salvará os dados da GUI no arquivo `deliveries.txt`.

O botão **Save** na interface irá chamar uma função denominada `save_data()`. A função irá anexar os dados da GUI ao final do arquivo `deliveries.txt` formatado assim:

```
Depot:
Seattle, WA
Description:
Books
Address:
1 Main Street
Anytown
WA
```

Então, precisará limpar os campos no formulário para deixá-los prontos para o próximo registro a ser fornecido. A função terá que aparecer no programa *antes* do código GUI. Escreva o código para a função aqui:

Não se esqueça de que PRIMEIRO você precisa salvar os dados, e DEPOIS você precisa limpar os campos.

você está aqui ▶ **265**

interface criada

Ímãs de Geladeira Solução

Você teve que completar o código para criar a interface. Teve que pensar com cuidado sobre os componentes dos quais precisará para cada um dos campos.

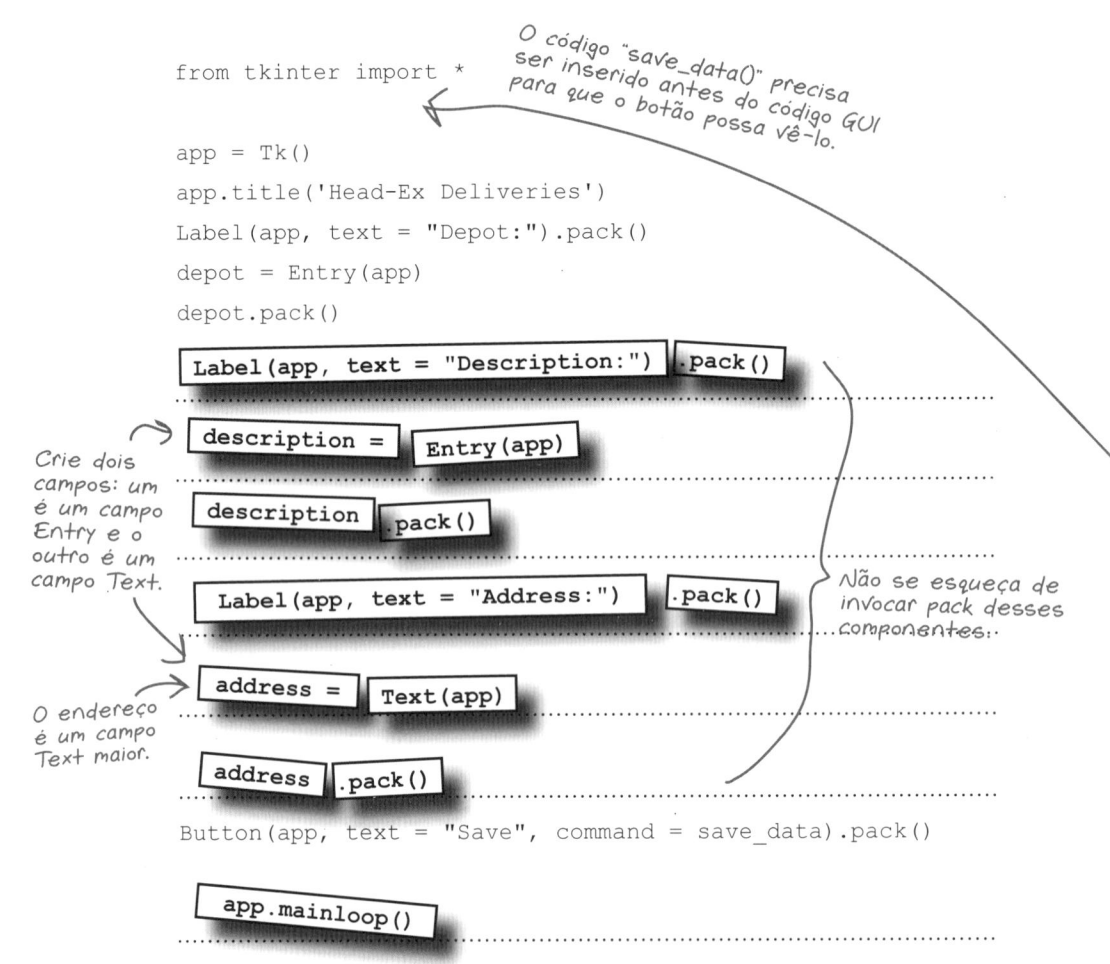

O código "save_data()" precisa ser inserido antes do código GUI para que o botão possa vê-lo.

```
from tkinter import *

app = Tk()
app.title('Head-Ex Deliveries')
Label(app, text = "Depot:").pack()
depot = Entry(app)
depot.pack()
Label(app, text = "Description:").pack()
description = Entry(app)
description.pack()
Label(app, text = "Address:").pack()
address = Text(app)
address.pack()
Button(app, text = "Save", command = save_data).pack()
app.mainloop()
```

Crie dois campos: um é um campo Entry e o outro é um campo Text.

Não se esqueça de invocar pack desses componentes.

O endereço é um campo Text maior.

Aponte seu lápis
Solução

O botão **Save** na interface irá chamar uma função denominada `save_data()`. A função irá anexar os dados da GUI ao final do arquivo `deliveries.txt` formatado assim:

```
Depot:
Seattle, WA
Description:
Books
Address:
1 Main Street
Anytown
WA
```

Então, precisará limpar os campos no formulário para deixá-los prontos para o próximo registro a ser fornecido. A função terá que aparecer no programa *antes* do código GUI. Você teve que escrever o código para a função aqui:

Seu código pode ser um pouco diferente.

Anexe o texto ao final do arquivo, exatamente com fez quando escreveu os programas PDV para o Clube Desportivo.

```
def save_data():
    fileD = open("deliveries.txt", "a")
    fileD.write("Depot:\n")
    fileD.write("%s\n" % depot.get())
    fileD.write("Description:\n")
    fileD.write("%s\n" % description.get())
    fileD.write("Address:\n")
    fileD.write("%s\n" % address.get("1.0", END))
    depot.delete(0, END)
    description.delete(0, END)
    address.delete("1.0", END)
```

get() retorna o conteúdo de um campo Entry.

get("1.0", END) retorna o conteúdo de um campo Text.

Não se esqueça de limpar os campos depois de salvar os dados.

Isto significa "linha 1, coluna 0". Lembre-se que as linhas começam em 1 e as colunas em 0.

test drive

TEST DRIVE

O programa de entrega está pronto, portanto é hora da demonstração. Com o código fornecido no IDLE, pressione F5 para inicializar e deverá ver isto:

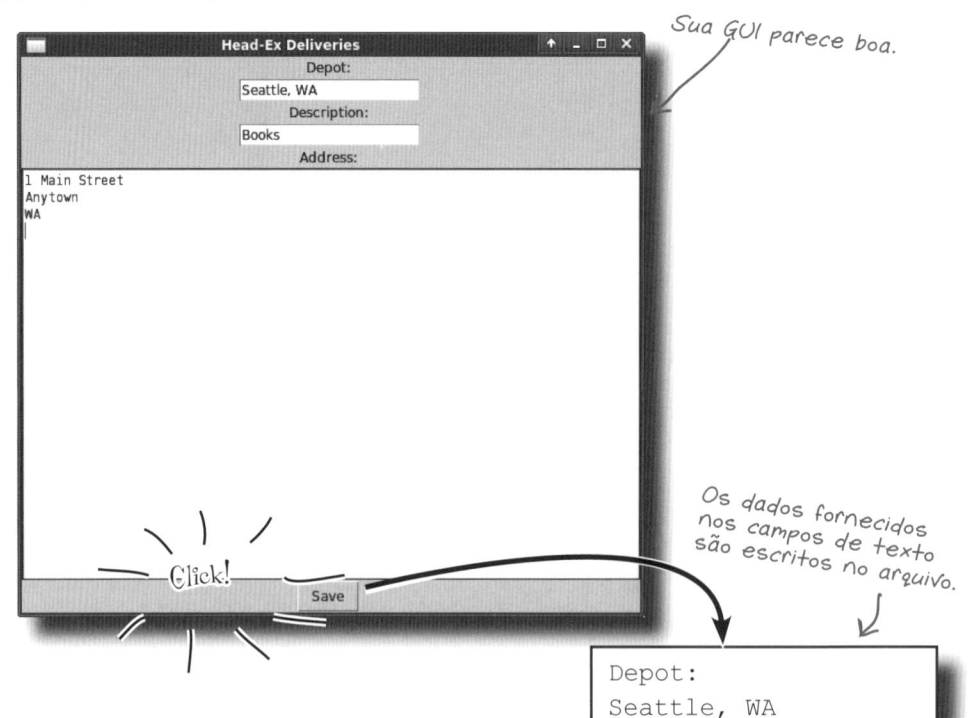

Sua GUI parece boa.

```
Head-Ex Deliveries
           Depot:
           Seattle, WA
           Description:
           Books
           Address:
1 Main Street
Anytown
WA


                  Save
```

Click!

Você pode fornecer dados em cada um dos campos, até o endereço com diversas linhas. Quando clicar em **Save**, os campos serão limpos. Quando você abrir o arquivo `deliveries.txt`, verá que os dados fornecidos na GUI foram salvos.

Os dados fornecidos nos campos de texto são escritos no arquivo.

```
Depot:
Seattle, WA
Description:
Books
Address:
1 Main Street
Anytown
WA
```

Legal! É exatamente o que precisamos. Direi a cada escritório para começar a usá-lo.

Parabéns! Você escreveu seu primeiro aplicativo GUI de entrada de dados.

268   Capítulo 8

GUI's e dados

PONTOS IMPORTANTES

- Os campos `Entry` são usados para linhas simples de texto.
- Os campos `Text` são usados para lidar com texto com diversas linhas.
- Leia o conteúdo dos campos com o método `get()`.
- Adicione texto usando o método `insert()`.
- Remova o texto com o método `delete()`.
- Os campos `Entry` são indexados por um número começando em 0.
- Os campos `text` são indexados por uma string, começando em "1.0".

Não existem Perguntas Idiotas

P: É possível colocar mais de uma linha de texto em um componente de caixa Entry?

R: Sim, provavelmente poderia, mas se você precisar fazer isso, será muito melhor usar uma caixa `Text`, pois elas são designadas a lidar com mais de uma linha de texto.

P: Noto que estamos chamando o método pack() como parte do código de criação da label, enquanto que antes, atribuíamos a etiqueta a uma variável, então chamávamos pack() na nova variável. Qual técnica de agrupamento devo usar e isso realmente importa?

R: Não, realmente não importa qual técnica você usa para chamar `pack()`. Se fizer sentido agrupar seus componentes quando eles são criados, inclua a chamada para `pack()` como parte do código de criação. Se não fizer sentido, atribua o componente a uma variável e faça seu agrupamento sempre que precisar. Se você vir outros exemplos de código tkinter na Web, perceberá que os outros programadores usam ambas as técnicas.

P: Por que não podemos simplesmente atribuir um valor a uma caixa Entry usando o operador de atribuição (=)? Por que temos que usar o método insert()?

R: A caixa `Entry` é um objeto do componente, **não** uma variável Python, portanto usar o operador de atribuição não faz sentido aqui. Ao trabalhar com objetos, você precisa usar a interface para programação de aplicativos (em inglês, Application Programming Interface (API)) fornecida e incluída com o objeto, que neste caso, é o método `insert()`.

P: Por que as linhas em uma caixa Text começam a contar em um, em oposição ao zero (como tudo mais no Python)?

R: Pare com isso. Não tenho ideia.

P: Então, só para esclarecer, Quem vem em primeiro lugar?

R: Não, Quem vem em segundo lugar. O Python vem em primeiro.

a outra cambridge

Uma das entregas da Head-Ex foi extraviada

Nos primeiros dias, o sistema funcionou bem. As entregas foram registradas corretamente e os produtos foram enviados. Mas, então, algo estranho aconteceu no depósito britânico de entregas.

> Sinto muito mesmo, velho amigo, mas acho que estas caixas foram para a **outra** Cambridge. Uma xícara de chá?

Uma das entregas foi **seriamente** extraviada. Uma remessa de coletes de futebol da faculdade foi enviada para Cambridge na *Inglaterra*, ao invés de Cambridge em *Massachusetts*. Mas, o sistema ainda está funcionando bem, não está? Então, o que possivelmente poderia ter dado errado?

Não há tempo para um chá. Vamos a fundo nisto.
↑
Mas foi simpático ter perguntado.

Os usuários podem fornecer qualquer coisa nos campos

O sistema **está** fazendo exatamente o que foi designado a fazer: ele permite que as pessoas forneçam detalhes para depósitos, descrições e endereços. O problema é: mesmo que haja apenas alguns depósitos, os campos de texto Entry permitem que o usuário digite **bem pouca coisa**. Não há nenhum controle sobre o que é fornecido na GUI.

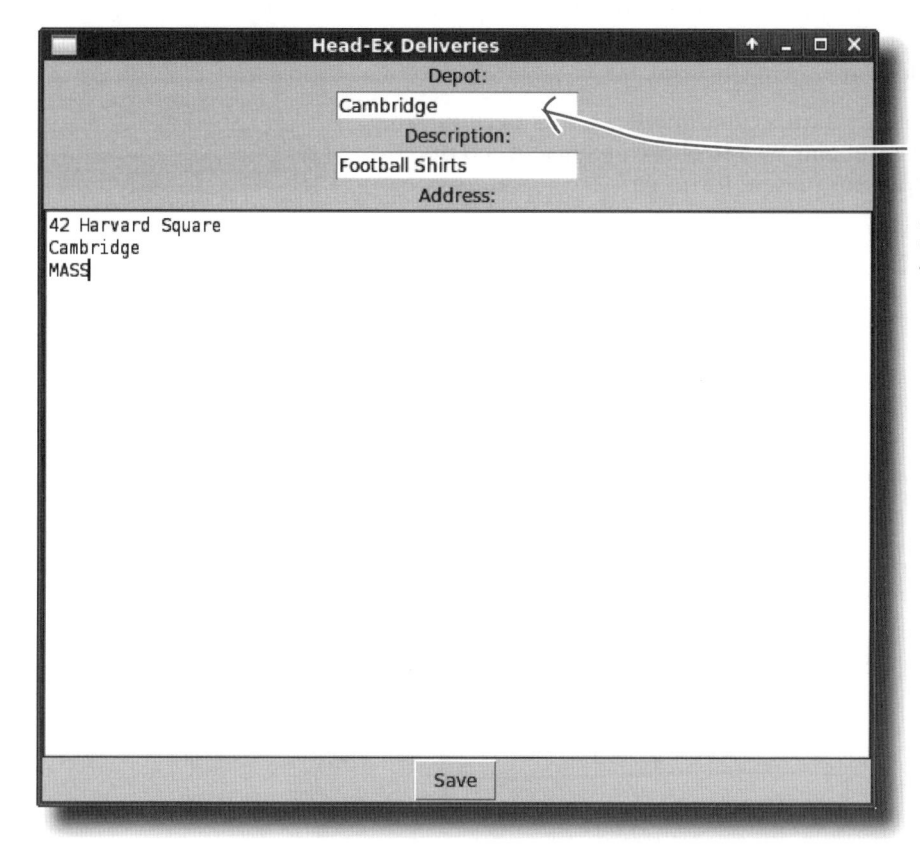

```
┌─────────────── Head-Ex Deliveries ────── ↑ _ □ X ┐
│                      Depot:                       │
│              ┌──────────────────┐                 │
│              │ Cambridge        │  ←              │
│              └──────────────────┘                 │
│                   Description:                    │
│              ┌──────────────────┐                 │
│              │ Football Shirts  │                 │
│              └──────────────────┘                 │
│                     Address:                      │
│ ┌───────────────────────────────────────────────┐ │
│ │ 42 Harvard Square                             │ │
│ │ Cambridge                                     │ │
│ │ MASS                                          │ │
│ │                                               │ │
│ │                                               │ │
│ │                                               │ │
│ └───────────────────────────────────────────────┘ │
│                  ┌─────────┐                      │
│                  │  Save   │                      │
│                  └─────────┘                      │
└───────────────────────────────────────────────────┘
```

Isto é AMBÍGUO. Não está totalmente claro o que Cambridge significa.

Não ficou óbvio se a entrega era para o depósito Head-Ex em Cambridge, Massachusetts ou o depósito Head-Ex em Cambridge, Inglaterra. Você precisa de um modo para impedir que os usuários forneçam dados **ambíguos** no campo depósito.

⚛ PODER DO CÉREBRO

Pense nas GUIs que você costumava usar no passado. Como poderia **limitar** os valores que alguém pode fornecer em uma GUI?

Os botões de rádio forçam os usuários a escolherem um depósito válido

Clique em AM e o botão FM pulará.

Os campos de texto não são a única entrada de dados existente. Se você vir qualquer programa GUI, encontrará um grande número de componentes diferentes sendo usados: controles, botões, caixas de seleção. Por que existem tantos tipos diferentes de componente? Existem apenas para tornar a interface mais interessante de usar?

Clique em FM e o botão AM pulará.

A razão para existir tantos componentes é a de permitir ao programador **gerenciar** e **controlar** com eficiência o tipo de dados que as pessoas podem fornecer.

Se você quiser permitir um **pequeno número** de valores para um campo, poderá usar o componente **botão de rádio**. Um *botão de rádio* é como os botões de seleção AM/FM em seu rádio: pressione AM e o botão FM pula. Pressione FM e o inverso ocorre.

Os *botões de rádio* em um programa GUI funcionam do mesmo modo: se você selecionar um dos botões, os outros botões serão *cancelados automaticamente*. Assim, você pode escolher apenas **um** em um pequeno **grupo** de opções.

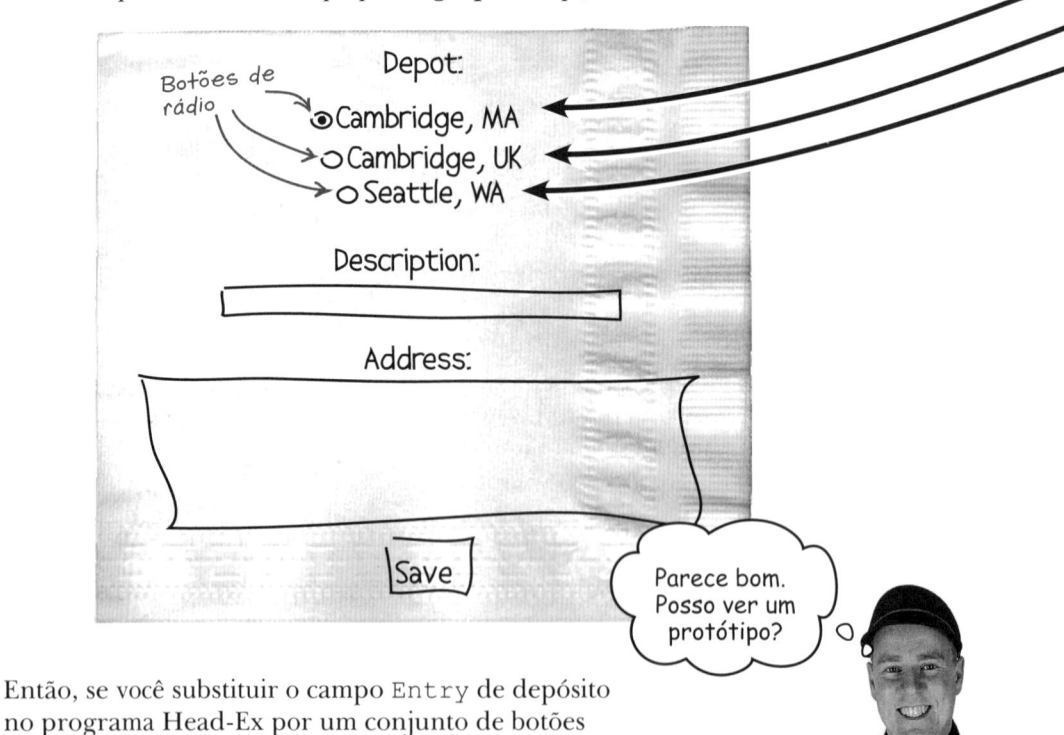

Botões de rádio

Depot:
◉ Cambridge, MA
○ Cambridge, UK
○ Seattle, WA

Description:

Address:

Save

Parece bom. Posso ver um protótipo?

Então, se você substituir o campo `Entry` de depósito no programa Head-Ex por um conjunto de botões de rádio, impedirá que os usuários forneçam nomes ambíguos de depósito. Assim, eles serão capazes de escolher um *e apenas um* depósito.

Criando botões de rádio no tkinter

Você precisa criar três botões de rádio na interface, um para cada um dos depósitos. Eis como pode fazer isso no tkinter:

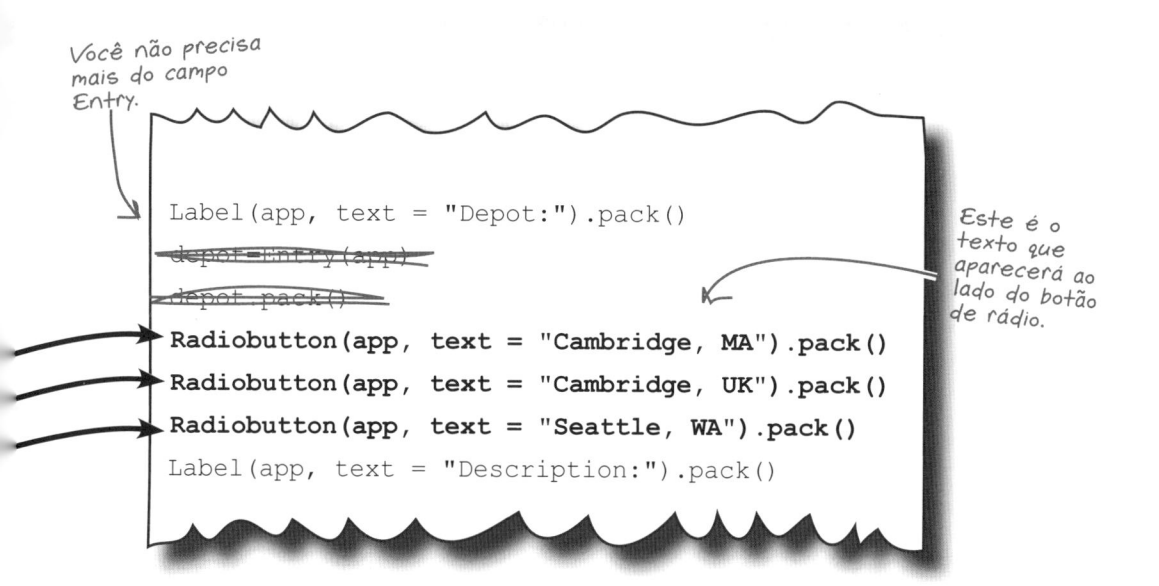

Você não precisa mais do campo Entry.

```
Label(app, text = "Depot:").pack()
depot=Entry(app)
depot.pack()
Radiobutton(app, text = "Cambridge, MA").pack()
Radiobutton(app, text = "Cambridge, UK").pack()
Radiobutton(app, text = "Seattle, WA").pack()
Label(app, text = "Description:").pack()
```

Este é o texto que aparecerá ao lado do botão de rádio.

Você precisa remover o componente Entry do depósito e substituí-lo por **três** componentes Radiobutton, um para cada um dos depósitos válidos. O texto dado a cada componente será o texto que aparece ao lado do botão de rádio na interface.

E como ler qual botão de rádio foi selecionado? No momento, você só precisa criar um protótipo da interface, portanto, não é necessário mudar nenhum código que salva os registros. É algo com o qual podemos lidar mais tarde.

Iremos demonstrar a nova interface para os rapazes na Head-Ex.

test drive

TEST DRIVE

É hora de demonstrar a nova versão da interface. Quando os rapazes da Head-Ex chegarem, inicialize o novo programa no IDLE:

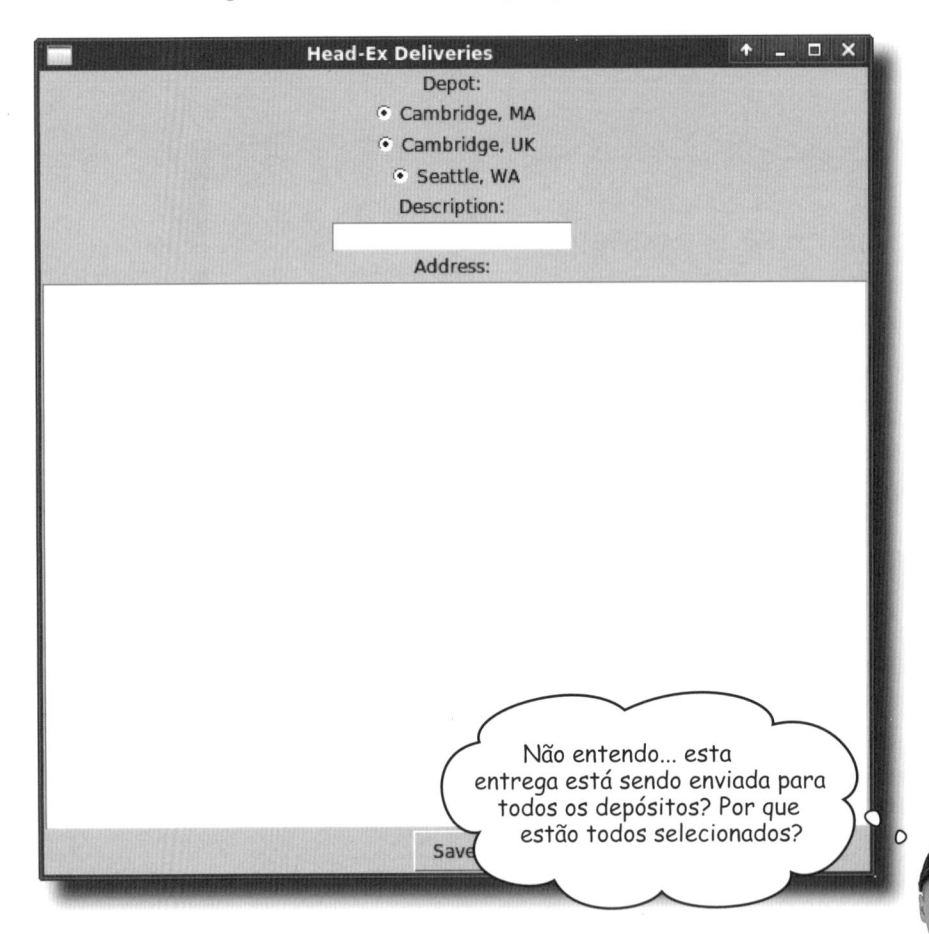

```
Head-Ex Deliveries
              Depot:
           ⦿ Cambridge, MA
           ⦿ Cambridge, UK
           ⦿ Seattle, WA
           Description:
           [          ]
            Address:



                                    Save
```

> Não entendo... esta entrega está sendo enviada para todos os depósitos? Por que estão todos selecionados?

Existe claramente algo errado com o protótipo. Deveria haver apenas um botão de rádio selecionado em um momento e o programa mostra *todos* os botões de rádio selecionados juntos.

O que aconteceu? Você precisa examinar mais detalhadamente como os botões de rádio realmente funcionam.

GUI's e dados

Os botões de rádio devem trabalhar juntos

Quando você modificou o código, adicionou os três botões de rádio assim:

```
Radiobutton(app, text = "Cambridge, MA").pack()
Radiobutton(app, text = "Cambridge, UK").pack()
Radiobutton(app, text = "Seattle, WA").pack()
```

Esse código adicionou três botões de rádio novos à interface, mas os criou como três *componentes independentes*. Isto significa que cada um dos botões de rádio está funcionando separadamente, sem conhecimento dos outros dois.

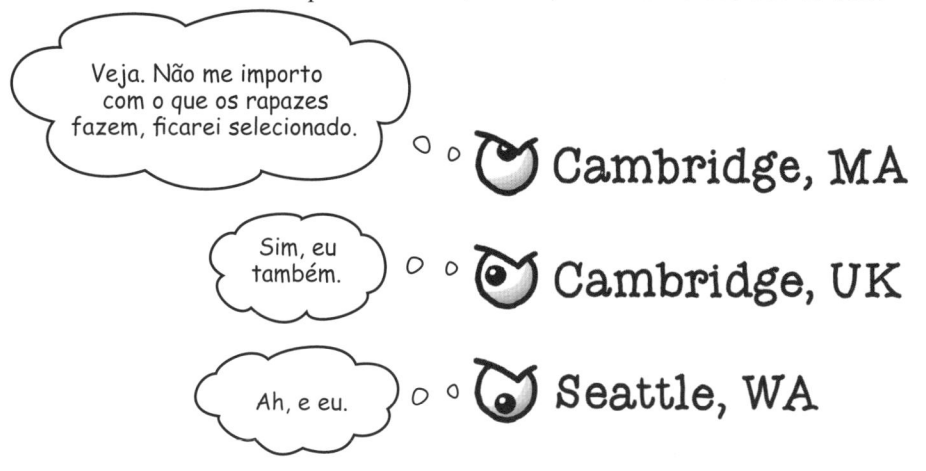

Veja. Não me importo com o que os rapazes fazem, ficarei selecionado.

◉ Cambridge, MA

Sim, eu também.

◉ Cambridge, UK

Ah, e eu.

◉ Seattle, WA

Mas o **problema** dos botões de rádio é que eles funcionam ao mesmo tempo. Quando você seleciona um botão de rádio, espera que todos os outros botões tenham a seleção cancelada, exatamente como os botões no rádio.

Quando o botão AM é selecionado, o botão FM deve ter a seleção cancelada.

Os programas GUI geralmente precisam **sincronizar** os componentes diferentes juntos. Você faz algo com um componente, que resulta em algo mais acontecendo com o outro componente.

Portanto, como você poderia fazer seus botões de rádio cooperarem?

⚛ PODER DO CÉREBRO

Pense no modo como você deseja que os botões de rádio trabalhem. Há algo que eles todos precisam compartilhar? O que é?

você está aqui ▶ 275

atualização do modelo

Os botões de rádio podem compartilhar um modelo

Os campos de texto que você criou originalmente armazenavam um único item de dado. Até então, para cada componente na tela havia uma única parte de dado. Mas, *isso não ocorre* para seus botões de rádio. Os **três** botões de rádio serão usados pelo usuário para registrar apenas **uma** coisa: o depósito para o qual uma entrega é enviada. Os três botões de rádio precisam *compartilhar uma única parte de dados*. E essa parte de dados é chamada de **modelo**.

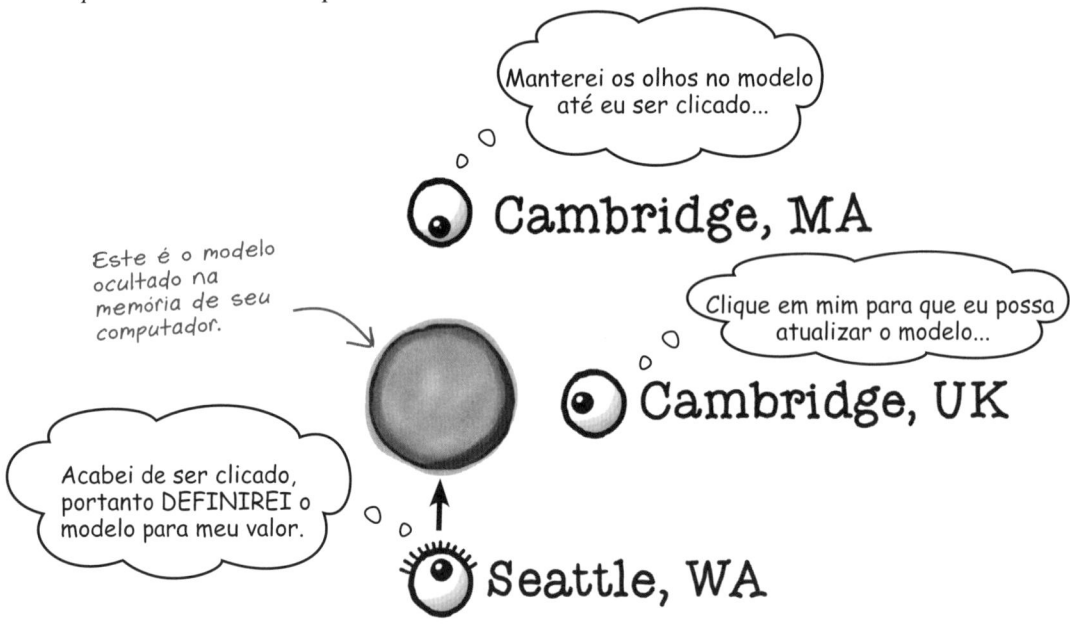

> Manterei os olhos no modelo até eu ser clicado...

◉ Cambridge, MA

> Este é o modelo ocultado na memória de seu computador.

> Clique em mim para que eu possa atualizar o modelo...

◉ Cambridge, UK

> Acabei de ser clicado, portanto DEFINIREI o modelo para meu valor.

◉ Seattle, WA

Então, se o botão de rádio Seattle for **selecionado**, ele **atualizará** o modelo com um novo *valor*.

Você não definiu ainda os valores nos botões de rádio; apenas definiu as descrições de texto. Você pode definir os valores para qualquer coisa desejada, mas será mais simples defini-los para a mesma coisa usada como a descrição do campo:

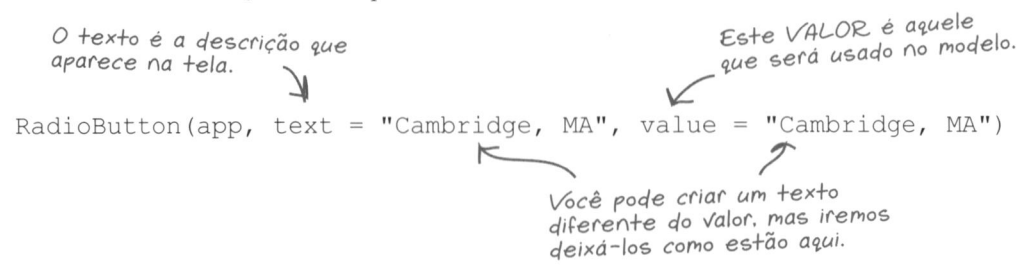

```
RadioButton(app, text = "Cambridge, MA", value = "Cambridge, MA")
```

> O texto é a descrição que aparece na tela.

> Este VALOR é aquele que será usado no modelo.

> Você pode criar um texto diferente do valor, mas iremos deixá-los como estão aqui.

Então, o que acontece depois do modelo ser atualizado?

O sistema informa aos outros componentes quando o modelo muda

O código da biblioteca tkinter controlará quais componentes estão usando quais modelos e, sempre que um modelo muda, o tkinter deixará que os componentes saibam disso. Então, se selecionarmos o botão de rádio `Seattle, WA` (Washington), ele atualizará o modelo e os outros botões de rádio que compartilham o modelo terão, eles mesmos, a seleção cancelada.

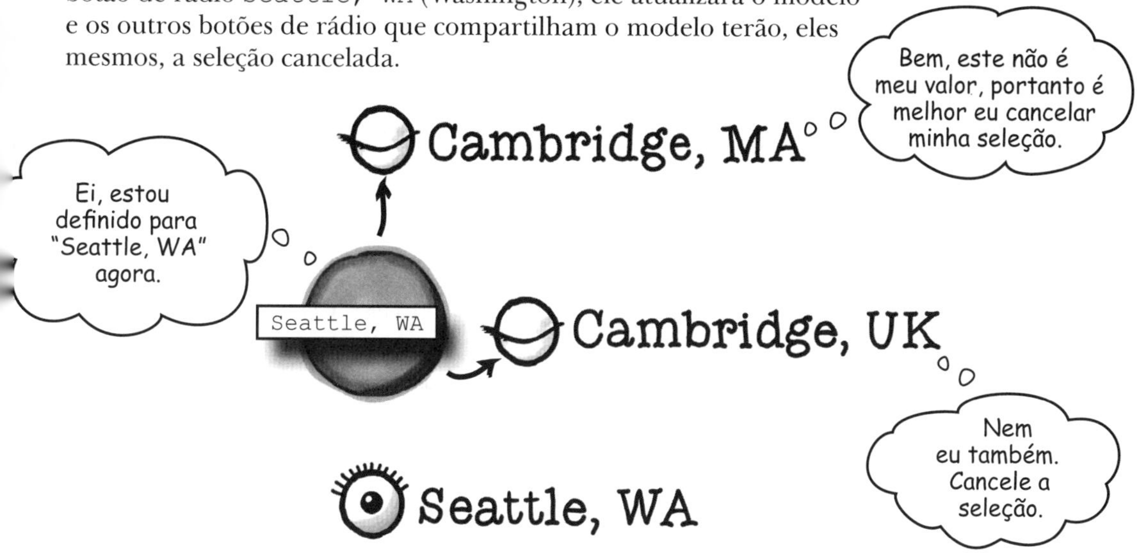

> Ei, estou definido para "Seattle, WA" agora.

> Bem, este não é meu valor, portanto é melhor eu cancelar minha seleção.

○ Cambridge, MA

`Seattle, WA`

○ Cambridge, UK

> Nem eu também. Cancele a seleção.

◉ Seattle, WA

Há um nome especial para o modo como este código funciona:

Modelo Visão Controlador

- **Modelo** é o dado armazenado.

- A **visão** é apenas um nome elegante para o componente.

- E o **controlador** é o código no tkinter que permite que todas as exibições saibam quando o modelo mudou.

Então, chega de teoria MVC (Modelo Visão Controlador, do inglês Model View Controller). É hora de corrigir o código.

Então, como você usa modelos no tkinter?

Imagine que você quisesse adicionar opções de entrega ao programa. Poderia usar botões de rádio e fazer algo assim:

É importante dar EXPLICITAMENTE a cada botão um VALOR.

```
Radiobutton(app, text = "First Class", value = "First Class").pack()
Radiobutton(app, text = "Next Business Day", value = "Next Business Day")
.pack()
```

Então, você precisa criar um *modelo* para os botões de rádio compartilharem. No tkinter, os modelos são chamados de **variáveis de controle** e as variáveis de controle que armazenam texto são chamadas de `StringVars`:

Uma StringVar é como a IntVar do Capítulo 7, exceto por que mantém um valor de string.

```
service = StringVar()
service.set(None)
Radiobutton(app, text = "First Class", value = "First Class",
            variable = service).pack()
Radiobutton(app, text = "Next Business Day", value = "Next Business Day",
            variable = service).pack()
```

Isto define StringVar para o valor especial "None", que significa "Sem valor".

Agora, este código nos fornecerá um par de botões que trabalham juntos. Se você selecionar um, o outro terá sua seleção cancelada automaticamente:

Clique na SEGUNDA opção e a PRIMEIRA será cancelada.

⊖ First Class
◉ Next Business Day

E se você precisar ler ou mudar o valor do modelo no código, simplesmente precisará chamar os métodos `get()` ou `set()` de `StringVar`:

```
>>> print(service.get())
"Next Business Day"
```
Isto retorna o valor atual do modelo.

```
>>> service.set("First Class")
```

Isto define o objeto do modelo de volta para "First Class", que selecionará automaticamente o botão de rádio correto na tela.

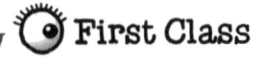

◉ First Class
⊖ Next Business Day

GUI's e dados

Quebra-cabeça da Piscina

Esta é a seção do programa que cria os botões de rádio de depósito. Veja se você pode completá-lo usando os fragmentos de código da piscina. Atenção: você pode não precisar de **todas** as peças...

```
Label(app, text = "Depot:").pack()
..................................................
depot.set(None)
Radiobutton(app, ........................,........................,........................).pack()
Radiobutton(app, ........................,........................,........................).pack()
Radiobutton(app, ........................,........................,........................).pack()
```

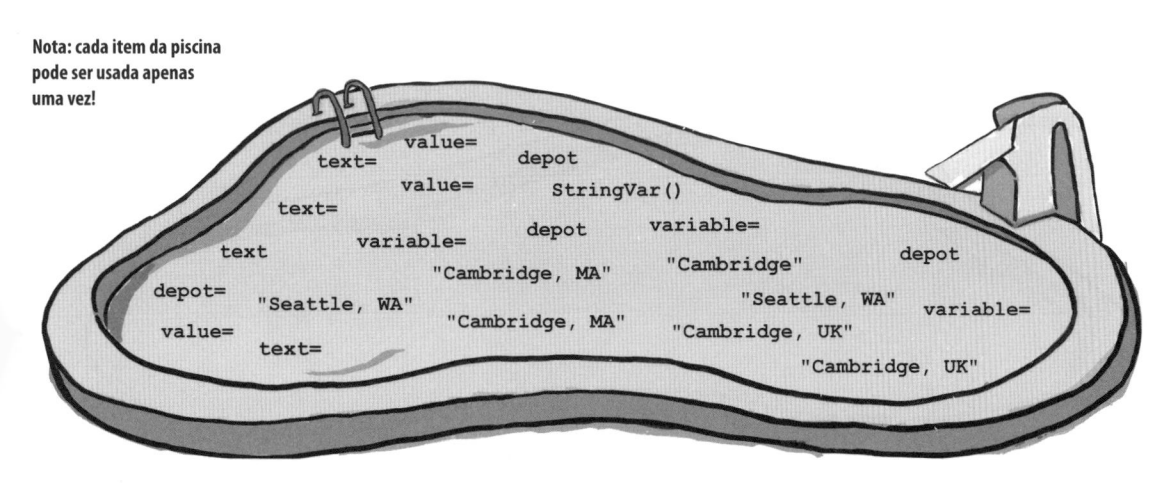

Nota: cada item da piscina pode ser usada apenas uma vez!

Peças da piscina:
- text=
- text=
- text
- depot=
- value=
- value=
- value=
- text=
- variable=
- variable=
- variable=
- depot
- depot
- depot
- StringVar()
- "Cambridge, MA"
- "Cambridge, MA"
- "Seattle, WA"
- "Seattle, WA"
- "Cambridge"
- "Cambridge, UK"
- "Cambridge, UK"

Aponte seu lápis

Qual parte do código você usaria para assegurar que **todos** os botões de rádio sejam limpos *depois* do registro ser salvo?

....

você está aqui ▶ **279**

botões de depósito

Quebra-cabeça da Piscina Solução

Esta é a seção do programa que cria os botões de rádio de depósito. Você teve que ver se podia completá-lo usando os fragmentos de código da piscina. Nem **todas** as peças foram necessárias.

```
Label(app, text = "Depot:").pack()
dados, componentes de entrada, depot = StringVar().
depot.set(None)
Radiobutton(app, variable = depot, text = "Cambridge, MA", value = "Cambridge, MA").pack()
Radiobutton(app, variable = depot, text = "Cambridge, UK", value = "Cambridge, UK").pack()
Radiobutton(app, variable = depot, text = "Seattle, WA", value = "Seattle, WA").pack()
```

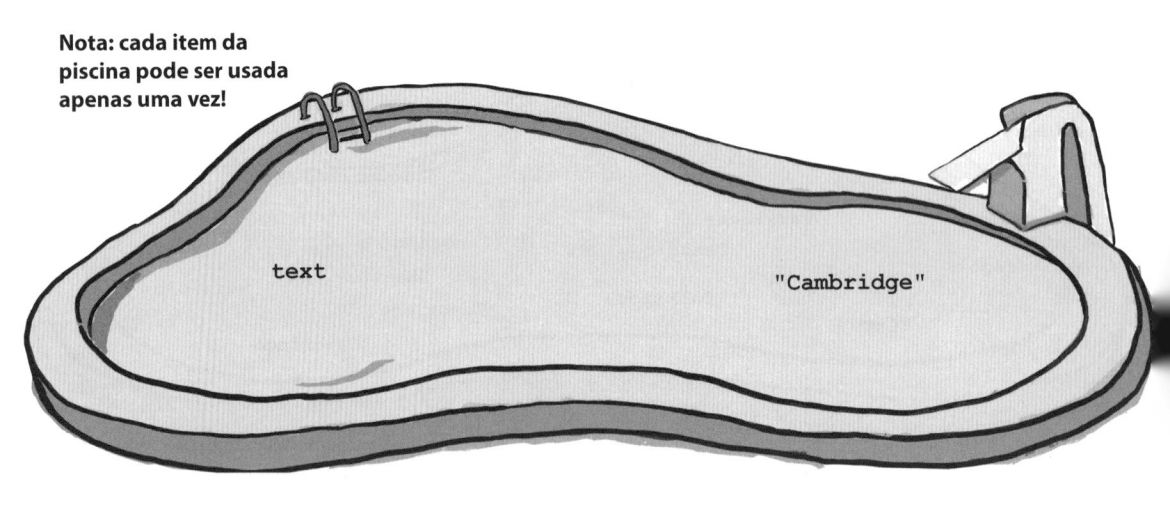

Nota: cada item da piscina pode ser usada apenas uma vez!

text   "Cambridge"

Aponte seu lápis — Solução

Como nenhum botão de rádio tenha este valor, nenhum deles será selecionado.

Qual parte do código você usaria para assegurar que **todos** os botões de rádio sejam limpos *depois* do registro ser salvo?

depot.set(None)

GUI's e dados

TEST DRIVE

Agora, é hora de outra demo de seu programa. Quando você inicializar pela primeira vez o programa, verá que inicialmente não há nenhum depósito selecionado.

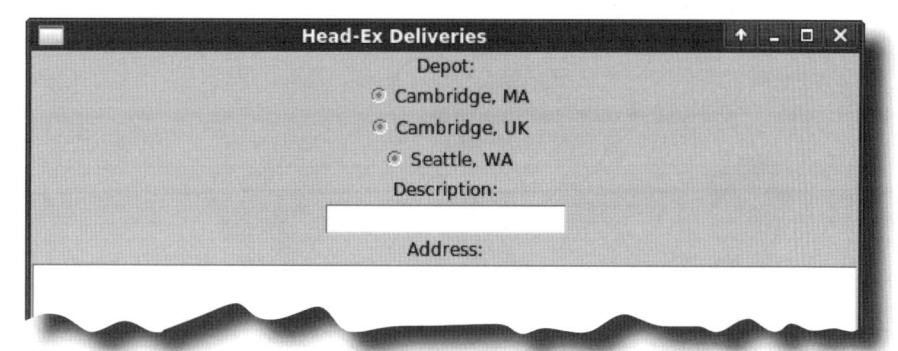

Isso é bom. Agora, o que acontecerá se você selecionar a primeira opção, e, então mudar para a terceira?

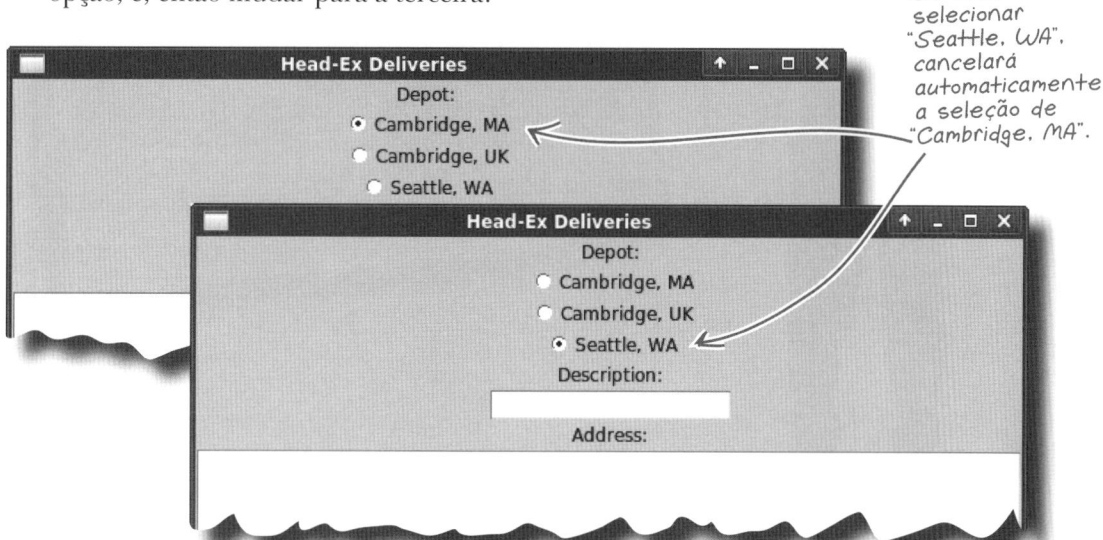

Se você selecionar "Seattle, WA", cancelará automaticamente a seleção de "Cambridge, MA".

Se você fizer uma seleção, os outros botões de rádio serão automaticamente cancelados, que é exatamente o que você precisa.

Os botões de rádio estão funcionando corretamente.

Ufa. Agora, os usuários sempre enviarão os pacotes para depósitos reais. Você fez um ótimo trabalho. Obrigado!

muito mais depósitos

O negócio da Head-Ex está expandindo

Com os novos sistemas estabelecidos, o negócio está melhor do que nunca na Head-Ex. Eles têm novos caminhões, mais funcionários e um número crescente de escritórios.

Estamos abrindo depósitos em todo lugar!

A Head-Ex está abrindo depósitos em todo o mundo.

Mas com este sucesso, vem um novo problema...

GUI's e dados

Há depósitos demais na GUI

Os codificadores na Head-Ex foram corrigindo seu programa para adicionar novos depósitos enquanto eles eram abertos. Mas, há um problema. Agora, existem depósitos demais, que eles não conseguem colocar na tela.

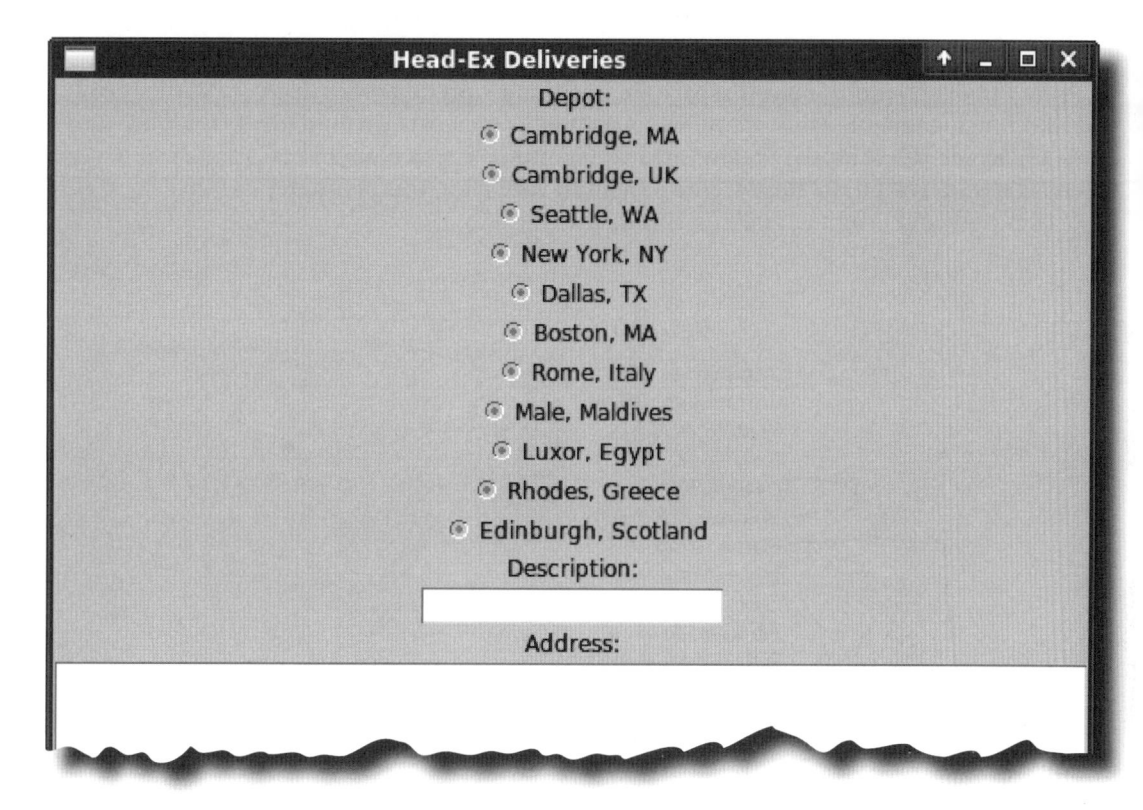

```
┌──────────────── Head-Ex Deliveries ──── ↑ _ □ X ┐
│                      Depot:                     │
│                   ⊙ Cambridge, MA                │
│                   ⊙ Cambridge, UK                │
│                    ⊙ Seattle, WA                 │
│                   ⊙ New York, NY                 │
│                    ⊙ Dallas, TX                  │
│                    ⊙ Boston, MA                  │
│                    ⊙ Rome, Italy                 │
│                  ⊙ Male, Maldives                │
│                   ⊙ Luxor, Egypt                 │
│                  ⊙ Rhodes, Greece                │
│                ⊙ Edinburgh, Scotland             │
│                    Description:                  │
│                  [              ]                │
│                      Address:                    │
```

Algo precisa ser feito na GUI. Mas, o quê?

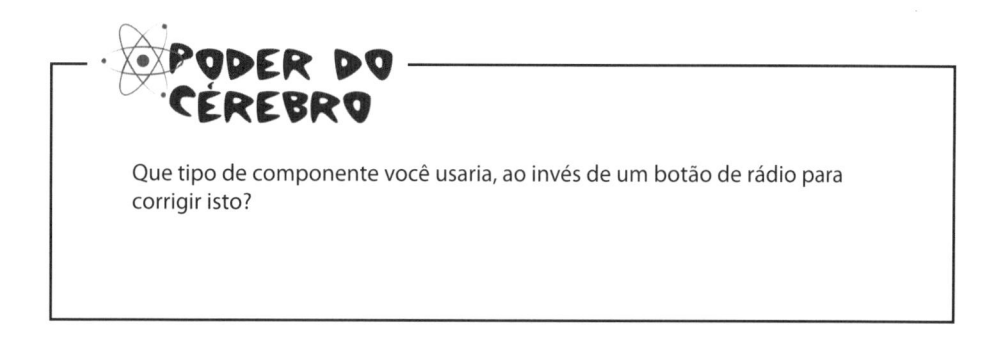

> ## ☢ PODER DO CÉREBRO
>
> Que tipo de componente você usaria, ao invés de um botão de rádio para corrigir isto?

Um OptionMenu permite ter quantas opções forem necessárias

Um **OptionMenu** ou *caixa de lista suspensa* é um componente que permite limitar o número de opções que um usuário pode escolher, exatamente como um grupo de botões de rádio. Mas, tem algumas diferenças importantes.

Primeiro, ocupa muito menos espaço do que um grupo de botões de rádio funcionalmente equivalente, mais ou menos a mesma quantidade de espaço de um campo de texto `Entry`. Segundo – e esta é uma característica realmente importante – quando você clica, um menu de opções pode exibir uma *grande lista de opções*.

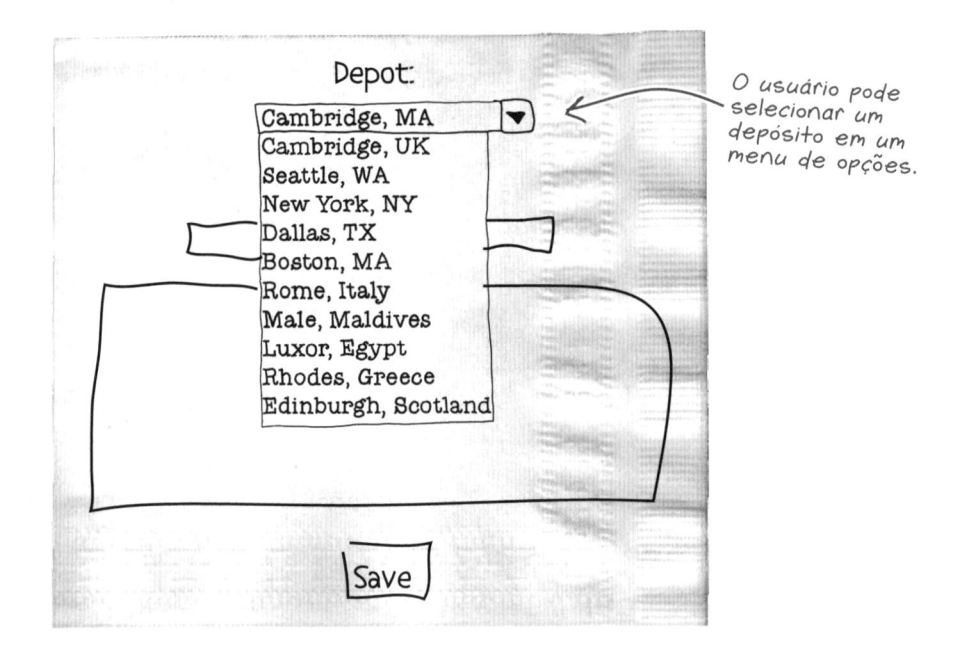

O usuário pode selecionar um depósito em um menu de opções.

Se os codificadores Head-Ex usarem um menu de opções, eles serão capazes de aumentar o número de depósitos disponíveis, mas não terão que aumentar o tamanho ou a complexidade de sua GUI.

Portanto, o que precisa ser alterado no código se você quiser trocar os botões de rádio por um menu de opções?

Não são quais *alterações*, mas o que *fica* igual.

GUI's e dados

O modelo fica igual

Pense por um momento sobre o modelo que você está usando com os botões de rádio. Ele representa o nome do depósito escolhido, o qual você deseja manter para o menu de opções. Se o modelo ficar igual, então seu código, que atualmente é assim:

```
depot = StringVar()
depot.set(None)
Radiobutton(app, variable = depot, text = "Cambridge, MA", value = "Cambridge, MA").pack()
Radiobutton(app, variable = depot, text = "Cambridge, UK", value = "Cambridge, UK").pack()
Radiobutton(app, variable = depot, text = "Seattle, WA",   value = "Seattle, WA").pack()
```

poderá ser substituído por um código assim:

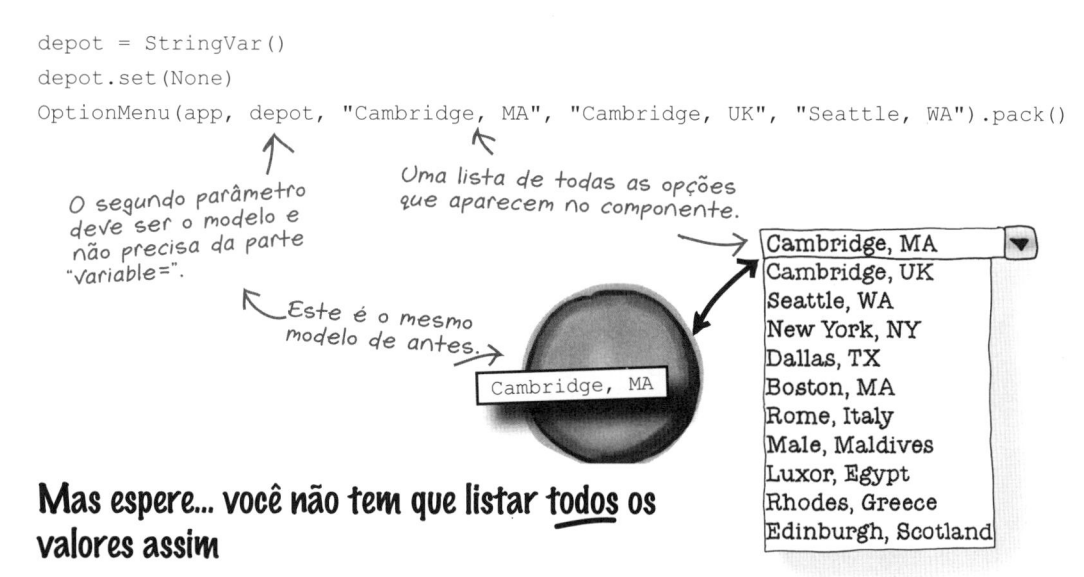

```
depot = StringVar()
depot.set(None)
OptionMenu(app, depot, "Cambridge, MA", "Cambridge, UK", "Seattle, WA").pack()
```

O segundo parâmetro deve ser o modelo e não precisa da parte "variable=".

Uma lista de todas as opções que aparecem no componente.

Este é o mesmo modelo de antes.

Cambridge, MA

Cambridge, MA
Cambridge, UK
Seattle, WA
New York, NY
Dallas, TX
Boston, MA
Rome, Italy
Male, Maldives
Luxor, Egypt
Rhodes, Greece
Edinburgh, Scotland

Mas espere... você não tem que listar todos os valores assim

Parece muito trabalho colocar todas as opções na chamada da função real para `OptionMenu()`, não é? Afinal, há uma grande lista de depósitos.

Felizmente, o Python vem ao seu resgate. Se você tiver opções já armazenadas em uma lista:

```
depots = ["Cambridge, MA", "Cambridge, UK", "Seattle, WA"]
```

poderá transmitir a lista inteira, ao invés de valores separados assim:

```
OptionMenu(app, depot, *depots).pack()
```

*Este * significa: "Pegar o resto dos parâmetros desta lista e inseri-los aqui".*

Agora, iremos reunir as peças.

você está aqui ▶ **285**

adicionando opções

Exercício Longo

Esta é uma versão do programa que usa botões de rádio.

Você irá atualizar esse programa para que ele use um menu de opções. Mas, as opções precisam ser lidas a partir de um arquivo de texto.

```
from tkinter import *

def save_data():
    fileD = open("deliveries.txt", "a")
    fileD.write("Depot:\n")
    fileD.write("%s\n" % depot.get())
    fileD.write("Description:\n")
    fileD.write("%s\n" % description.get())
    fileD.write("Address:\n")
    fileD.write("%s\n" % address.get("1.0", END))
    depot.set(None)
    description.delete(0, END)
    description.delete(0, END)
    address.delete("1.0", END)

app = Tk()
app.title('Head-Ex Deliveries')
Label(app, text = "Depot:").pack()
depot = StringVar()
depot.set(None)
Radiobutton(app, variable = depot, text = "Cambridge, MA", value = "Cambridge, MA").pack()
Radiobutton(app, variable = depot, text = "Cambridge, UK", value = "Cambridge, UK").pack()
Radiobutton(app, variable = depot, text = "Seattle, WA",   value = "Seattle, WA").pack()
Label(app, text = "Description:").pack()
description = Entry(app)
description.pack()
Label(app, text = "Address:").pack()
address = Text(app)
address.pack()
Button(app, text = "Save", command = save_data).pack()
app.mainloop()
```

GUI's e dados

① Primeiro, você precisa criar uma função chamada `read_depots()`, que lerá as linhas em um arquivo de texto e irá retorná-las ao seu código como uma lista.

Sugestão: Quando você lê uma linha no arquivo, ela pode ter um caractere de nova linha no final. O método de string `rstrip()` irá removê-lo para você.

Esta função será inserida aqui.

```
def read_depots(file):
```

....

....

....

....

....

....

....

....

② E depois, você precisará substituir **esta seção do código** pelo código que gera um menu de opções usando os dados a partir da função `read_depots()` que você acabou de criar. E deverá usar um arquivo chamado `depots.txt`. Escreva o código aqui:

....

....

....

....

....

....

....

....

opções *adicionadas*

Exercício Longo — Solução

Esta é uma versão do programa que usa botões de rádio.

Você precisou atualizar esse programa para que ele usasse um menu de opções. Mas, as opções tiveram que ser lidas a partir de um arquivo de texto.

```
from tkinter import *

def save_data():
    fileD = open("deliveries.txt", "a")
    fileD.write("Depot:\n")
    fileD.write("%s\n" % depot.get())
    fileD.write("Description:\n")
    fileD.write("%s\n" % description.get())
    fileD.write("Address:\n")
    fileD.write("%s\n" % address.get("1.0", END))
    depot.set(None)
    description.delete(0, END)
    address.delete("1.0", END)

app = Tk()
app.title('Head-Ex Deliveries')
Label(app, text = "Depot:").pack()
depot = StringVar()
depot.set(None)
Radiobutton(app, variable = depot, text = "Cambridge, MA", value = "Cambridge, MA").pack()
Radiobutton(app, variable = depot, text = "Cambridge, UK", value = "Cambridge, UK").pack()
Radiobutton(app, variable = depot, text = "Seattle, WA",   value = "Seattle, WA").pack()
Label(app, text = "Description:").pack()
description = Entry(app)
description.pack()
Label(app, text = "Address:").pack()
address = Text(app)
address.pack()
Button(app, text = "Save", command = save_data).pack()
app.mainloop()
```

GUI's e dados

❶ *Primeiro, você precisou criar uma função chamada* `read_depots()` *para ler as linhas em um arquivo de texto e retorná-las como uma lista.*

```
                          def read_depots(file):    Inicie com um
                                                    array vazio.
                              depots = []
      Abra o arquivo.
                              depots_f = open(file)
      Leia o arquivo,
      uma linha por vez.      for line in depots_f:

      Anexe uma linha sem
      quebra ao array.            depots.append(line.rstrip())

                              return depots
      Retorne a lista ao
      código que a chama.
```

❷ *E depois, você precisou substituir **esta seção do código** pelo código que gerou um menu de opções usando os dados retornados pela função* `read_depots()`. *Precisou usar um arquivo chamado* `depots.txt`. *Você teve que escrever o código aqui:*

```
Chame a função,
transmitindo o
nome do arquivo
a partir do      options = read_depots("depots.txt")
qual lê os
dados.
                 OptionMenu(app, depot, *options).pack()
Use os dados
para construir
o menu de
opções.
```

test drive

TEST DRIVE

Antes de executar seu programa, crie o arquivo depots.txt. Quando iniciar o programa no IDLE, a interface será muito mais compacta e até mais fácil de usar:

Uma lista bonita e clara das opções de depósito.

Head-Ex Deliveries

Depot:

Cambridge, MA
- Cambridge, MA
- Cambridge, UK
- Seattle, WA
- New York, NY
- Dallas, TX
- Boston, MA
- Rome, Italy
- Male, Maldives
- Luxor, Egypt
- Rhodes, Greece
- Edinburgh, Scotland

Save

O sistema está funcionando muito bem agora. E devido aos depósitos serem armazenados em um arquivo, a Head-Ex pode mudar a lista de depósitos no arquivo *sem ter que corrigir o código*.

Seu programa GUI constrói uma lista de depósitos dinamicamente e segundo a demanda, tornando-o muito flexível.

GUI's e dados

As coisas ficarão ótimas na Head-Ex

O sistema GUI é fácil de usar e limitando os depósitos com um menu de opções, a qualidade dos dados fornecidos é excelente. Isto significa que o serviços de entrega Head-Ex é mais confiável, o número de clientes está aumentando e o negócio está ficando maior – em todo o mundo.

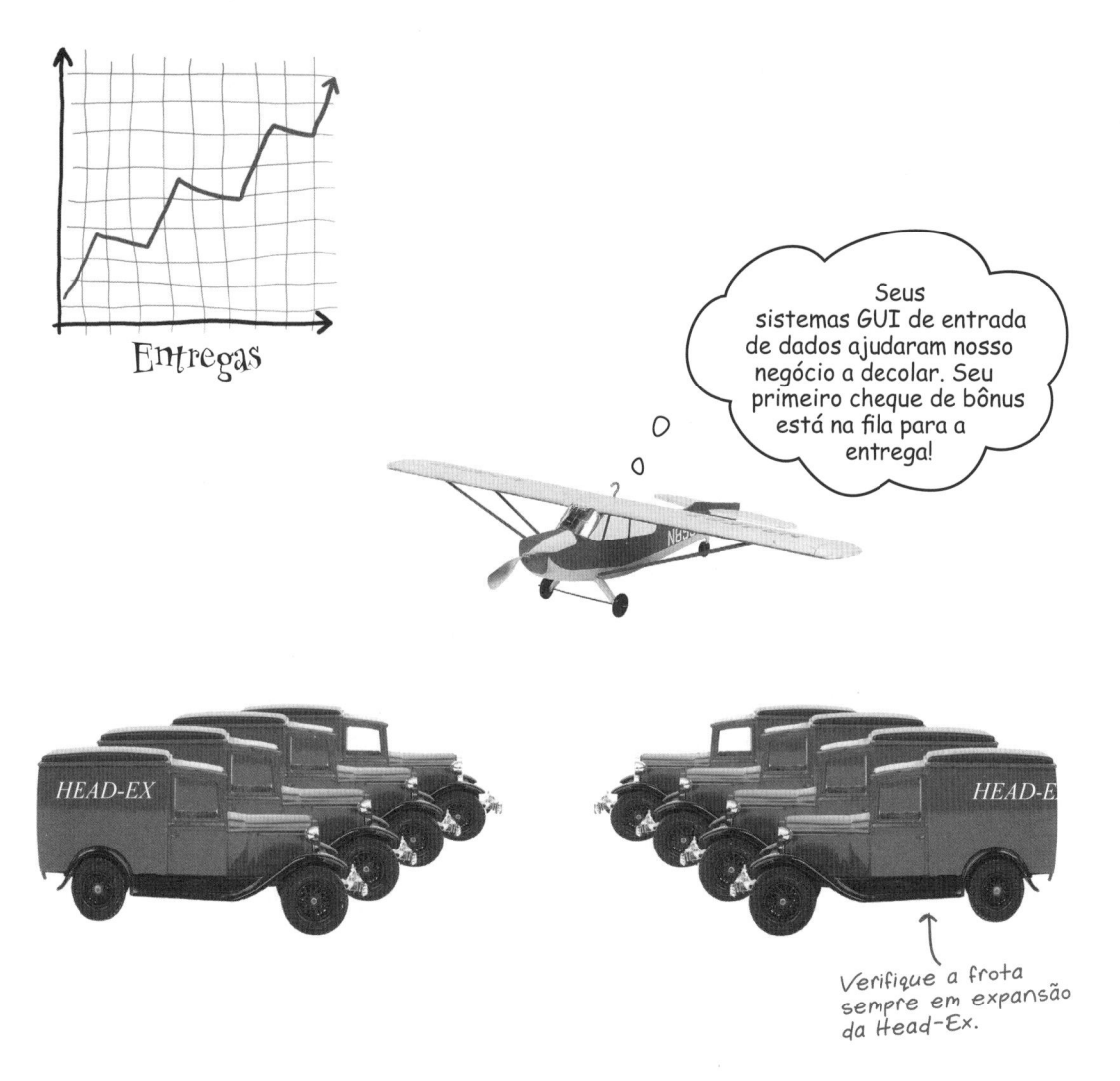

Entregas

Seus sistemas GUI de entrada de dados ajudaram nosso negócio a decolar. Seu primeiro cheque de bônus está na fila para a entrega!

Verifique a frota sempre em expansão da Head-Ex.

Usando os modelos de dados do tkinter, você usou o poder do modelo visão controlador (mvc) para construir um sistema GUI de entrada de dados que realmente arrasa.

caixa de ferramentas da programação

Sua Caixa de Ferramentas de Programação

Você colocou o Capítulo 8 em seu currículo. Vejamos o que aprendeu neste capítulo:

Ferramentas de programação

* MVC – Modelo Visão Controlador.
* Considere os componentes como visões.
* Use modelos de dados para manter seus dados separados de suas visões.
* Os botões de rádio funcionarão juntos se compartilharem um modelo.
* Object API – Application Programming Interface fornecida pelos objetos.
* Preencha um componente GUI dinamicamente e segundo a demanda.

Ferramentas do Python

* Entry( ) – usado pelo tkinter para fornecer pequenas quantidades de texto – uma linha.
* Text( ) – lida com o texto com diversas linhas no tkinter.
* Os campos Entry são indexados a partir de 0.
* Os campos Text são indexados com uma string "linha.coluna", começando em "1.0".
* Controlador tkinter – mantém as visões informadas sobre as mudanças de dados.
* StringVar( ) – uma variável de string tkinter que pode atualizar a GUI "como se fosse mágica".
* RadioButton( ) – útil para quando você deseja selecionar um item em um grupo no tkinter.
* OptionMenu( ) – útil para quando você deseja selecionar um item em um GRANDE grupo de itens no tkinter.

8½   exceções e caixas de mensagem

Conseguiu a mensagem?

Então, quando você fala: "Nem que você fosse o último homem na Terra", o que quer dizer?

Algumas vezes, as coisas simplesmente dão errado. Você só precisa lidar com isso.

Sempre haverá coisas além de seu controle. As redes falharão. Os arquivos desaparecerão. Os codificadores espertos aprendem a lidar com esses tipos de **erros** e fazem seus programas se **recuperarem** com elegância. O melhor software mantém o usuário informado sobre as coisas ruins que acontecem e o que deve ser feito para se recuperar. Aprendendo a usar as **exceções** e as **caixas de mensagens**, você pode levar seu software ao próximo nível de confiabilidade e qualidade.

o queijo *fica sozinho*

O que é este cheiro?

Exatamente quando você viu que as coisas estavam indo bem, houve um problema no armazém Head-Ex.

> Um carregamento de queijo nunca foi registrado e estragou no armazém. Tivemos que distribuir máscaras de gás...

Um estagiário estava registrando o carregamento de queijo quando houve um problema que impediu o programa de registrar a entrada. Isso significou que o queijo nunca foi atribuído a um caminhão de entrega. Portanto, o queijo nunca saiu do armazém e ficou lá por um longo tempo. E isso significou – bem, você pode imaginar...

Para impedir que a mesma coisa aconteça de novo, você precisa descobrir o que causou o problema.

exceções e caixas de mensagem

Alguém mudou as permissões do arquivo

Acaba que o problema foi causado quando alguém do Suporte Técnico decidiu mudar as permissões no arquivo `deliveries.txt`, tornando-o de **somente leitura**. Quando o sistema tentou escrever as entregas no arquivo, ele falhou. Mas, o que é pior, **falhou silenciosamente**:

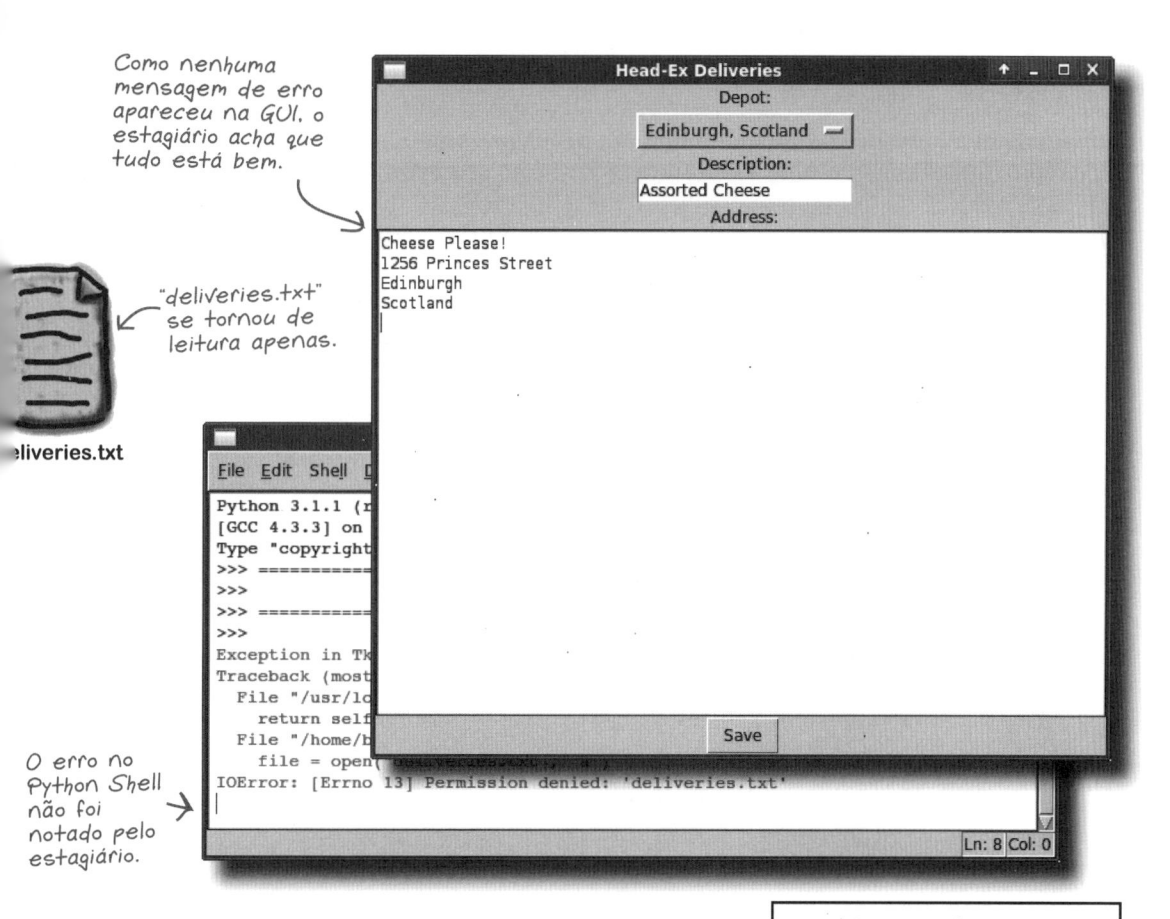

Como nenhuma mensagem de erro apareceu na GUI, o estagiário acha que tudo está bem.

"deliveries.txt" se tornou de leitura apenas.

```
Head-Ex Deliveries
Depot: Edinburgh, Scotland
Description: Assorted Cheese
Address:
Cheese Please!
1256 Princes Street
Edinburgh
Scotland

                    Save
```

```
File Edit Shell
Python 3.1.1 (
[GCC 4.3.3] on
Type "copyright
>>> ============
>>>
>>> ============
>>>
Exception in Tk
Traceback (most
  File "/usr/lo
    return self
  File "/home/b
    file = open
IOError: [Errno 13] Permission denied: 'deliveries.txt'
                                                Ln: 8 Col: 0
```

O erro no Python Shell não foi notado pelo estagiário.

Quando você estava escrevendo os programas executados no **Python Shell**, sempre podia dizer quando ele falhava: uma mensagem de erro enorme e feia aparecia. Por que não com as GUIs? Elas não fazem a mesma coisa?

Fazem, mas o problema é que a mensagem aparece no Shell e seu usuário está ocupado vendo a bela GUI, portanto o erro feio geralmente pode ser perdido.

Ao usar uma GUI, como você localiza os erros? E, uma vez localizados, o que acontece então?

> **Nota:** Para reproduzir este erro em seu PC, você precisa tornar seu arquivo `deliveries.txt` de *somente leitura*. Como você faz isto depende de seu sistema operacional. Se você não estiver certo sobre como tornar um arquivo de leitura apenas, verifique a Web para obter mais recomendações (ou pergunte ao amigo guru mais próximo). Na maioria dos sistemas, este processo envolve editar as *propriedades* do arquivo.

você está aqui ▶ **295**

criando uma exceção

Quando não pôde escrever no arquivo, o programa enviou uma exceção

O que acontece quando ocorre um erro? Alguns erros são *realmente ruins*: eles fazem o programa **paralisar**. Outros erros menos graves são conhecidos como *recuperáveis*: o programa pode continuar em execução, mesmo que algo tenha dado errado. Você pode localizar essas situações em seu código, pois a maioria das tecnologias de programação **lança** uma **exceção** quando elas ocorrem.

Imagine uma linha de código que tenha um problema, como, por exemplo, uma linha que estava tentando escrever no arquivo deliveries.txt. O Python descobrirá que a operação de anexação *falhou* e ao invés de executar o resto do código seguinte, o Python abandonará o barco e saltará completamente o código. É isto que significa *lançar uma exceção*: o programa não *paralisa*, mas abandona o que você estava tentando fazer e tenta recuperar-se da situação:

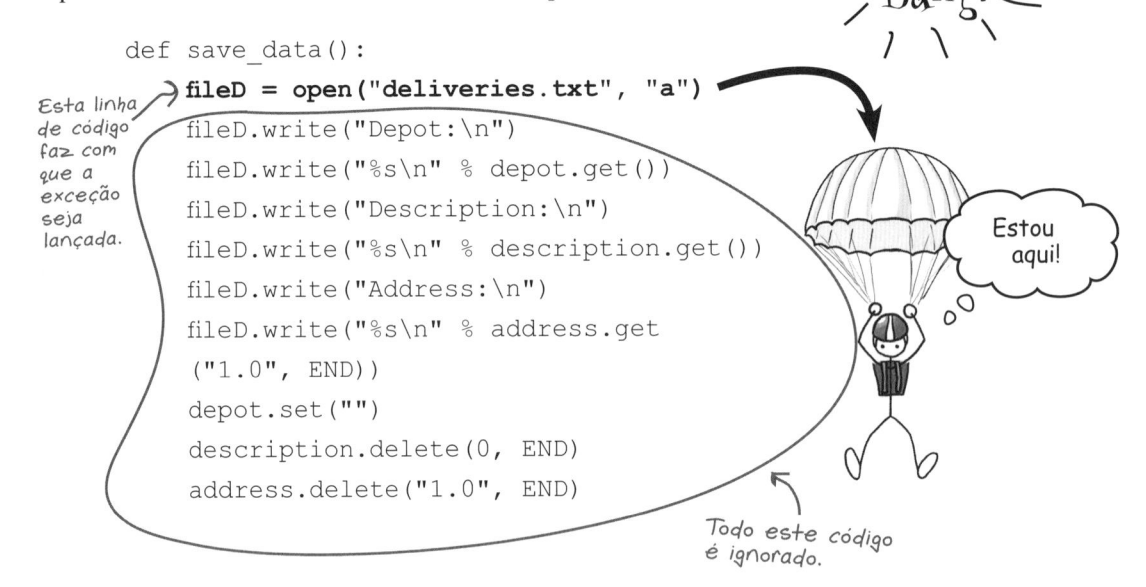

```
def save_data():
    fileD = open("deliveries.txt", "a")
    fileD.write("Depot:\n")
    fileD.write("%s\n" % depot.get())
    fileD.write("Description:\n")
    fileD.write("%s\n" % description.get())
    fileD.write("Address:\n")
    fileD.write("%s\n" % address.get
    ("1.0", END))
    depot.set("")
    description.delete(0, END)
    address.delete("1.0", END)
```

Esta linha de código faz com que a exceção seja lançada. → `fileD = open("deliveries.txt", "a")`

Bang!

Estou aqui!

Todo este código é ignorado.

Mas *por que* ignorar o resto do código? Por que não continuar executando? Geralmente, isso seria uma *má ideia*. Uma vez que a linha do código tenha ficado *ruim*, não há nenhum modo de saber se faz sentido continuar executando o código seguinte. Por exemplo, se o código Head-Ex não pode abrir o arquivo deliveries para anexar, não faz sentido continuar tentando escrever dados no arquivo fechado!

Para se recuperar, você precisa iniciar a execução de seu código a partir de algum outro lugar.

Capture a exceção

O Python localiza quando uma exceção é *lançada* e você pode escrever um código para executar quando a exceção ocorre. Isso é chamado de *capturar a exceção*. O código que você executa quando há um erro resultante da exceção lançada é chamado de **sub-rotina de exceção**.

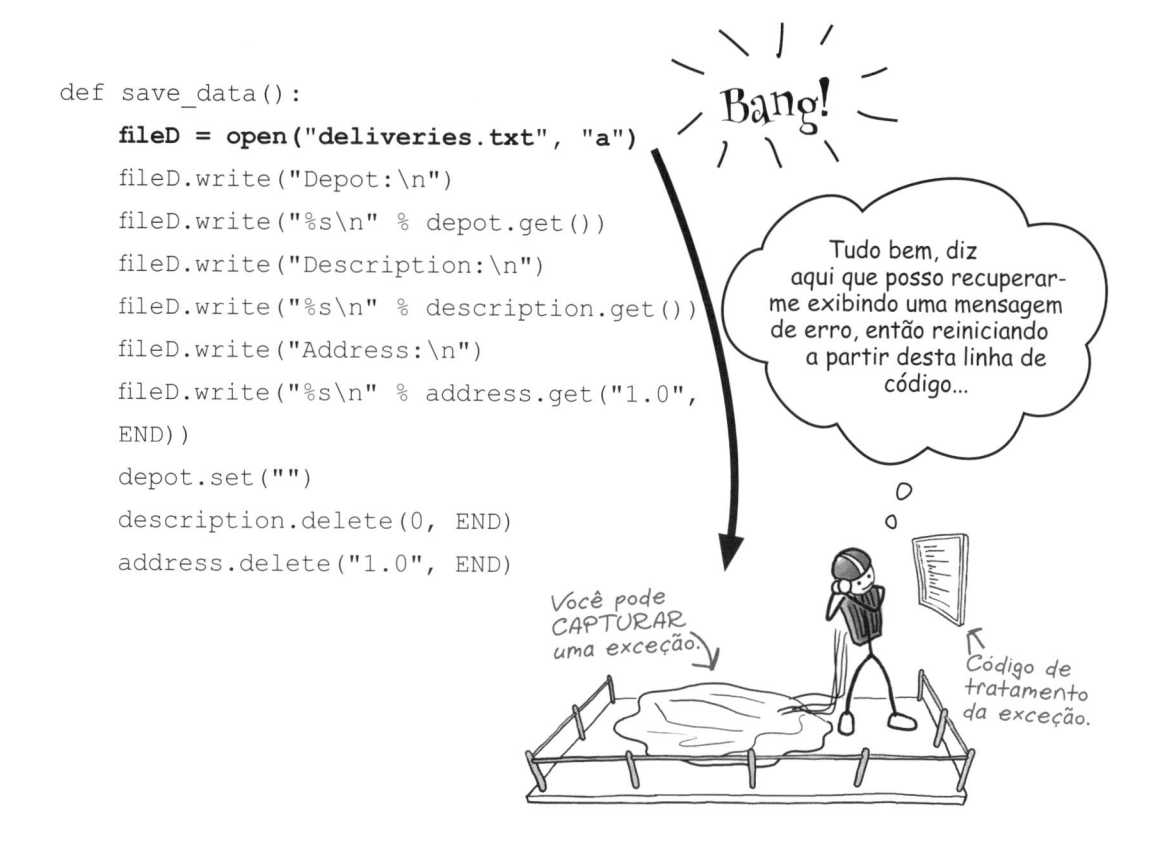

```python
def save_data():
    fileD = open("deliveries.txt", "a")
    fileD.write("Depot:\n")
    fileD.write("%s\n" % depot.get())
    fileD.write("Description:\n")
    fileD.write("%s\n" % description.get())
    fileD.write("Address:\n")
    fileD.write("%s\n" % address.get("1.0", END))
    depot.set("")
    description.delete(0, END)
    address.delete("1.0", END)
```

Bang!

Tudo bem, diz aqui que posso recuperar-me exibindo uma mensagem de erro, então reiniciando a partir desta linha de código...

Você pode CAPTURAR uma exceção.

Código de tratamento da exceção.

Criar sub-rotinas de exceção realmente pode facilitar a vida de seus usuários. Ao invés de um programa estranho que paralisa ou falha silenciosamente na primeira vez que algo diferente ocorre, você pode escrever programas que se *recuperam dos erros com elegância*. As sub-rotinas de exceção arrumam as coisas quando algo dá errado e podem até permitir que seu usuário saiba quando algo estranho aconteceu.

É o que você precisa aqui: uma sub-rotina de exceção que informe ao usuário quando há um problema ao escrever uma entrega no arquivo.

Como as sub-rotinas de exceção são escritas no Python?

É chamada de sub-rotina de exceção uma parte de código que é executado quando uma exceção é lançada.

tente a exceção

Observe as exceções com try/except

Para se recuperar de um erro quando ele ocorre, você precisa indicar o código que *lançar* uma exceção. No Python, você faz isto com try e except.

Tudo que você precisa fazer é pegar a parte do código potencialmente com problemas e adicionar os rótulos try e except:

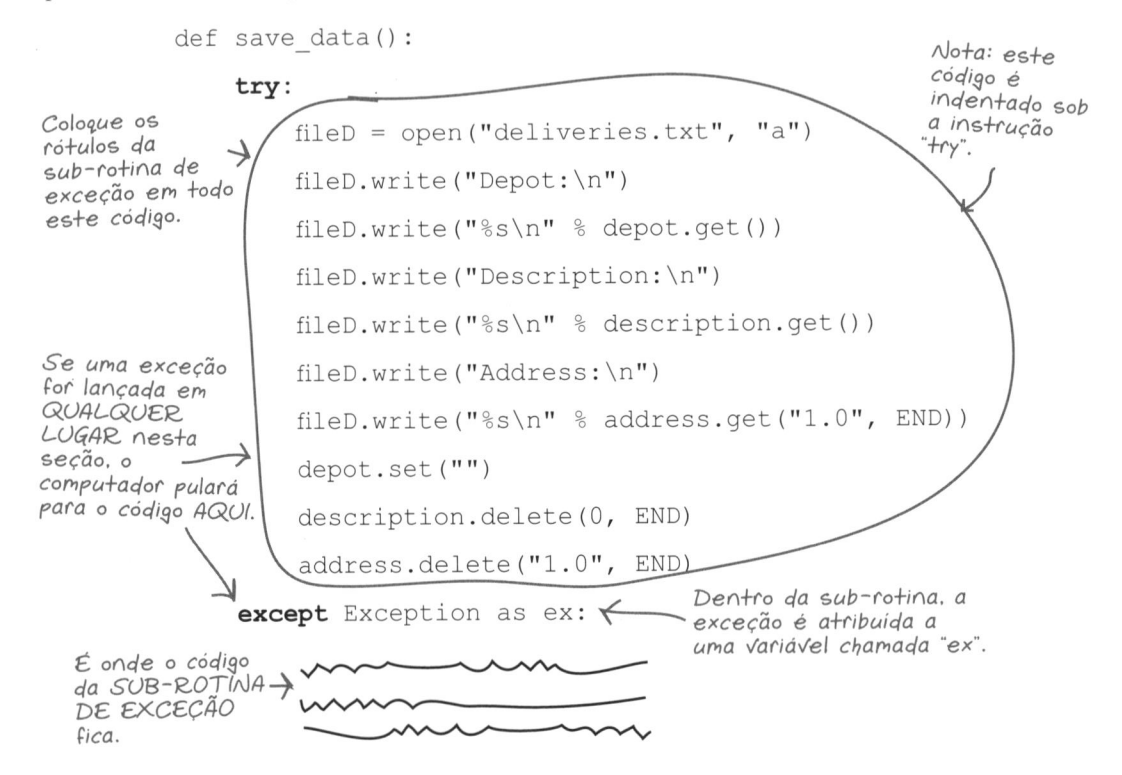

```
def save_data():
    try:
        fileD = open("deliveries.txt", "a")
        fileD.write("Depot:\n")
        fileD.write("%s\n" % depot.get())
        fileD.write("Description:\n")
        fileD.write("%s\n" % description.get())
        fileD.write("Address:\n")
        fileD.write("%s\n" % address.get("1.0", END))
        depot.set("")
        description.delete(0, END)
        address.delete("1.0", END)
    except Exception as ex:
```

Coloque os rótulos da sub-rotina de exceção em todo este código.

Nota: este código é indentado sob a instrução "try".

Se uma exceção for lançada em QUALQUER LUGAR nesta seção, o computador pulará para o código AQUI.

Dentro da sub-rotina, a exceção é atribuída a uma variável chamada "ex".

É onde o código da SUB-ROTINA DE EXCEÇÃO fica.

Se uma exceção for lançada *entre* os rótulos try e except, o código seguinte ao rótulo except será executado. O código que lançou a exceção é *abandonado*. Se nenhuma exceção ocorrer, o código será executado normalmente e o código que vem depois do rótulo except será ignorado.

Observe que os rótulos try/except são colocadas ao redor de *todo* o código da função. Se houver um problema ao abrir o arquivo deliveries.txt, você nem desejará tentar escrever nele. Portanto, quando o problema atacar, você deverá abandonar o barco e pular para o código que tenta recuperar-se do erro.

Então, o código executado é a sub-rotina de exceção.

Ímãs da Exceção

Monte o código para lidar com uma exceção na função `save_data()`. A sub-rotina de exceção precisa exibir os detalhes da exceção na barra de título da janela. Nota: lembre-se de indentar o código na sub-rotina de exceção, além do código no bloco `try`.

```
fileD = open("deliveries.txt", "a")
fileD.write("Depot:\n")
fileD.write("%s\n" % depot.get())
fileD.write("Description:\n")
fileD.write("%s\n" % description.get())
fileD.write("Address:\n")
fileD.write("%s\n" % address.get("1.0", END))
depot.set("")
description.delete(0, END)
address.delete("1.0", END)
```

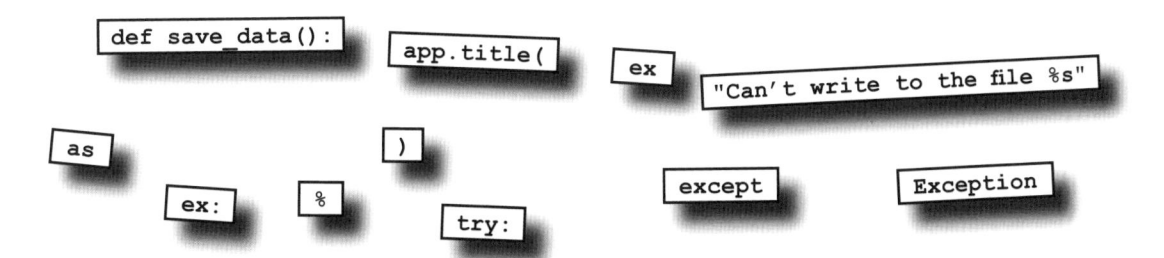

Ímãs disponíveis:

- `def save_data():`
- `app.title(`
- `ex`
- `"Can't write to the file %s"`
- `as`
- `)`
- `except`
- `Exception`
- `ex:`
- `%`
- `try:`

sub-rotina de **exceção**

Ímãs da Exceção Solução

Você teve que montar o código para lidar com uma exceção na função `save_data()`. A sub-rotina de exceção precisa exibir os detalhes da exceção na barra de título da janela. Você precisou lembrar de indentar o código na sub-rotina de exceção, além do código no bloco `try`.

```
def save_data():
    try:
        fileD = open("deliveries.txt", "a")
        fileD.write("Depot:\n")
        fileD.write("%s\n" % depot.get())
        fileD.write("Description:\n")
        fileD.write("%s\n" % description.get())
        fileD.write("Address:\n")
        fileD.write("%s\n" % address.get("1.0", END))
        depot.set("")
        description.delete(0, END)
        address.delete("1.0", END)
    except Exception as ex:
        app.title("Can't write to the file %s" % ex)
```

Estamos usando as strings formatada para exibir a exceção no título.

Este é o código da sub-rotina de exceção.

A sub-rotina de exceção pode ter várias linhas, contanto que estejam todas indentadas da mesma forma.

exceções e caixas de mensagem

TEST DRIVE

Vejamos se o código funciona. Certifique-se de que o arquivo `deliveries.txt` seja **somente leitura**. Então, execute a nova versão do programa no IDLE e tente registrar uma entrega clicando no botão **Save** (Salvar).

Nota: certifique-se de que deliveries.txt esteja definido como somente leitura.

deliveries.txt

Clicar em "Save" fará com que a barra de título mude, devido a um erro.

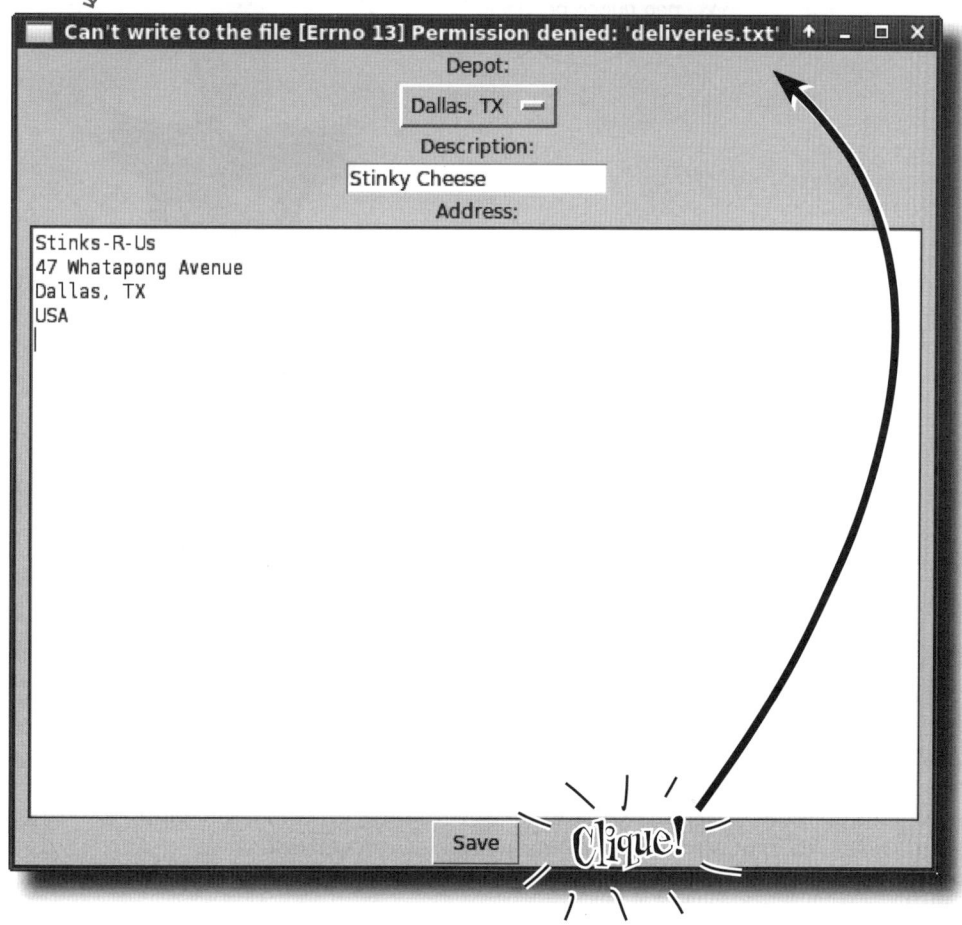

```
Can't write to the file [Errno 13] Permission denied: 'deliveries.txt'
                              Depot:
                            Dallas, TX
                           Description:
                         Stinky Cheese
                            Address:
Stinks-R-Us
47 Whatapong Avenue
Dallas, TX
USA




                              Save      Clique!
```

Certamente, quando você tentar salvar os detalhes da entrega, o programa obterá a exceção e a sub-rotina de exceção exibirá a mensagem de erro no título da janela.

Imagine o que as pessoas na Head-Ex pensarão sobre isto?

sub-rotina de exceção comum

Há um problema com a sub-rotina de exceção

Você faz uma demonstração rápida para as pessoas na Head-Ex e, mesmo que o programa funcione, não é bem o que elas precisam.

> Não estou certo se a mensagem de erro é realmente visível na barra de título. Se houver um erro, realmente não quero perdê-lo.

A mensagem de erro é mais visível do que quando estava aparecendo no *Python Shell*, mas não é muito mais visível. Com certeza, você provou que pode descobrir quando um erro ocorre e, então, executar uma sub-rotina de exceção para fazer algo com ele. Mas, você realmente precisa fazer algo que irá **interromper** o usuário e destacar a situação. Você precisa de algo que forçará o usuário a reconhecer o erro antes de continuar a fazer outra coisa.

Uma caixa de mensagem GUI pode dar conta do recado.

Uma caixa de mensagem requer atenção

Na maioria das vezes, os programas GUI colocam o usuário no comando. Se o usuário escolher clicar em um botão ou editar um campo, o computador permitirá que ele faça isto em qualquer ordem e no momento em que escolher. Mas algumas vezes, os programas GUI precisam parar o usuário e fazer uma pergunta, obtendo sua confirmação ou reconhecimento de algo. É onde entram as **caixas de mensagem**.

Uma *caixa de mensagem* é algo que requer uma resposta, sendo por isso que algumas vezes é chamada de **caixa de diálogo**.

A caixa de mensagem mais simples exibe uma mensagem com um único botão **OK**:

Este ícone mostra que é um aviso.

warning

Your hovercraft is full of eels!

Esta é a mensagem.

OK

O usuário deve clicar no botão "OK" para continuar, indicando que ele reconhece a mensagem.

Uma caixa de mensagem sempre mostra a mensagem em uma janela separada, geralmente na frente de sua janela GUI principal. E não sairá até você clicar, fechando-a. É por isso que as *caixas de mensagem* são o modo mais comumente usado de exibir os erros. O usuário *tem* que ler e responder ao erro antes de continuar.

Você deve economizar a frequência com a qual exibe as caixas de mensagem porque se os usuários virem muitas delas, provavelmente clicarão sem ler a mensagem. Mas, quando usadas com cuidado, elas mantém o usuário informado e em alerta.

mensagens declarativas e interrogativas

Criando caixas de mensagem no Python

Todo o código da caixa de mensagem está contido em um módulo tkinter chamado `messagebox`, portanto a primeira coisa a fazer é importar o módulo:

```
import tkinter.messagebox
```

Então, você está pronto para prosseguir. Dentro do módulo `messagebox`, há muitas caixas de diálogo diferentes para escolher. Mas, todas elas ficam em duas categorias principais.

Caixas de mensagem que dizem coisas

Para exibir uma mensagem simples na tela, você pode exibir uma caixa de mensagem assim:

```
tkinter.messagebox.showinfo("Delivery", "The cupcakes have arrived in Istanbul")
```

O título da caixa de mensagem.

O conteúdo da mensagem.

O ícone na janela mostra que é apenas para a informação.

Você precisa clicar no botão OK para fechar a caixa de diálogo.

Caixas de mensagem que perguntam coisas

Se você precisar de uma caixa de mensagem que faça pergunta aos usuários, precisará verificar o *valor de retorno* para saber o que eles escolheram:

```
response = tkinter.messagebox.askyesnocancel("Gift?", "Gift wrap the package?")
```

Um valor é atribuído a "response" depois do usuário clicar em um dos botões.

Quando o tkinter chegar a esta linha, irá esperar que o usuário responda à pergunta, então atribuirá `True` (**sim**), `False` (**não**) ou `None` (**cancelar**) à variável `response`.

Vejamos quais outras caixas de mensagem estão disponíveis.

304 *Capítulo 8½*

exceções e *caixas de mensagem*

Quem faz o quê?

Estas são as caixas de mensagem disponíveis no tkinter. Pense com cuidado sobre cada um dos seguintes exemplos. Sabemos qual usaríamos no *Use a Cabeça Labs*. Qual tipo de caixa à esquerda você escolheria para cada uma das mensagens à direita? Conecte as mensagens às caixas com linhas.

show info (mostrar informação)   "Tudo bem em ligar os amplificadores?"

Showwarning (mostrar aviso)   "Seus tamancos tartã chegaram."

Showerror (mostrar erro)   "Fala a sério, acho que ele está ignorando o telefone."

askquestion (pergunta)   "Perigo, Will Robinson!"

askokcancel (pergunta ok/cancelar)   "Você quer fritas com isto?"

Askyesnocancel (pergunta sim/não/cancelar) "Cara, a impressora está quebrada."

Askretrycancel (pergunta tentar de novo/cancelar) "Então, você quer Nutella em seu sanduíche com bacon e geleia."

mensagens misturadas

QUEM FAZ O QUÊ?
SOLUÇÃO

Estas são as caixas de mensagem disponíveis no tkinter. Você teve que pensar com cuidado sobre cada um dos seguintes exemplos, então indicar qual tipo de caixa à esquerda escolheria para cada uma das mensagens à direita. Você teve que conectar as mensagens às caixas com linhas.

Você REALMENTE está certo que deseja continuar e fazer isto? É sua última chance para mudar de ideia.

showinfo (mostrar informação) — "Tudo bem em ligar os amplificadores?"

Isto é pura informação. Nada com o qual se preocupar. Exceto o risco de atentar contra sua capa de fada de veludo

Showwarning (mostrar aviso) — "Seus tamancos tartã chegaram."

Não funcionou na última vez, mas se quiser, você pode tentar de novo.

Showerror (mostrar erro) — "Fala a sério, acho que ele está ignorando o telefone."

Tudo bem, então não há nada realmente quebrado AINDA, mas TENHA CUIDADO.

askquestion (pergunta) — "Perigo, Will Robinson!"

Você continuará, mas deseja esta opção extra?

askokcancel (pergunta ok/cancelar) — "Você quer fritas com isto?"

A coisa está quebrada. Você precisa saber.

Askyesnocancel (pergunta sim/não/cancelar) — "Cara, a impressora está quebrada."

Você quer esta informação adicional ou gostaria de esquecer tudo?

Askretrycancel (pergunta tentar de novo/cancelar) — "Então, você quer Nutella em seu sanduíche com bacon e geleia."

Suas respostas coincidiram com as nossas? Poderiam não coincidir. Selecionar qual tipo de caixa de mensagem usar depende muito do programa em particular que você está escrevendo e da seriedade da decisão.

exceções e caixas de mensagem

Aponte seu lápis

As pessoas na Head-Ex querem que seu programa exiba esta caixa de mensagem se houver um problema para salvar um registro no arquivo `deliveries.txt`:

```
Error!
Can't write to the file
[Errno 13] Permission denied:
'deliveries.txt'
        OK
```

Complete as linhas que faltam nesta seção de seu programa para criar a caixa de mensagem.

Sugestão: Você precisa incluir uma nova linha no texto da caixa de mensagem.

```
from tkinter import *
.................................................................................

def save_data():
    try:
        fileD = open("deliveries.txt", "a")
        fileD.write("Depot:\n")
        fileD.write("%s\n" % depot.get())
        fileD.write("Description:\n")
        fileD.write("%s\n" % description.get())
        fileD.write("Address:\n")
        fileD.write("%s\n" % address.get("1.0", END))
        depot.set("")
        description.delete(0, END)
        address.delete("1.0", END)
    except Exception as ex:
.................................................................................
```

obtenha *a mensagem*

Aponte seu lápis
Solução

As pessoas na Head-Ex querem que seu programa exiba esta caixa de mensagem se houver um problema para salvar um registro no arquivo `deliveries.txt`:

> **Error!**
>
> Can't write to the file
> [Errno 13] Permission denied:
> 'deliveries.txt'
>
> **OK**

Complete as linhas que faltam nesta seção de seu programa para criar a caixa de mensagem.

Sugestão: Você precisa incluir uma nova linha no texto da caixa de mensagem.

```
from tkinter import *
import tkinter.messagebox
def save_data():
    try:
        fileD = open("deliveries.txt", "a")
        fileD.write("Depot:\n")
        fileD.write("%s\n" % depot.get())
        fileD.write("Description:\n")
        fileD.write("%s\n" % description.get())
        fileD.write("Address:\n")
        fileD.write("%s\n" % address.get("1.0", END))
        depot.set("")
        description.delete(0, END)
        address.delete("1.0", END)
    except Exception as ex:
        tkinter.messagebox.showerror("Error!", "Can't write to the file\n %s" % ex)
```

Lembre-se de importar o módulo necessário. → `import tkinter.messagebox`

Você deve usar a função showerror() para que a caixa de diálogo tenha o ícone de erro correto.

exceções e caixas de mensagem

TEST DRIVE

Agora, o que acontecerá se você tentar salvar um registro quando o arquivo `deliveries.txt` for apenas de leitura?

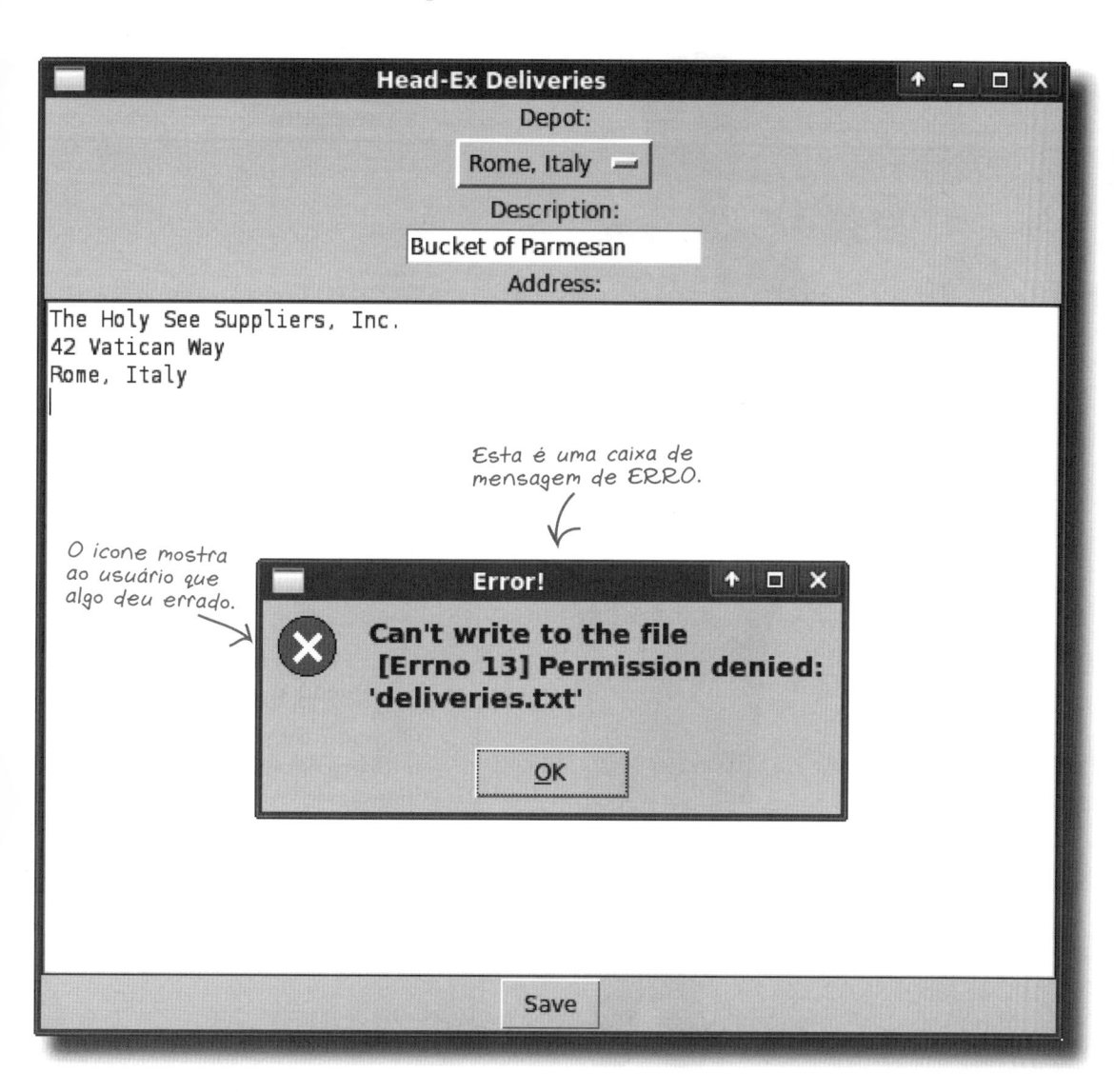

Head-Ex Deliveries

Depot: Rome, Italy

Description: Bucket of Parmesan

Address:
```
The Holy See Suppliers, Inc.
42 Vatican Way
Rome, Italy
```

Esta é uma caixa de mensagem de ERRO.

O ícone mostra ao usuário que algo deu errado.

Error!

Can't write to the file
[Errno 13] Permission denied: 'deliveries.txt'

OK

Save

Ótimo! A sub-rotina de exceção exibe uma mensagem de erro com um ícone que realmente alerta o usuário sobre o problema. Iremos verificar com a Head-Ex para saber se eles gostaram.

você está aqui ▶ 309

durião *entregue*

> É exatamente o que precisamos. E bem a tempo. Acabamos de fazer uma entrega de durião, a fruta mais fedorenta do mundo. Não queremos mesmo deixar ESSA entrega por muito tempo no almoxarifado!

A caixa de mensagem de erro era exatamente o que a Head-Ex precisa.

Obtendo as exceções e exibindo informações importantes nas caixas de mensagem, você pode melhorar muito a experiência de seus usuários quando as coisas dão errado.

Ótimo trabalho!

Sua Caixa de Ferramentas da Programação

Você colocou o Capítulo 8.5 em seu currículo. Vejamos o que aprendeu neste capítulo:

Ferramentas de programação

* Alguns erros não paralisam seu programa – eles enviam exceções.
* Você pode executar o código quando há uma exceção – isto é chamado de "capturar a exceção".
* O código executado por causa de uma exceção é chamado de sub-rotina de exceção.
* As caixas de mensagem da GUI exibem informações e fazem perguntas.
* As caixas de mensagem também são conhecidas como "caixas de diálogo".
* As caixas de mensagem requerem que o usuário responda, mesmo que seja apenas para clicar em um botão OK.

Ferramentas do Python

* Você pode obter exceções usando um bloco try/except.
* "except Exception as ex" atribuirá a mensagem de exceção a uma variável chamada "ex".
* Você pode exibir a mensagem de erro da exceção formatando-a como uma string.
* Para exibir caixas de mensagem, você precisa importar o módulo "tkinter.messagebox".
* As caixas de mensagem que exibem informações são chamadas de "show...()".
* As caixas de mensagem que fazem perguntas são chamadas de "ask...( )".
* As caixas de mensagem retornarão True se a resposta for OK, Yes (Sim) ou Retry (Tentar de novo).
* As caixas de mensagem retornarão False (Falso) se a resposta for No (Não).
* As caixas de mensagem retornarão None (Nada) se a resposta for Cancel (Cancelar).

9 elementos da interface gráfica

Selecionando a ferramenta certa

Ah, que adorável.

Uau! Eu tinha certeza que o vendedor disse que a caixa continha um Ultimate GUI Toolkit™.

É fácil tornar seus programas mais eficientes para seus usuários.

E quanto aos aplicativos GUI, há um mundo de diferença entre uma interface *funcional* e uma que é **útil** e **eficaz**. Selecionar a ferramenta certa para o trabalho certo é uma habilidade que vem com a experiência e o melhor modo de conseguir essa experiência é usar as ferramentas disponíveis para você. Neste capítulo, você continuará a expandir suas habilidades de construção do aplicativo GUI. Há muitos aplicativos realmente úteis esperando para serem experimentados. Portanto, vire a página e continuemos.

dj digital

É hora de remixar

Seu melhor amigo é um DJ ultramoderno com um problema: sua coleção de vinil agora é tão *grande* que ele não consegue carregá-la mais para os clubes. Ele está decidido a digitalizar sua coleção inteira, colocá-la em seu laptop e misturar seus sons a partir dele. Seu problema é que o software de mixagem comercial *custa uma fortuna* e ele não gosta de nenhuma alternativa gratuita. Ele tem suas próprias ideias sobre o software de mixagem desejado.

Passando todo seu tempo mixando músicas, ele nunca aprendeu a programar seu computador... e é onde você entra. Se você ajudá-lo a escrever o software necessário, ele promete exibir seu trabalho no próximo *World Music Mixing Expo*.

Vamos construir o software de mixagem, bit a bit, com base nas exigências do DJ.

Estou jogando fora o vinil e entrando na era digital. Você pode ajudar-me a escrever meu software? Preciso ser capaz de iniciar e parar uma trilha.

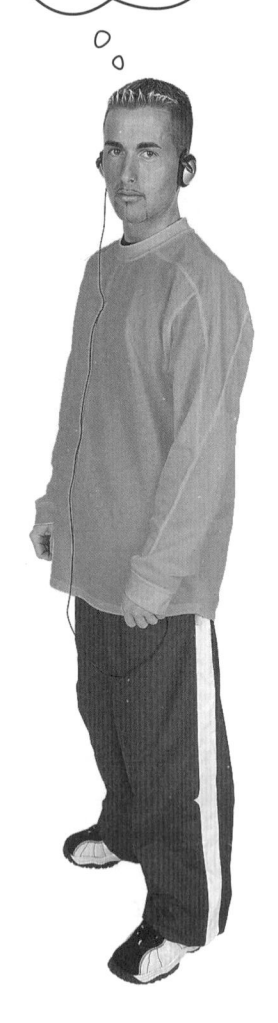

Tudo isto tem que sair.

elementos da *interface* **gráfica**

Ímãs de Geladeira

Alguns botões em uma GUI devem resolver. Eis o código para um pequeno programa tkinter que inicia e para um arquivo de som. Reorganize os ímãs de geladeira para criar o programa:

```
from tkinter import *
import pygame.mixer
```

```
def track_start():
    track.play(loops = -1)
```

```
track = mixer.Sound(sound_file)
```

```
stop_button = Button(app, command = track_stop, text = "Stop")
stop_button.pack(side = RIGHT)
```

```
start_button = Button(app, command = track_start, text = "Start")
start_button.pack(side = LEFT)
```

```
app.mainloop()
```

```
mixer = pygame.mixer
mixer.init()
```

```
def track_stop():
    track.stop()
```

```
app = Tk()
app.title("Head First Mix")
app.geometry('250x100+200+100')
```

```
sound_file = "50459_M_RED_Nephlimizer.wav"
```

inicie e pare

Ímãs de Geladeira Solução

Alguns botões em uma GUI devem resolver. Eis o código para um pequeno programa tkinter que inicia e para um arquivo de som. Você teve que reorganizar os ímãs de geladeira para criar o programa:

Importe as bibliotecas requeridas.

```
from tkinter import *
import pygame.mixer
```

Crie a janela GUI do aplicativo.

```
app = Tk()
app.title("Head First Mix")
app.geometry('250x100+200+100')
```

Identifique a trilha do DJ.

```
sound_file = "50459_M_RED_Nephlimizer.wav"
```

```
mixer = pygame.mixer
mixer.init()
```

Inicie o sistema de som.

A função "track_stop()" responderá ao evento de clique do botão "Stop" (Parar).

A função "track_start()" responderá ao evento de clique do botão "Start"(Iniciar).

O parâmetro "loops = -1" para "play()" repete a trilha até você pará-la.

```
def track_start():
    track.play(loops = -1)

def track_stop():
    track.stop()
```

```
track = mixer.Sound(sound_file)
```
Carregue o arquivo de som da trilha.

Crie um botão para "Start" e "Stop", então conecte cada um deles às suas sub-rotinas do evento.

```
start_button = Button(app, command = track_start, text = "Start")
start_button.pack(side = LEFT)
```

```
stop_button = Button(app, command = track_stop, text = "Stop")
stop_button.pack(side = RIGHT)
```

```
app.mainloop()
```
Inicie o laço de evento GUI.

Carregue Isto!

Faça download das trilhas de som para este capítulo no Web site *Use a Cabeça Programação*. Coloque os arquivos de som no mesmo diretório/pasta de seu código.

elementos da interface gráfica

TEST DRIVE

Forneça o código da página anterior no IDLE, grave-o como `hfmix.pyw` e pressione F5 para experimentar.

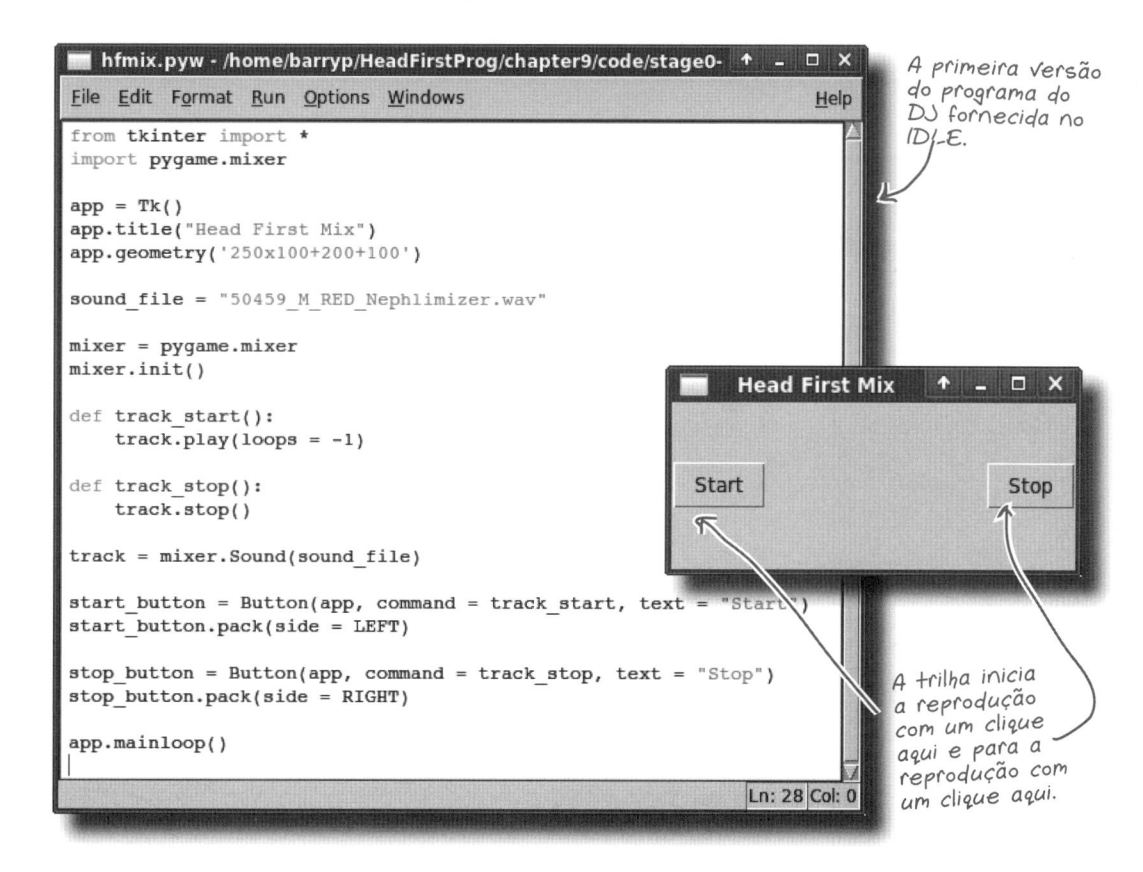

```
hfmix.pyw - /home/barryp/HeadFirstProg/chapter9/code/stage0-
File  Edit  Format  Run  Options  Windows                       Help

from tkinter import *
import pygame.mixer

app = Tk()
app.title("Head First Mix")
app.geometry('250x100+200+100')

sound_file = "50459_M_RED_Nephlimizer.wav"

mixer = pygame.mixer
mixer.init()

def track_start():
    track.play(loops = -1)

def track_stop():
    track.stop()

track = mixer.Sound(sound_file)

start_button = Button(app, command = track_start, text = "Start")
start_button.pack(side = LEFT)

stop_button = Button(app, command = track_stop, text = "Stop")
stop_button.pack(side = RIGHT)

app.mainloop()

                                                    Ln: 28 Col: 0
```

A primeira versão do programa do DJ fornecida no IDLE.

A trilha inicia a reprodução com um clique aqui e para a reprodução com um clique aqui.

Você já sabe como exibir botões em uma GUI e associá-los ao código de tratamento do evento. O que é novo neste código é `loops = -1`, que se organiza para reproduzir o som repetidamente. Ou seja, a trilha faz um *laço* (em inglês, *loop*).

Foi bem simples!

Não é um mau começo...

pare a música

A música simplesmente continuou a tocar...

Em sua pressa para mostrar seu programa para os DJs rivais, seu amigo iniciou o programa *como está*. Ele não percebeu que a trilha incluída por padrão é muito *ruim*. Em pânico, ele clicou na caixa para fechar da janela antes de pressionar Stop (Parar) e a trilha horrível *simplesmente continuou tocando*. Seus rivais não riam assim há tempos...

Rapaz, estou tão constrangido...

Ah, cara, foi tãooo engraçado... você devia ter visto seu rosto!

elementos da interface gráfica

Nem todos os eventos são gerados por cliques do botão

Seu programa GUI processa muitos eventos, não apenas os eventos gerados por seu usuário quando, por exemplo, os botões são clicados.

Seu sistema operacional pode enviar eventos para seu programa GUI também. Alguns desses eventos são lidados comumente pela tecnologia de programação gráfica com a qual você está trabalhando. Para a maioria dos eventos do sistema operacional, o tkinter lida muito bem com eles para você. Quando você clica na caixa para fechar em sua GUI, isto gera um evento **Window Manager** (Gerenciador de Janelas) para seu código lidar. Se seu código não lidar com um evento Window Manager, o tkinter irá fazer isso para você de uma maneira padrão também.

Seu usuário gera um evento de clique do botão na GUI.

Clique!

Aguarde outro evento.

Execute o código de tratamento de eventos associado a qualquer evento ocorrido ou execute alguma ação padrão.

Clique!

O Window Manager gera um evento quando o usuário clica na caixa para fechar.

Se o tratamento de evento padrão *não for* o desejado, você terá que **capturar** o evento antes dele chegar ao tkinter e ser manipulado no modo padrão. No momento, o clique na caixa para fechar está sendo feito para você pelo tkinter e o comportamento padrão é *fechar a janela*.

Iremos assumir o controle desse comportamento padrão.

o preço da beleza interativa

Frank: Qual é o problema agora?

Joe: Bem, parece que tenho que me preocupar com muitos outros eventos GUI, não apenas os meus.

Jim: Sim. Parece que o sistema operacional *e* o Window Manager podem dar trabalho para o aplicativo GUI.

Frank: Sim, está certo. Toda essa beleza interativa tem um preço.

Joe: Preço?!? Você quer dizer que temos que pagar?

Frank: Não, não *esse* tipo de preço. Algumas vezes, você precisa escrever um pouco de código extra para interagir com o Window Manager quando e onde for necessário... é isso que quero dizer com "preço".

Joe: Ufa! Então... o que é um Window Manager, afinal?

Frank: É algo construído em todo aplicativo GUI que manipula seu gerenciamento das janelas. A GUI do Python, tkinter, tem um Window Manager, assim como todos os outros kits de ferramentas GUI.

Joe: Então, como eu trabalho com os eventos gerados pelo Window Manager?

Frank: Você cria uma função com o código que deseja executar e, então, conecta a função ao evento.

Joe: Tudo bem, entendi. Mas, a qual evento conecto? Não é como o Window Manager que tem um botão no qual clicar, é?

Jim: É uma boa pergunta... Frank?

Frank: Bem colocado. O que acontece com o Window Manager é que há um conjunto de propriedades de protocolo com o qual você pode interagir, como e quando é requerido.

Joe: Propriedades *do quê*? Do protocolo?

Jim: Sim, você me deixou perdido, Frank.

Frank: Sim, *propriedades do protocolo*... não são tão assustadoras quanto parecem. Lembre: com as GUIS, *tudo é apenas código*.

Jim e Joe: Onde ouvimos *isto* antes...?

Frank: Aqui, deixe-me mostrar o que eu quero dizer...

> Veja, as GUIs podem parecer bonitas e fáceis, mas são, na verdade, bem complicadas internamente. Há muitos eventos diferentes com os quais se preocupar.

elementos da interface gráfica

QUAL É MEU PROPÓSITO?

Estude as três propriedades tkinter apresentadas abaixo e veja se você pode combinar as propriedades com a descrição correta

`WM_TAKE_FOCUS (Tenha foco)`	Uma mensagem enviada para sua janela principal quando o sistema operacional está finalizando

`WM_SAVE_YOURSELF (Salve-se)`	Uma mensagem enviada para sua janela principal quando a caixa para fechar foi clicada

`WM_DELETE_WINDOW (Delete a janela)`	Uma mensagem enviada para sua janela principal quando a janela foi selecionada depois de um clique do mouse

Quais destas mensagens de protocolo você acha que precisa capturar?

....

Cabeça de Nerd

A biblioteca tkinter fornece um mecanismo para reagir a um evento que está associado à janela GUI. São conhecidas como propriedades do protocolo Window Manager. Considere o evento como um *evento do protocolo*.

capture o evento

QUAL É MEU PROPÓSITO?
SOLUÇÃO

Você teve que estudar as três propriedades tkinter apresentadas abaixo e ver se você podia combinar as propriedades com a descrição correta:

`WM_TAKE_FOCUS` (Tenha foco) ⟶ Uma mensagem enviada para sua janela principal quando o sistema operacional está finalizando

`WM_SAVE_YOURSELF` (Salve-se) ⟶ Uma mensagem enviada para sua janela principal quando a caixa para fechar foi clicada

`WM_DELETE_WINDOW` (Delete a janela) ⟶ Uma mensagem enviada para sua janela principal quando a janela foi selecionada depois de um clique do mouse

Você teve que identificar quais destas mensagens de protocolo acha que precisa capturar:

.... *WM_DELETE_WINDOW* ....

> Tudo bem... eis um clique na caixa para fechar. Qual é meu protocolo? Ah, sim... ele não foi capturado, portanto, apenas executarei o comportamento padrão e fecharei esta chata!

Controlando o Window Manager

Para **capturar** o evento *antes* dele chegar ao tkinter, chame o método `protocol()` de seu aplicativo e identifique a função que deve ser chamada, *ao invés* de executar o comportamento padrão.

Você terá que criar a função "shutdown"(desligar).

Chame "protocol()" ANTES de "mainloop()".

```
app.protocol("WM_DELETE_WINDOW", shutdown)
```

Associe a função de tratamento de eventos à propriedade.

322   Capítulo 9

Aponte seu lápis

Agora que você conhece as propriedades do gerenciador de janelas e como capturá-las, escreva o código para a função shutdown():

Eis o código até então.

```
from tkinter import *
import pygame.mixer

app = Tk()
app.title("Head First Mix")
app.geometry('250x100+200+100')

sound_file = "50459_M_RED_Nephlimizer.wav"

mixer = pygame.mixer
mixer.init()

def track_start():
    track.play(loops = -1)

def track_stop():
    track.stop()
```

Coloque a função "shutdown" aqui.

....

....

....

```
track = mixer.Sound(sound_file)

start_button = Button(app, command = track_start, text = "Start")
start_button.pack(side = LEFT)
stop_button = Button(app, command = track_stop, text = "Stop")
stop_button.pack(side = RIGHT)
```

O que precisa entrar aqui?

....

```
app.mainloop()
```

função shutdown

Aponte seu lápis
Solução

Agora que você conhece as propriedades do gerenciador de janelas e como capturá-las, teve que escrever o código para a função shutdown():

```
from tkinter import *
import pygame.mixer

app = Tk()
app.title("Head First Mix")
app.geometry('250x100+200+100')

sound_file = "50459_M_RED_Nephlimizer.wav"

mixer = pygame.mixer
mixer.init()

def track_start():
    track.play(loops = -1)

def track_stop():
    track.stop()
```

Simplesmente organize a trilha para parar de reproduzir quando a janela fecha.

```
def shutdown():
    track.stop()


track = mixer.Sound(sound_file)

start_button = Button(app, command = track_start, text = "Start")
start_button.pack(side = LEFT)
stop_button = Button(app, command = track_stop, text = "Stop")
stop_button.pack(side = RIGHT)
```

Chame "app.protocol()" antes de chamar "app.mainloop()".

```
app.protocol("WM_DELETE_WINDOW", shutdown)

app.mainloop()
```

elementos da interface gráfica

TEST DRIVE

Com as alterações feitas em seu programa no IDLE, pressione F5 para ver como as coisas são executadas agora.

Não importa a frequência com a qual você clica na caixa para fechar, a janela não sairá...

Clique! Clique! Clique! Clique! Clique!

```
hfmix.pyw - /home/barryp/HeadFirstProg/chapter9/code/sta(
 le  Edit  Format  Run  Options  Windows                           Help

 om tkinter import *
 port pygame.mixer

 p = Tk()
 p.title("Head First Mix")
 p.geometry('250x100+200+100')

 und_file = "50459_M_RED_Nephlimiz

 ixer = pygame.mixer
 xer.init()

 f track_start():
    track.play(loops = -1)

 f track_stop():
    track.stop()

 f shutdown():
    track.stop()

 ack = mixer.Sound(sound_file)

 ack_playing = IntVar()
 art_button = Button(app, command=track_start, text = "Start")
 art_button.pack(side = LEFT)
 op_button = Button(app, command = track_stop, text = "Stop")
 op_button.pack(side = RIGHT)

 p.protocol("WM_DELETE_WINDO
 
 p.mainloop()
```

Janela: **Head First Mix** — Start / Stop

Você precisará sair do IDLE e do Python Shell para forçar a janela fechar.

O som para quando clico para fechar a janela, mas agora, a GUI não desaparece!

O que está acontecendo? Você resolveu um problema, mas criou *outro*. Quando o DJ clica na caixa para fechar, a trilha para de reproduzir, que *é* o que você desejava. Mas agora, a janela não fecha.

Isto não pode ser bom, pode?

termine com o extremo preconceito

Capturar o evento do protocolo não é suficiente

Seu código captura o evento do protocolo e *redefine seu comportamento*. Mas, e o comportamento que costumava ser executado *por padrão*?

Veja este pequeno programa de exemplo, que redefine o protocolo da caixa para fechar para verificar com o usuário antes de realmente destruir a janela:

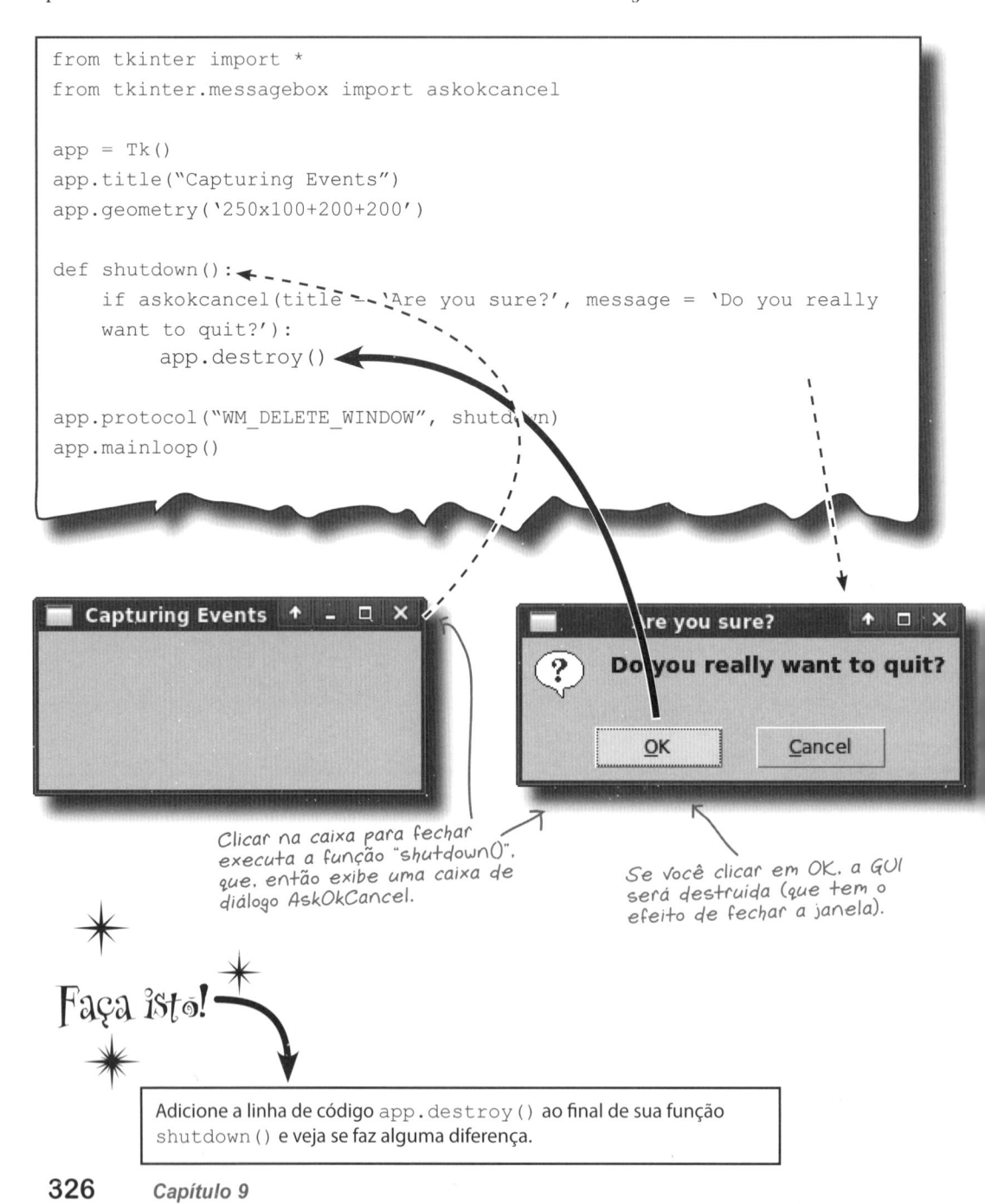

```
from tkinter import *
from tkinter.messagebox import askokcancel

app = Tk()
app.title("Capturing Events")
app.geometry('250x100+200+200')

def shutdown():
    if askokcancel(title = 'Are you sure?', message = 'Do you really
    want to quit?'):
        app.destroy()

app.protocol("WM_DELETE_WINDOW", shutdown)
app.mainloop()
```

Clicar na caixa para fechar executa a função "shutdown()", que, então, exibe uma caixa de diálogo AskOkCancel.

Se você clicar em OK, a GUI será destruída (que tem o efeito de fechar a janela).

Faça isto!

> Adicione a linha de código `app.destroy()` ao final de sua função `shutdown()` e veja se faz alguma diferença.

326   Capítulo 9

elementos da interface gráfica

TEST DRIVE

Você adicionou a linha de código que termina (destrói) seu aplicativo GUI. Agora, pressione F5 para ver o que acontece.

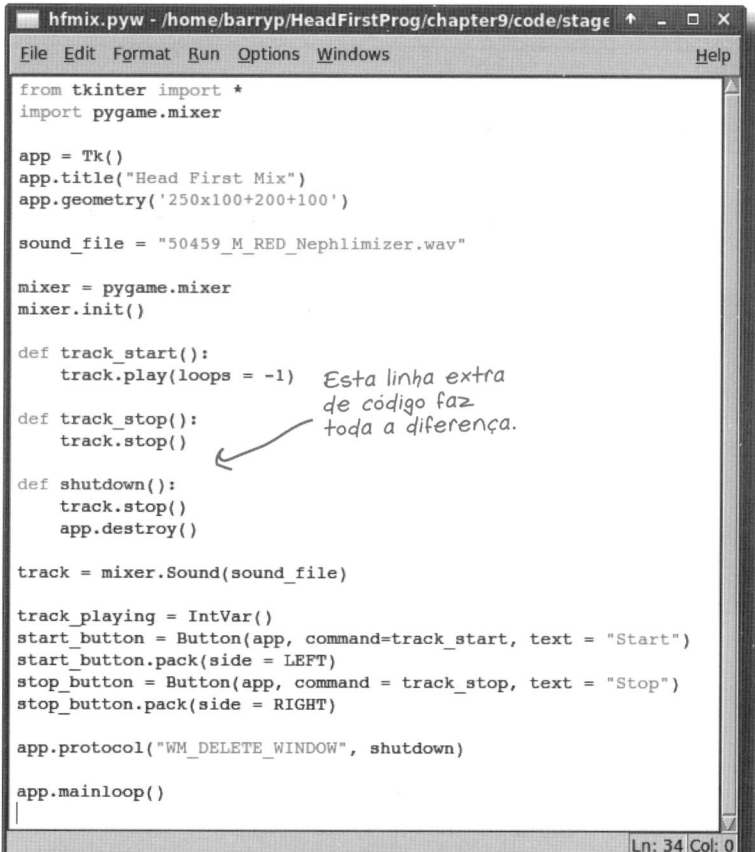

```
hfmix.pyw - /home/barryp/HeadFirstProg/chapter9/code/stage
File  Edit  Format  Run  Options  Windows                    Help
from tkinter import *
import pygame.mixer

app = Tk()
app.title("Head First Mix")
app.geometry('250x100+200+100')

sound_file = "50459_M_RED_Nephlimizer.wav"

mixer = pygame.mixer
mixer.init()

def track_start():
    track.play(loops = -1)

def track_stop():
    track.stop()

def shutdown():
    track.stop()
    app.destroy()

track = mixer.Sound(sound_file)

track_playing = IntVar()
start_button = Button(app, command=track_start, text = "Start")
start_button.pack(side = LEFT)
stop_button = Button(app, command = track_stop, text = "Stop")
stop_button.pack(side = RIGHT)

app.protocol("WM_DELETE_WINDOW", shutdown)

app.mainloop()
                                                      Ln: 34 Col: 0
```

Esta linha extra de código faz toda a diferença.

Quando você clica na caixa para fechar agora, o aplicativo GUI desaparece. Isto ajuda a explicar por que você não pode mais vê-lo nesta página!

Isto é ótimo! Quero ver meus rivais zombando agora...

Sua GUI não está apenas fazendo o que o DJ deseja; está comportando-se também. Redefinindo o evento do protocolo associado ao clique na caixa para fechar, você é capaz de parar a trilha... eh... imediatamente. Também assegura que o comportamento padrão associado ao clique seja executado, conseguindo destruir o aplicativo GUI.

É ótimo!

hora de comutar

Usar dois botões, ou não usar dois botões? Eis a questão...

O DJ está contente com o programa até agora. Porém, ele acha que funcionaria melhor se tivesse um botão, ao invés de dois. Ele está convencido que isto seria mais fácil de usar, pois não teria que mover seu mouse na tela para tanto.

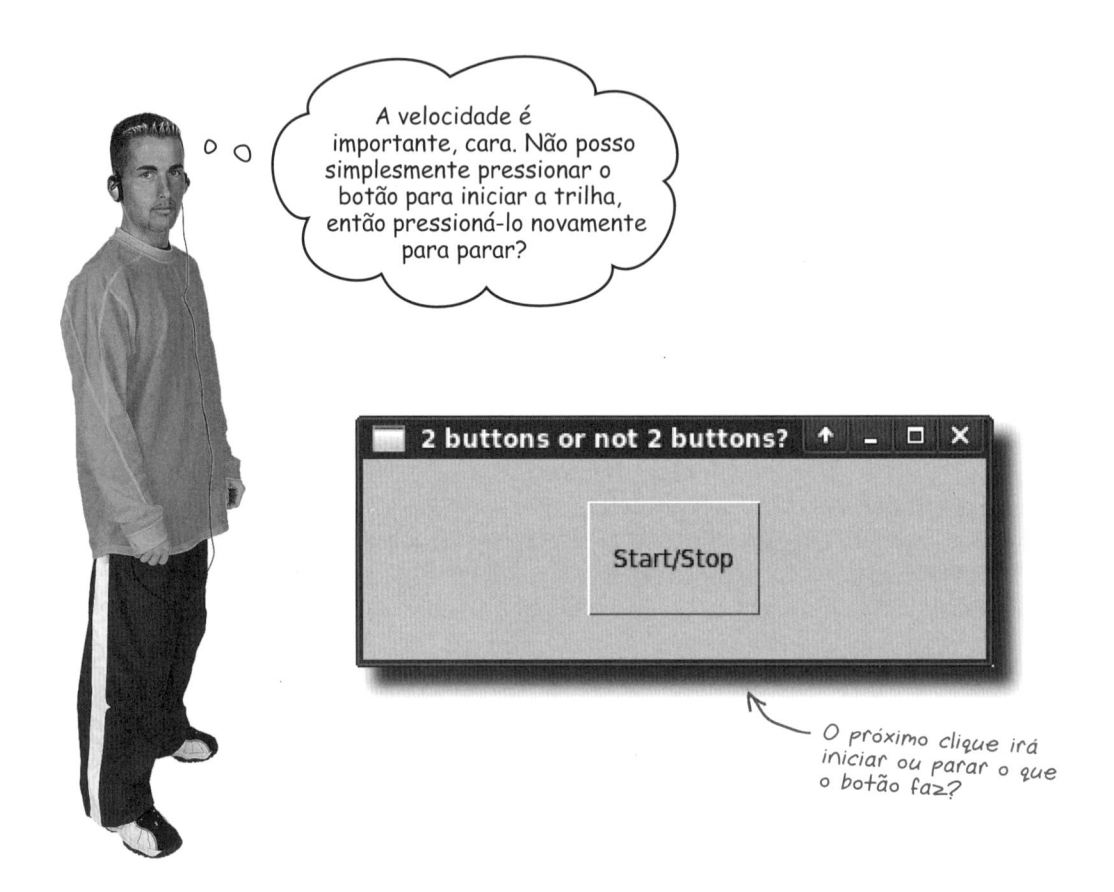

> A velocidade é importante, cara. Não posso simplesmente pressionar o botão para iniciar a trilha, então pressioná-lo novamente para parar?

2 buttons or not 2 buttons?

Start/Stop

O próximo clique irá iniciar ou parar o que o botão faz?

É possível usar um único botão aqui, mas sem mudar a aparência física do botão sempre que ele é clicado, possivelmente um usuário não pode saber em qual *estado* o botão está atualmente, mesmo que o DJ tenha ouvidos *neste caso*. Mas, em geral, usar um botão para alternar entre dois estados *não* é visto como a melhor prática no design GUI.

O que seu amigo DJ realmente deseja é um tipo de **mudança visual**... algo que possa ser trocado entre um dos dois estados: on/off, abrir/fechar, vai/volta etc. Você precisa usar um elemento *diferente* da interface gráfica.

Há uma mudança visual da GUI que você pode usar aqui?

elementos da interface gráfica

Exercício

Veja a seguinte janela que aparece quando você pede a um navegador Web cheio de recursos para exibir suas preferências. Pegue um lápis e desenhe um círculo em volta de qualquer elemento da interface gráfica com o qual você não trabalhou ainda.

```
┌─────────────────── Shiretoko Preferences ──────── ↑ _ □ ×──┐
│                                                             │
│   [Main]  [Tabs]  [Content]  [Applications]  [Privacy]  [Security]  [Advanced]  │
│                                                             │
│   Startup                                                   │
│      When Shiretoko starts:  [Show my windows and tabs from last time ▼]  │
│                                                             │
│      Home Page:  [http://www.python.org/                  ] │
│                  [Use Current Pages] [Use Bookmark] [Restore to Default] │
│                                                             │
│   Downloads                                                 │
│      ☑ Show the Downloads window when downloading a file    │
│          ☐ Close it when all downloads are finished         │
│                                                             │
│      ⦿ Save files to  [📁 Desktop                    ]  [Browse...]  │
│      ○ Always ask me where to save files                    │
│                                                             │
│   Add-ons                                                   │
│      Change preferences for your add-ons       [Manage Add-ons...]  │
│                                                             │
│                                                             │
│   [? Help]                                       [✖ Close]  │
└─────────────────────────────────────────────────────────────┘
```

A partir dos elementos circulados, identifique o que poderia ser útil em seu programa. Qual funcionaria melhor como uma alternância entre on/off?

Escreva sua resposta aqui.
....

marque a caixa de seleção

Solução do Exercício

Veja a seguinte janela que aparece quando você pede a um navegador Web cheio de recursos para exibir suas preferências. Você teve que pegar um lápis e desenhar um círculo em volta de qualquer elemento da interface gráfica com o qual não trabalhou ainda.

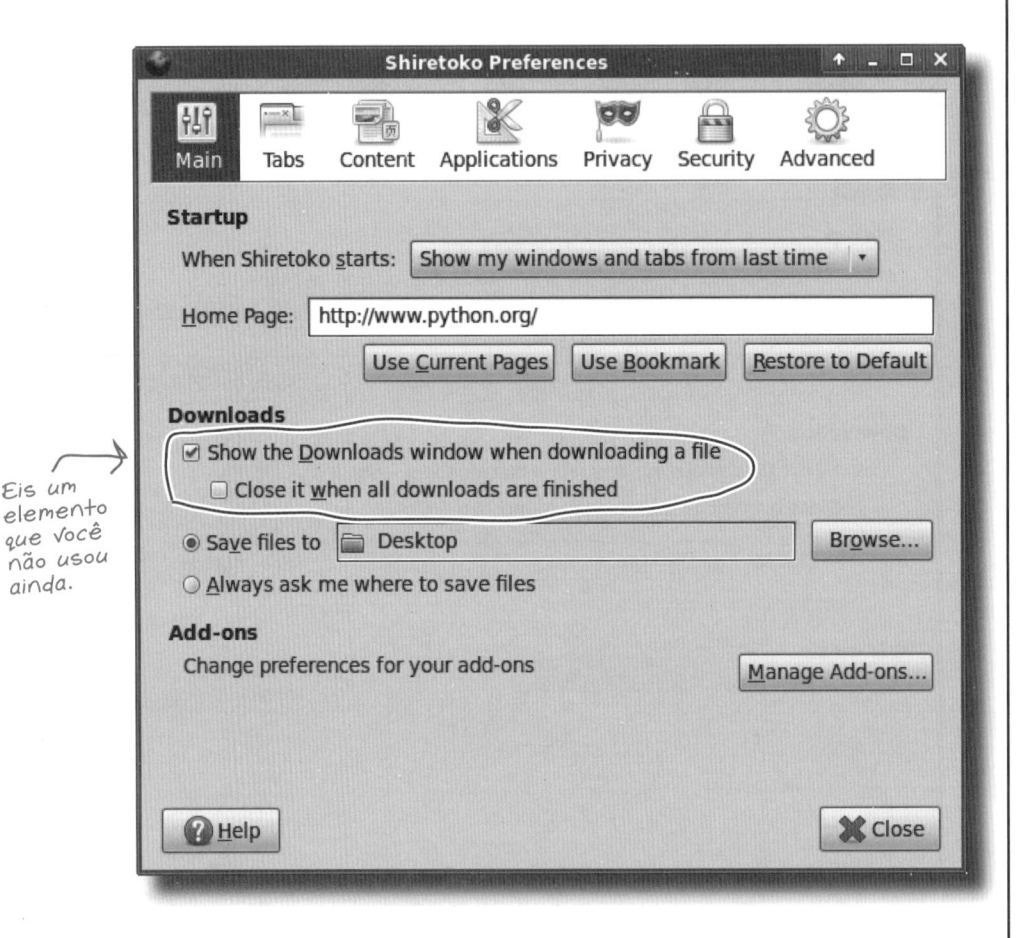

Eis um elemento que você não usou ainda. →

[Janela "Shiretoko Preferences" com abas Main, Tabs, Content, Applications, Privacy, Security, Advanced. Seção Startup com "When Shiretoko starts: Show my windows and tabs from last time", Home Page: http://www.python.org/, botões Use Current Pages, Use Bookmark, Restore to Default. Seção Downloads com caixas de seleção "Show the Downloads window when downloading a file" e "Close it when all downloads are finished" (circuladas), opções "Save files to Desktop" e "Always ask me where to save files". Seção Add-ons com "Change preferences for your add-ons" e botão Manage Add-ons. Botões Help e Close.]

A partir dos elementos circulados, identifique o que poderia ser útil em seu programa. Você teve que identificar um elemento que funcionaria melhor como uma alternância entre on/off:

A caixa de vefirificação é do tipo on/off. → *A caixa de verificação*

elementos da interface gráfica

A caixa de verificação é uma alternância entre on/off, vai/volta

O bom de um elemento de interface gráfica do tipo caixa de verificação é que ele pode estar em apenas um dos dois estados, *on* ou *off*. Dependendo do estado atual da caixa de verificação, um objeto pode ser definido para 1, para "on", ou 0, para "off".

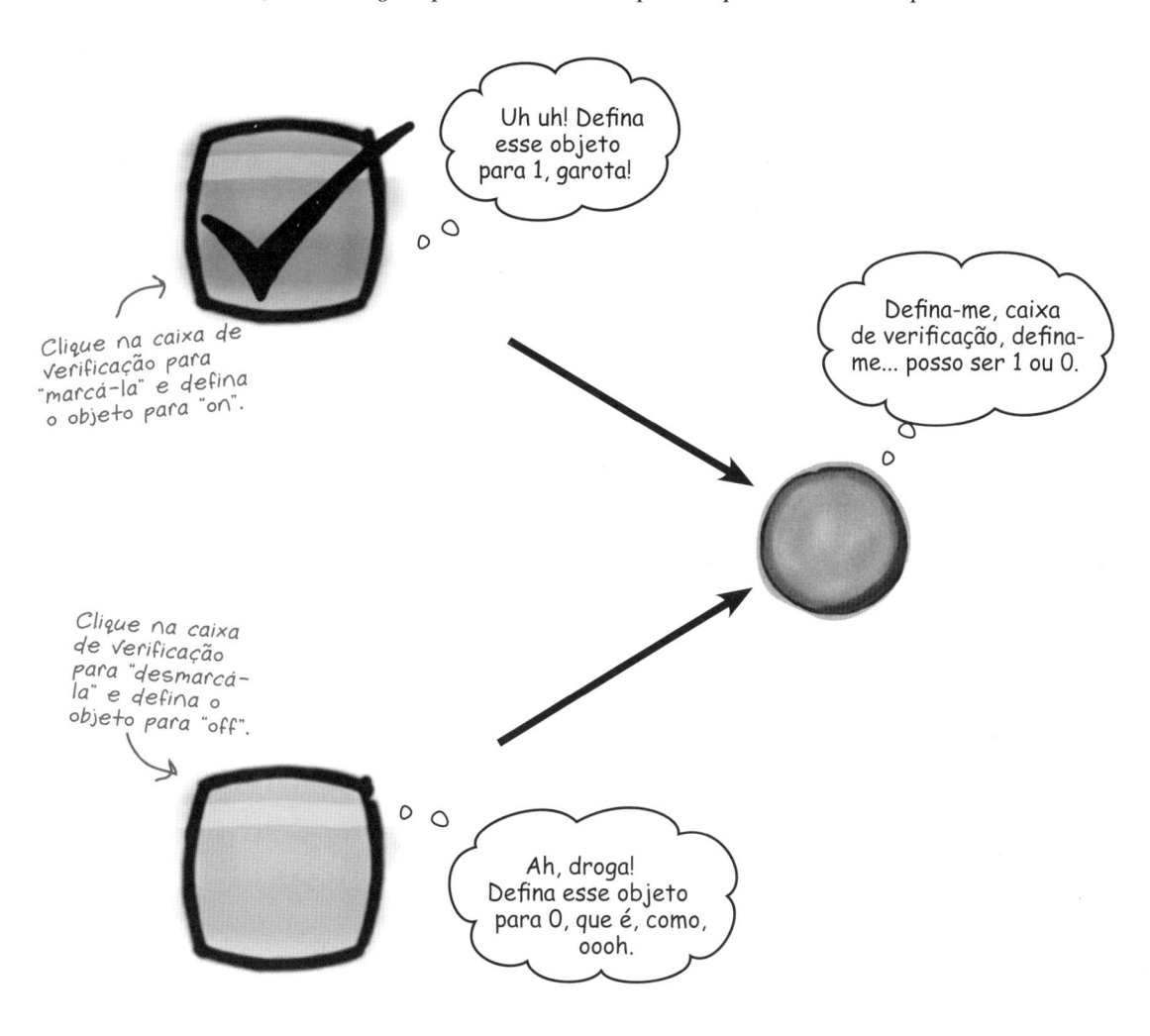

Clique na caixa de verificação para "marcá-la" e defina o objeto para "on".

Uh uh! Defina esse objeto para 1, garota!

Defina-me, caixa de verificação, defina-me... posso ser 1 ou 0.

Clique na caixa de verificação para "desmarcá-la" e defina o objeto para "off".

Ah, droga! Defina esse objeto para 0, que é, como, oooh.

No tkinter, as caixas de verificação (em inglês, *checkbox*) são criadas usando `Checkbutton()` e podem ser associadas a uma `IntVar` do tkinter, apresentada pela primeira vez no Capítulo 7. O `Checkbutton()` do tkinter é on ou off e define a `IntVar` associada para 1 ou 0, o que é perfeito para o que você precisa.

Vejamos como usar uma caixa de verificação no tkinter.

mude para off

Trabalhando com caixas de verificação no tkinter

O `Checkbutton` do tkinter precisa de três coisas: uma `IntVar` para manter seu valor atual, uma função da sub-rotina de eventos para executar quando marcado e um rótulo descritiva para informar o que faz. Veja este código de exemplo:

A função "flip_it()" é a sub-rotina de eventos de Checkbutton.

Crie uma "IntVar" para manter um valor que seja 1 ou 0, dependendo da marcação da caixa de verificação.

O Checkbutton está associado a "IntVar", liga-se à sub-rotina do evento e tem um rótulo descritiva também.

```
flipper = IntVar()


def flip_it():
    if flipper.get() == 1:
        print("Cool. I'm all ON, man!")
    else:
        print("Phooey. I'm OFF.")


Checkbutton(app, variable = flipper,
                 command  = flip_it,
                 text     = "Flip it?").pack()
```

Usando o método get()

Se você vir de perto, o código para a sub-rotina de eventos `flip_it()` notará que a mensagem exibida na tela é controlada por qualquer valor retornado da chamada para `flipper.get()`. O método `get()` faz parte de todo objeto IntVar e permite determinar facilmente, neste caso, o valor atual associado à variável `flipper`.

Mas, o que *define* o valor?

`Checkbutton` define automaticamente o valor de `flipper` como resultado do clique na caixa de verificação. Marque a caixa e o valor será definido para 1. Desmarque a caixa e o valor será definido para 0.

Legal. Estou VERIFICADO, cara!

Droga. NÃO estou VERIFICADO.

elementos da interface gráfica

Aponte seu lápis
Solução

① Eis seu código de antes. Use seu lápis para riscar o código do qual você não precisa mais:

```
from tkinter import *
import pygame.mixer

app = Tk()
app.title("Head First Mix")
app.geometry('250x100+200+100')

sound_file = "50459_M_RED_Nephlimizer.wav"

mixer = pygame.mixer
mixer.init()

def track_start():
    track.play(loops = -1)

def track_stop():
    track.stop()

def shutdown():
    track.stop()
    app.destroy()

track = mixer.Sound(sound_file)

start_button = Button(app, command = track_start, text = "Start")
start_button.pack(side = LEFT)
stop_button = Button(app, command = track_stop, text = "Stop")
stop_button.pack(side = RIGHT)

app.protocol("WM_DELETE_WINDOW", shutdown)
app.mainloop()
```

② Escreva o código que você precisa para implementar a caixa de verificação aqui, com base no código de amostra da página anterior. Forneça o nome `track_playing` à sua IntVar. Use `track_toggle` como o nome de sua função e chame a caixa de verificação de `track_button`:

....
....
....
....
....
....
....
....
....
....

caixa de verificação adicionada

Aponte seu lápis
Solução

1 Eis seu código de antes. Você teve que usar seu lápis para riscar o código do qual você não precisa mais:

```
from tkinter import *
import pygame.mixer

app = Tk()
app.title("Head First Mix")
app.geometry('250x100+200+100')

sound_file = "50459_M_RED_Nephlimizer.wav"

mixer = pygame.mixer
mixer.init()
```
~~def track_start():~~
~~   track.play(loops = -1)~~

~~def track_stop():~~ ← *As funções que iniciam e param a trilha não são mais necessárias.*
~~   track.stop()~~

```
def shutdown():
    track.stop()
    app.destroy()

track = mixer.Sound(sound_file)
```
Você também pode livrar-se dos dois botões, uma vez que não são necessários também.

~~start_button = Button(app, command = track_start, text = "Start")~~
~~start_button.pack(side = LEFT)~~
~~stop_button = Button(app, command = track_stop, text = "Stop")~~
~~stop_button.pack(side = RIGHT)~~

```
app.protocol("WM_DELETE_WINDOW", shutdown)
app.mainloop()
```

2 Escreva o código que você precisa para implementar a caixa de verificação aqui. Você teve que fornecer o nome `track_playing` à sua IntVar, usar `track_toggle` como o nome de sua função e chamar a caixa de verificação de `track_button`:

A função "track_toggle" reproduz ou para a trilha, com base no estado da caixa de verificação.

Use o nome do arquivo de som como o texto associado à caixa de verificação.

Todo este código precisa ser adicionado ao seu programa ANTES da chamada para "app.mainloop()".

```
def track_toggle():
    if track_playing.get() == 1:
        track.play(loops = -1)
    else:
        track.stop()
track_playing = IntVar()
track_button = Checkbutton(app, variable = track_playing,
                                command = track_toggle,
                                text     = sound_file)
track_button.pack()
```

elementos da interface gráfica

TEST DRIVE

Com seu programa corrigido para incluir o código da caixa de verificação, executemos a última versão do programa do DJ no IDLE e vejamos se a caixa de verificação funciona como anunciado.

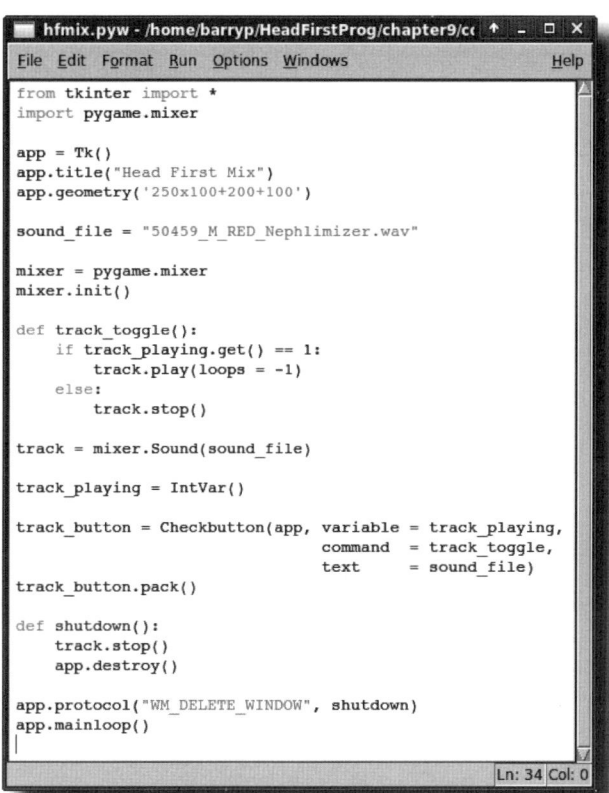

```
hfmix.pyw - /home/barryp/HeadFirstProg/chapter9/cc
File  Edit  Format  Run  Options  Windows                Help
from tkinter import *
import pygame.mixer

app = Tk()
app.title("Head First Mix")
app.geometry('250x100+200+100')

sound_file = "50459_M_RED_Nephlimizer.wav"

mixer = pygame.mixer
mixer.init()

def track_toggle():
    if track_playing.get() == 1:
        track.play(loops = -1)
    else:
        track.stop()

track = mixer.Sound(sound_file)

track_playing = IntVar()

track_button = Checkbutton(app, variable = track_playing,
                                command  = track_toggle,
                                text     = sound_file)
track_button.pack()

def shutdown():
    track.stop()
    app.destroy()

app.protocol("WM_DELETE_WINDOW", shutdown)
app.mainloop()

                                              Ln: 34 Col: 0
```

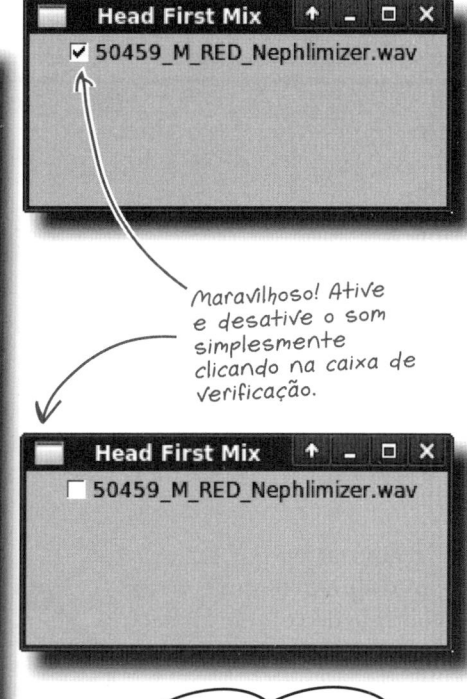

Maravilhoso! Ative e desative o som simplesmente clicando na caixa de verificação.

Criar o programa, bit a bit, está dando certo. Sempre que seu amigo DJ precisa de algo novo, você melhora o programa para fornecer a funcionalidade necessária. Tudo bem, há *sempre* algo novo.

Este rapaz ficará satisfeito?!?

> Cara, é tão fácil de usar! Vamos ajustar o volume também, enquanto o som está sendo reproduzido...

335

adicione um controle

Aumente o volume!

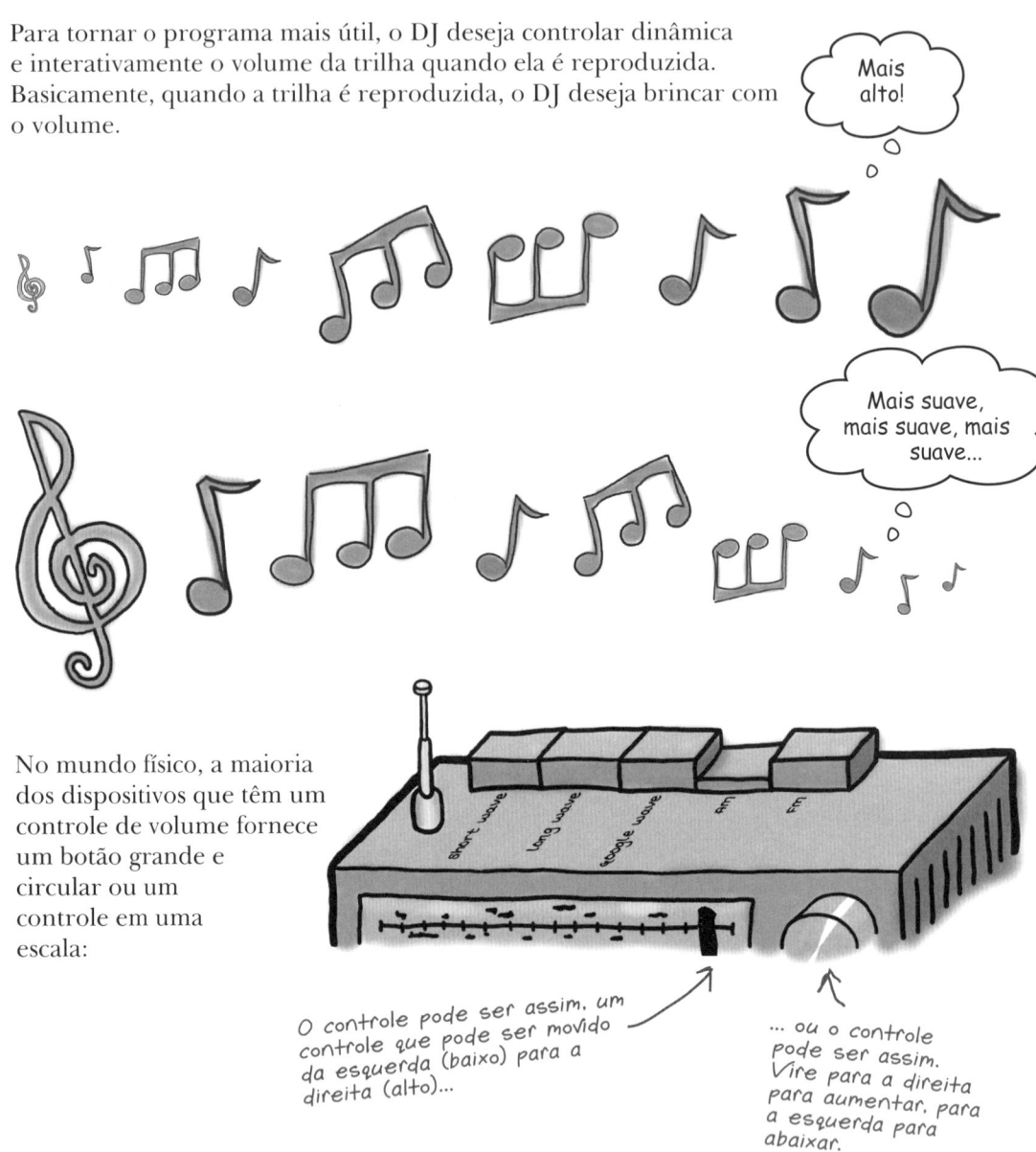

Para tornar o programa mais útil, o DJ deseja controlar dinâmica e interativamente o volume da trilha quando ela é reproduzida. Basicamente, quando a trilha é reproduzida, o DJ deseja brincar com o volume.

Mais alto!

Mais suave, mais suave, mais suave...

No mundo físico, a maioria dos dispositivos que têm um controle de volume fornece um botão grande e circular ou um controle em uma escala:

O controle pode ser assim, um controle que pode ser movido da esquerda (baixo) para a direita (alto)...

... ou o controle pode ser assim. Vire para a direita para aumentar, para a esquerda para abaixar.

Como um controle é muito mais fácil de manipular com um clique e arrastar de um mouse do que um botão, o *controle slider* é usado em muitas GUIs modernas. É a *escolha clássica* para mostrar um controle de volume.

Veja de perto o controle. O que você precisa modelar?

elementos da interface gráfica

Modele um slider em uma escala

Há bastante coisa ocorrendo com um slider em uma escala. É um controle *simples* com o qual todos estamos familiarizados, mas a simplicidade mascara um pouco a *complexidade*. A tortura está definitivamente nos detalhes:

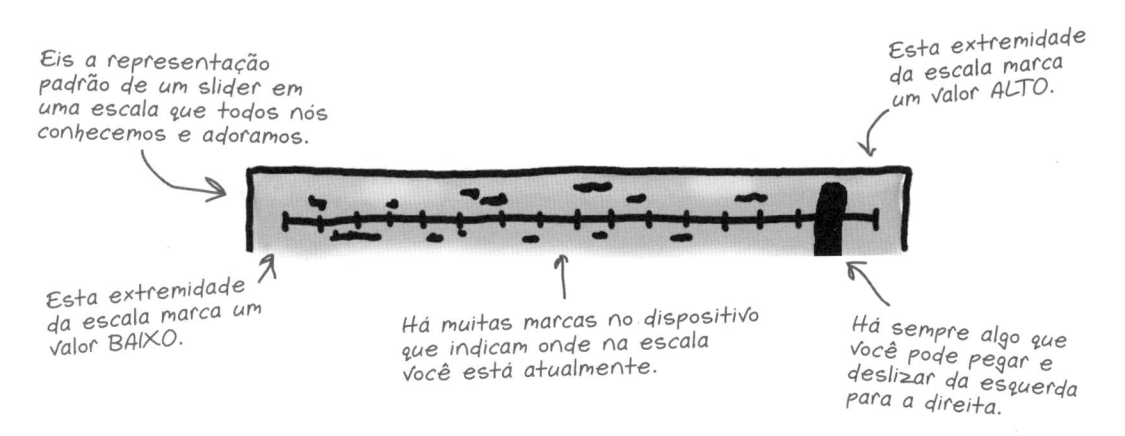

Eis a representação padrão de um slider em uma escala que todos nós conhecemos e adoramos.

Esta extremidade da escala marca um valor ALTO.

Esta extremidade da escala marca um valor BAIXO.

Há muitas marcas no dispositivo que indicam onde na escala você está atualmente.

Há sempre algo que você pode pegar e deslizar da esquerda para a direita.

Aponte seu lápis

Veja o controle de volume mostrado acima e identifique suas quatro características principais.

Escreva suas quatro respostas aqui.

1. ....

2. ....

3. ....

4. ....

você está aqui ▶ **337**

som antes da *beleza*

Aponte seu lápis — Solução

Você teve que ver o controle de volume na página anterior e identificar suas quatro características principais.

1. Há uma escala que vai de um valor baixo para um valor alto.
2. A escala tem um conjunto fixo de intervalos.
3. O "cursor" de controle do volume move-se da esquerda para a direita.
4. Mover o "cursor" ajusta dinamicamente o volume com base em sua posição atual na escala.

Inicie com o volume

Antes de começar a se preocupar com criar o devido elemento da interface GUI para modelar realmente o controle, primeiro você precisa saber como ajustar o volume de uma faixa.

Assim que souber como ajustar o volume, então poderá começar a se preocupar em ligar o volume ao controle, com a posição atual do controle ditando a definição atual do volume.

Então, você poderá permitir que seu usuário *mova o controle*, que tem o efeito de ajustar dinâmica e interativamente o volume.

Parece fácil, heim?

Use o pygame para definir o volume

Acontece que o pygame tem esta funcionalidade embutida no código de sua biblioteca através do método `set_volume()`.

Veja este pequeno programa de exemplo:

```
import pygame.mixer
from time import sleep

mixer = pygame.mixer
mixer.init()

track = mixer.Sound("50459_M_RED_Nephlimizer.wav")
print("Play it LOUD, man!")
track.play(loops = -1)
track.set_volume(0.9)   ← Defina o volume para uma definição ALTA.
sleep(2)
print("Softly does it ... ")
track.set_volume(0.1)   ← Defina o volume para uma definição muito baixa.
sleep(2)
track.stop()
```

Mais alto, cara, mais alto!

Diminua esse barulho!

Quando você define o volume da faixa para um valor alto usando `set_volume()`, é o equivalente a um *colapso do volume*, movendo o controle para a direita. Quando você o define para um valor baixo, é como mover o controle para a esquerda.

crie o controle

Use o tkinter para tudo mais

A biblioteca tkinter tem um elemento da interface gráfica chamado Scale que existe para ajudar a criar um controle. Observe este código de exemplo e veja como funciona:

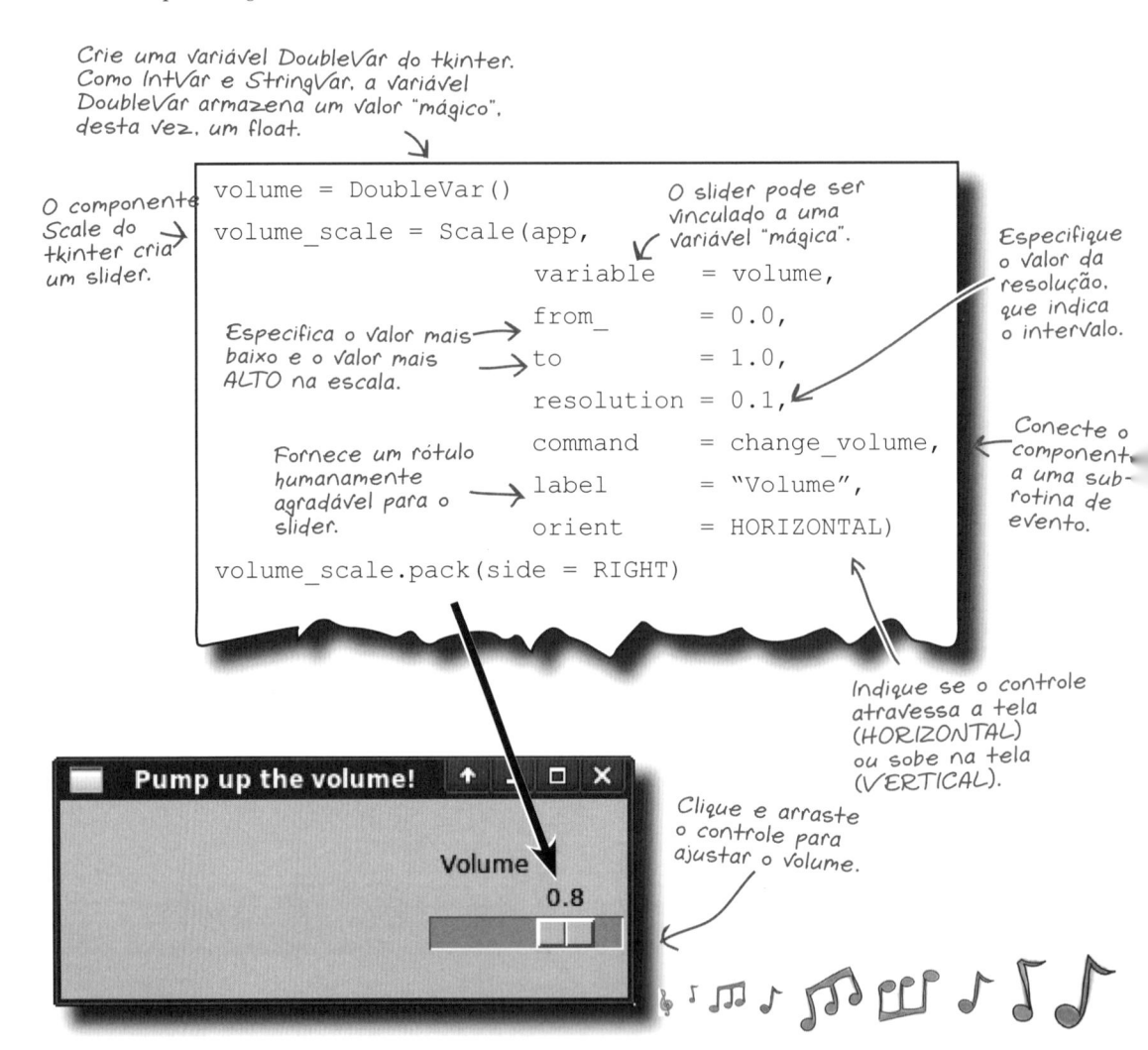

Crie uma variável DoubleVar do tkinter. Como IntVar e StringVar, a variável DoubleVar armazena um valor "mágico", desta vez, um float.

O componente Scale do tkinter cria um slider.

O slider pode ser vinculado a uma variável "mágica".

Especifique o valor da resolução, que indica o intervalo.

Especifica o valor mais baixo e o valor mais ALTO na escala.

Fornece um rótulo humanamente agradável para o slider.

Conecte o componente a uma sub-rotina de evento.

```
volume = DoubleVar()
volume_scale = Scale(app,
                    variable   = volume,
                    from_      = 0.0,
                    to         = 1.0,
                    resolution = 0.1,
                    command    = change_volume,
                    label      = "Volume",
                    orient     = HORIZONTAL)
volume_scale.pack(side = RIGHT)
```

Indique se o controle atravessa a tela (HORIZONTAL) ou sobe na tela (VERTICAL).

Clique e arraste o controle para ajustar o volume.

Pump up the volume!

Volume
0.8

O elemento `Scale()` ainda é seu componente tkinter mais complexo. Mas, apesar disso, não é difícil trabalhar com o que está ocorrendo aqui. O elemento da interface gráfica está vinculado a um `DoubleVar` do tkinter (chamada `variable`), os valores do controle mais baixos/mais altos são fornecidos (`to` e `from_`) e um intervalo entre eles (`resolution`) é especificado. A sub-rotina do evento é associada a uma sub-rotina do evento (`command`), um rótulo descritivo é fornecido (`label`) e, finalmente, a orientação do controle é especificada (`orient`). Há muita coisa ocorrendo aqui, mas nada é muito difícil de entender.

Não existem Perguntas Idiotas

P: O código Scale() na página anterior tem uma variável chamada from_, ou seja, a palavra "from" (de) junto com um sublinhado. Foi um erro tipográfico?

R: Não, não foi um erro tiopgráfico, eh, tipográfico. O motivo do sublinhado tem relação com o fato de que o Python usa "from" como uma palavra reservada. São palavras que o Python usa para suas próprias **finalidades especiais**, significando que você não pode nomear uma de suas variáveis com uma palavra reservada. Como usar a palavra "from" faz muito sentido ao falar sobre uma escala, os autores do tkinter decidiram anexar o sublinhado para que o significado da variável fosse claro, enquanto permitia ao nome da variável não entrar em conflito com uma palavra reservada.

P: Existem outras palavras reservadas?

R: Sim, algumas. E toda linguagem de programação tem sua própria lista. No Python, palavras, tais como, "while", "for", "if", "def", "class" e "pass" são todas reservadas.

P: O que acontece se eu usar uma?

R: Muito provavelmente o Python reclamará com um erro de sintaxe.

P: Onde posso encontrar uma lista?

R: Qualquer bom livro de consulta Python conterá uma lista e também está incluída como parte da documentação Python, que é instalada com o Python em seu computador e está disponível no Web site principal do Python.

P: Como sei qual elemento da interface gráfica usar e quando?

R: Realmente é uma questão de experiência. Porém, muitas plataformas especificam muito exatamente quando cada um dos elementos deve ser usado e para qual finalidade. De todas elas, o Macintosh é o líder do grupo. Os engenheiros da Apple trabalharam muito para reforçar estritamente o uso consistente da GUI Mac entre os programadores.

P: Então, é um caso de qualquer coisa combinar com os outros sistemas operacionais?

R: Não. Não é isso que estamos dizendo. As pessoas na Apple são muito rígidas com suas regras e regulamentos, e as outras são menos. Mas, há ainda padrões que você deve experimentar o máximo possível para seguir. Uma das razões de usar uma GUI é que seus usuários esperarão que seu programa trabalhe de uma maneira padrão. Isso torna seu programa imediatamente familiar para os novos usuários e os permite ser produtivos com seu programa mais rapidamente.

P: Então, não há aplicativos GUI mal construídos?

R: Não. Há muitos erros bobos por aí... e eles tendem a ser mais difíceis de usar do que o necessário, devido ao fato dos programadores responsáveis por criá-los não seguirem os padrões estabelecidos da interface e as práticas. Quanto aos programas GUI, a conformidade é uma boa coisa.

P: Então, o tkinter funciona bem em todas as plataformas?

R: A última versão do tkinter (que vem com o Python 3) é muito boa. Se você executar seu programa tkinter em um Mac, parecerá com um programa Mac OS X, ao passo que no Windows, parecerá um aplicativo Windows e no Linux assumirá a aparência do ambiente gráfico no qual está sendo usado (há pouca escolha no Linux).

P: Diferente do tkinter, quais outros kits de ferramentas gráficos o Python suporta e devo aprender algum?

R: O Python suporta muitos outros kits de ferramentas em muitos sistemas operacionais. Agora, o tkinter é tudo que você realmente precisa e você não deve preocupar-se com as outras opções, até o momento de aprender como usá-las ser uma necessidade.

controle o volume

Exercício Longo

Pegue o pygame e o código tkinter, e combine-os para suportar um controle de volume. Então, complete a próxima versão de seu programa.

```
from tkinter import *
import pygame.mixer
app = Tk()
app.title("Head First Mix")
app.geometry('250x100+200+100')


sound_file = "50459_M_RED_Nephlimizer.wav"


mixer = pygame.mixer
mixer.init()


def track_toggle():
    if track_playing.get() == 1:
        track.play(loops = -1)
    else:
        track.stop()
```

Adicione uma função aqui para ajustar o volume no qual a faixa é reproduzida atualmente.

....

....

....

....

....

....

....

elementos da interface gráfica

```
        track = mixer.Sound(sound_file)
        track_playing = IntVar()
        track_button = Checkbutton(app, variable = track_playing,
                                        command  = track_toggle,
                                        text     = sound_file)
        track_button.pack(side = LEFT)
```

Adicione o código que implementa o controle de volume aqui. →

```
        def shutdown():
            track.stop()
            app.destroy()

        app.protocol("WM_DELETE_WINDOW", shutdown)
        app.mainloop()
```

você está aqui ▶ **343**

volume controlado

Exercício Longo Solução

Você teve que pegar o pygame e o código tkinter, e combiná-los para suportar um controle de volume, e, então completar a próxima versão de seu programa.

```
from tkinter import *
import pygame.mixer
app = Tk()
app.title("Head First Mix")
```
~~app.geometry('250x100+200+100')~~

As coisas estão começando a ficar apertadas na GUI, portanto façamos com que o tkinter decida automaticamente sobre a geometria para nós. Remova a chamada "app.geometry( )" do código.

```
sound_file = "50459_M_RED_Nephlimizer.wav"

mixer = pygame.mixer
mixer.init()


def track_toggle():
    if track_playing.get() == 1:
        track.play(loops = -1)
    else:
        track.stop()
```

Coloque o código pygame aqui.

```
def change_volume(v):
    track.set_volume(volume.get())
```

elementos da interface gráfica

```
            track = mixer.Sound(sound_file)
            track_playing = IntVar()
            track_button = Checkbutton(app, variable = track_playing,
                                            command  = track_toggle,
                                            text     = sound_file)
```

Coloque o código tkinter aqui. →

```
            track_button.pack(side = LEFT)
            volume = DoubleVar()
            volume.set(track.get_volume())
            volume_scale = Scale(variable   = volume,
                                 from_      = 0.0,
                                 to         = 1.0,
                                 resolution = 0.1,
                                 command    = change_volume,
                                 label      = "Volume",
                                 orient     = HORIZONTAL)
            volume_scale.pack(side = RIGHT)


            def shutdown():
                track.stop()
                app.destroy()


            app.protocol("WM_DELETE_WINDOW", shutdown)
            app.mainloop()
```

você está aqui ▶ **345**

test drive

TEST DRIVE

Vamos dar uma volta com a última versão do programa no IDLE. Além de ativar e desativar o som com a caixa de verificação, você deverá ser capaz de ajustar dinâmica e interativamente o volume com o controle.

```python
from tkinter import *
import pygame.mixer

app = Tk()
app.title("Head First Mix")

sound_file = "50459_M_RED_Nephlimizer.wav"

mixer = pygame.mixer
mixer.init()

def track_toggle():
    if track_playing.get() == 1:
        track.play(loops = -1)
    else:
        track.stop()

def change_volume(v):
        track.set_volume(volume.get())

track = mixer.Sound(sound_file)
track_playing = IntVar()
track_button = Checkbutton(app, variable = track_playing,
                                command = track_toggle,
                                text    = sound_file)
track_button.pack(side = LEFT)

volume = DoubleVar()
volume.set(track.get_volume())
volume_scale = Scale(variable   = volume,
                     from_      = 0.0,
                     to         = 1.0,
                     resolution = 0.1,
                     command    = change_volume,
                     label      = "Volume",
                     orient     = HORIZONTAL)
volume_scale.pack(side = RIGHT)

def shutdown():
    track.stop()
    app.destroy()

app.protocol("WM_DELETE_WINDOW", shutdown)
app.mainloop()
```

Marque e desmarque.

Aumente.

Funciona. Não só você pode iniciar e parar a faixa, mas agora pode ajustar o volume também! E tudo a partir de uma GUI... maravilhoso!

elementos da interface gráfica

O DJ está muito satisfeito!

Seu código mostrou ao DJ que sua ideia para o programa de Mixagem de Música Moderna não é tão absurdo quanto se pensava. Com sua ideia, talento, boas aparências e – acima de tudo – modéstia, *juntamente com* suas **habilidades de codificação**, o mundo é o limite para o que você pode conseguir. O World Music Mixing Expo é no próximo mês e o DJ mal pode esperar para mostrar seu *software completo*.

> Uau! É realmente fabuloso... agora posso começar a converter todas as minhas trilhas de vinil e, graças ao seu programa, meu laptop está para se tornar minha mesa de mixagem!

ferramentas da *programação*

Sua Caixa de Ferramentas da Programação

Você colocou o Capítulo 9 em seu currículo. Vejamos o que aprendeu neste capítulo:

Ferramentas de programação

* O Window Manager gerencia as janelas criadas por sua GUI.

* Os eventos GUI podem ser gerados pelo sistema operacional, Window Manager e seu usuário.

* Se você redefinir alguma funcionalidade padrão, codifique o comportamento padrão em seu código (se requerido).

* Uma caixa de verificação permite indicar se algo está definido para ON ou OFF.

* Uma escala/slider permite implementar um controle do volume.

* Veja outros programas GUI ao procurar inspiração e ideias para seus próprios programas.

* Palavras reservadas são nomes que têm um significado especial em uma linguagem de programação e que não podem ser usadas como nomes da variável.

Ferramentas do Python

* app.destroy( ) — usada para terminar um aplicativo GUI do tkinter.

* DoubleVar( ) — como IntVar e StringVar, mas usada para manter um número com ponto flutuante.

* Checkbutton( ) — um componente tkinter para criar caixas de verificação.

* Scale( ) — um componente tkinter para criar escalas/sliders.

10 componentes e classes personalizados

Com um objeto em mente

> Desde que aprendemos os componentes personalizados e a orientação do objeto, tornamo-nos realmente atores de classe.

As exigências podem ser complexas, mas os programas não têm que ser.

Usando a *orientação a objetos*, você pode dar a seus programas um **grande poder** sem escrever muito código extra. Continue lendo e você criará **componentes personalizados** que fazem exatamente o que *você* deseja e lhe dão o poder de levar **suas habilidades de programação ao próximo nível**.

mixando diversas faixas

O DJ deseja reproduzir mais de uma faixa

Faltam apenas algumas semanas para o *World Music Mixing Expo*. Seu amigo DJ está entusiasmado com o trabalho que você fez, mas agora, ele tem algumas exigências extras.

Apenas reproduzir *uma faixa* não é suficiente. Para ser útil, o programa precisa ser capaz de *mixar* diversas faixas ao mesmo tempo. Cada faixa precisa de seus próprios elementos da interface gráfica (ou *componentes*).

> Posso aumentar e diminuir uma faixa, mas não é o bastante. Preciso ser capaz de mixar várias faixas junto.

Como você criará os componentes para cada faixa?

Para reproduzir e controlar uma única faixa, você criou dois **componentes** na GUI: um *botão de verificação* para iniciar e parar a faixa e uma *escala* para mudar o volume. Então, adicionou um **código de manipulação de eventos** para conectar esses componentes ao sistema de som.

Trilha → 50459_m_RED_Nephlimizer.wav
Ativa/desativa
volume 1.0
Controle do volume

Head First mix

Para reproduzir diversas faixas juntas, você só precisa de *mais coisas iguais*. Cada faixa precisará de seu *próprio conjunto de componentes* e suas *próprias sub-rotinas do evento* para conectar os componentes e a faixa. Então, cada conjunto de componentes precisa ser adicionado à mesma janela na GUI.

Iremos gerar os componentes e os tratamentos de eventos.

componentes e classes personalizados

Crie código para cada faixa como uma função

Você *poderia* simplesmente copiar e colar o código várias vezes para cada faixa. Mas, o código duplicado é uma **má ideia**, pois pode levar a todos os tipos de problemas sempre que você precisar mudar como o código funciona para cada faixa reproduzida. Ao invés de *duplicar* o código, você sempre deve tentar *reutilizá-lo*.

Um modo de reutilizar o código é criando uma função que irá gerar os componentes e as sub-rotinas do evento *quando necessário*.

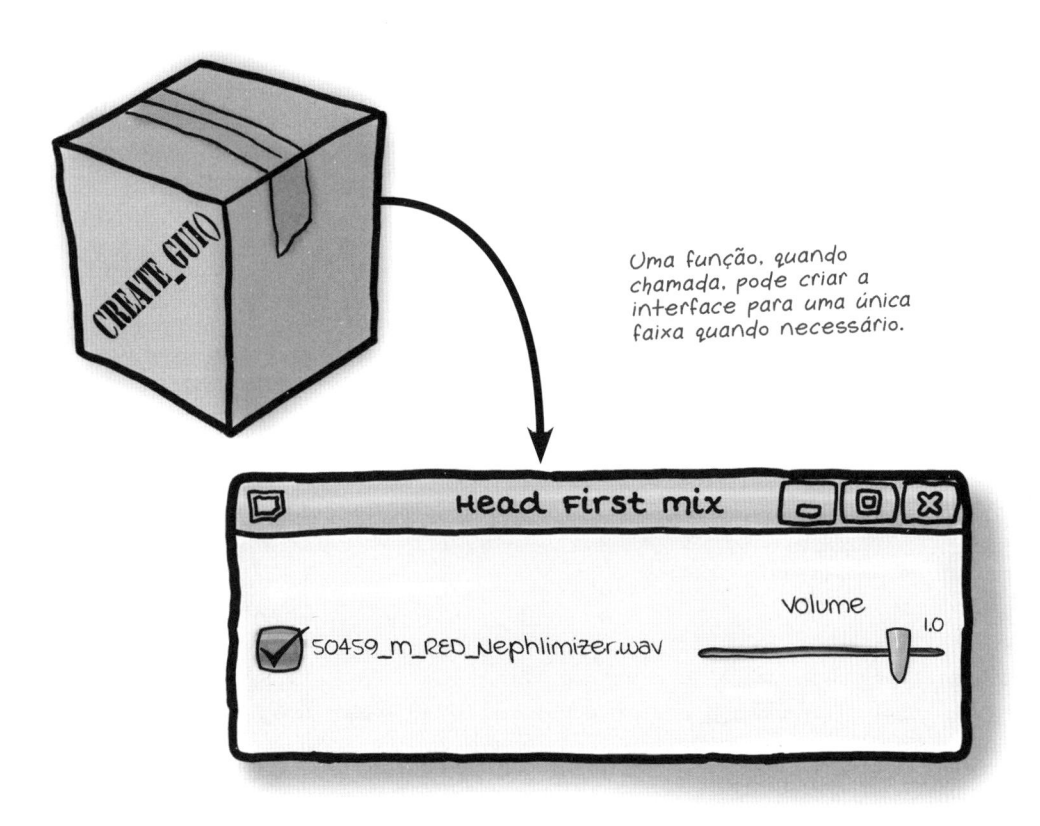

Uma função, quando chamada, pode criar a interface para uma única faixa quando necessário.

Se você tiver uma função que cria componentes e sub-rotinas do evento para uma *única* faixa, poderá chamá-la para *cada* trilha, o que permitiria, então, construir rapidamente *toda a interface*.

Mas, de qual código você precisaria em tal função?

você está aqui ▶ **351**

nova função

Exercício Longo

Eis o código do final do capítulo anterior. Estude-o com cuidado, então, no espaço na próxima página, escreva o código para sua nova função (com base no código abaixo).

```python
from tkinter import *          # Comece importando as
import pygame.mixer            # bibliotecas necessárias.

app = Tk()                     # Crie o aplicativo GUI...
app.title("Head First Mix")
sound_file = "50459_M_RED_Nephlimizer.wav"
mixer = pygame.mixer
mixer.init()                   # ... e inicialize o
                               # sistema de som.

def track_toggle():
    if track_playing.get() == 1:
        track.play(loops = -1)    # As funções de manipulação
    else:                         # de evento detalham o que
        track.stop()              # acontece quando ocorre
                                  # um evento.

def change_volume(v):
        track.set_volume(volume.get())
                                  # Defina o componente da
                                  # caixa de verificação.
track = mixer.Sound(sound_file)
track_playing = IntVar()
track_button = Checkbutton(app, variable = track_playing,
                           command  = track_toggle, text = sound_file)
track_button.pack(side = LEFT)
volume = DoubleVar()
volume.set(track.get_volume())   # Defina o componente
                                 # slider.
volume_scale = Scale(variable = volume, from_ = 0.0, to = 1.0, resolution = 0.1,
                    command = change_volume, label = "Volume", orient = HORIZONTAL)
volume_scale.pack(side = RIGHT)

def shutdown():                  # Manipula o clique
    track.stop()                 # no botão fechar da
    app.destroy()                # caixa de diálogo.

app.protocol("WM_DELETE_WINDOW", shutdown)
app.mainloop()                   # Inicie o laço de evento.
```

componentes e *classes personalizados*

Exercício Longo Solução

Eis o código do final do capítulo anterior. Você teve que estudá-lo com cuidado, então, no espaço na próxima página, escreva o código para sua nova função (com base no código abaixo).

```
from tkinter import *
import pygame.mixer

app = Tk()
app.title("Head First Mix")
sound_file = "50459_M_RED_Nephlimizer.wav"
mixer = pygame.mixer
mixer.init()

def track_toggle():
    if track_playing.get() == 1:
        track.play(loops = -1)
    else:
        track.stop()

def change_volume(v):
        track.set_volume(volume.get())

track = mixer.Sound(sound_file)
track_playing = IntVar()
track_button = Checkbutton(app, variable = track_playing,
                           command  = track_toggle, text = sound_file)
track_button.pack(side = LEFT)
volume = DoubleVar()
volume.set(track.get_volume())
volume_scale = Scale(variable = volume, from_ = 0.0, to = 1.0, resolution = 0.1,
                     command = change_volume, label = "Volume", orient = HORIZONTAL
volume_scale.pack(side = RIGHT)

def shutdown():
    track.stop()
    app.destroy()

app.protocol("WM_DELETE_WINDOW", shutdown)
app.mainloop()
```

componentes e classes personalizados

> Comece importando as bibliotecas que você precisa usar neste módulo.

```python
from tkinter import *
import pygame
def create_gui(app, mixer, sound_file):
```

> Crie uma nova função que contenha o código de criação da GUI a partir do programa atual.

```python
    def track_toggle():
        if track_playing.get() == 1:
            track.play(loops = -1)
        else:
            track.stop()

    def change_volume(v):
        track.set_volume(volume.get())
```

> Todo este código faz parte da função, portanto precisa ser indentado.

```python
    track = mixer.Sound(sound_file)
    track_playing = IntVar()
    track_button = Checkbutton(app, variable = track_playing,
                                command = track_toggle,
                                text = sound_file)
    track_button.pack(side = LEFT)
    volume = DoubleVar()
    volume.set(track.get_volume())
    volume_scale = Scale(variable = volume, from_ = 0.0, to = 1.0,
                         resolution = 0.1, command = change_volume,
                         label = "Volume", orient = HORIZONTAL)
    volume_scale.pack(side = RIGHT)
```

você está aqui ▶ **355**

de função em uma função

A nova função contém <u>outras</u> funções

Com todo o código reunido em uma nova função, o código para a função `create_gui()` fica assim:

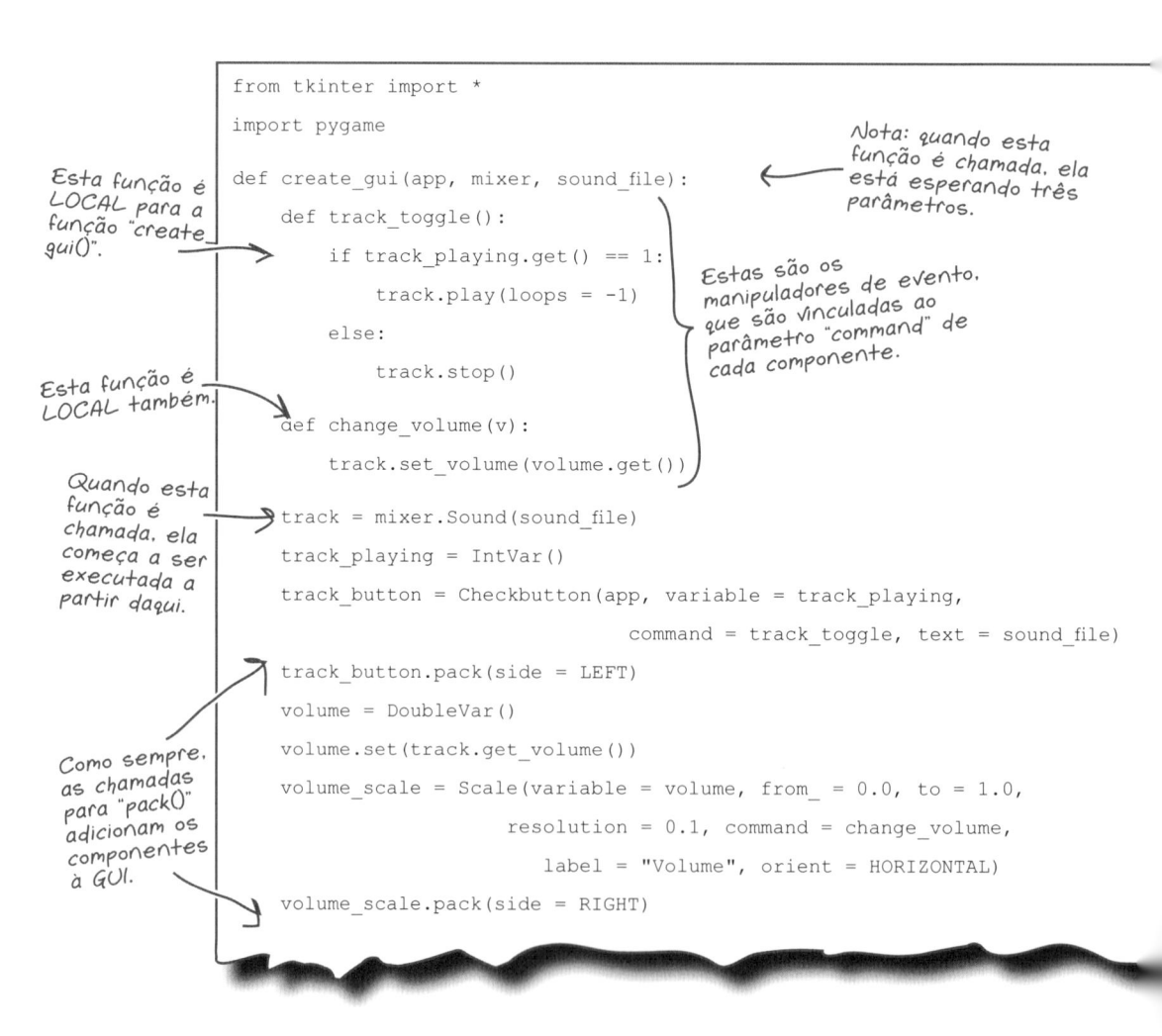

```
from tkinter import *
import pygame
def create_gui(app, mixer, sound_file):
    def track_toggle():
        if track_playing.get() == 1:
            track.play(loops = -1)
        else:
            track.stop()
    def change_volume(v):
        track.set_volume(volume.get())
    track = mixer.Sound(sound_file)
    track_playing = IntVar()
    track_button = Checkbutton(app, variable = track_playing,
                        command = track_toggle, text = sound_file)
    track_button.pack(side = LEFT)
    volume = DoubleVar()
    volume.set(track.get_volume())
    volume_scale = Scale(variable = volume, from_ = 0.0, to = 1.0,
                        resolution = 0.1, command = change_volume,
                        label = "Volume", orient = HORIZONTAL)
    volume_scale.pack(side = RIGHT)
```

Nota: quando esta função é chamada, ela está esperando três parâmetros.

Estas são os manipuladores de evento, que são vinculadas ao parâmetro "command" de cada componente.

Esta função é LOCAL para a função "create_gui()".

Esta função é LOCAL também.

Quando esta função é chamada, ela começa a ser executada a partir daqui.

Como sempre, as chamadas para "pack()" adicionam os componentes à GUI.

Você notou algo estranho? A nova função realmente tem duas *outras funções* dentro dela. O Python (e várias linguagens) permite criar **funções locais**. Uma *função local* é apenas uma **função dentro de uma função**.

Vejamos por que elas são importantes para o programa do DJ.

Uma função em uma função é chamada de função local.

componentes e classes personalizados

Sua nova função precisa criar componentes e manipuladores de evento

Quando você está posicionando os componentes na interface, precisa de sub-rotinas do evento para responder às alterações no estado dos componentes. Se alguém clicar na caixa de verificação para reproduzir a faixa, o manipulador de evento `track_toggle()` será chamada e ativará ou desativará a trilha.

Mas, se você estiver criando *várias* caixas de verificação, precisará de um manipulador de evento *separada* para *cada* uma delas.

É por isso que você tem *funções locais* dentro de `create_gui()`. Assim como cria novos componentes para a interface, ela também usa as funções locais para criar novos manipuladores de evento.

> Cada componente precisa de seu próprio manipulador de evento.

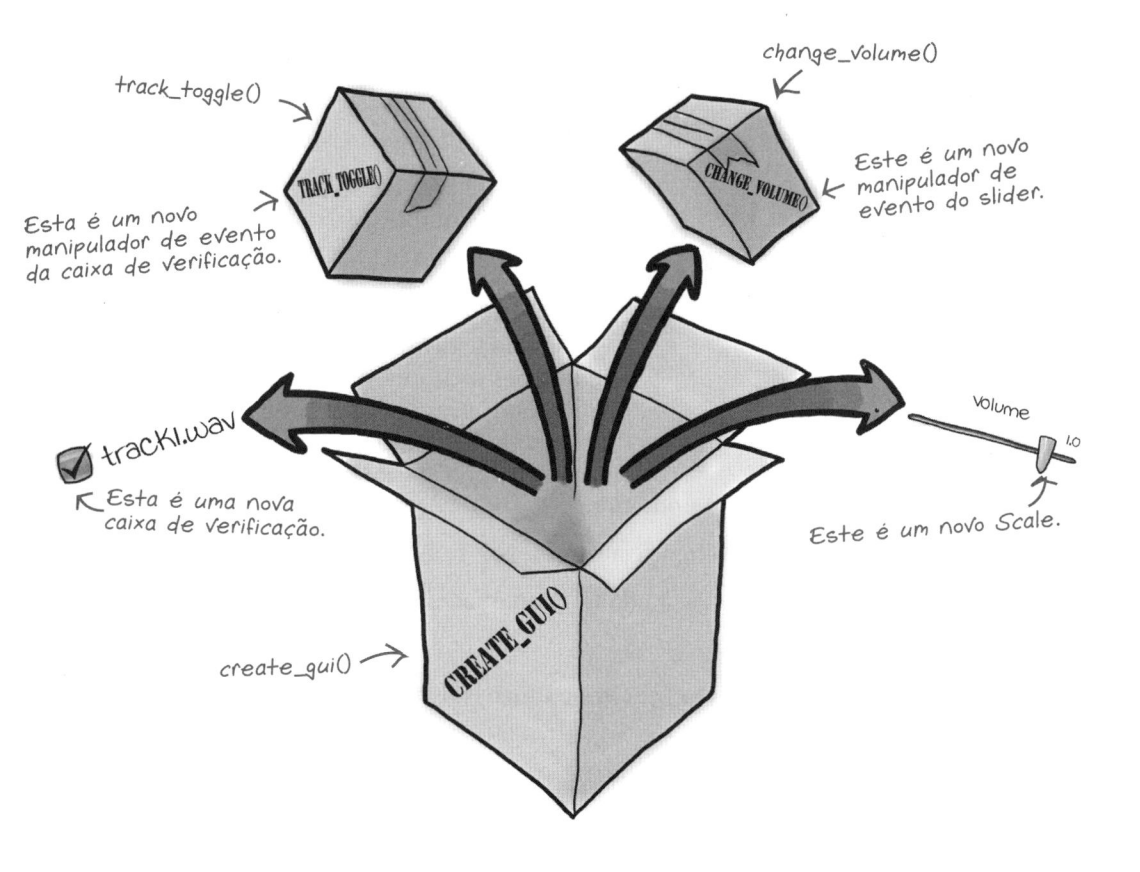

track_toggle() → TRACK_TOGGLE()
Esta é um novo manipulador de evento da caixa de verificação.

change_volume() → CHANGE_VOLUME()
Este é um novo manipulador de evento do slider.

☑ track1.wav
Esta é uma nova caixa de verificação.

volume 1.0
Este é um novo Scale.

create_gui() → CREATE_GUI()

Agora, iremos atualizar o programa para usar esta nova função.

localize a *funcionalidade*

> Funções dentro de funções dentro de funções dentro de funções... agora, é isso que eu chamo de complexidade. Naturalmente, tudo é local, você sabe.

Frank: Uma função dentro de uma função? Com certeza não é legal.

Jim: Bem... depende da linguagem de programação.

Joe: Não me diga que é algo que *apenas* funciona com o Python?!?

Jim: Não... há muitas linguagens de programação que permitem colocar uma função dentro de outra função.

Frank: Cite uma (diferente do Python)!

Jim: Pascal.

Frank: Pasc... o quê?!?

Jim: Veja, realmente não importa qual linguagem de programação suporta este recurso. O importante é que nós podemos fazer.

Frank: E com "nós" você quer dizer "Python".

Jim: Tudo bem, sim. O Python pode fazer.

Frank: É o que eu estava tentando dizer...

Joe: Então, é legal como?

Jim: Porque permite localizar a funcionalidade e lidar com a complexidade.

Joe: O quê?!?

Jim: Veja: Se uma função fica grande e complexa, pode ajudar dividir a função em uma coleção de funções menores, exatamente como fazemos quando o programa fica grande. Podemos manter a funcionalidade local para o código que precisa dela *dentro* da função. Assim, mantemos as coisas o mais simples que podemos.

Joe: Mesmo que o próprio código seja complexo?

Frank: Como código de construção da GUI no qual estamos trabalhando agora?

Jim: Sim.

Frank: Tudo bem. Então, é uma função de funções. Farei tudo para mantê-la simples, bobo. ;-)

Joe: Sim, gosto do KISS também.

Jim: É isso aí... seu último álbum foi realmente especial, não foi?

Frank e Joe: Eh?!?

Exercício

Comece colocando a função `create_gui()` *em um módulo separado chamado* `sound_panel.py`. *Então, escreva uma nova versão do programa* `hfmix.pyw` *que usa o módulo* `sound_panel.py`:

Escreva seu código aqui.

painel de som

Solução do Exercício

Você teve que começar colocando a função `create_gui()` em um módulo separado chamado `sound_panel.py`. Então, teve que escrever uma nova versão do programa `hfmix.pyw` que usa o módulo `sound_panel.py`:

> *Importe todas as funções do novo módulo.*

```
from tkinter import *
from sound_panel import *
import pygame.mixer

app = Tk()
app.title("Head First Mix")


mixer = pygame.mixer
mixer.init()
```

> *Chamando a nova função DUAS VEZES. Você cria DOIS conjuntos de controles de som na GUI.*

```
create_gui(app, mixer, "50459_M_RED_Nephlimizer.wav")
create_gui(app, mixer, "49119_M_RED_HardBouncer.wav")

def shutdown():
    mixer.stop()
    app.destroy()


app.protocol("WM_DELETE_WINDOW", shutdown)

app.mainloop()
```

componentes e classes personalizados

TEST DRIVE

Com o código digitado no IDLE, leve esta última versão do programa do DJ para dar uma volta pressionando F5.

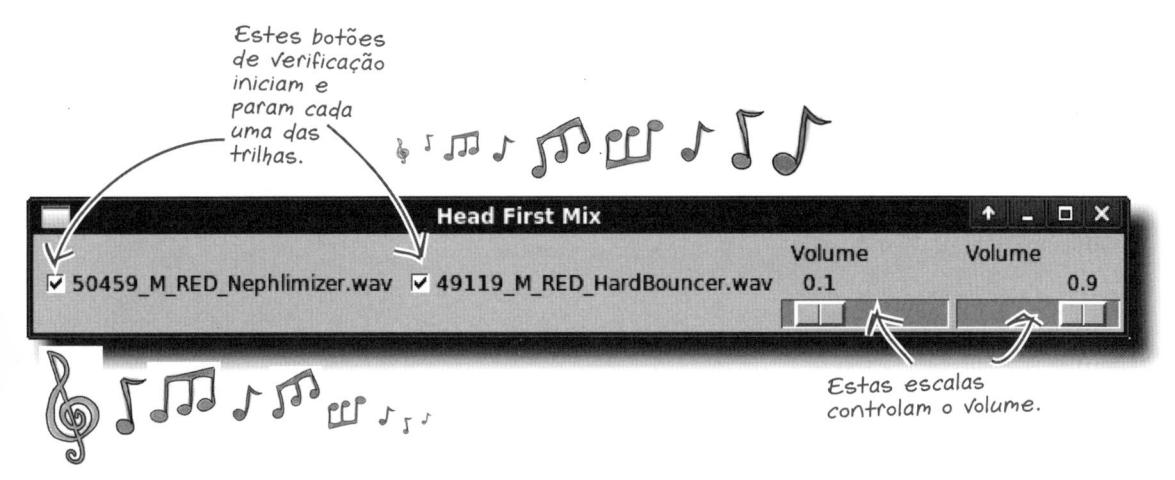

Estes botões de verificação iniciam e param cada uma das trilhas.

Head First Mix

☑ 50459_M_RED_Nephlimizer.wav   ☑ 49119_M_RED_HardBouncer.wav   Volume 0.1   Volume 0.9

Estas escalas controlam o volume.

O programa criou uma caixa de verificação e um controle de volume para cada faixa. O programa chamou a função `create_gui()` *duas vezes*, criando *dois* conjuntos de componentes. Naturalmente, você pode chamar quantas vezes quiser e a função `create_gui()` criará dois componentes para cada trilha.

Quando você clicar nas duas caixas de verificação, as duas faixas serão reproduzidas *ao mesmo tempo*! Você pode iniciar e parar cada uma delas independentemente, selecionando e deselecionando os botões das caixas de verificação. Porém, mais que isso, os controles de volume mudam *independentemente* o volume das trilhas, permitindo-o *mixá-las* juntas.

É uma **grande coisa**. A função `create_gui()` não só está criando componentes separados e adicionando-os à interface, como também está criando *manipuladores de evento* que permitem a cada par de componentes controlar cada faixa separadamente. Aqui, o programa está controlando apenas duas faixas, mas se você adicionar mais chamadas para `create_gui()` no código, não haverá nenhuma razão para não poder fazer a interface trabalhar com quantas faixas quiser.

Vejamos o que o DJ pensa.

interface confusa

O DJ está confuso

O programa faz exatamente o que o DJ deseja, certo? Bem, não exatamente.

> Como devo saber qual escala de volume é para qual faixa?

O problema é que mesmo que o programa funcione *tecnicamente*, ele tem uma interface *confusa*. Todas as caixas de verificação são adicionadas à **esquerda** da interface e todos os controles de volume estão à **direita**.

Não há nada na interface que indique qual **escala de volume** é de qual **faixa**.

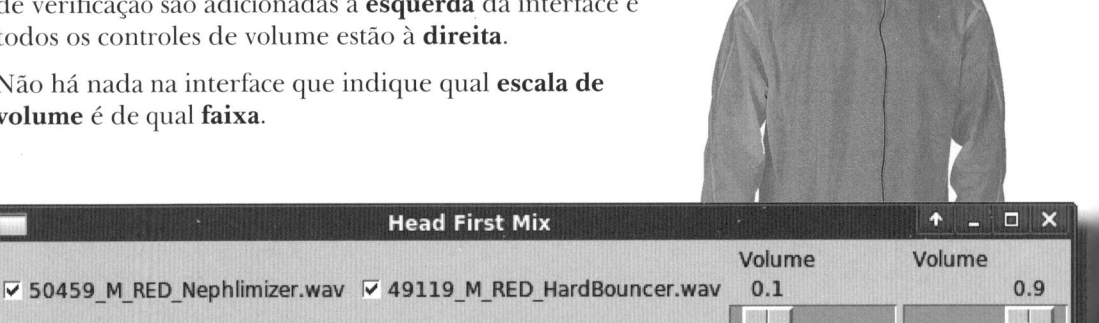

Head First Mix

☑ 50459_M_RED_Nephlimizer.wav ☑ 49119_M_RED_HardBouncer.wav   Volume 0.1   Volume 0.9

Faixa #1 ou faixa #2?   *Faixa #2 ou faixa #1?*

As caixas de verificação são rótulos com o nome de arquivo da faixa, mas os controles de volume, não. Mesmo que cada controle de volume seja vinculado a uma única faixa, não haverá nada na interface que informe ao usuário *qual é a faixa*.

Então... o que fazer? Você *pode* simplesmente adicionar rótulos a cada controle do volume. Provavelmente, isso corrigiria, mas adicionar mais componentes, tais, como, rótulos (em inglês, label), pode tornar uma interface mais complexa. E você deseja que suas interfaces (e seu código GUI) sejam **simples** e **claras**.

Felizmente, há um modo de reorganizar os componentes na interface para torná-la *muito mais clara*.

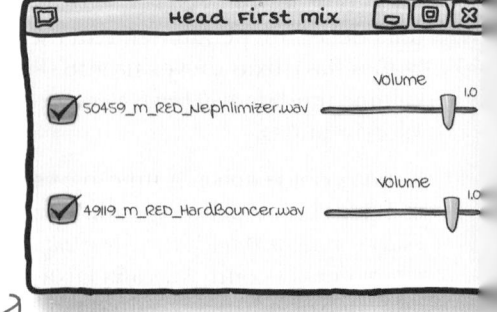

Para evitar confusão, a GUI precisa ficar assim.

Head First mix

☑ 50459_m_RED_Nephlimizer.wav   Volume 1.0

☑ 49119_m_RED_HardBouncer.wav   Volume 1.0

componentes e classes personalizados

Agrupe os componentes

Se a interface fosse organizada com a caixa de verificação de uma faixa **agrupada** ao lado do controle de volume para a *mesma* faixa, ficaria melhor.

Então, cada faixa poderia ter uma linha de componentes associados. Contanto que você saiba quais componentes pertencem a qual faixa, poderá carregar muito mais faixas de uma vez sem as caixas de seleção e os controles ficando separados (e sem que seus usuários fiquem confusos).

O programa usa atualmente uma *função* para adicionar as caixas de seleção e os controles à interface, um componente por vez. Se você chamar a função várias vezes, o computador criará mais dois componentes com cada chamada. Mas, os componentes *não* são agrupados. Portanto, como você agrupa-os em uma interface GUI?

Adicione uma caixa de verificação. Adicione um slider. Adicione uma caixa de verificação...

O agrupador GUI

Crie um novo tipo de componente

E se você simplesmente *não* entregar ao computador um conjunto de instruções? E se fornecer um componente novinho?

Se você criar um **novo tipo de componente** que agrupa uma caixa de verificação e um slider, poderá adicionar seu novo componente à interface e, então, **assegurar** que a caixa de verificação e o slider fiquem juntos:

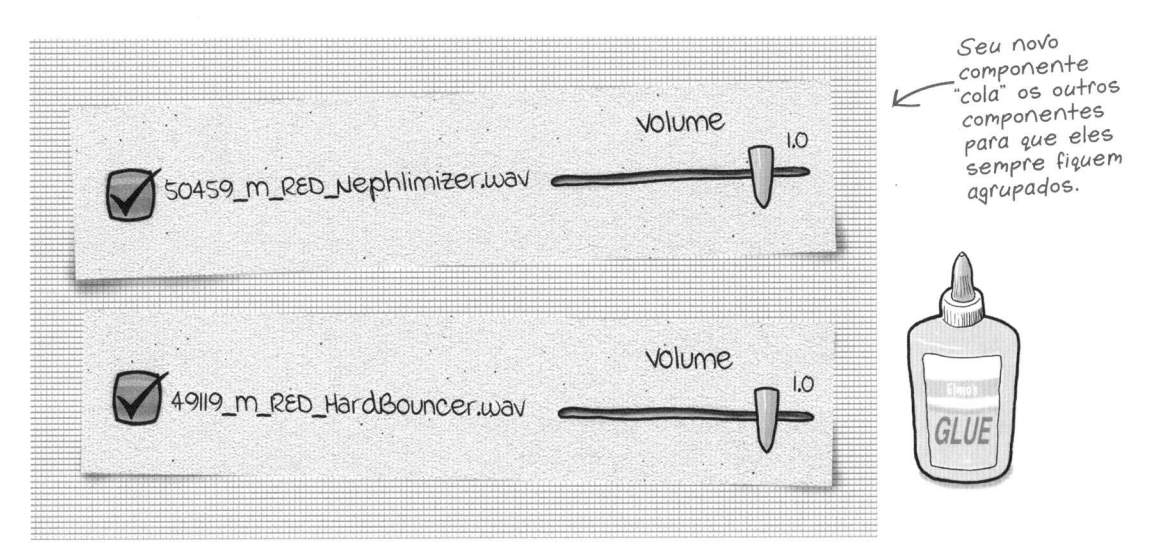

Seu novo componente "cola" os outros componentes para que eles sempre fiquem agrupados.

Seu *novo* componente se torna em um novo *bloco de construção* para sua interface GUI.

Então, como os novos componentes são criados? E como funcionam?

você está aqui ▶ **363**

componentes de enquadramento

Um componente de enquadramento (em inglês, frame) contém outros componentes

A maioria das bibliotecas GUI (inclusive o tkinter) permite que você crie **componentes personalizados** a partir de um conjunto de outros componentes e o tkinter inclui um tipo especial componente chamado **frame**. Um frame funciona como uma moldura de retrato, no sentido que contorna outras coisas. É retangular e pode *conter* outros componentes:

Um frame é como... uma moldura.

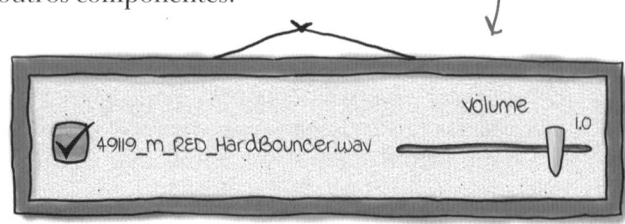

No tkinter, um frame é criado usando `Frame()`. Se você puder desenvolver um modo de *criar um novo tipo de frame* (chamada, digamos SoundPanel) que contém a caixa de verificação e o slider, então poderá usar um código como este em seu programa:

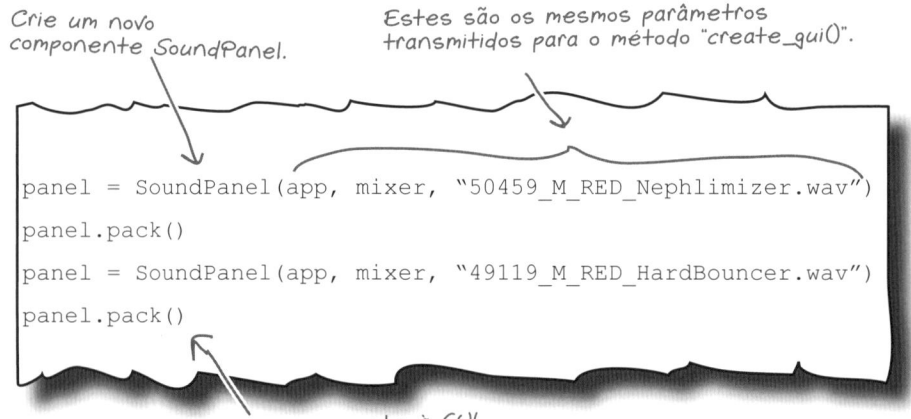

Crie um novo componente SoundPanel.

Estes são os mesmos parâmetros transmitidos para o método "create_gui()".

```
panel = SoundPanel(app, mixer, "50459_M_RED_Nephlimizer.wav")
panel.pack()
panel = SoundPanel(app, mixer, "49119_M_RED_HardBouncer.wav")
panel.pack()
```

Você pode adicionar seu componente à GUI usando o agrupador, exatamente em todos os outros componentes.

Parece uma *ótima solução*. Porém, ainda tem um *grande problema*.

Este código usa um **tipo inteiramente novo de objeto**, um novo tipo de componente que *nunca* existiu antes. Como você informa o computador para criar algo assim, que é, de fato, um *objeto GUI personalizado*?

Como você convence o computador a criar um novo componente sempre que chama SoundPanel( )?

Faça isto!

Mesmo que você não tenha criado o código `SoundPanel` ainda, iremos substituir as chamadas para `create_gui()` em `hfmix.pyw` por estas linhas de código agora. Não tente executá-lo ainda.

componentes e *classes personalizados*

Não seria um sonho se houvesse um modo de criar no código um tipo inteiramente novo de componente. Mas, sei que é apenas uma fantasia...

programando **classes**

Uma classe é uma máquina para criar objetos

As linguagens de programação orientada a objetos (OOP) (como o Python) permitem criar um tipo inteiramente novo de objeto usando uma *classe*. Uma classe é como um *modelo* que você usa para criar novos objetos.

Considere a classe como um *cortador de biscoitos* e considere o objeto como o biscoito que é criado *com base na classe*. Como todos os biscoitos são criados a partir do mesmo cortador, eles têm as **mesmas características**, mesmo que todos sejam biscoitos *individuais*. Quando um objeto individual é criado a partir de uma classe, é referido como uma *instância* dessa classe.

Então, se você puder fazer com que `SoundPanel()` seja uma classe, poderá criar componentes personalizados quando requerido:

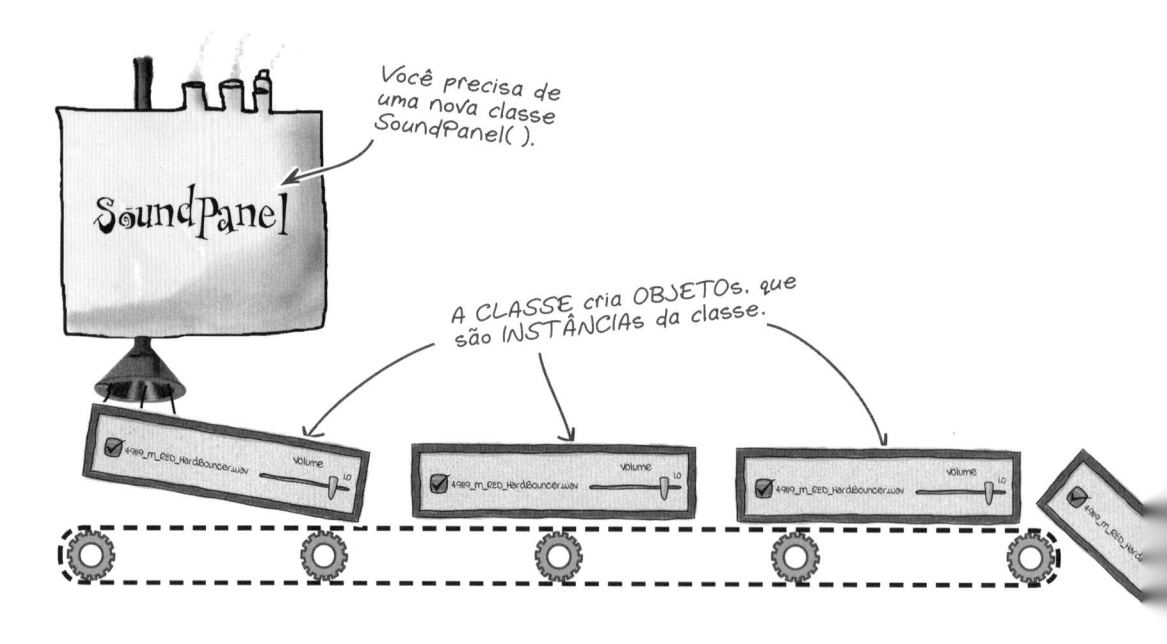

Você precisa de uma nova classe SoundPanel( ).

A CLASSE cria OBJETOs, que são INSTÂNCIAS da classe.

Você precisa de um código que crie um novo componente agrupado na GUI sempre que fizer uma chamada assim:

Use a classe para criar um novo objeto.

```
panel = SoundPanel(app, mixer, "49119_M_RED_HardBouncer.wav")
```

Iremos definir uma classe SoundPanel( ).

componentes e classes personalizados

Uma classe tem métodos que definem seu comportamento

A classe `SoundPanel()` cria um novo tipo de `Frame()` do tkinter e você pode especificar esta *relação* usando o código assim:

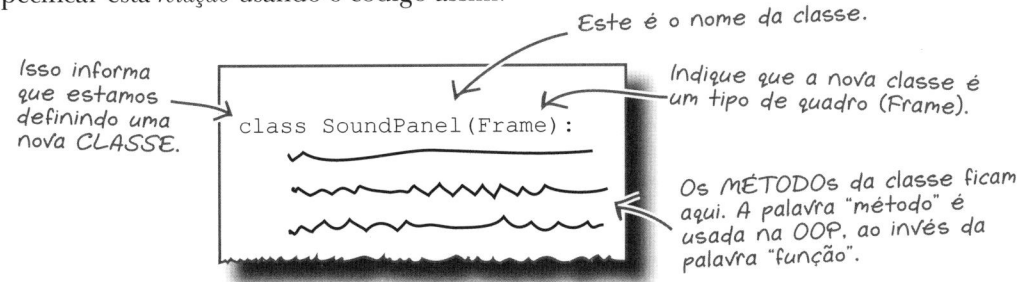

Isso informa que estamos definindo uma nova CLASSE.

Este é o nome da classe.

Indique que a nova classe é um tipo de quadro (Frame).

```
class SoundPanel(Frame):
```

Os MÉTODOs da classe ficam aqui. A palavra "método" é usada na OOP, ao invés da palavra "função".

Assim como *o quê* (é uma frame), você tem que se preocupar em *como* será definido o comportamento de seus novos componentes. Para tanto, você precisa adicionar **métodos** dentro da classe. Para entender como funciona, imagine que você tenha criado um objeto do botão de alarme a partir de uma classe. O botão de alarme precisará saber o que fazer quando alguém pressioná-lo:

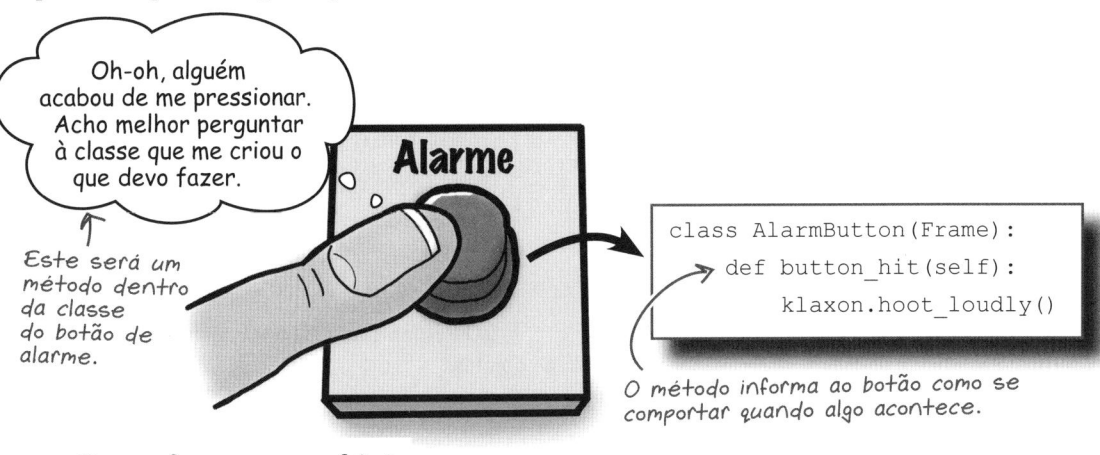

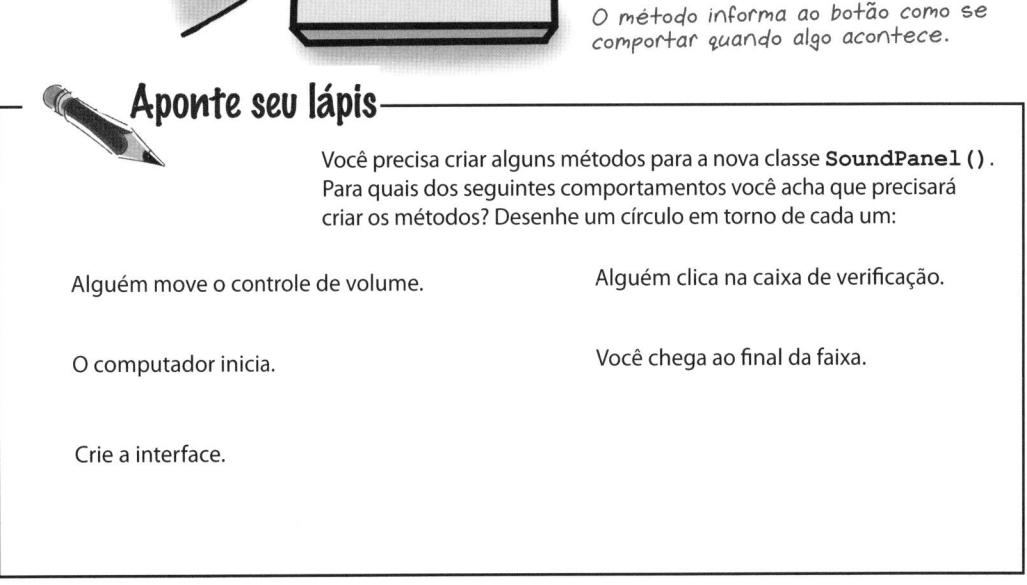

Oh-oh, alguém acabou de me pressionar. Acho melhor perguntar à classe que me criou o que devo fazer.

Este será um método dentro da classe do botão de alarme.

```
class AlarmButton(Frame):
    def button_hit(self):
        klaxon.hoot_loudly()
```

O método informa ao botão como se comportar quando algo acontece.

Aponte seu lápis

Você precisa criar alguns métodos para a nova classe **SoundPanel()**. Para quais dos seguintes comportamentos você acha que precisará criar os métodos? Desenhe um círculo em torno de cada um:

Alguém move o controle de volume.

Alguém clica na caixa de verificação.

O computador inicia.

Você chega ao final da faixa.

Crie a interface.

métodos *necessários*

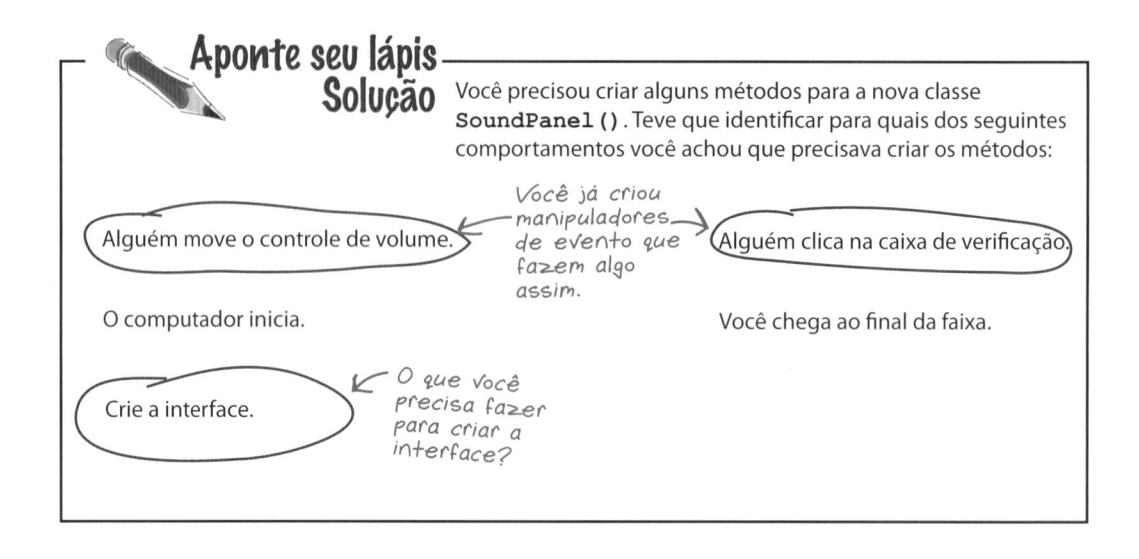

Aponte seu lápis
Solução

Você precisou criar alguns métodos para a nova classe `SoundPanel()`. Teve que identificar para quais dos seguintes comportamentos você achou que precisava criar os métodos:

(Alguém move o controle de volume.) ← *Você já criou manipuladores de evento que fazem algo assim.* → (Alguém clica na caixa de verificação.)

O computador inicia.   Você chega ao final da faixa.

(Crie a interface.) ← *O que você precisa fazer para criar a interface?*

Não existem Perguntas Idiotas

P: Por que há um método para criar o componente?

R: Não há um método para criar o componente. Mas, há um método para criar a interface. Esse método será executado imediatamente depois do componente ser criado.

P: Não entendi. Qual é a diferença entre um componente e um objeto?

R: Um componente é um tipo particular de objeto. É um objeto que você pode adicionar a uma interface gráfica com usuário.

P: Então, existem alguns objetos que não são componentes?

R: Absolutamente. A maioria dos objetos é usada internamente nos programas. Todos os números e strings usados até então eram, de fato, objetos.

P: Então, nem sempre você pode ver os objetos na tela?

R: Não, a maioria dos objetos é executada silenciosamente na memória e eles não têm nenhuma exibição.

P: O Python é a única linguagem orientada a objetos?

R: Muitas linguagens – tais como, Java, C# e Ruby – usam objetos para lidar com a complexidade.

P: Portanto, aprender a orientação a objetos é uma boa maneira de se inteirar com as outras linguagens?

R: Sim, entender a orientação a objetos dá uma ideia de como as outras linguagens pensam.

componentes e classes personalizados

Mas, como um objeto chama um método?

Para ver com mais detalhes *como* os novos componentes SoundPanel usam os métodos na *classe* SoundPanel, vejamos com mais detalhes apenas um dos métodos. O que acontecerá se alguém clicar na caixa de verificação dentro do componente?

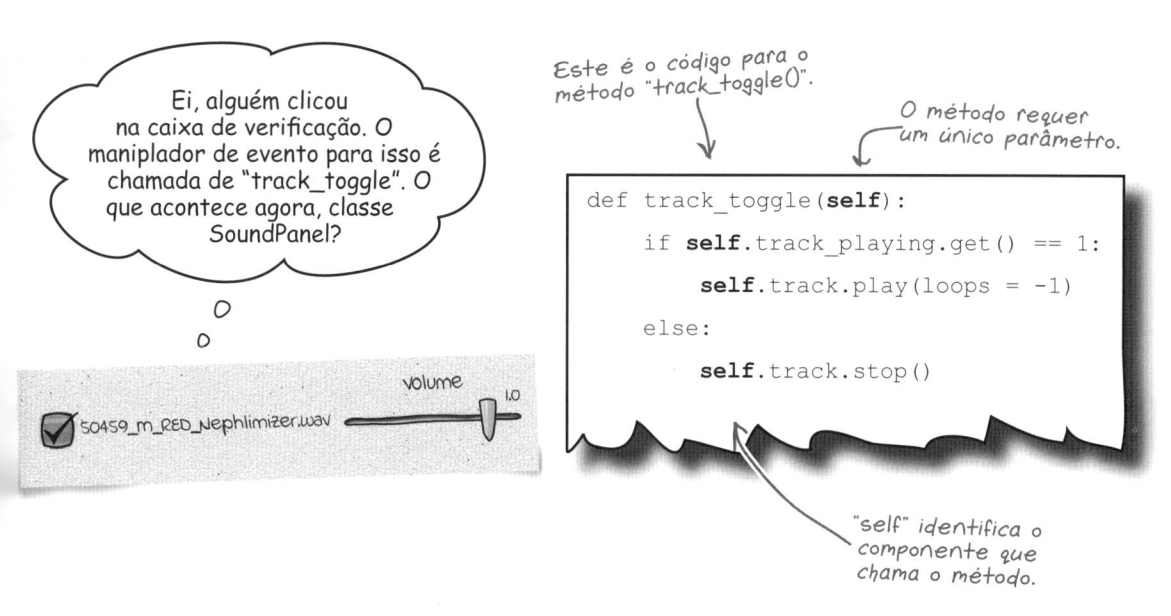

> Ei, alguém clicou na caixa de verificação. O manipulador de evento para isso é chamada de "track_toggle". O que acontece agora, classe SoundPanel?

Este é o código para o método "track_toggle()".

O método requer um único parâmetro.

```
def track_toggle(self):
    if self.track_playing.get() == 1:
        self.track.play(loops = -1)
    else:
        self.track.stop()
```

"self" identifica o componente que chama o método.

O método que você precisa adicionar à sua classe deve parecer familiar. Este código é quase igual ao manipulador de evento track_toggle() que criamos antes. A única diferença é que esse método é um pouco mais *egoísta*.

self identifica o componente que chama o método

Os métodos na classe serão usados para **muitos** objetos, portanto, o código na classe precisa de algum modo de saber com qual objeto SoundPanel está trabalhando em determinado momento. Ele faz isso com a variável **self**.

A variável self é enviada a cada um dos métodos na classe *automaticamente* pelo Python e identifica o objeto do componente atual sendo usado. Adicionando "**self.**" na frente dos nomes da variável do objeto no código da classe, você assegura que o código esteja usando os dados que pertencem ao **componente atual**.

Adicionemos alguns métodos à classe SoundPanel()...

você está aqui ▶ **369**

a classe substitui a função

A classe SoundPanel parece muito com a função create_gui()

Se você converter a função `change_volume()` original em um método e adicioná-lo à classe, acabará com um código bem parecido com a função `create_gui()` original:

```
from tkinter import *
import pygame.mixer

class SoundPanel(Frame):
    def track_toggle(self):
        if self.track_playing.get() == 1:
            self.track.play(loops = -1)
        else:
            self.track.stop()

    def change_volume(self):
        self.track.set_volume(self.volume.get())
```

Grande parte deste código é muito parecida com o método "create_gui()", exceto por todos os usos de "self".

Na verdade, a nova classe `SoundPanel()` pode **substituir** completamente o código no arquivo `sound_panel.py` (pois `create_gui()` não é mais necessária).

Mas, antes de fazer isso, há ainda mais um pequeno código a escrever. A classe precisa ser informada sobre o que fazer quando a SoundPanel novinha é criada. A classe precisa de um método **inicializador** que saiba como criar instâncias da classe.

Algumas linguagens de programação chamam estes métodos inicializadores de CONSTRUTORes, pois eles detalham o que acontece quando um novo objeto é criado ou "construído".

Iremos criar o inicializador para a classe SoundPanel().

componentes e classes personalizados

Ímãs de Geladeira

Começamos a criar o código do inicializador para você, mas ainda existem algumas partes que faltam. Veja se você pode descobrir onde os fragmentos de código que faltam se encaixam. Eis o código que cria um objeto `SoundPanel()`. Posicione devidamente os ímãs de geladeira para completar o método:

```
def __init__(self, app, mixer, sound_file):
    Frame.__init__(self, app)
```

Como SoundPanel() herda de Frame() do tkinter, você precisa assegurar que irá inicializar Frame() ANTES de inicializar SoundPanel().

```
    track_button = Checkbutton(              , variable =                    ,
                               command = self.track_toggle, text = sound_file)
    track_button.pack(side = LEFT)


    self.volume.set(track.get_volume())
    volume_scale = Scale(         , variable = self.volume, from_ = 0.0, to = 1.0,
                         resolution = 0.1, command =                    ,
                         label = "Volume", orient = HORIZONTAL)
    volume_scale.pack(side = RIGHT)
```

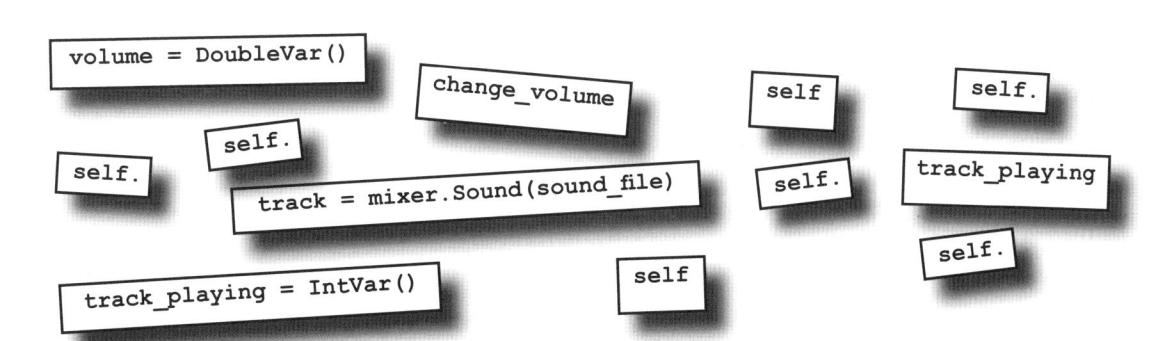

Ímãs:
- `volume = DoubleVar()`
- `change_volume`
- `self`
- `self.`
- `self.`
- `self.`
- `track = mixer.Sound(sound_file)`
- `self.`
- `track_playing`
- `self.`
- `self`
- `track_playing = IntVar()`

você está aqui ▶ **371**

inicializador construído

Ímãs de Geladeira Solução

Começamos a criar o código do inicializador para você, mas ainda existem algumas partes que faltam. Veja se você pode descobrir onde os fragmentos de código que faltam se encaixam. Eis o código que cria um objeto `SoundPanel()`. Você teve que posicionar devidamente os ímãs de geladeira para completar o método:

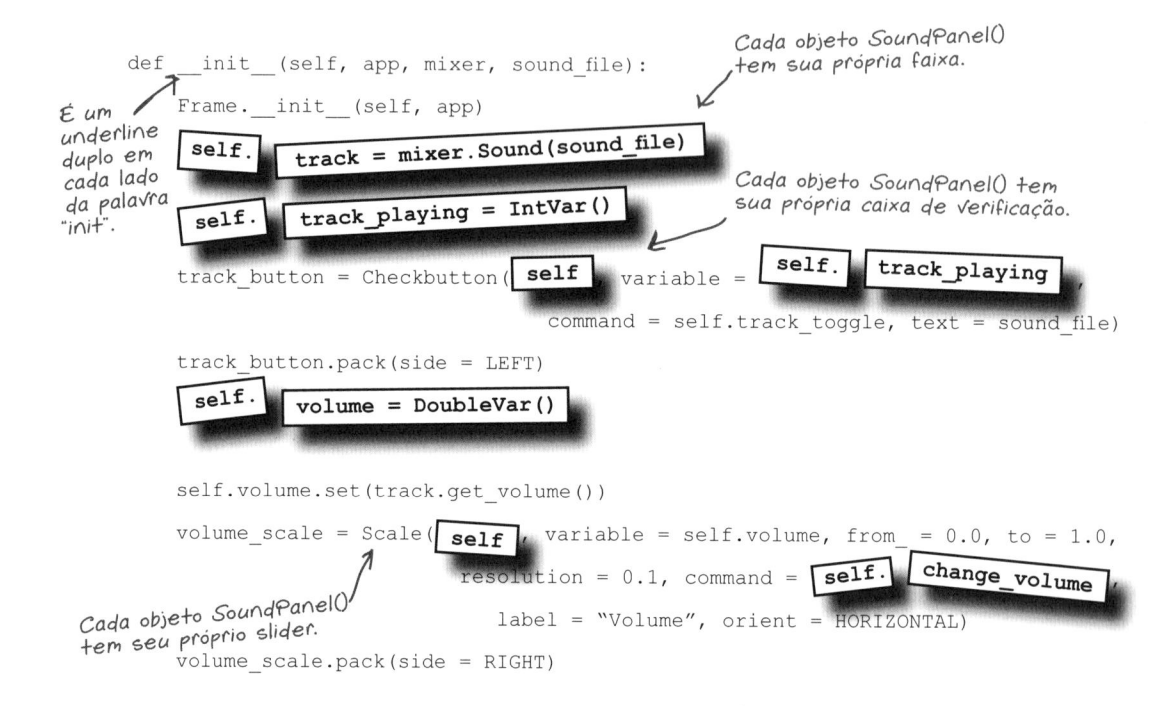

```
def __init__(self, app, mixer, sound_file):
    Frame.__init__(self, app)
    self.track = mixer.Sound(sound_file)
    self.track_playing = IntVar()
    track_button = Checkbutton(self, variable = self.track_playing,
                        command = self.track_toggle, text = sound_file)
    track_button.pack(side = LEFT)
    self.volume = DoubleVar()
    self.volume.set(track.get_volume())
    volume_scale = Scale(self, variable = self.volume, from_ = 0.0, to = 1.0,
                        resolution = 0.1, command = self.change_volume,
                        label = "Volume", orient = HORIZONTAL)
    volume_scale.pack(side = RIGHT)
```

- É um underline duplo em cada lado da palavra "init".
- Cada objeto *SoundPanel()* tem sua própria faixa.
- Cada objeto *SoundPanel()* tem sua própria caixa de verificação.
- Cada objeto *SoundPanel()* tem seu próprio slider.

---

classe = métodos + dados

A classe `SoundPanel()` tem *métodos* que definem o *comportamento*. Além dos métodos, a classe também tem que detalhar os *dados* que mantém. Para a classe `SoundPanel()`, esses dados são compostos de três coisas: a faixa a reproduzir, sua caixa de verificação e seu slider associado.

A CLASSE EXPOSTA

Entrevista desta semana:
A vida no gerenciamento de objetos sênior.

Use a Cabeça: Olá, Classe. É bom que você tenha encontrado tempo para falar conosco.

Classe: Garanto que o prazer inestimável é todo meu.

Use a Cabeça: Então, para começar...

Classe: Um momento... <zumbidos>

Use a Cabeça: Desculpe-me. O que é isso?

Classe: Desculpe-me. Apenas verificando meu inicializador. Sempre faço isso quando crio.

Use a Cabeça: Ah, sim. É seu construtor, não é? O método usado para criar os objetos?

Classe: Bem, sei que algumas pessoas se referem a ele como *construtor*, mas prefiro **inicializador**. Veja, não o utilizo para criar objetos. Apenas uso para configurá-los assim que são criados.

Use a Cabeça: Você tem muitos métodos?

Classe: Ah, mais do que você pode imaginar.

Use a Cabeça: No código que acabamos de ver, a classe `SoundPanel()`, havia apenas três métodos, não havia?

Classe: Ah, meu caro, havia apenas três métodos definidos explicitamente na classe. Mas, `SoundPanel()` *herdou* muito, muito mais métodos de sua classe-mãe, a querida `Frame()` do tkinter.

Use a Cabeça: `Frame()` tem muitos métodos também?

Classe: Demais para serem discutidos. Há métodos para pintar componentes na tela e detalhes do que fazer se as coisas mudarem de tamanho. Frame é uma amiga terrivelmente ocupada. <bip bip> Desculpe-me. Alô? Não, você precisa parar de reproduzir a faixa quatro. Não, não, está tudo certo. Tchau.

Use a Cabeça: Um de seus objetos?

Classe: Sim. Eles me mantêm muito ocupada, mas eu sentiria falta se não me chamassem.

Use a Cabeça: Acredito que quando alguém chama um método do objeto, o objeto sempre pede a você para se envolver?

Classe: Sim, sou responsável pelo comportamento do objeto. Acho que é muito importante comportar-se devidamente. Você não acha?

Use a Cabeça: Claro! Classe, obrigado.

Classe: A propósito, adorei a gravata.

revisão do código

Revisão do Código

Sempre é bom de vez em quando verificar o estado de seu código e assegurar que tudo esteja bem apresentado. É assim que seu programa deve ficar neste ponto. Provavelmente, vale a pena verificar para assegurar que tudo em seu código fique assim:

hfmix.pyw

```
from tkinter import *
from sound_panel import *
import pygame.mixer

app = Tk()
app.title("Head First Mix")


mixer = pygame.mixer
mixer.init()
```
Você lembrou de usar SoundPanel(), ao invés de create_gui()? ✓
```
panel = SoundPanel(app, mixer, "50459_M_RED_Nephlimizer.wav")
panel.pack()
panel = SoundPanel(app, mixer, "49119_M_RED_HardBouncer.wav")
panel.pack()

def shutdown():
    mixer.stop()
    app.destroy()

app.protocol("WM_DELETE_WINDOW", shutdown)

app.mainloop()
```

sound_panel.py

```python
from tkinter import *
import pygame.mixer


class SoundPanel(Frame):
    def __init__(self, app, mixer, sound_file):
        Frame.__init__(self, app)
        self.track = mixer.Sound(sound_file)
        self.track_playing = IntVar()
        track_button = Checkbutton(self, variable = self.track_playing,
                                    command = self.track_
                                    toggle, text = sound_file)
        track_button.pack(side = LEFT)
        self.volume = DoubleVar()
        self.volume.set(self.track.get_volume())
        volume_scale = Scale(self, variable = self.volume,
        from_ = 0.0, to = 1.0,
                                    resolution = 0.1, command = self.change_volume,
                                    label = "Volume", orient = HORIZONTAL)
        volume_scale.pack(side = RIGHT)

    def track_toggle(self):
        if self.track_playing.get() == 1:
            self.track.play(loops = -1)
        else:
            self.track.stop()

    def change_volume(self, v):
        self.track.set_volume(self.volume.get())
```

Um método inicializador vem primeiro. Note que esse método tem que ser chamado de "__init__()" no Python para ser chamado automaticamente quando o objeto é criado.

test drive

TEST DRIVE

Tudo bem, então você *finalmente* está pronto para iniciar seu novo código do **componente personalizado**. É assim que fica depois de trazer seu código para o IDLE e pressionar F5:

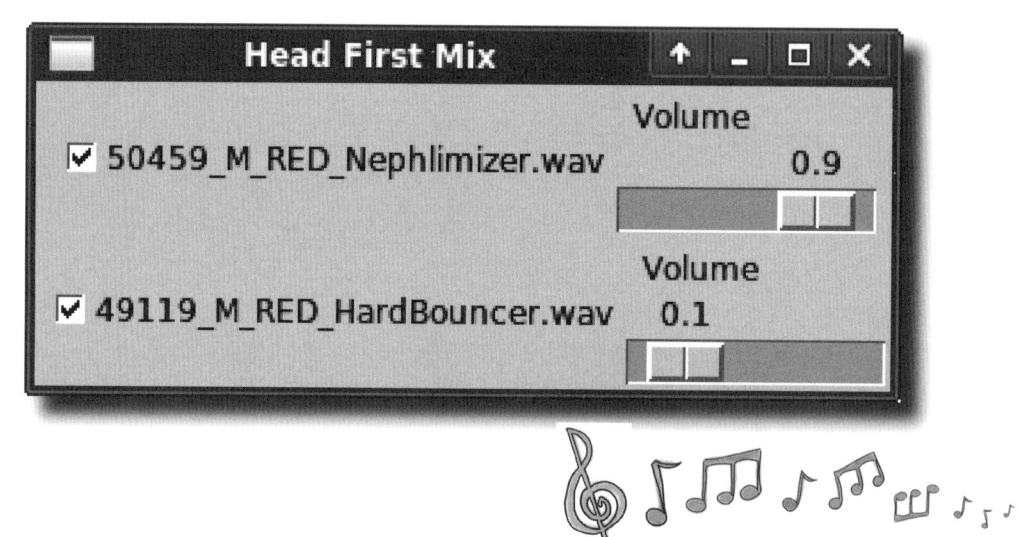

```
Head First Mix

☑ 50459_M_RED_Nephlimizer.wav    Volume
                                   0.9

☑ 49119_M_RED_HardBouncer.wav    Volume
                                   0.1
```

As caixas de verificação e as escalas do volume agora estão **agrupadas** no mesmo **componente** dentro da GUI. A partir de agora, você saberá que os componentes em sua GUI sempre ficarão juntos, pois a classe SoundPanel() agrupou-os para você.

> Cara, essa interface é impressionante! É tão fácil de usar!

Não existem Perguntas Idiotas

P: Não entendi. O que é "self" de novo?

R: "self" é uma variável que se refere ao objeto que chama.

P: O objeto que chama? O que isso significa?

R: Imagine que você crie um novo método chamado `bleep()` na classe `SoundPanel`. Um objeto chamado panel pode usar o método `bleep()` quando necessário e quando faz isso, chama a classe `SoundPanel`. A parte "self." assegura que o método `bleep()` associado ao objeto panel seja chamado, não um outro método `bleep()` associado a algum outro objeto.

P: Então, os objetos realmente não possuem seus próprios métodos?

R: Em algumas linguagens, tais como o Ruby, eles podem, mas na maioria das linguagens, não, os objetos não possuem seus próprios métodos. Os métodos pertencem à classe que criou o objeto.

P: Mas, por que preciso adicionar "self." ao início das variáveis?

R: Porque você está mudando os dados dentro do objeto atual referido por "self.". Você estará trabalhando com os próprios dados do objeto e não com os dados que pertencem à classe.

P: Nem todas as variáveis tinham "self." no início. Por que isso?

R: Se você vir o código, a variável `volume_scale` não começa com "self.". É porque o objeto não precisa controlar a variável `volume_scale`, uma vez que o método inicializador que terminou de criar o objeto `volume_scale` é uma variável que é local para o inicializador.

PONTOS IMPORTANTES

- O componente SoundPanel é um tipo de frame.
- Os objetos são criados por classes.
- Uma classe tem métodos.
- Os métodos definem o comportamento do objeto.
- Quando um objeto precisa saber o que fazer, ele chama um método na classe que o criou.
- Os métodos na classe têm uma variável self.
- A variável self aponta para o objeto que chamou o método.
- Prefixando as variáveis com "self.", você pode manter os valores de cada objeto separados uns dos outros.

adicione as trilhas

O DJ tem um diretório inteiro de trilhas

O DJ está tão impressionado com a utilidade de seu programa que deseja experimentá-lo hoje à noite em seu **conjunto completo**, antes de sua inauguração oficial no *World Music Mixing Expo*. O DJ precisa trabalhar com muito mais do que duas faixas. Na verdade, tem um diretório inteiro cheio de sequências.

Diretório cheio de sequências.

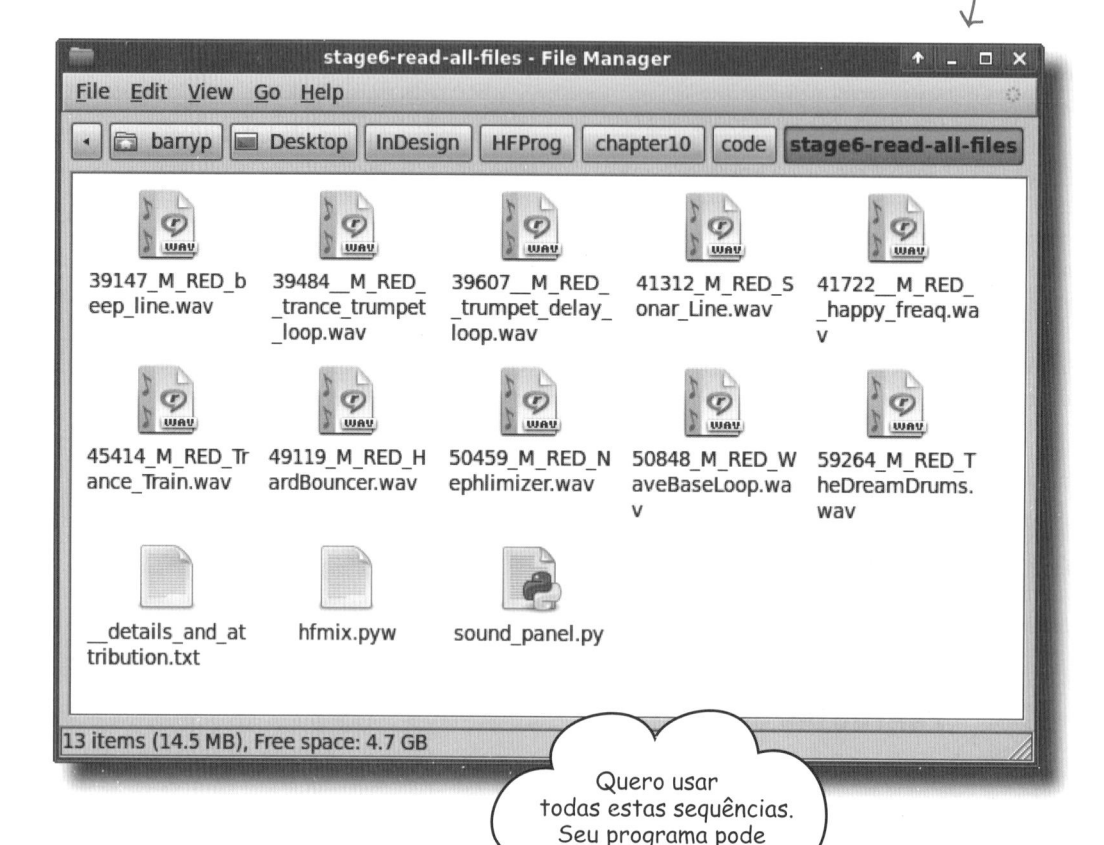

```
stage6-read-all-files - File Manager
File  Edit  View  Go  Help

[barryp] [Desktop] [InDesign] [HFProg] [chapter10] [code] [stage6-read-all-files]

39147_M_RED_b    39484__M_RED_    39607__M_RED_    41312_M_RED_S    41722__M_RED_
eep_line.wav     _trance_trumpet  _trumpet_delay_  onar_Line.wav    _happy_freaq.wa
                 _loop.wav        loop.wav                          v

45414_M_RED_Tr   49119_M_RED_H    50459_M_RED_N    50848_M_RED_W    59264_M_RED_T
ance_Train.wav   ardBouncer.wav   ephlimizer.wav   aveBaseLoop.wa   heDreamDrums.
                                                   v                wav

__details_and_at hfmix.pyw        sound_panel.py
tribution.txt

13 items (14.5 MB), Free space: 4.7 GB
```

> Quero usar todas estas sequências. Seu programa pode adicionar **todos** estes arquivos WAV à minha interface?

Agora, você *pode* mudar o código para adicionar arquivos extras à interface, mas o DJ deseja ser capaz de gerenciar quais trilhas o programa usa. Então, você terá que *encontrar* todos os arquivos WAV no diretório atual e então, *adicioná-los* à interface *quando o programa iniciar*.

Vamos fazer esta coisa funcionar.

componentes e classes personalizados

Quebra-cabeça da Piscina

Seu **trabalho** é pegar os segmentos da piscina e colocá-los nas linhas em branco no código. Você **não** pode usar o mesmo segmento mais de uma vez e não precisará usar todos os segmentos. Seu **objetivo** é completar o código no `hfmix.pyw` para que ele leia *todas* as faixas do diretório, então as adicione à interface GUI.

```
from tkinter import *
from sound_panel import *
import pygame.mixer
import os

app = Tk()
app.title("Head First Mix")

mixer = pygame.mixer
mixer.init()
..............................................................................
..............................................................................
..............................................................................
..............................................................................
..............................................................................
..............................................................................
..............................................................................
..............................................................................

def shutdown():
        mixer.stop()
        app.destroy()
app.protocol("WM_DELETE_WINDOW", shutdown)
app.mainloop()
```

Nota: cada item da piscina pode ser usada apenas uma vez!

```
            panel.pack()

    for fname in dirList:
                    dirList = os.listdir(".")
    panel = SoundPanel(app, mixer, fname)

        "50459_M_RED_Nephlimizer.wav"
                            if fname.endswith(".wav"):
```

trilhas **adicionadas**

Quebra-cabeça da Piscina Solução

Seu **trabalho** era pegar os segmentos da piscina e colocá-los nas linhas em branco no código. Você **não** podia usar o mesmo segmento mais de uma vez e não precisava usar todos os segmentos. Seu **objetivo** era completar o código no hfmix.pyw para que ele lesse *todas* as faixas do diretório, então as adicionasse à interface GUI.

Você precisa comunicar-se com o sistema operacional, portanto importe o módulo "os".

Pegue cada um dos nomes de arquivo...

... e se ele terminar com ".wav"...

... crie uma SoundPanel() e adicione-a à GUI.

Obtenha os nomes de todos os arquivos no diretório atual.

```
from tkinter import *
from sound_panel import *
import pygame.mixer
import os
app = Tk()
app.title("Head First Mix")
mixer = pygame.mixer
mixer.init()

dirList = os.listdir(".")
for fname in dirList:
    if fname.endswith(".wav"):
        panel = SoundPanel(app, mixer, fname)
        panel.pack()

def shutdown():
    mixer.stop()
    app.destroy()
app.protocol("WM_DELETE_WINDOW", shutdown)
app.mainloop()
```

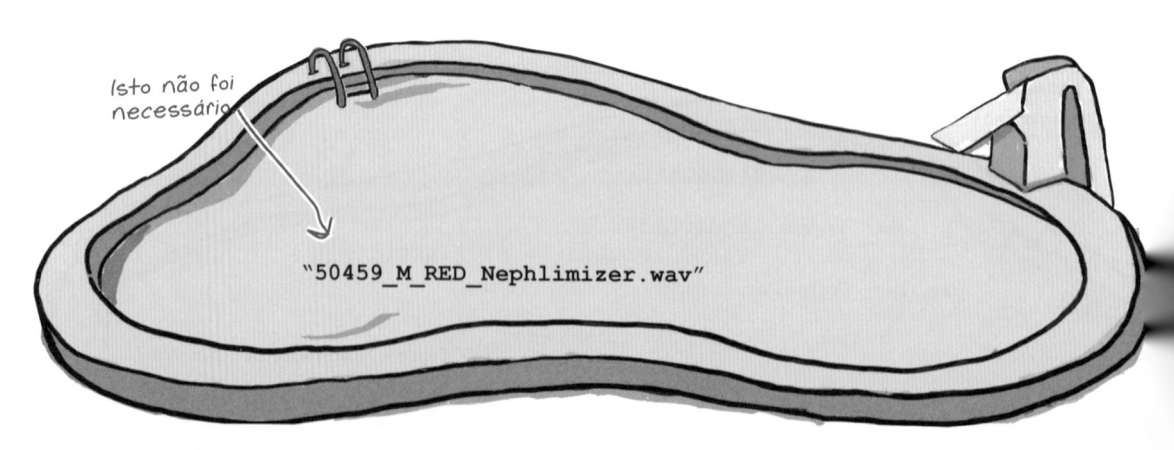

Isto não foi necessário

"50459_M_RED_Nephlimizer.wav"

componentes e classes personalizados

TEST DRIVE

Com o código no IDLE e todos os arquivos de som no diretório, pressione F5. Você deve ver algo que parece muito mais poderoso do que o *mixer* simples com duas faixas que tinha antes:

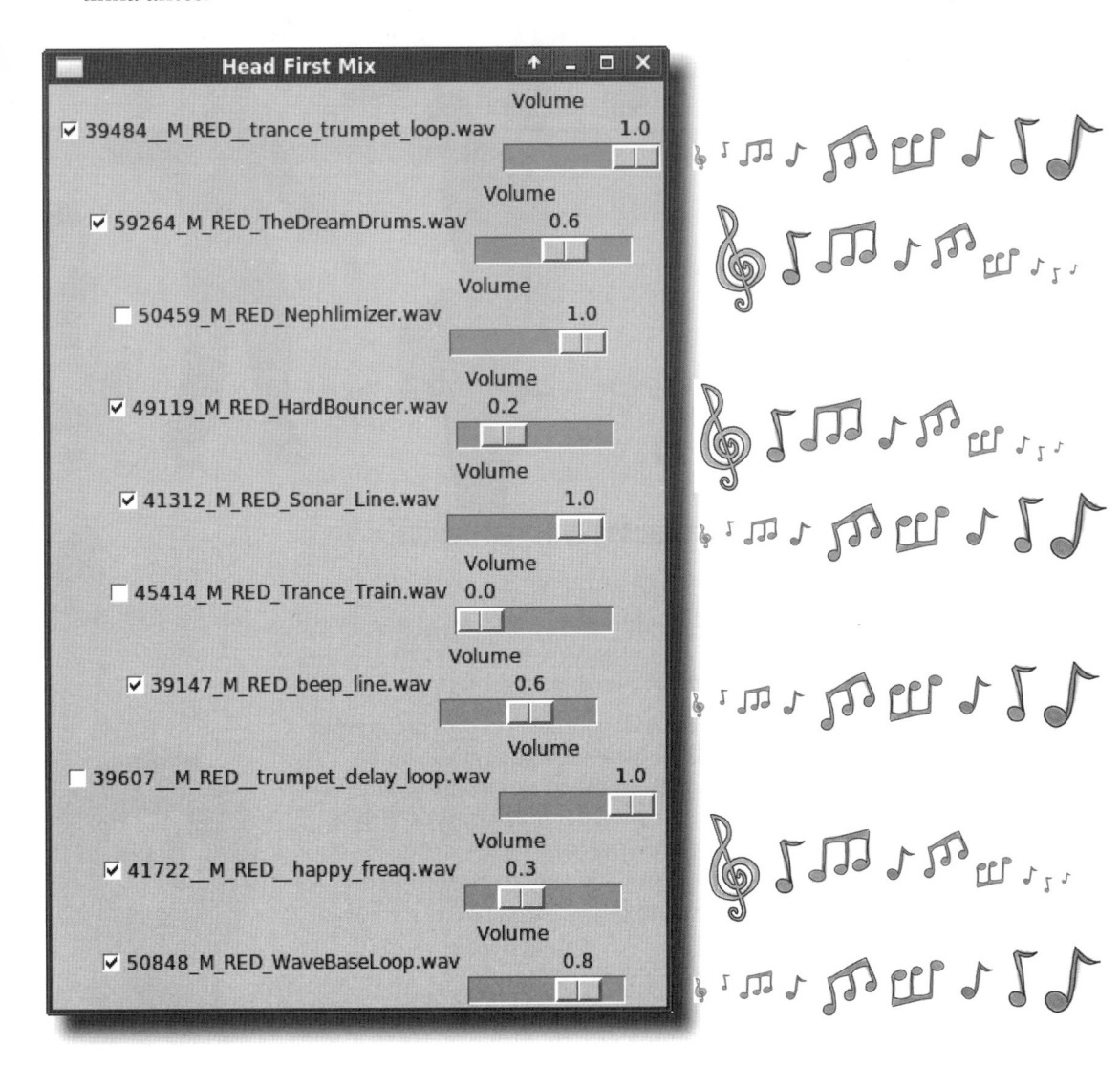

```
Head First Mix
                                    Volume
☑ 39484__M_RED__trance_trumpet_loop.wav    1.0

                                    Volume
  ☑ 59264_M_RED_TheDreamDrums.wav     0.6

                                    Volume
    ☐ 50459_M_RED_Nephlimizer.wav      1.0

                                    Volume
  ☑ 49119_M_RED_HardBouncer.wav       0.2

                                    Volume
  ☑ 41312_M_RED_Sonar_Line.wav        1.0

                                    Volume
    ☐ 45414_M_RED_Trance_Train.wav    0.0

                                    Volume
  ☑ 39147_M_RED_beep_line.wav         0.6

                                    Volume
☐ 39607__M_RED__trumpet_delay_loop.wav     1.0

                                    Volume
  ☑ 41722__M_RED__happy_freaq.wav    0.3

                                    Volume
  ☑ 50848_M_RED_WaveBaseLoop.wav     0.8
```

Cada faixa do diretório agora aparece na interface e pode ser controlada individualmente. Parece que o programa *finalmente* faz tudo que o DJ deseja. Mas, o *teste real* será quando ele for executado no World Music Mixing Expo...

a programação agita a casa

É hora da festa!

O programa mixer provocou aplausos entusiasmados!

O DJ levou seu programa para o World Music Mixing Expo e agitou a casa, com seu nome em destaque! Usando classes para os componentes e criando um programa orientado a objetos, você tornou *ótimo* seu bom programa (e a performance do DJ).

A orientação a objetos tem o propósito de ajudá-lo a criar **programas complexos** com **muito pouco código**. Muitas linguagens usam a orientação a objetos e não apenas para as interfaces gráficas com o usuário. Você pode usar objetos para construir aplicativos Web, simuladores ou jogos. Sempre que você precisar escrever um programa avançado, mas não deseja que seu código fique confuso, a orientação a objetos pode vir ao seu resgate!

Parabéns!

Você chegou ao final do livro! E foi uma grande jornada. Você dominou as instruções de controle. Capacitou seus programas com um código modular. Criou interfaces gráficas com o usuário que cantam e, finalmente, elevou suas habilidades de codificação com a orientação a objetos.

Bom trabalho!

começando a codificar

Sua Caixa de Ferramentas da Programação

Você colocou o Capítulo 10 em seu currículo. Vejamos o que aprendeu neste capítulo:

Ferramentas de programação

* As funções locais vivem dentro de outras funções.
* A orientação a objetos é um modo de usar objetos de software para lidar com a complexidade.
* As classes são máquinas para criar objetos; pense nelas como um "cortador de biscoitos".
* As classes têm métodos que definem o comportamento de seus objetos.
* Os objetos criados são conhecidos como "instâncias" de alguma classe.
* Um inicializador informa um objeto sobre o que fazer assim que ele é criado.
* Algumas linguagens chamam os inicializadores de "construtores".
* Nem todos os objetos são objetos GUI.
* Os componentes são um tipo de objeto.

Ferramentas do Python

* Frame() – os frames do tkinter são componentes que contêm outros componentes e ajudam a manter os componentes juntos (agrupados).
* class – uma palavra-chave que introduz uma nova definição de classe.
* __init__() – o nome do método que é chamado automaticamente na criação do objeto.
* self – os métodos têm uma variável especial chamada "self", que é definida para o objeto atual.
* Adicionar "self." ao início de uma variável significa que ela pertence ao objeto atual.

saia e *programe*

Saindo da cidade...

Foi ótimo tê-lo aqui em Codeville!

Estamos tristes ao vê-lo sair, mas não há nada como pegar o que você aprendeu e colocar em uso. Você está apenas começando sua jornada de programação e colocamos você no banco do motorista. Estamos ansiosos para ouvir como as coisas estão, portanto, ***mande notícias*** no Web site da Alta Books, **www.altabooks.com.br**, e conte como a programação está tendo efeito para **VOCÊ!**

apendice i restante
As dez coisas principais (que não cobrimos)

> Nunca se tem ferramentas suficientes... especialmente quando o serviço ainda não acabou.

Você percorreu um longo caminho.

Mas, aprender a programar é uma atividade que nunca para. Quanto mais você codificar, mais precisará **aprender novas maneiras de fazer certas coisas**. Você precisará dominar **novas ferramentas** e **novas técnicas** também. Simplesmente, não há espaço suficiente neste livro para mostrar tudo que você possivelmente pode precisar saber. Portanto, eis nossa lista das dez coisas principais que não cobrimos que você pode querer aprender em seguida.

python *apropriado*

#1: Fazendo coisas "Do modo Python"

Neste livro, resistimos muito em escrever o código no *Modo Python* mais correto. "Isto não é como um programador Python faria", era um refrão familiar ouvido dos revisores técnicos do *Use a Cabeça Programação*. Sem reprovação e com o maior respeito pelos nossos revisores, geralmente *ignoramos* este conselho.

Veja, toda linguagem de programação tem seu modo preferido, consagrado, acordado e aceito de fazer certas coisas, coletivamente conhecido como *idiomas da programação*. E o Python não é uma exceção. Isto é, claro, uma **coisa muito boa**, pois quanto mais programadores usarem uma determinada linguagem que segue o modo padrão de fazer algo, melhor. Exceto ao escrever um livro como este: designado, desde o começo, a ensinar os **conceitos da programação**.

Há vezes em que o idioma, embora muito esperto, pode ser difícil de entender e até mais difícil de explicar. Portanto, quando tivemos uma escolha entre mostrar como fazer algo de um *modo genérico* em relação a mostrar como fazê-lo no modo Python, quase sempre escolhemos a primeira abordagem em relação à última. Isto tem o efeito de tornar parte do código neste livro positivamente repulsivo para os programadores Python endurecidos, algo que tem pouca preocupação para nós, pois este livro não é para eles (e eles já têm muitos outros livros).

Este livro é para *você*: o leitor que deseja aprender a programar, independentemente da linguagem de programação escolhida.

Dito isso, se agora você quiser aprender mais sobre o *Modo Python*, comece examinando a lista de livros e críticas mantidas no Web site principal do Python:

http://wiki.python.org/moin/PythonBooks

Caramba! Não acredito que eles fizeram isso assim...

Sim, deve ser um "o".

Guru Python.

Aprenda muito sobre o Python com o clássico "Learning Python, 4ª Edição" de Mark Lutz, que agora cobre o Python 3 e as versões anteriores.

extras

#2: Usando o Python 2

Se você lembrar da seção **Leia**, dissemos que estávamos usando a versão 3 do Python neste livro. Naturalmente, há muito mais para o Python do que apenas a versão 3, pois a versão anterior da linguagem, a versão 2, ainda é *muito, muito popular*.

E merecidamente. O Python 2 existe por quase uma década e tem uma coleção impressionante de tecnologias construídas em torno dele, inclusive o Google *App Engine*, *Django Web Framework*, *Content Management System* da Zope e as *Twisted Networking Libraries* (para citar algumas).

Apesar de toda a bondade do Python 2 por aí, ainda ficamos com a versão 3 para este livro e nosso raciocínio foi muito simples: *melhor ficar com o futuro do que se fixar no passado*. As boas pessoas que trazem o mundo Python afirmaram que o Python 3 é onde toda a coisa legal e nova acontecerá com a linguagem. A versão 2 entrou com o que é conhecido como *modo de correção de erros apenas*: se algo for encontrado no 2, que esteja quebrado, será corrigido, mas nenhum recurso novo será adicionado.

E eis a boa notícia: não há muita diferença entre o código que você vem escrevendo para o Python 3 e o que escreveria para a versão 2, caso precise (talvez, como resultado de precisar corrigir algum código Python 2 existente ou trabalhar com uma tecnologia baseada no Python 2).

Eis algumas linhas do código Python 2 que destacam umas diferenças:

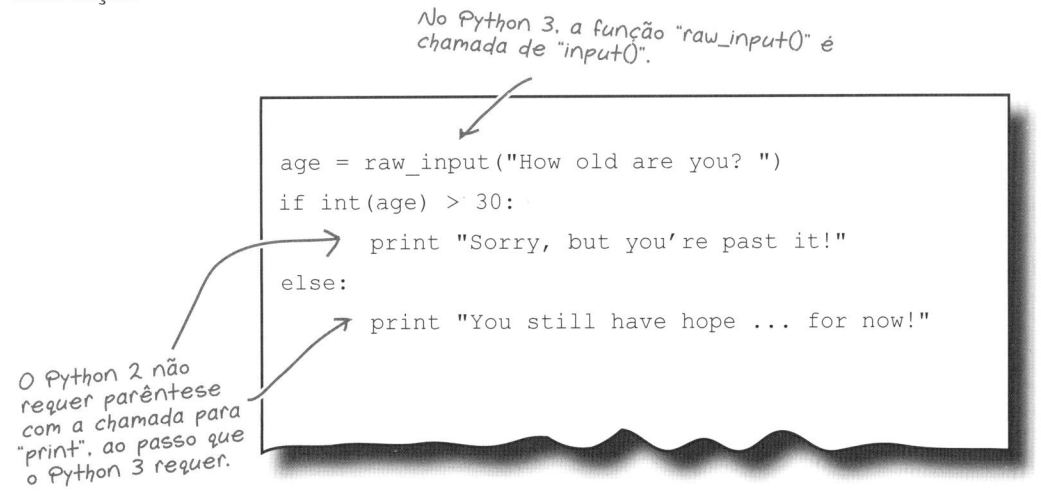

No Python 3, a função "raw_input()" é chamada de "input()".

```
age = raw_input("How old are you? ")
if int(age) > 30:
    print "Sorry, but you're past it!"
else:
    print "You still have hope ... for now!"
```

O Python 2 não requer parêntese com a chamada para "print", ao passo que o Python 3 requer.

java, c# e outros

#3: Outras linguagens de programação

Quanto a ensinar os conceitos da programação, há mais do que o suficiente para cobrir, sem tentar cobrir diversas linguagens de programação.

Gostamos do Python e esperamos que no decorrer deste livro, você tenha aprendido a gostar DELE também. Porém, se você quiser explorar ou precisar aprender outra linguagem de programação, há muita ajuda por aí. Simplesmente ir para seu mecanismo de pesquisa favorito e digitar o nome de sua linguagem de programação escolhida que retornarão vários sites oferecendo-se para fornecer tudo o que você precisa saber.

Duas linguagens modernas importantes são o **Java** e o **C#**. E adivinhe? Se você tiver que aprender essas tecnologias, a *Alta Books* tem algo a oferecer.

Um clássico absoluto, agora em sua Segunda Edição. → [Use a Cabeça Java]

Muito bom também. ← [Use a Cabeça C#]

Tendo completado este livro, agora você pode pegar qualquer um desses livros e trabalhar com segurança com eles.

Naturalmente, se tiver que trabalhar em um ambiente de programação Java ou C# e não tiver o Python, não entre em desespero. Dois projetos ativos na Comunidade Python *integram* o Python com as linguagens de programação acima e valem a pena verificar (pesquise o nome do projeto para aprender mais):

Execute o código Python na Máquina Virtual Java. → Jython

IronPython ← *Integre o Python com o C# e o .NET.*

#4: Técnicas de teste automatizadas

E, não, antes que você pergunte, isto não tem *nenhuma* relação com os robôs de teste do programa que testam automaticamente seu código (que, concordamos, seria ótimo).

O teste automatizado *tem* relação com tentar assegurar, o máximo possível, que seu código esteja **funcionando devidamente**.

Mas, como é possível?

A verdade é que: é muito difícil saber com certeza se seu código está funcionando perfeitamente 100% do tempo. Os programas e os sistemas de software são complexos. Com o tempo, eles crescem e fica cada vez mais difícil saber com certeza se estão funcionando do modo como você deseja.

Para ajudar, os programadores testam seu código. Quando terminam, testam, testam, então testam mais algumas vezes. E só para assegurar, eles *testam novamente*. Na verdade, os programadores geralmente *testam a destruição*, que se refere a tentar tudo que eles sabem para testar e interromper o programa, e fazê-lo comportar-se mal. Se o teste encontrar um problema, o código é, então, corrigido para que qualquer coisa não seja mais um problema.

Para ajudar no trabalho de infantaria, que é o teste algumas vezes, o Python vem com um módulo utilitário embutido chamado `unittest`. A única finalidade desse módulo é permitir que você *escreva o código que testa seu código*. Acredite, não é tão estranho quanto parece. O módulo `unittest` fornece uma estrutura dentro da qual você pode exercitar seu código para assegurar que ele esteja funcionando como deseja.

A ideia é bem simples: quando você escreve seu código, escreve uma pequena *parte extra de código* com base no `unittest` para verificar se seu código está funcionando devidamente. Se o teste funcionar (ou seja, tiver sucesso em demonstrar que seu código está bem), então, você estará em uma posição de automatizar o teste de seu código reutilizando seu código unittest.

Para obter detalhes, verifique a descrição do `unittest` em seu livro Python favorito ou na documentação oficial on-line do Python.

E agora que você conhece o `unittest`, não tem desculpas para *não* usá-lo para testar *seu* código.

> Escrever código para testar o código?!? Não é como o problema da galinha e do ovo?

exterminando erros

#5: Depuração

Isto não é tão desagradável quanto parece.

A depuração está relacionada ao teste. É o processo de lidar com os erros que não são pegos durante o teste, mas, aparecem quando você executa seu código ou – pior – aparecem para seu usuário!

Rastrear onde um problema está, algumas vezes, pode ser um tipo de arte, mas há algumas técnicas consagradas que podem tornar as coisas mais fáceis para você. *A experiência ajuda muito.*

Uma das coisas mais importantes que se pode saber ao depurar o código é algo chamado de **depurador** (em inglês, *debugger*). É uma ferramenta de software que pode ser usada pelos programadores para executar o código, passo a passo ou linha a linha. Quando o programa é executado, o depurador permite que você **observe** o que está acontecendo, então, **veja** potencialmente quando algo dá errado. Se você puder concluir onde está o problema em seu código, facilitará corrigir e o depurador é designado a ajudá-lo a fazer exatamente isso.

Na verdade, é uma técnica de programação rara que vem *sem* um depurador. A do Python é chamada de **pdb** e pode ser acessada de dentro do IDLE e de dentro do Python Shell. Verifique a documentação on-line do Python para obter mais informações sobre o pdb.

> O problema não é com o hardware; é com seu programa. Você terá que DEPURAR seu código.

Como mencionado no início da página: *a depuração está relacionada ao teste.* Geralmente, você depura seu código *depois* dele estar funcionando e (possivelmente) ser enviado para seu usuário. Você testa seu código quando o escreve e *antes* de entregar seu programa aos seus usuários. A ideia é que você só dê seu programa a um usuário quando está contente com ele funcionando como deseja.

De qualquer forma, para ser honesto, não há regras obrigatórias aqui e muitos programadores atravessam a linha entre a depuração e o teste, tratando tudo como uma atividade.

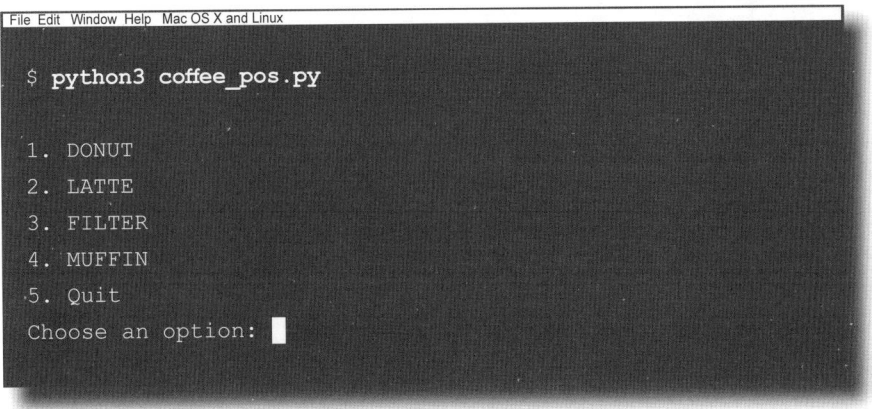

#6: Execução da linha de comandos

Nos 10 ½ capítulos deste livro, você executou, com consistência, seu código de dentro do ambiente de programação do IDLE. Isso foi ótimo ao desenvolver e trabalhar em seu código, mas provavelmente não é *como* você deseja que seus usuários executem seus programas. Acaba que há mais de um modo de fazer isto ao executar seu código. O método disponível para você (e seus usuários) irá variar dependendo do sistema operacional usado.

Seu sistema operacional pode ter uma *associação de arquivos* já estabelecida, permitindo-o clicar duas vezes em um programa Python e deixando-o executar para você. Se não, eis como iniciar o Python a partir da linha de comando nos "3 grandes" sistemas operacionais. Iremos supor que o programa executado seja chamado de coffee_pdv.py:

> No Windows, digite o comando "C:\Python31\python.exe" junto com o nome do programa que você deseja executar.

```
Microsoft Windows XP [Version 5.1.2600]
(C) Copyright 1985-2001 Microsoft Corp.

C:\Documents and Settings\hfprog> C:\Python31\python.exe coffee_pos.py
1. DONUT
2. LATTE
3. FILTER
4. MUFFIN
5. Quit
Choose an option:
```

File Edit Window Help Mac OS X and Linux

```
$ python3 coffee_pos.py

1. DONUT
2. LATTE
3. FILTER
4. MUFFIN
5. Quit
Choose an option:
```

> Simplesmente, digite "python3" junto com o nome do programa que você deseja executar na linha de comando do Mac OS X ou Linux.

abaixo a oop

#7: Ooops... poderíamos ter coberto mais a OOP

O Capítulo 10 apresentou o importante conceito de *classes* e no livro, tocamos nos *objetos* em muitos lugares diferentes. Fazer justiça a todos os conceitos da *programação orientada a objetos* (OOP) exigiria facilmente um livro inteiro sozinho.

A parte da OOP tratada no Capítulo 10 se relaciona ao conceito de **encapsulação** (ou encapsulamento). Este é o processo de *agrupar* os dados com os métodos em *modelos* predefinidos, que podem ser usados para criar *objetos idênticos funcionalmente* de certo *tipo*.

Agora... se seus olhos viraram ao ler essa última linha, não se preocupe; Você é tão normal quanto o resto de nós. A OOP está cheia de terminologia como esta. Assim como a encapsulação, há a **herança** e o **polimorfismo** também.

Analisar todos os prós e os contras da OOP é algo que requer um pouco de tempo e *não* é algo que iremos experimentar e fazer em apenas uma página!

Dito isso, a OOP realmente tem seu potencial quando seus programas ficam muito grandes e transformam-se em **sistemas de software**. Quando os sistemas começam a crescer (ficam realmente, realmente grandes), a importância do devido projeto fica central e a OOP pode ajudar aqui – importante. Novamente, há a ajuda das pessoas adoráveis na *Alta Books*.

> Encapsulação?!? Polimorfismo?!? Herança?!? Eles não poderiam ter escolhido termos mais intimidadores?

> Este livro supõe que você já conhece um pouco sobre o Java, portanto, considere ler o Use a Cabeça Java primeiro.

extras

#8: Algoritmos

Há muitos livros ótimos que acreditam ser impossível aprender a programação sem também aprender os *algoritmos*.

A palavra "algoritmo" é usada para descrever um modo preciso e estabelecido de resolver um determinado problema em qualquer linguagem de programação. Geralmente, é útil considerar um algoritmo como uma *receita*.

Nos bons e velhos tempos, certamente era verdade que todo programador tinha que ter uma boa compreensão dos algoritmos para fazer qualquer coisa que valesse a pena com eles. Mas, felizmente para você, isto não acontece mais.

Atualmente, com tecnologias de programação, tais como, Python (Ruby, Perl, Java e C#), isto não é um problema porque as linguagens de programação modernas fazem muita coisa para você.

Por exemplo, se você precisar classificar algo no Python, chamará o método `sort()` em um objeto ou usará a função `sorted()` embutida, e a coisa com a qual você está trabalhando será devidamente classificada. Provavelmente, você fica menos preocupado (e com razão) com o modo como a classificação *realmente ocorreu* – ou seja, com os detalhes do algoritmo usado para classificar seus dados. Era o algoritmo *quicksort* ou *bubblesort*? Talvez, tenha sido *timsort* ou alguma outra coisa? Talvez, você não se importe, pois chamar `sort()` ou usar `sorted()` ordena seus dados como você deseja e libera-o para ir para algum outro problema que precisa resolver.

Você pode levar um tempo para escrever uma função de classificação realmente legal e aprender muito sobre os algoritmos no processo, mas encaremos um fato: *a vida é curta demais*.

Se você quiser escrever sua própria linguagem de programação, precisará aprender muito sobre os algoritmos. Se tudo que deseja fazer é usar uma linguagem de programação existente (tal como o Python), poderá preocupar-se menos com os algoritmos e mais em escrever o código, que é precisamente como deve ser (em nossa opinião).

você está aqui ▶ **393**

plástica pesada

#9: Tópicos da programação ~~avançada~~ Assustadora

Existem muitos tópicos da programação *avançada* que provavelmente nunca entraram em um livro como este. Eis uma lista de seis tópicos (todos suportados pelo Python 3).

Threads são uma tecnologia de programação que permite dividir seu programa em *partes codificadas separadas* que podem, então, ser executadas paralela ou simultaneamente. Cada parte é conhecida como *threads*. Usar threads pode resultar em alguns designs de codificação bonitos, que torna a solução de certa classe de problemas quase banal. Sob certas circunstâncias e restrições, é possível fazer com que as threads se comuniquem e compartilhem dados, o que, embora seja possível, é difícil de dar certo e pode levar a alguns erros bem capciosos e difíceis de rastrear. Se você achar que precisa das threads, aborde com *extremo cuidado* e esteja preparado para ter seu cérebro expandido de modos que você nunca achou ser possível.

Recursão é uma técnica de programação que permite criar uma função que é capaz de *chamar a si mesma* para realizar seu trabalho. Há certos tipos de problemas matemáticos que são bem adequados para uma solução recursiva, mas pouca coisa além disso.

Metaprogramação se refere a escrever programas que podem escrever outros programas ou manipular a si mesmos (parece nojento, e pode ser). Não é para os covardes.

Programação funcional (representada por linguagens, tais como o **Lisp**) é uma técnica que trata a computação como uma série de chamadas da função que especificam *o que* é requerido pelo programa, em oposição a um *programa procedural*, que detalha as etapas que são requeridas para resolver um problema.

Expressões regulares são uma tecnologia que permite especificar concisamente o que você está procurando em seus dados. Tendo escrito uma expressão regular (ou **regex**), o Python pode prosseguir e obtê-la para você. Todo programador deve saber como aproveitar as regexes. O problema é: elas parecem tão estranhas à primeira vista que a maioria dos codificadores recua com repulsa. É uma pena, pois achamos que as regexes são superlegais e *valem a pena aprender*.

Unicode é um padrão da indústria que permite representar com consistência e trabalhar com o texto escrito na maioria dos idiomas do mundo ou "sistemas de escrita". Se você estiver trabalhando com um texto vindo de alguém em um lugar diferente do local onde se fala seu idioma, então você desejará conhecer um pouco sobre o sistema de codificação de caracteres Unicode.

Se você precisar de qualquer coisa assim, será melhor começar na Internet e fazer alguma leitura básica sobre o tópico antes de comprar um livro com seu dinheiro ganho com dificuldade. As entradas **Wikipédia** para cada um desses seis tópicos são bons pontos de partida.

> Você quer dizer que eu não terei que ler tudo isto agora?

#10: Outros IDEs, shells e editores de texto

Pode ser difícil para você entender, mas há vida além do IDLE. Há vida além do Python Shell também. O IDLE e o Python Shell são ótimas ferramentas de aprendizagem, porém, mais cedo ou mais tarde, você poderá querer *mais*.

iPython é como o Python Shell *com esteroides* e muitos programadores Python confiam nele. Tem muitos recursos extras além daqueles no shell normal que são designados para facilitar a vida do programador Python. Vale a pena examinar.

Quanto aos ambientes de programação completos, existem muitas escolhas. Pesquise a Internet com "Python IDE" para ver uma lista completa. Alguns que aparecem com frequência incluem: **Komodo**, **Eclipse** e **Eric**. Vale a pena ver cada um e, então, decidir se um deles (ou outra coisa) é certa para você.

O IDLE e o Python Shell podem atender suas necessidades. Mas, se você estiver procurando *mais* a partir de sua ferramenta de programação, há muitas escolhas por aí.

Para os editores de texto... bem, existem muitas escolhas também. Algumas pessoas preferem o **Emacs**, ao passo que outras preferem o **vi**. O conselho do *Use a Cabeça* é experimentar alguns editores antes de selecionar um que seja *mais adequado às suas necessidades*.

Índice Remissivo

Símbolos

{ } (chaves), criar hashes, 153
[] (colchetes)
  criar arrays, 42
  englobar chave para hash, 153
  englobar índice da string, 132
  englobar índice do array, 22
: (dois pontos)
  digitar "else:", 43
  laço while, 30
  no índice da string, 82
( ) (parênteses)
  na definição da função, 69
  nas strings do formato, 182
!= (ponto de exclamação, sinal de igual), operador de diferença, 95
. (ponto), na solicitação da função da biblioteca, 4
% (símbolo de porcentagem), preceder strings de formato, 182
# (sinal de cerquilha), preceder comentários, 58, 205
= = (sinal de igual duplo), operador de igualdade, 62

A

abstração, 93
adição, operador "+", 34
advinhação, exemplo de jogo,
  adivinhação, exemplo de jogo, 10–24
adivinhações, determinar se corretas, 26–33, 34
adivinhações, sugestões de mais alto ou mais baixo para, 5, 9
agrupar componentes, 363
Algoritmos, 393
Ambiente Integrado para Desenvolvimento (IDE), 132, 395
append( ), método para arrays, 96–98
  append( ), método para arrays, 132, 144
    argumentos (parâmetros), 98
  append( ), método para arrays, 132, 144
    argumentos (parâmetros), 294–309
Aprendendo o Python, 4ª Edição (Lutz), 386
armazém, exemplo, 129
armazenamento de dados, 35, 129-130 4
arquivos WAV para, 134
arrays (listas), 152, 134
arrays (listas),
  adicionar itens a, 138
  arrays (listas), 132
  arrays multidimensionais, 132
  classificar, 132
  contar ocorrências de valores em, 138
  criar, 138
  estender, 138

este é o índice remissivo 397

índice (valor do deslocamento) para, 160–166

métodos para, 160–166

pesquisar, 306

remover itens de, 306

ARS (Associação Regional de Surfe), exemplo, 306

askokcancel, caixas de mensagem, 122–123

automatizado, teste, 389

B

banco de dados, 170–171, 175

Bates, Bert (Use a Cabeça Java), 388

Beighley, Lynn (Use a Cabeça SQL), 170

excessivo, código, 75

bibliotecas, 69

   bibliotecas de terceiros(pacotes), 220

   biblioteca time, 75

   biblioteca tkinter, 233–235, 221, 226

books (livros)

   Use a Cabeça Análise e Design Orientados a Objetos (McLaughlin, Pollice, West), 392

   Use a Cabeça C# (Stellman, Greene), 388

   Use a Cabeça Java (Sierra, Bates), 388

   Use a Cabeça SQL (Beighley), 255

break, instrução, 255

C

caixas de diálogo, 248 (*veja também* caixas de mensagem) 248

caixas de mensagens, 303–308, 311–312

caminhos no código, 13

Checkbutton( ), componente, 331–334, 348

classes, 366, 372–373, 383. (*veja também* métodos; objetos)

   construtores para, 370–372, 383

   dados para, 372

   definir, 367–368

classificar dados, 116

   algoritmos para, 393

   em arrays, 178–212, 20–21

   em qualquer estrutura de dados, 200–202

C#, linguagem

   aprender 388–389

   comparada com Python, 187–198

clock( ), função da biblioteca time, 179–185

close( ), método para arquivos, 13

clube desportivo, exemplo, 7–8

   desconto de preço, 95

   diversos descontos de preço, 80–81

   mudanças no formato do arquivo, 21

   transações, registrar em arquivo 81–87

código

   caminhos em, 192–198

   depurar, 390

   excessivo, 152

   execução da linha de comandos de, 391

   práticas do Python para, 386

   recuos (identações) em, 234–235, 239–243

reutilizar com funções, 248–252, 255

reutilizar com módulos, 248

salvar, 255

testar, 389

colchetes ([ ])

   englobar chave para hash, 363–364

   englobar índice do array, 368

comando, execução da linha, comando, execução da linha, 391

compartilhar código. (*veja* reutilizar código) comentários, 373

condicionais,

   nos desvios, 277

   nos loops (laços) while, 277

conjuntos, 278

D

dados, armazenamento, 129–130

dados, componentes de entrada

   componente Checkbutton( ) 331–334, 348

   componente Entry( ), 261–262, 266–267

   componente OptionMenu( ), 284–289, 292

   componente RadioButton( ), 272–273, 275–279, 266–267

   componente Scale( ), 336–337, 340–344, 348

   componente Text( ), 261, 263, 292

   limitar entrada a, 271–272

   modelo para, 276–277, 285

   preencher dinamicamente, 288–289, 292

dados, componentes de entrada, 278

dados, estruturas, 131, 111

   lista de, 152

   retornar a partir de funções, 164–166

data e hora, funções, 68–72

daylight( ), função da biblioteca time, 49

decode( ), método, 14

def, palavra-chave, 263

delete( ), método para componentes de dados, entrada de, 262

depurar, 390 390

destroy( ), método para aplicativos, 30

E

Eclipse, IDE, 395

editores, 5, 395

Emacs, editor, 395

encapsulação, 392

endswith( ), método para strings, 271–280

entrega, exemplo de empresa, 294–309

   entrada do usuário, controlar, 258–267

   erros no tratamento de controle da entrega, 283–290

   GUI para sistema de entregas, 261

   opções de depósito dinâmicas para 266–267

Entry( ), componente, 262

   criar, 63–64

   métodos para, 311

Eric, IDE, 395

erros, 295

   exceções, 303–308

exibidos no Shell, ao invés da GUI, 296
exibir em caixas de mensagem, 119–120
paralisações resultando de, 104–107
TypeError, mensagem, 311
ValueError, mensagem, 22
erros, 311. (veja também, depurar; testar) 121–123
escopo das variáveis, 182, 244–245
espaço em branco
  dividir strings em, 30
  especificar nas strings de formato, 3–33
  no código, 233–234
  remover de strings, 255
evento, loop (laços), 296–299, 319–323
eventos
  a partir do sistema operacional, 277
  a partir do Window Manager, 277
  sub-rotinas para, 294–309

F

false, valor, 14
filas, 152
File, menu
  opção New Window, 7
  opção Save, 56–58
for, loop (laço), 154–156
formatados, dados, 179
formato, strings, 180–183, 186, 214
Frame( ), componente, 364, 373, 383
funcional, programação, 394
funções, criar (definir), 104–108
funções, 82. (*veja também* reutilizar código;

funções específicas)
  chamar, 87–88, 170–172
  com mesmo nome em diferentes módulos, 206–211
  criar (definir), 164–166
  escopo das variáveis em, 356–358

G

get_busy( ), método para canais, 221
get( ), método
  componentes de entrada de dados, 262, 263, 269, 278
  variável IntVar( ), 332, 334
Greene, Jennifer (Use a Cabeça C#), 388
GUI (interface gráfica do usuário), 295, 303–308
  diretrizes para, 341
  erros não exibidos em 233–234
  exibir mensagens em, 235–237
  loop do evento para, 230

H

handles para, (manipulador de arquivo) 116
hashes (dicionários), 152, 175–176
  adicionar dados a, 153, 156, 161–162
  chaves de, restrições em, 156
  classificar, 158
  criar, 153, 175
  fazer iteração nos dados, 154–156
  retornar de funções, 164–167, 170–172
herança 392

I

IDE (Ambiente Integrado para Desenvolvimento), 5, 9, 395

IDLE, 5, 9, 22

if/else, desvios, 4, 15-21, 24

igual duplo (= =), operador de atribuição, 4, 15

igual (=), operador de atribuição, 4

importar
  bibliotecas, 69, 221, 226
  códigos, 49
  módulos, 193, 199, 202, 211, 214

import, instrução, 69

index( ), método para arrays, 138

índice (valor do deslocamento)
  para arrays, 132
  para strings, 42

inicializador, métodos de (construtores), 370-373, 383

input( ), função, 5, 387

insert(), método
  componentes de entrada dos dados, 262
  para arrays, 138

internacionalização, strings do formato para, 186

interpretador, 5. (veja também IDLE) 249

int __init__( ), método, 372, 375, 383

iPython, shell, 395

IronPython, projeto, 388

J

Java, linguagem

aprender, 388

comparada com Python, 9

Jython, projeto, 388

K

keys( ), método para hashes, 154, 175

Komodo, IDE, 395

L

Label( ), componente, 248-253, 255

ler a partir de, 116-118

ler a partir de arquivos, 54

ler todos os arquivos no diretório, 378-380

letra maiúscula, converter strings em, 105

listas ligadas, 70

listas suspensas, 248. (*veja também* OptionMenu( ), componente)

listdir( ), função, 380

locais, funções, 356-358, 383

locais, variáveis, 29-33, 61-65

localtime( ), função da biblioteca time, 56

Lutz, Mark (Aprendendo o Python, 4ª Edição), 386

M

mainloop( ), método para tkinter, 234, 253

maior que, operador (>), 62, 75

mais (+), operador de adição, 58

McLaughlin, Brett D. (Use a Cabeça Análise e Design Orientados a Objetos), 392

Mensagens
  enviar para Twitter, 248
menus, 377
metaprogramação, 394
métodos, 369–372
  chamar, 367–369
  definir, 383
  métodos, 377, 383. (*veja também* métodos específicos)
mixagem, exemplo de software, 378–381
  diversas trilhas, controlar, 152
modelo para componentes de entrada de dados, 122–124
multidimensionais, arrays, 277–279

N

na definição da função, 82
Não Se Repita (DRY), 88
n \n, nova linha nas strings de formato, 182
nomes totalmente qualificados (NTQs) 207–211, 213, 214
NTQs (nomes totalmente qualificados), 207–211, 213, 214

O

objeto, API, 292
objetos, 366, 368, 377, 383. (*veja também* classes; métodos)
objetos, linguagens orientadas a, 368, 383
objetos, programação orientada a (OOP), 392

deslocamento, valor (índice) das strings, 116
OOP (programação orientada a objetos), 392

P

pack( ), método para tkinter, 235–236, 238–239, 264–265, 269–270
pacotes (bibliotecas de terceiros), 220, 223
paralisações, 296
parâmetros para funções, 182
parênteses (( ))
  nas strings de formato, 221
pass, instrução, 178
pdb, depurador, 390
PDV (ponto de venda), sistema, 178. (*veja também* clube desportivo, exemplo), 295
permissões para, 295–297
play( ), método para sons, 180–182
polimorfismo, 392
Pollice, Gary (Use a Cabeça Análise e Design Orientados a Objetos), 392
ponto de venda (POS), sistema, 8
porcentagem (%), preceder strings de formato com símbolo, 216–253
print( ), função, 387
programação, idiomas, 386–388
programa de jogos exemplo
  programasde jogos exemplo, 220
  respostas, contar, 221, 226
  respostas, efeitos de som para, 221

py .py, extensão de arquivo, 237
Python, 295
   execução da linha de comandos de, 391
   idiomas de programação para, 386
   integrado em outras linguagens, 388
   livros sobre, 386
   versão 2 de, 387

R

RadioButton( ), componente, 272–273, 275–280, 292
randint( ), função, 49
raw_input( ), função, 387
read( ), método, 21
recuos (identações) no código, 179
recursão, 394
regex, 394
registro, 179, 138. (*veja também* banco de dados)
regulares, expressões, 394
remove( ), método para arrays, 56
repetir partes do código. (*veja* loops) 87–88
replace( ), método para strings, 87–88
retorno, valores para funções, 192–199, 351–360
return( ), instrução, 138–144, 140–144

S

Save, opção no menu File, 7
self, variável, 369–370, 377, 383

set_volume( ), método para pygame, 306
showinfo, caixas de mensagem, 70, 72–73
Sierra, Kathy (Use a Cabeça Java), 388
som
   ajustar volume, 38–73
   biblioteca pygame para, 170
   iniciar e parar, 38–48
   reproduzir, 78–90
sorted( ), função, 92
sort( ), método para arrays, 204–212
split( ), método para strings, 56
SQL, 170. (veja também banco de dados) 41–42
Starbuzz Café, exemplo, 55–56
   calcular descontos do clube desportivo, 49
   extrair preço do HTML, 121–124
   manter fornecimentos de café, 52–58
   mensagens de pedido, enviar para Twitter, 55
   preço de desconto, encontrar no HTML, 56
   verificar preço baixo, 180–183
startswith( ), método para strings, 43–46
Stellman, Andrew (Use a Cabeça C#), 388
strings,
   letra maiúscula, converter em, 278, 280
   letra minúscula, converter em, 114–142
   métodos para, 114–124
   páginas Web como, 126–134
   pesquisar substrings em, 142–143

remover espaço em branco de, 136–141

substituir substrings em, 160–166

substring no final, verificar, 169–173

substrings de, 158–159

T

tabulações no código, 22

terceiros, bibliotecas de (pacotes), 220, 223

teste automatizado, 389

Text( ), componente, 9, 261

   criar 266–267

   métodos para, 263

texto, caixas, 248. (*veja* strings)

time, biblioteca, 70

time( ), função da biblioteca time, 70

timezone( ), função da biblioteca time, 4

tipos de dados, converter, 63. (*veja* tipos de dados)

Tk( ), aplicativo, 234

tkinter, biblioteca, 233–236

U

Unicode, sistema de codificação de caracteres, 394

unittest, módulo, 389

upper( ), método para strings, 54

urllib.request, biblioteca, 69

urlopen( ), função, 49

V

ValueError, mensagem, 119–120

variáveis, 4

   coleções de. (*veja* estruturas de dados) 35

   escopo de, 105–108

   variáveis de controle, 278

variáveis globais, 108–109, 106

variáveis locais, 105

vi, editor, 395

W

wait_finish( ), função, 221, 223

WAV, arquivos, 221, 223

Web, páginas como strings, 29–33

West, Dave (Use a Cabeça Análise e Design Orientados a Objetos), 392

Window Manager, 319–323

WM_DELETE_WINDOW, mensagem, 322

WM_SAVE_YOURSELF, mensagem, 322

Conheça alguns de nossos outros livros sobre informática_

Use a Cabeça! Programação em HTML5 — Eric Freeman & Elisabeth Robson

Use a Cabeça! Python — Paul Barry

Pense Java - Guia de Aprendizagem / Use a Cabeça! Java — Kathy Sierra & Bert Bates

Use a Cabeça! jQuery — Ryan Benedetti & Ronan Cranley

Use a Cabeça! C — David Griffiths & Dawn Griffiths

Use a Cabeça! PHP & MySQL — Lynn Beighley & Michael Morrison

Use a Cabeça! Web Design — Ethan Watrall & Jeff Siarto

Todas as imagens são meramente ilustrativas

ALTA BOOKS EDITORA

- Idiomas
- Culinária
- Informática
- Negócios
- Guias de Viagem
- Interesse Geral

Visite também nosso site para conhecer lançamentos e futuras publicações!

www.altabooks.com.br

- /alta_books
- /altabooks
- /altabooks

Seja autor da Alta Books

Todo o custo de produção fica por conta da editora e você ainda recebe direitos autorais pela venda no período de contrato.*

Envie a sua proposta para autoria@altabooks.com.br ou encaminhe o seu texto** para:
Rua Viúva Cláudio 291 - CEP: 20970-031 Rio de Janeiro

*Caso o projeto seja aprovado pelo Conselho Editorial.

**Qualquer material encaminhado à editora não será devolvido.

o *índice*